how to use this book

about this book

리딩스킬 Checkbook 활용 Tip

핵심스킬 집중훈련

01 요지 추론 정답 ① 본문 p.8

〈문제제기〉 [1]Why do we remember, / and why do we forget? 〈주제문〉 [2]Scientists have discovered / that it is the way [human beings decide to put information into the brain] / that determines the likelihood of recalling it later. 〈보충설명문〉 [3]Imagine trying to figure out the best place / to put a new pair of gloves; / you might put them in a drawer / with other winter items. [4]But, someone else might put them in a coat pocket / so that the gloves are easily found and slipped on / before going outside. [5]A new pair of gloves and new information / may not seem related, / but they do both require convenient storage.

필수 어휘 Note **likelihood** [láiklihùd] 가능성 | **recall** [rikɔ́ːl] ~을 기억하다, 회상하다 | **figure out** ~을 생각해내다, 알아내다 | **slip on** ~을 입다, 끼다 | **related** [riléitid] 관련된, 관계가 있는

해석 [1]우리는 왜 기억을 하고 또 잊어버릴까? [2]정보를 나중에 기억할 가능성을 결정짓는 것은 바로 인간이 정보를 뇌에 저장하는 방식에 있음을 과학자들이 밝혀냈다. [3]새 장갑을 넣어두기에 가장 좋은 곳을 생각해내려 한다고 가정해 보자. 당신은 장갑을 다른 겨울 물품들과 함께 서랍에 넣어둘지 모른다. [4]그러나 다른 누군가는 외출하기 전에 쉽게 찾아서 낄 수 있도록 코트 주머니에 넣어둘지도 모른다. [5]새 장갑과 새 정보는 서로 관련이 없는 것처럼 보일지 모르지만 그 둘 다 찾기 편리하게 보관해 둬야 하는 것들이다.

필수 구문 분석

2 ~ **it is** *the way* [human beings decide to put information into the brain] / **that** determines ~.
▶ it is ~ that의 강조구문. human beings ~ the brain은 the way를 수식하는 관계부사절이다.

4 ~ **so that** the gloves are easily found and slipped *on* / before going outside.
▶ 목적을 나타내는 so that ~ (~하도록, 하기 위해) 구문. 의미상 장갑을 끼는 것이므로 전치사 on이 쓰였다. someone slip on (the gloves).

내가 적용한 리딩스킬 체크하기 ☑
지문을 읽으며 내가 적용한 리딩스킬을 체크해봅시다.

☐ 글의 요지를 묻는 문제이므로 주제문을 찾아야겠다고 생각했다.
↓
☐ 1번 문장을 읽고 사람들이 기억을 하거나 잊어버리는 이유에 대한 내용이 이어질 것이라고 예상했다. (▶ 개념편 Unit 06 참조)
↓
☐ 2번 문장에서 정보를 뇌에 저장하는 방식이 기억력에 영향을 미친다고 했으므로 선택지 중 이와 가장 가까운 ①번을 정답으로 골랐다.
▶ 정답 ① 도출
↓
☐ 이어지는 내용을 읽으며 글의 요지를 알맞게 예상했는지 확인했다.
▶ 정답 ①

핵심스킬 적용! 겨울철 장갑을 보관하는 것처럼 정보도 찾기 편하게 보관해야 한다는 내용의 3~5번 문장은 2번 문장에 대한 구체적인 예. 따라서 2번 문장을 주제문으로 확신할 수 있다.

선택지 다시 보기

① 기억력은 효과적인 저장방식과 관계가 있다. ▶ 정답.
② 긍정적인 사고방식은 기억력을 높여준다.
③ 정리정돈을 잘하면 시간을 아껴 쓸 수 있다.
④ 대부분의 사람들은 동일한 방식으로 정보를 저장한다. ▶ 4, 5번 문장의 예시에서 알 수 있듯이 사람은 동일한 방식으로 정보를 저장하는 것이 아니라 각자 자신이 기억하기 쉬운 방식으로 정보를 저장한다.
⑤ 일반적으로 정리정돈을 잘하는 사람이 기억력도 좋다. ▶ 장갑을 보관하는 방식을 예로 든 것은 정보 보관 방식이 개인마다 다르다는 것을 설명하기 위한 비유이다. 정리정돈과 기억력의 상관관계에 대한 내용은 전혀 언급되지 않았다.

전체적인 글의 구조가 한눈에!

본문을 끊어 읽으며 직독직해를 동시에!

몰랐던 단어의 뜻과 발음을 확인해 본다.

위에서 학습한 끊어읽기와 어휘를 토대로 해석해보며, 문맥을 정확히 이해한다.

복잡하고 한눈에 보이지 않았던 구문을 분석한다.

문제 해결 시 적용되는 리딩스킬과 함께 생각의 흐름을 따라간다.

문제를 풀 때, 내가 적용했던 리딩스킬을 직접 체크해보며 개념편에서 학습한 핵심스킬을 적용한다.

선택지를 다시 보면서 정확한 오답근거를 분석하고 맞은 문제도 다시 한 번 복습한다.

T H E R E A D I N G P L A Y E R

개념의 완벽한 실전 적용을 위한 수능형 리딩스킬 훈련서

The READING PLAYER

적용편

The 리딩플레이어

이 책을 만든 사람들

김기훈
現 ㈜ 쎄듀 대표이사
現 메가스터디 영어영역 대표강사
前 서울특별시 교육청 외국어 교육정책자문위원회 위원
저서 | **천일문 / 천일문 Training Book / 천일문 GRAMMAR /**
어법끝 / 어휘끝 / 첫단추 / 쎈쓰업 / 파워업 / 빈칸백서 / 오답백서
쎄듀 본영어 / 문법의 골든룰 101 / Grammar Q
거침없이 Writing / ALL씀 서술형 / 수능실감 등

쎄듀 영어교육연구센터쎄듀 영어교육센터는 영어 콘텐츠에 대한 전문지식과 경험을 바탕으로최고의 교육 콘텐츠를 만들고자 최선의 노력을 다하는 전문가 집단입니다.

마케팅 | 콘텐츠 마케팅 사업본부
영업 | 문병구
제작 | 정승호
표지 디자인 | 이승현
내지 디자인 | 구수연
영문교열 | Carolyn J. Papworth
삽화 | 장상철

preface

이 책을 내며

지식은 새의 날개와 같다는 말이 있다.
새는 둥지를 뛰쳐나와 하늘을 날기 시작하면서 세상을 바라볼 수 있다. 더 높이 날수록 세상을 더 정확하고 객관적으로 볼 수 있듯이, 사람도 더 많이 배움으로써 세상을 더 잘 볼 수 있을 것이다. 영어독해에 있어서 이 새의 날개와 같은 역할을 하는 것이 바로 리딩스킬이라고 저자는 생각해 왔다. 단어와 구문밖에 보지 못하던 둥지에서 나와 독해를 독해답게 할 수 있도록 만들어주는 존재인 것이다.

글은 마치 사람의 몸처럼 잘 짜인 유기체와 같다. 얼핏 보면 단어의 연결에 불과하지만, 그 단어 하나하나와 문장 하나하나, 그리고 단락들마다 고유한 역할이 있고 이들을 튼튼히 묶어주는 흐름이 존재한다. 리딩스킬을 통해 그러한 역할과 흐름을 잘 파악하여 글을 전체적으로 조망할 수 있다면, 어려운 단어 몇 개, 복잡한 구문 몇 개에 휘청거리지 않고 무사히 문제를 풀어갈 수 있다.

본 교재는 2013년 개정 발행된 The Reading Player 〈개념정리편〉과 〈실전적용편〉의 2차 개정판이다. The Reading Player는 기본적인 어휘와 구문 실력을 갖춘 학생들이 수능을 보다 효과적으로 대비할 수 있도록 이와 같은 리딩스킬의 개념을 쉽게 체화하고 이를 실전에 적용할 수 있도록 하는 데 그 목적을 두고 있다. 〈개념편〉을 학습한 뒤, 〈적용편〉에서는 풍부한 지문과 문제를 통해 이를 제대로 적용하였는지를 검증해보는 학습 코스로 설계되어 있어 누구라도 손쉽게 실전에 적용할 수 있을 것이다.

무데뽀로 공부하는 시대는 예전에 지났다. 똑같이 주어진 시간에 누가 더 현명하게 공부하느냐가 관건인 것이다. 출제되는 단어는 점점 더 어려워지는데 그렇다고 수능에 나올만한 모든 단어를 어느 세월에 다 외우겠는가. 지금이야말로 제대로 된 리딩스킬을 공부해야 할 때인 것이다. 여러분들에게 좀 더 높이 날 수 있는 날개를 달아주기 위해 잠 못 들고 고민한 그 많은 시간이 결코 헛되지 않으리라 생각하며 도와주신 모든 분께 머리 숙여 감사드린다.

저자

contents

*본책의 목차구성은 The Reading Player 〈개념편〉의 구성과 동일합니다. 〈개념편〉에는 각 유닛별로 핵심 리딩스킬이 자세하게 수록되어 있으며 〈적용편〉에서는 〈개념편〉에서 학습한 리딩스킬을 풍부한 지문으로 적용해 볼 수 있습니다.

CHAPTER I

글 전체를 조감하는 Reading Skills

Unit 01 주제문을 통해 글의 요지 파악하기
Unit 02 주제문이 없는 글의 요지 추론하기
Unit 03 글의 다양한 전개방식 파악하기
Unit 04 연결어가 없는 글의 전개방식 파악하기
Unit 05 장문 독해 빠르게 해치우기
Unit 06 예상하며 읽기
Unit 07 대명사·대체 표현 이해하기

UNIT
01 주제문을 통해 글의 요지 파악하기

주제문 Topic Sentence

If you want to interact with people in a country, staying on ranches and cattle farms offers a great opportunity for a cross-cultural exchange and a real experience of life in another country.

advantages of farmstays

보충설명문 ❶ Supporting Details 1

With more hands-on activities you can practice a new language, learn to cook traditional dishes, or see a neighborhood through the eyes of someone who lives there.

보충설명문 ❷ Supporting Details 2

By the time you leave, you feel less like a guest and more like a member of the family.

보충설명문 ❸ Supporting Details 3

For travelers on a budget, farmstays can be a real bargain over hotels and other types of accommodation.

〈모의〉

하나의 글은 하나의 주제로 일관성 있게 쓰여진다.

이때 이 주제에 대한 글쓴이의 견해를 포괄적으로 담아내는 주제문과 이를 뒷받침하는 보충설명문으로 구성되는 것이 일반적이다. 수능에 적용되는 주제문과 보충설명문의 특징을 파악하고, 집중훈련을 통해 자신의 것으로 완전히 소화하자.

Checkbook p.4

1 **다음 글의 요지로 가장 적절한 것은?**

Why do we remember, and why do we forget? Scientists have discovered that it is the way human beings decide to put information into the brain that determines the likelihood of recalling it later. Imagine trying to figure out the best place to put a new pair of gloves; you might put them in a drawer with other winter items. But, someone else might put them in a coat pocket so that the gloves are easily found and slipped on before going outside. A new pair of gloves and new information may not seem related, but they do both require convenient storage.

① 기억력은 정보 저장방식과 관계가 있다.
② 긍정적인 사고방식은 기억력을 높여준다.
③ 정리정돈을 잘하면 시간을 아껴 쓸 수 있다.
④ 대부분의 사람들은 동일한 방식으로 정보를 저장한다.
⑤ 일반적으로 정리정돈을 잘하는 사람이 기억력도 좋다.

[2~3] 다음 글의 주제로 가장 적절한 것을 고르시오.

2 Businesses have several hiring processes from which to choose when they have a need for more staff members. Whenever a company has positions open and attempts to fill them with current employees, it is implementing the policy of "promoting from within." This approach has a number of things to recommend it. The first is that the whole organization runs more smoothly when someone already familiar with its operation advances. Another is that employees feel encouraged to do their best when they believe their efforts will be rewarded through promotions. No one will perform well without expectation of recognition or appreciation of their efforts.

① 부서 간 협력의 필요성
② 승진과 생산성의 관계
③ 외부 인사 채용의 단점
④ 효과적인 팀 구성 방안
⑤ 내부 승진 정책의 이점

3 When a conversation occurs between speakers of a common language, they share an unspoken understanding of environment, history, and tradition. They are "of one mind," so to speak, and can understand the nuances and subtleties of each other's point of view. On the other hand, when two foreigners communicate, using their own languages but still understanding the other's native tongue, there are difficulties beyond the differences in the languages themselves. These difficulties come from the diverse backgrounds and customs that become a part of each language. Merely knowing what words and sentences mean is not enough for true communication. We need to be familiar with the other's cultural tradition and understand how that affects his or her language.

*subtlety 미묘한 점, 세밀한 구분

① the magical power of languages
② cultural understanding; vital for better communication
③ the effect of good conversations on human relationships
④ the reason why language education is important
⑤ how conversations encourage friendship

4

다음 글에서 필자가 주장하는 바로 가장 적절한 것은?

All too often we have the desire to do something and suffer disappointment when we cannot fulfill that desire, because we have not done careful planning. For instance, my wife and I felt that it was time for us to buy a house. We expected to be able to afford it because a rumor was circulating around my wife's office last week that she would be replacing her boss, who is due to retire. So, we borrowed a lot of money. However, the next day my wife came home from work and informed me that her company decided to send someone from headquarters to replace her boss. It's fine to dream, but one must remain cautious until all the pieces are in place.

① 한 번 저지른 실수는 돌이킬 수 없다.
② 꿈을 크게 가지고 실천해야 한다.
③ 불행은 행복을 위한 밑거름일 뿐이다.
④ 작은 일에 매달리다 큰일을 망친다.
⑤ 모든 일에 항상 신중을 기해야 한다.

5

다음 글의 제목으로 가장 적절한 것은?

The percentage of the aged population in many advanced countries is rapidly increasing. Consequently, businesses are focusing on products and services that fit the requirements and preferences of the elderly, and a notable example is the health care industry. Medicines and technologies have been developed specifically for medical problems associated with aging. The tourism industry has also expanded its services by offering trips organized around the interests and abilities of the elderly. Furthermore, products aimed at the growing base of elderly customers have appeared on the market and include everything from footwear to furniture. All in all, there's never been a better time to be a senior citizen.

① The Life Skills of Senior Citizens
② The Increase in Older People Living Alone
③ The Status of Medical Care for the Elderly
④ The Growth of Markets for Elderly Consumers
⑤ The Popularity of Travel among the Aged

6

다음 글을 쓴 목적으로 가장 적절한 것은?

As construction nears its completion, we would like to invite all students and staff members to submit possible names for our school's newest and finest building. All entries will be considered, and the person whose suggestion is chosen will raise the new sign at the opening ceremony. Please submit all proposals by the end of this term, as the new building is scheduled to be operational for the fall 2010 semester. Please remember, while we traditionally name our buildings after regional locations and landmarks, this year we are also considering names that highlight the special significance this new building has for our school. Submission forms can be picked up at the student union office or downloaded from the school website.

① 학교 행사에 참여할 것을 부탁하려고
② 새로 짓는 건물의 특징에 대해 설명하려고
③ 건축물 공사의 진척 상황을 알려주려고
④ 건물 이름 공모에 참가할 것을 권하려고
⑤ 새로운 학교 홈페이지의 오픈을 알리려고

7

다음 글의 주제로 가장 적절한 것은? 〈모의〉

Nearly all runaways come from homes in which there are clear problems, though there are cases where there has been little obvious trouble in the home. In any case, it is important for parents to be aware of the possibility that their child may run away, and to notice the changes that often precede it. One major indication is a sudden change in behavior. This change may be one of eating or sleeping habits. Changes in social habits can also indicate problems, particularly when a teenager becomes withdrawn from friends and outside contacts. If a young person begins to show sudden swings in mood, there is a good chance that he or she is undergoing some sort of stress that is difficult to resolve.

① types of family problems
② importance of school environment
③ how to counsel runaway children
④ ways to control unstable emotion
⑤ warning signs of possible runaways

8

다음 글의 내용을 한 문장으로 요약하고자 한다. 빈칸 (A)와 (B)에 들어갈 말로 가장 적절한 것끼리 짝지은 것은? 〈모의〉

Sarah Blakemore, a neuroscientist, scanned the brains of teenagers and adults while they were asked questions relating to decision-making. She found that teenagers responded using the rear part of the brain, where mainly self-centered actions are processed. A teenager's judgment on what to do was driven by the simple question: 'What would I do?' In contrast, adults use the front part of the brain involved in more complex functions such as processing how decisions affect others. They made a decision with the question: 'How would the people around me feel as a result of my actions?' The research showed teenagers were less likely to think about how they would feel in another person's shoes.

↓

Teenagers are more ______(A)______ than adults because they use a different ______(B)______ of their brain to make decisions compared to adults.

	(A)		(B)
①	impulsive	----	hormone
②	cautious	----	wave
③	selfish	----	region
④	flexible	----	signal
⑤	timid	----	function

9 **다음 글에서 필자가 주장하는 바로 가장 적절한 것은?** 〈수능〉

We have to ask ourselves a question. What kind of world will our children have to live in? Will they have air to breathe and food to eat? These are among the basic questions that were addressed at the first world meeting on the environment, attended by more than 100 world leaders and 30,000 other scientists, newspeople, and citizens concerned. These complex problems can no longer be solved by individual countries. Nations of the world must act together if we are to develop answers that will give a safe and healthy world to our children. World leaders should have the vision to protect our environment.

① 각국의 언론인들이 환경 보호 단체를 지원해야 한다.
② 어린이들에게 환경 보호의 중요성을 가르쳐야 한다.
③ 환경을 보호하기 위해 세계 각국의 협력이 필요하다.
④ 과학자들이 환경 보호 운동에 앞장서야 한다.
⑤ 환경 보호를 위해 환경법 개정이 우선되어야 한다.

10 **(A), (B), (C) 각 네모 안에서 어법에 맞는 표현을 골라 짝지은 것으로 가장 적절한 것은?**

It has become unrealistic to continue with the proposal (A) [linked / linking] local highways with the turnpike. The area was sparsely populated when the plan was first drawn up but that is no longer the case. If the plan moves ahead, it is likely that (B) [hundred / hundreds] of families will lose their homes and other property. In the same vein, the construction work will cause an unacceptable level of harm to the environment. A large number of birds and small animals, most importantly a few species already on the endangered list, would be forced out of their natural habitats and possibly (C) [become / becomes] extinct.

*turnpike 유료 고속도로

	(A)		(B)		(C)
①	linked	----	hundred	----	become
②	linked	----	hundreds	----	becomes
③	linking	----	hundreds	----	become
④	linking	----	hundred	----	becomes
⑤	linking	----	hundreds	----	becomes

11 **다음 글의 밑줄 친 부분 중, 어법상 틀린 것은?**

Giftgiving can involve a form of communication that is not easily ① recognized. Some people choose gifts that reflect their hidden desire for the recipient to become more like how they'd prefer that person to be. A case in point is parents who always buy a child science-related gifts, ② which could indicate hopes that the child will become a scholar. The difficulty with giving gifts in this way is that the true motivation behind ③ them may remain hidden. Of course, ④ not all giftgiving reflects this type of desire. But we should be aware of the possibility that our gifts can negatively ⑤ affect our closest relationships.

12 (A), (B), (C) 각 네모 안에서 문맥에 맞는 낱말을 골라 짝지은 것으로 가장 적절한 것은?

At the beginning of the 1950s, fewer than ten percent of American women colored their hair, but that figure soon rose much higher. The reason for the big change can be (A) [classified / summarized] in just one word: *advertising*. A national campaign, launched in the '50s by a hair dye company, Clairol, featured the slogan "Does she or doesn't she? Only her hairdresser knows for sure." An attractive woman was shown accompanied by a child, which suggested that even (B) [respectable / respective] women colored their hair. The ad caused Clairol's product sales to rise (C) [moderately / dramatically], because within a short time nearly seventy percent of U.S. women were coloring their hair.

	(A)		(B)		(C)
①	classified	----	respectable	----	moderately
②	summarized	----	respectable	----	dramatically
③	summarized	----	respectable	----	moderately
④	summarized	----	respective	----	dramatically
⑤	classified	----	respective	----	dramatically

지문 속 **필수어법 1**

한번 읽고 버리기 아까운 지문을 파헤쳐 보자!

독해에 적용되는 어법은 단순 암기식의 문법공부와는 다르다. 풀었던 지문 속에서 우리가 알고 있는 문법이 어떻게 적용되는지 복습하도록 하자.

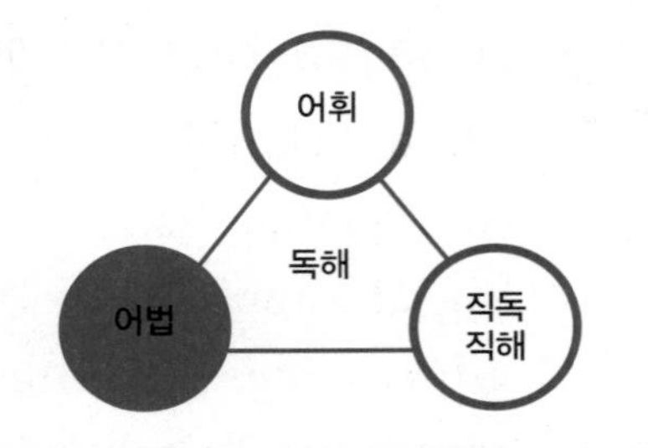

● **다음 밑줄 친 부분 중 문맥과 어법상 바르지 않은 것을 고르시오.**

1 We expected to be able to afford it because a rumor ① circulating around my wife's office last week ② that she would be replacing her boss, who is due to retire. [4번 지문]

2 Please remember, ① while we traditionally name our buildings after regional locations and landmarks, this year we are also ② considered names that highlight the special significance this new building has for our school. [6번 지문]

● **다음 중 문맥과 어법상 알맞은 것을 고르시오.**

3 Nearly all runaways come from homes in which there are clear problems, [because / though] there are cases where there has been little obvious trouble in the home. [7번 지문]

4 Some people choose gifts that reflect their hidden desire for the recipient to become more [like / alike] how they'd prefer that person to be. [11번 지문]

5 A national campaign, launched in the '50s by a hair dye company, Clairol, [featured / featuring] the slogan "Does she or doesn't she? Only her hairdresser knows for sure." [12번 지문]

6 An attractive woman was shown accompanied by a child, which suggested that even respectable women [color / colored] their hair. [12번 지문]

Checkbook **p.14**

UNIT

02 주제문이 없는 글의 요지 추론하기

주요 세부사항 1 (Major Detail 1)

Typically, owners of small businesses start out using their own savings and borrowing as much as they can. Still they often have too little money to carry their businesses through the first critical year, when sales are likely to be small.

+

주요 세부사항 2 (Major Detail 2)

Bankers are not eager to lend money to new firms.
When they actually do, interest rates are likely to be high.

+

주요 세부사항 3 (Major Detail 3)

Suppliers are seldom willing to provide goods or raw materials for businesses with a poor financial status. 〈모의〉

The biggest cause of business failure is lack of **capital**.
사업실패의 가장 큰 요인은 자금 부족이다.

하고 싶은 말을 직설적으로 하는 사람이 있고, 그렇지 않은 사람이 있듯이
글에도 주제문이 항상 드러나는 것은 아니다.
주제문이 드러나든 드러나지 않든, 결국 이야기하고자 하는 바는 하나이며
그 이야기를 하고자 여러 가지 근거들을 제시할 뿐이다.
여러 근거를 종합하여 핵심을 파악하는 연습을 해보자.

Unit Test 핵심스킬 집중훈련

▶ 개념편에서 다진 핵심 리딩스킬을 집중적으로 훈련해보자.

Checkbook p.15

1 **다음 글에서 필자가 주장하는 바로 가장 적절한 것은?**

A common misconception is that introverted personality types tend to experience a lot of failure in their lives because of their shyness. This may be true for some, but it is not true for all. Many introverts like to socialize, have many good friends, and maintain close relationships throughout life, even as they enjoy plenty of time alone. In the workplace, too, introverts can get along very well without forcing themselves to behave as extroverts. They not only focus quietly on doing their best but they also concentrate very well on what's important. Moreover, introverts can be great leaders, especially when they lead by example, with their tendency to be flexible, smart, responsible, and better than most extroverts at listening.

① 내향적인 기질이 성공이나 행복에 장애가 되지 않는다.
② 혼자 있기를 좋아하는 사람은 사교성이 떨어진다.
③ 개인의 성향은 의식적인 노력으로 바꿀 수 있다.
④ 비슷한 성향의 사람들은 더 깊은 유대관계를 맺는다.
⑤ 외향적인 성격은 훌륭한 지도자의 필수조건이다.

2 **다음 글의 요지로 가장 적절한 것은?**

The biggest and strongest tree in the forest is not the one that is hidden in the middle, protected from the wind and shaded from the sun. It is the one that plants its roots firmly at the edge of the forest, where it must face the harshest weather. In doing so, it becomes mighty and strong. Similarly, the strongest fighter is not the one who stands on the sidelines judging the trials and errors of the few who have the courage to enter the ring. A fighter in the ring may sometimes become bloodied and bruised, and experience defeat, but may also experience victory. A great fighter will feel pride and pleasure in having the courage to fight, whatever the outcome.

① It never rains but it pours.
② Don't judge a book by its cover.
③ Success improves the character of the man.
④ That which does not kill us makes us stronger.
⑤ The quarrels of friends are the opportunities of foes.

3 **다음 글의 제목으로 가장 적절한 것은?**

As farming societies developed in ancient times, people learned to store surpluses of food to help survive the winters and other times when food could not be hunted or grown. Having stable food surpluses led to the development of such skills as inventory control, security, and even a basic form of accounting, since not everyone was required to participate in hunting and gathering. Another part of life affected by surpluses was that of trade and markets. Having more food than they themselves needed, a group could make exchanges for things they did not have enough of, such as tools or clothing.

① Global Trade Analysis
② The Importance of Cooperation
③ The Lifestyle of Primitive People
④ Different Agricultural Methods
⑤ The Contribution of Surpluses

4

다음 글을 쓴 목적으로 가장 적절한 것은?

Road trips are a great way to see the countryside, but sudden showers or storms can quickly turn road conditions from safe to dangerous. To avoid disaster, it's important to check your vehicle before you go. Ensure your windshield wipers work well, and that the tread on your tires is at least 0.15 cm deep; use a tire-tread gauge or insert a coin into the tires' grooves to check. On the road, leave plenty of distance between your vehicle and the one ahead, in case it stops suddenly or crashes. It's also important to slow down to drive through any water on the road, as the sudden spray can weaken your brakes and blind your vision.

*tread (타이어 등이 지면이나 레일에) 닿는 면, 지면 접촉부

① 새로운 교통법 제정을 촉구하려고
② 자동차 여행 시 주의할 점을 알려주려고
③ 여행자 보험의 중요성을 알려주려고
④ 간단한 자동차 수리 방법을 알려주려고
⑤ 정기적인 차량 점검의 중요성을 강조하려고

5

다음 글의 제목으로 가장 적절한 것은?

[1]Just two of the important questions to ask of oneself before taking a risk on starting a new business are: Do I have management talent? and Am I experienced enough in this field?[2]Research indicates that entrepreneurs are highly persistent types and have an overwhelming need to be in control.[3]But they are also willing to take risks and the responsibility for them, as well as make tough decisions.[4]Successful entrepreneurs have patience and can wait until conditions are good for starting a business.[5]They also know how to learn from their mistakes, trust their own judgment, and keep a positive attitude.

① How To Attract Prominent Investors
② Features of Successful Entrepreneurs
③ Incentive Bonuses for Top Executives
④ How To Assess the Value of a Business
⑤ Ways To Overcome an Economic Crisis

6

다음 글의 내용을 한 문장으로 요약하고자 한다. 빈칸 (A)와 (B)에 들어갈 말로 가장 적절한 것끼리 짝지은 것은?

The 1904 World's Fair in St. Louis, Missouri, became the first place that ice cream was served in a cone. A Syrian immigrant to America, a Mr. Hamwi, traveled to the fair to sell his own special type of pancakes. He happened to get a booth at the center of the event, next to an ice cream vendor. On one of the busiest days, the ice cream seller ran out of clean bowls used for serving the treat. Mr. Hamwi then very considerately formed a pancake into the shape of a horn, which the vendor filled with ice cream for a customer — who loved it.

↓

> This is an example from life where a ____(A)____ to overcome an ____(B)____ difficulty led to an invention worth a fortune.

	(A)		(B)
①	creative idea	----	unexpected
②	helpful gesture	----	awful
③	creative idea	----	offensive
④	common response	----	irritating
⑤	helpful gesture	----	eventual

Real Test 실전 감각 키우기

▶ 앞서 훈련한 핵심 리딩스킬을 실전에 적용해보자.

Checkbook p.21

7 **다음 글의 주제로 가장 적절한 것은?** 〈모의〉

The next time you watch a movie, try to keep an eye out for products or brand-names in it. It is highly likely that you will see one of the major soft drinks appearing repeatedly. When you go shopping, you remember the brand name of the soft drink, and you might want to buy it. Then, you have already been affected by product placement. In many cases, the product placement results in a positive shift in brand attitude, causing viewers to buy the products. However, there is potential for a negative shift in brand attitude when consumers feel forced to see brand information too often.

① 제품 이름의 중요성
② 간접 광고의 영향
③ 광고 매체의 다양성
④ 소비자의 구매 성향
⑤ 허위 광고의 폐해

8 **다음 글의 목적으로 가장 적절한 것은?** 〈모의〉

There's a lot of history behind the Gold Dragons, so I can understand why everyone doesn't want to change the uniform. The new uniform looks a lot like the one that the team wore in the mid-80s. The lettering is blue instead of the more recent red, and it goes well with the logo on the sleeve. It might be strange that something worn in the 1980s is now considered a classic look, but it's the truth. Fans will be excited to see the team turn up in the uniform it wore while it won two World Championships in the 1980s. It's time to revive the glory days for our true fans and win new fans along the way.

① 유니폼의 품질에 대해 항의하려고
② 팀의 전력 강화 방안을 제시하려고
③ 응원단의 민주적인 운영을 촉구하려고
④ 응원 도구 구입의 필요성을 주장하려고
⑤ 새 유니폼 제작에 대한 지지를 호소하려고

9 **다음 빈칸에 들어갈 말로 가장 적절한 것은?** 〈수능〉

While the fine art object is valued because it is unique, it is also valued because it can be reproduced for ____________________. For example, Van Gogh's paintings have been reproduced endlessly on posters, postcards, coffee mugs, and T-shirts. Ordinary consumers can own a copy of the highly valued originals. Therefore, the value of the original results not only from its uniqueness but from its being the source from which reproductions are made. The manufacturers who produce art reproductions and the consumers who purchase and display them give value to the work of art by making it available to many people as an item of popular culture.

① art education
② artists' imagination
③ cultural diversity
④ scholarly research
⑤ popular consumption

10 **(A), (B), (C) 각 네모 안에서 어법에 맞는 표현을 골라 짝지은 것으로 가장 적절한 것은?**

Robert Hooke, the English physicist, formed a hypothesis stating that if a microscope had two lenses, it would be capable of (A) [production / producing] a clearer image of an object. To get evidence in support of his idea, he conducted experiments and recorded the results. Determined to prove his hypothesis, Hooke adjusted and readjusted the placement of the lenses. With each adjustment, he sketched accurate drawings based on the magnified objects he saw (B) [through / throughout] the microscope. Finally, the data he had collected were thoroughly studied and Hooke's conclusion (C) [supported / supporting] his original hypothesis.

*hypothesis 가설

	(A)		(B)		(C)
①	production	----	through	----	supported
②	production	----	throughout	----	supported
③	producing	----	through	----	supported
④	production	----	throughout	----	supporting
⑤	producing	----	through	----	supporting

11 **다음 글의 밑줄 친 부분 중, 어법상 틀린 것은?**

Newspaper production is a demanding and fast-paced industry. ① Working under tight deadlines, reporters and photographers constantly create original new material. Copyeditors check all ② printed material for accuracy in content, grammar, and style. They often read each article several times ③ to check for spelling, grammatical correctness, and precise word usage. To ensure factual accuracy, they use reference books and expert sources to double-check all reported ④ information. Also, ⑤ although a story is too long or uninteresting, they rewrite the story while retaining its original meaning.

12 (A), (B), (C) 각 네모 안에서 문맥에 맞는 낱말을 골라 짝지은 것으로 가장 적절한 것은?

The key to a successful business is customer satisfaction. The profitability of a company that produces consumer goods significantly depends upon the type and quality of service it provides to customers. Studies have (A) [confirmed / conformed] that only 5% of unsatisfied customers register complaints, while 95% simply shop somewhere else. That is why the role of the "secret shopper" has (B) [lost / gained] much importance in recent years. A secret shopper carries a detailed questionnaire to fill in about his or her experience of shopping at a store. The feedback helps managers make (C) [cruel / crucial] employment decisions and improve standards of customer care.

	(A)		(B)		(C)
①	confirmed	----	lost	----	cruel
②	conformed	----	lost	----	crucial
③	confirmed	----	gained	----	cruel
④	confirmed	----	gained	----	crucial
⑤	conformed	----	gained	----	cruel

지문 속 필수어법 2

한번 읽고 버리기 아까운 지문을 파헤쳐 보자!

독해에 적용되는 어법은 단순 암기식의 문법공부와는 다르다. 풀었던 지문 속에서 우리가 알고 있는 문법이 어떻게 적용되는지 복습하도록 하자.

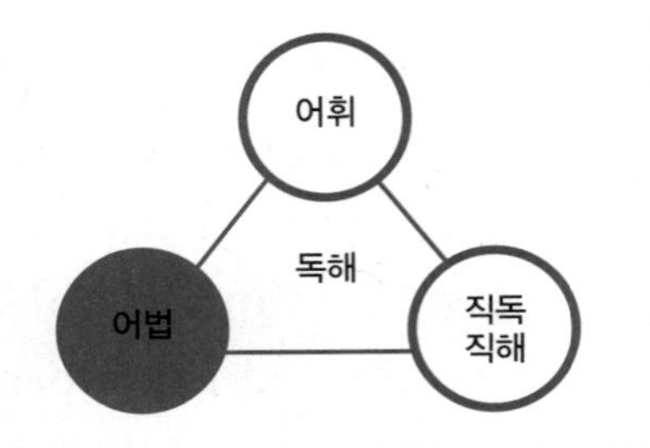

● **다음 중 문맥과 어법상 알맞은 것을 고르시오.**

1 Similarly, the strongest fighter is not the one who stands on the sidelines [judged / judging] the trials and errors of the few who have the courage to enter the ring. [2번 지문]

2 Another part of life affected by surpluses was [that / those] of trade and markets. [3번 지문]

3 Mr. Hamwi then very considerately formed a pancake into the shape of a horn, [that / which] the vendor filled with ice cream for a customer — who loved it. [6번 지문]

4 The feedback helps managers make crucial employment decisions and [improve / improving] standards of customer care. [12번 지문]

● **다음 문장에서 동사를 찾아 밑줄 긋고, 주어를 수식하는 어구에는 [ ] 하시오.**

5 The manufacturers who produce art reproductions and the consumers who purchase and display them give value to the work of art by making it available to many people as an item of popular culture. [9번 지문]

● **다음 중 생략된 부분을 찾아 알맞은 어구를 쓰시오.**

6 If a story is too long or uninteresting, they rewrite the story while retaining its original meaning. [11번 지문 응용]

Checkbook **p.25**

UNIT

03 글의 다양한 전개방식 파악하기

〈주제문〉 Two powerful instincts which exist in all human beings can be used in teaching: desire to be with other people and enjoyment of play.

Give 50 people four hours to climb a hill and walk down the valley to the nearest town. If they do this separately, many will arrive late, and nearly all will be tired. But if they go in groups, they will be **much less tired and they will arrive sooner**. They will stay together, and they will enjoy the experience.

대상 A의 특징:
각자 따로 산을 오를 때보다 함께 올랐을 때 덜 피곤함을 느끼고 더 빨리 도착할 것이다.

Similarly, 이와 마찬가지로

If a teacher can get a class of 30 students to feel that they are all working together, and if he can give them some reason to enjoy it, the students will **do better work** than if they had been forced. 〈모의〉

대상 A의 특징을 바탕으로 대상 B의 특징을 유추:
그룹을 지어 과제를 냈을 때 더 잘할 것이다.

글쓴이는 글의 흐름을 다양한 방식으로 전개해 나가는데, 이를 글의 전개방식이라 한다.

전개방식을 이해하면, 글의 핵심내용을 더욱 빠르고 정확하게 이해할 수 있게 된다.
글의 전개방식을 알려주는 연결어, 주제문 등을 근거로
글의 핵심내용을 빠르게 파악하는 훈련을 해보자.

Unit Test

핵심스킬 집중훈련

▶ 개념편에서 다진 핵심 리딩스킬을 집중적으로 훈련해보자.

Checkbook p.26

1

글의 흐름으로 보아, 주어진 문장이 들어가기에 가장 적절한 곳은?

The notes and octaves of the melodies produced depend on the neck and string length of both types of string instruments.

String instruments generate melodies with the use of vibrating strings. (①) Some instruments, like the guitar, are played by plucking or strumming with the fingers or a special tool called a pick. (②) Others, like the cello, are played by drawing a bow over the strings. (③) For instance, the violin has a short neck and strings that are only 13 inches long, but the double bass has a long neck and 42-inch strings. (④) In contrast to the violin's clear sounds, the bass's large size produces deep, almost muffled, sounds. (⑤) This makes it relatively easy to shift octaves on the violin, but the bass requires more effort and movement to move between octaves.

*strum ~을 퉁기다 **muffle (소리를 낮추어) 죽이다

2

빈칸에 들어갈 말로 가장 적절한 것은?

How good is your knowledge of astronomy? Can you tell me with certainty whether or not there is gravity in space? Everybody has seen footage of astronauts weightlessly floating over the earth, and although it looks like the forces of gravity are not being applied to those astronauts, they most certainly are. The earth's pull on the astronauts gets weaker with the distance from the earth, but it never falls to zero. The reason why they appear not to experience the pull of gravity is that they are orbiting the earth. In fact, they are ________________________, but the force of gravity is balanced by the orbital motion. The net result is they follow the curve of the earth, always safely above and never too close to it.

*footage (영상의 특정) 장면

① floating in space
② exploring space
③ close to the next planet
④ being drawn towards the earth
⑤ moving away from the moon

3

다음 글을 쓴 목적으로 가장 적절한 것은?

The workforces of some European countries have a reduced number of older staff, partly because of the early retirement offers. The theory behind those offers was that if older people retired, then younger workers could step into the vacancies. The reality, however, has been altogether different: most of the positions retired from have simply disappeared from the job market. Corporations in technologically advanced nations are in the middle of a restructuring trend. It is not viewed as cost-efficient to retain older workers whose skills may be outdated, or to hire inexperienced staff with little training. Therefore, the push for early retirement just reduces the number of available jobs; it does not introduce more opportunities for youth.

① 청년 실업의 심각성을 알리려고
② 퇴직자를 위한 지원을 요청하려고
③ 적극적인 구직 활동을 장려하려고
④ 구조조정의 효용성을 설명하려고
⑤ 조기 퇴직의 문제점을 일깨우려고

4

다음 글의 요지로 가장 적절한 것은?

Some researchers believe that the minds of people considered to be geniuses do not differ in basic ways from anyone else's mind, except that ordinary abilities are combined in them in unusual ways. There must be strong interest in some subject, but that's common enough. There also must be great proficiency in a chosen subject; this is not uncommon, either. The level of self-confidence required to pursue new or "strange" ideas, which can be referred to as stubbornness, is also easily found in people. There is a measure of common sense in the mix, too. Since these are essentially ordinary traits, why can't a "common" person, when more fiercely motivated, become a genius?

① 뛰어난 업적을 달성하려는 의지는 누구에게나 있다.
② 성공하려면 단점을 긍정적으로 활용할 줄 알아야 한다.
③ 모든 사람은 천재가 될 수 있는 잠재성을 가지고 있다.
④ 사회의 우수 인재 확보를 위해 영재교육에 힘써야 한다.
⑤ 타고난 재능도 꾸준히 갈고 닦아야 빛을 발한다.

5

다음 글에서 전체 흐름과 관계 없는 문장은?

Loneliness, perhaps one of the most common of emotional states, can affect a person during major life changes. ① These include entering college, getting a new job, ending a relationship, or grown children leaving home. ② However, we cannot assert that loneliness is equivalent to being alone. ③ Nearly everyone has experienced feeling lonely in a crowd, and yet being quite comfortable when surrounded by silence. ④ Even if for just a couple of hours each day, take time away from others. ⑤ Loneliness, on the other hand, is a feeling that something is missing in your social relationships, and the need to know or experience something more profound than what your life currently offers you.

6 주어진 글 다음에 이어질 글의 순서로 가장 적절한 것은?

Children do not learn to speak well through constant corrections of their speech; and should correcting occur too frequently, they will speak less.

(A) They constantly adjust their style and correct their own mistakes when they hear the "right" way to say something. They make progress in their ability to match standard language usage, step by step.

(B) Instead, children learn by comparing the way they speak with the way the majority of other kids and adults do.

(C) In the same way, kids master other things without too much adult supervision: from basic physical activities to complex athletic movements. Children know their own limits and try to push through them.

① (A) — (C) — (B)
② (B) — (A) — (C)
③ (B) — (C) — (A)
④ (C) — (A) — (B)
⑤ (C) — (B) — (A)

Checkbook p.32

7 **다음 빈칸에 들어갈 말로 가장 적절한 것은?** 〈모의〉

When you go swimming, you are always told to be careful not to bruise yourself against the rocks. However, fish swimming in the water rarely get bruised, moving through cracks in rocks and the branches of thorny water plants. It's because they have scales on their bodies which serve as a protective layer. The toughness of these scales is determined by ________________. For example, the scales of fish living in waters, where they should protect themselves from ragged surfaces, are tough. Some people even use them as a substitute for sandpaper. On the other hand, the fish which do not encounter too many rough surfaces have very soft scales.

① how big the fish are
② how much the fish eat
③ how fast the fish swim
④ how harsh the environment is
⑤ how intense water pressure is

8 **다음 글의 요지로 가장 적절한 것은?** 〈모의〉

Have you tried Monopoly board games? Playing the game, sometimes you have exciting moments when you buy many properties and earn much money. Sometimes you have dull moments when poor progress is made and you have no chance to buy any property. In the latter situation, you are likely to feel bored if you are stuck in one place. In a way, however, it gives you a chance to prepare for the next turn without losing any money. Life is just like the game. It is thrilling, but for the most part, life is ordinary and admittedly boring. Boredom is a constitutive element of life. It will lead you to deep reflection on yourself and the society you belong to, which turns into a stepping-stone on the path to being a mature person.

① 기회는 준비된 자에게 찾아온다.
② 지루함은 삶을 위한 긍정적 요소이다.
③ 성공지향적인 태도는 삶을 단조롭게 만든다.
④ 모노폴리 게임은 사회성 발달에 도움이 된다.
⑤ 익숙한 사물을 새로운 관점으로 보아야 한다.

9 **다음 글의 주제로 가장 적절한 것은?** 〈수능〉

Many people believe that they will be free of their anger if they express it, and that their tears will release their pain. This belief derives from a nineteenth-century understanding of emotions, and it is no truer than the flat earth. It sees the brain as a steam kettle in which negative feelings build up pressure. But no psychologist has ever succeeded in proving the unburdening effects of the supposed safety valves of tears and anger. On the contrary, over forty years ago, controlled studies showed that fits of anger are more likely to intensify anger, and that tears can drive us still deeper into depression. Our heads do not resemble steam kettles, and our brains involve a much more complicated system than can be accounted for by images taken from nineteenth-century technology.

① 감정 표출의 효과에 대한 오해
② 두뇌 구조와 우울증의 관계
③ 19세기 과학이 뇌신경학에 미친 영향
④ 감정에 따른 두뇌 반응의 상이성
⑤ 눈물과 분노의 심리적 유사성

어법·어휘 실전 대비

▶ 실전 유형 문제를 통해 1등급 완성을 위해 필수적인 어법 · 어휘 유형을 보강하자.

Checkbook p.35

10 다음 글의 밑줄 친 부분 중, 어법상 틀린 것은?

Carlo Petrini is at the center of a global campaign called Slow Food, ① who aims to conserve agricultural diversity and protect traditional foods. Petrini's belief is ② that principles and pleasure can fit together. "Why does saving the world always have to be a ③ depressing mission?" asks Petrini. When he wanted people to become interested in protecting their unique local cuisines, Petrini did not open a campaign office — he opened a restaurant. The food and atmosphere at the restaurant ④ highlighted the traditional regional delights that Petrini was trying to protect, and it offered them at a reasonable price. Many people came to enjoy the great-tasting food and, as they did ⑤ so, they realized why it was so important.

11 (A), (B), (C) 각 네모 안에서 어법에 맞는 표현을 골라 짝지은 것으로 가장 적절한 것은?

During the many backyard celebrations in America on its Independence Day each year, significant numbers of participants and bystanders alike are injured by fireworks. A few thousand people (A) [annual / annually] sustain eye injuries from poor supervision of the use of fireworks. Among those, nearly a third suffer lifelong vision damage, while another quarter experience a degree of or complete blindness. The premier U.S. eye care association urges citizens to enjoy the dazzling public displays (B) [more than / rather than] set off fireworks themselves. If fireworks are a must, however, be sure to read and follow all warnings and instructions and never let children (C) [light / to light] them.

	(A)		(B)		(C)
①	annual	----	more than	----	to light
②	annual	----	rather than	----	light
③	annually	----	more than	----	to light
④	annually	----	rather than	----	light
⑤	annually	----	rather than	----	to light

12 (A), (B), (C) 각 네모 안에서 문맥에 맞는 낱말을 골라 짝지은 것으로 가장 적절한 것은?

There are some particular ways that children should be seen and responded to as (A) [mature / premature] beings. One of these areas concerns language development: adults are not doing kids a favor by using baby talk with them. Speaking to children in a grown-up manner can develop their language skills more rapidly. Second, parents must agree on the best way to discipline their children and then be (B) [corresponding / consistent]. If the penalty for not cleaning up toys is no computer game time, then parents must enforce that. Third, it is recommended that kids be allowed to make decisions about simple issues, to help them prepare for the harder ones they will have to (C) [confront / contest] later.

	(A)		(B)		(C)
①	mature	----	corresponding	----	contest
②	mature	----	corresponding	----	confront
③	mature	----	consistent	----	confront
④	premature	----	consistent	----	confront
⑤	premature	----	corresponding	----	contest

지문 속 필수어법 3

한번 읽고 버리기 아까운 지문을 파헤쳐 보자!

독해에 적용되는 어법은 단순 암기식의 문법공부와는 다르다. 풀었던 지문 속에서 우리가 알고 있는 문법이 어떻게 적용되는지 복습하도록 하자.

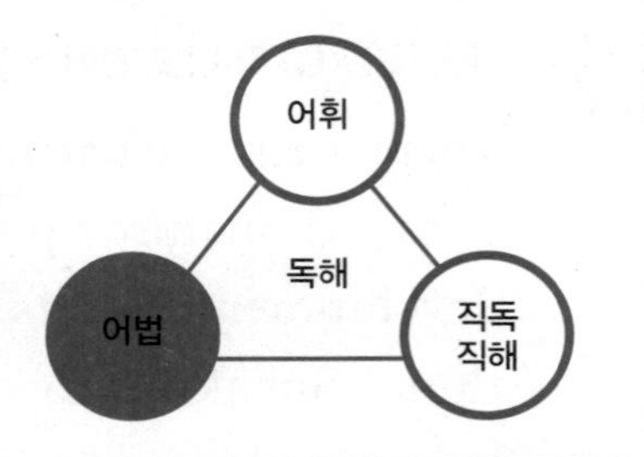

● 다음 밑줄 친 부분 중, 문맥과 어법상 바르지 않은 것을 고르시오.

1 Some researchers believe that the minds of people ① consider to be geniuses ② do not differ in basic ways from anyone else's mind, ③ except that ordinary abilities are combined in them in unusual ways. [4번 지문]

2 The level of self-confidence ① required to pursue new or "strange" ideas, ② which can be referred to as stubbornness, is also easily ③ founded in people. [4번 지문]

3 Loneliness, on the other hand, is a feeling ① that something is missing in your social relationships, and the need to know or experience something more profound than ② that your life currently offers you. [5번 지문]

4 Children do not learn to speak well through constant corrections of their speech; and ① should correcting occur too frequently, they will speak ② more. [6번 지문]

5 For example, the scales of fish living in waters, ① which they should protect ② themselves from ragged surfaces, ③ are tough. [7번 지문]

6 Third, it is recommended that kids ① are allowed to make decisions about simple issues, to help them ② prepare for the harder ③ ones they will have to confront later. [12번 지문]

Checkbook **p.37**

UNIT

04 연결어가 없는 글의 전개방식 파악하기

An economist says that he wants to tell the young people who are still crowding restaurants to stay home and eat home-cooked meals. And he says, "Save for the rainy days." I hope no one listens, because this approach could lead to disaster. The restaurant industry is the largest employer of unskilled labor in the country. And unlike in other industries, these workers live here among us, not on the other side of the globe. Large-scale layoffs among food service workers haven't happened yet, but it is important to see that they don't. For our country to remain economically stable, it is of great importance that customers continue to spend as they normally do. 〈모의〉

↓

외식비 지출을 유지해야 한다.

연결어는 글을 유기적으로 연결해주는 연결고리 역할을 한다.

연결어를 이용하면 문장 · 단락 간의 관계를 더욱 명확히 이해할 수 있지만,
없어도 내용 이해에 지장이 없는 경우에는 종종 생략하기도 한다.
연결어가 없는 글을 읽으며 명확히 드러나지 않은
문장 간 논리 관계를 이해하는 훈련을 해보자.

핵심스킬 집중훈련

▶ 개념편에서 다진 핵심 리딩스킬을 집중적으로 훈련해보자.

Checkbook p.38

1 **다음 글의 요지로 가장 적절한 것은?**

Life is filled with such a variety of challenges that we often look for guidance from proverbs. These are valuable tools even though some appear to contradict each other at first, such as: "Many hands make light work" and "Too many cooks spoil the broth." Each of these proverbs proves true in light of particular, not similar, contexts. Such time-consuming but unskilled jobs as picking up litter in a park are indeed made lighter work with many people helping out. It is equally true that too many qualified people working on a job requiring complicated skills might ruin it because of competing viewpoints.

① 가능한 한 많은 해결책을 고려해보는 게 좋다.
② 경험에서 축적된 지식은 삶의 귀중한 자산이다.
③ 상충되는 의견 조율은 리더의 기본 자질이다.
④ 여럿이 협동할수록 좋은 결과가 나온다.
⑤ 상황에 따라 문제에 대한 접근 방법이 달라진다.

2 **다음 글에서 전체 흐름과 관계 없는 문장은?**

Toys and other gifts are a wonderful part of a child's play but they also improve learning skills, even making math problems like "how many?" fun to learn. ① The higher skill of estimation, as well as problem solving and creative thinking, results from inventive play with toys. ② Hand-eye coordination and fine-motor development, helpful when learning to write, are first practiced by playing with stacking toys. ③ In selecting toys for a child, there is unanimous agreement that the first consideration should be safety. ④ Beautifully illustrated books help develop reading skills, a large vocabulary and possibly an enduring attraction to literature. ⑤ Children get to understand the world and relationships in new ways through play with beloved dolls and other figures.

3

빈칸 (A)와 (B)에 들어갈 말로 가장 적절한 것끼리 짝지은 것은?

Some problems, such as those found in mathematics, have only one or maybe two possible solutions. There are others, ___(A)___, that have many more possible answers and are best handled with the flexibility, creativity, and insight that comes with time and patience. If you find yourself faced with a problem that cannot be solved even after careful consideration and sincere effort to figure it out, then take a break for a while and return to it later. ___(B)___, approaching the problem from a fresh angle is best. It is possible for us to get so caught up in the details of a problem that we are unable to see what will later stand out as an obvious solution.

	(A)		(B)
①	however	----	In other words
②	for instance	----	But
③	therefore	----	Instead
④	for instance	----	As a result
⑤	however	----	Besides

4

다음 글에서 필자의 주장으로 가장 적절한 것은?

Many college students experience feelings of doubt about their choice of major. These students can benefit by exploring other options. An education major might come to prefer engineering, while a sociology major may find ancient history more interesting. Another motivation for considering other subjects is that few professional careers are based on an education in just one field. The more varied a student's background, the better. Some students may protest that they cannot take courses outside their majors and still graduate on the expected date. They should know that there are in fact ample opportunities for taking interesting courses outside their major, any of which might suit them better.

① 자신의 전공 외에도 다양한 수업을 들어야 한다.
② 원하는 직업을 얻기 위해서 성적 관리를 잘 해야 한다.
③ 성공을 위해서는 한 분야의 전문가가 되어야 한다.
④ 최근 대학의 졸업 요구 조건이 까다로워지고 있다.
⑤ 직업 목표에 맞는 수업을 선별해서 들어야 한다.

5

다음 글의 빈칸에 들어갈 말로 가장 적절한 것은?

Geologists from around the world travel to the Grand Canyon to study what is recognized as one of our planet's most cherished geological sites. The walls of the canyon consist of exposed layers, each one containing ______________ that have taken place over millions of years. While one layer may give us a picture of 10,000-year old volcanic activity, another layer gives evidence of a gigantic lake that covered much of south-western North America. In the magnificent Grand Canyon, geologists and archaeologists have uncovered bones of ancient animals that roamed the earth long ago. The layers of the canyon provide invaluable information about the development of the earth. They are like pages in the storybook of our planet.

① precious fossil fuels
② the routes of early explorers
③ historical data of famous volcanoes
④ world-famous prehistoric paintings
⑤ a record of major natural events

6

다음 글의 제목으로 적절한 것은?

Should you want to become a writer, no matter what kind of writer you want to be, then keep a notebook handy at all times. Every day brings unique events, but the ideas that may occur to you because of them need to be quickly recorded. A bit of conversation you hear or the wording of a humorous sign could be hard to recall later if not immediately written down. It is better to always be receptive to what's going on around you as well as to be sensitive to your impressions about it. Imagine your ideas as butterflies flitting around in your head — you need to capture them before they disappear.

① Pay Attention to Your Inside World
② Great Ideas Come from Everyday Life
③ Always Be Ready for Idea Recording
④ Genre Doesn't Matter for Good Readers
⑤ To Be a Writer: Keep a Diary Every Day

Checkbook p.44

7

다음 글의 주제로 가장 적절한 것은? 〈모의〉

When I was a kid, I was always left out when my friends chose their baseball team players. In those days there were no baseball gloves for the left-handers like me. I was normal in other times but I was considered disabled every time they played the game. Fortunately my son, who is also a left-hander, was born after the gloves for the left-handers were invented. So he doesn't have to feel what I felt when he wants to play baseball. There are other various inventions which can reduce the condition of disability. Thanks to eyeglasses, I can avoid feeling powerless in this world. Wheelchairs can improve the mobility of the people who cannot walk.

① inventions ignored in the past
② inventions for handicapped people
③ efforts to narrow a generation gap
④ common habits among family members
⑤ technological development through ages

8

다음 글의 주장으로 가장 적절한 것은? 〈모의〉

1 There is a report showing that in our country, each individual donates about one tenth of the money donated in advanced countries. This is because many people have no idea about giving even a small amount of money to charity. In advanced countries, children are taught to raise money for the needy by selling sandwiches, cookies or lemonade at street stands. But our children have grown up without being educated about the need to give. We need to take steps to spread the message of giving throughout our society, and educating people at an early age should be the first step in doing this. Mothers and fathers could take their children to senior citizens in need with presents. If practices like this become a way of life, we will be able to change our country gradually.

① 자선 단체 활성화를 위해 정부의 지원을 늘려야 한다.
② 어릴 때부터 기부하는 태도를 길러주어야 한다.
③ 어린이 경제 교육 프로그램을 개발해야 한다.
④ 소외계층을 위한 재정 지원을 확대해야 한다.
⑤ 노인 복지 시설을 선진국 수준으로 확충해야 한다.

9

다음 글의 빈칸 (A), (B)에 들어갈 말로 가장 적절한 것은? 〈수능〉

Sheets of paper exist almost entirely for the purpose of carrying information, so we tend to think of them as neutral objects. We rarely interpret marks on paper as references to the paper itself. ___(A)___, when we see the text, characters, and images on artifacts that serve other purposes, we generally interpret these marks as labels that do refer to their carriers. Natural objects do not come with labels, of course, but these days, most physical artifacts do. ___(B)___, their designers have chosen to shift part of the burden of communication from the form and materials of the artifact itself to lightweight surface symbols. So, for example, a designer of door handles might not worry about communicating their functions through their shapes, but might simply mark them 'push' and 'pull.'

*artifact 인공물

	(A)		(B)
①	However	----	Otherwise
②	Likewise	----	In contrast
③	However	----	That is
④	Besides	----	In contrast
⑤	Besides	----	That is

어법·어휘 실전 대비

▶ 실전 유형 문제를 통해 1등급 완성을 위해 필수적인 어법 · 어휘 유형을 보강하자.

Checkbook p.47

10 **다음 글의 밑줄 친 부분 중, 어법상 틀린 것은?**

The materials used in housing construction tend to expand a bit ① during the day's heat and then cool off and shrink again after dark. This continual cycle of change is heard as a series of pops, squeaks, and any number of ② other sounds. The reason people only notice them after nightfall ③ are that the noise from daily activities tends to hide them. Then again, people may be listening ④ a little harder for strange sounds during the night. There is no doubt, however, ⑤ that houses create these noises all day long.

11 **(A), (B), (C) 각 네모 안에서 어법에 맞는 표현으로 가장 적절한 것은?**

(A) [If / Whether] it is domestic or international, trade ought to be mutually beneficial. That is to say, it is not an arrangement set up so that one business will gain more than any other. Instead it is a contract (B) [whose / which] terms will provide benefits for everyone involved in the transaction. Business enterprises specialize in producing goods that will appeal to others as a basis for trade. Since the type of merchandise that a company will try to specialize in varies, this becomes the motivation for it to seek out and (C) [establish / establishes] efficient trade arrangements.

	(A)		(B)		(C)
①	If	----	whose	----	establish
②	If	----	which	----	establish
③	Whether	----	whose	----	establishes
④	Whether	----	which	----	establishes
⑤	Whether	----	whose	----	establish

12 (A), (B), (C) 각 네모 안에서 문맥에 맞는 낱말을 골라 짝지은 것으로 가장 적절한 것은?

In the early days of the mining industry, workers would descend into a mine area carrying a cage with a canary inside. If the canary lost consciousness or died, that alerted miners to low oxygen levels or the (A) [presence / pressure] of dangerous gases. Likewise, animals are giving us warning signs today. Because of the effects of pesticide use, the eggshells of some bird species are very (B) [frank / fragile], so the baby birds inside die before hatching. Fish stocks in lakes are dying off from acid rain, mercury poisoning, or other contaminants. Inevitably, these environmental disasters will (C) [impact / improve] all species, including human beings.

*canary 《조류》 카나리아

	(A)		(B)		(C)
①	presence	----	frank	----	impact
②	presence	----	fragile	----	impact
③	pressure	----	frank	----	impact
④	pressure	----	fragile	----	improve
⑤	pressure	----	frank	----	improve

지문 속 **필수어법 4**

한번 읽고 버리기 아까운 지문을 파헤쳐 보자!

독해에 적용되는 어법은 단순 암기식의 문법공부와는 다르다. 풀었던 지문 속에서 우리가 알고 있는 문법이 어떻게 적용되는지 복습하도록 하자.

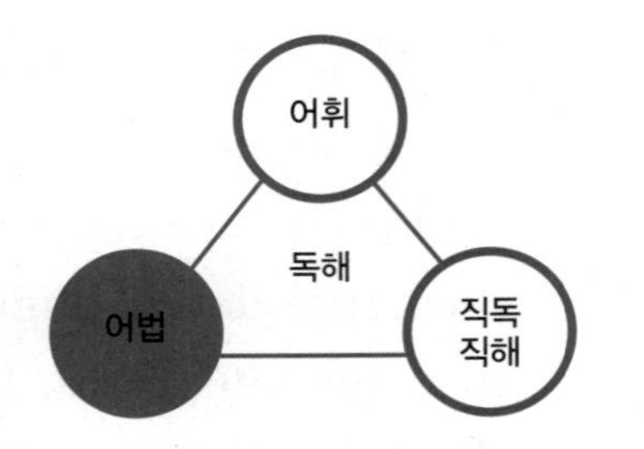

● **다음 중 문맥과 어법상 알맞은 것을 고르시오.**

1 Each of these proverbs [prove / proves] true in light of particular, not similar, contexts. [1번 지문]

2 Such time-consuming but unskilled jobs as picking up litter in a park [is / are] indeed made lighter work with many people helping out. [1번 지문]

3 If you find yourself faced with a problem that cannot be solved even after careful consideration and sincere effort to [figure it out / figure out it], then take a break for a while and return to it later. [3번 지문]

4 The walls of the canyon [consist of / are consisted of] exposed layers, each one containing a record of major natural events that have [taken place / been taken place] over millions of years. [5번 지문]

● **밑줄 친 It[it]이 가리키는 것에 각각 밑줄을 그으시오.**

5 It is equally true that too many qualified people working on a job requiring complicated skills might ruin it because of competing viewpoints. [1번 지문]

● **우리말 해석과 같은 뜻이 되도록 괄호 안의 단어를 알맞게 바꿔 쓰시오..**

6 학생의 배경이 다양할수록, 더 좋다.
= __________ __________ __________ (varied) a student's background, __________ __________ (good). [4번 지문]

Checkbook **p.48**

UNIT

05 장문 독해 빠르게 해치우기

It was spring and some 6th grade boys at a suburban elementary school were fooling around on the playground. They had discovered a great new trick. One of them would kneel down behind someone and the other would push the person over. The trick worked perfectly with Anna. She fell over with ease. She was hurt and crying. In the process she had broken her wrist. The yard duty staff sent the shaken boys to the principal.
The principal began by saying that she understood that they were playing and had not meant to cause serious harm, but that, in fact, they had. She explained that the girl would have to wear a cast for weeks and now lots of ordinary things would be more difficult for her. She pointed out that the girl played the flute and would now not be able to play in the spring concert. By the time she finished, the boys were in tears and very sorry for what they had done. The principal also suspended the boys for a day, explaining to them that even though she knew they were sorry and had not meant to cause such harm, she believed suspension was necessary to signal to everyone in the community the seriousness of the situation. On their own, the boys brought the girl flowers and apologized for hurting her. 〈모의〉

Taking Responsibility for Your Actions

시든 소설이든 글쓴이가 글에서 풀어내고자 하는 주제는 하나이듯 수능에 나오는 글 또한

길이가 어떻든 그 속의 주제는 분명 하나일 수밖에 없다.

글이 짧을수록 함축적 표현을 많이 쓰는 반면, 글이 길수록 풀어쓰기 때문에,
다른 지문에 비해 요지 파악이 쉬울 수 있다.
지레 포기하기 쉬운 장문 독해를 단숨에 해치우는 핵심스킬을 집중 훈련해보자.

Checkbook p.50

[1~2] 다음 글을 읽고, 물음에 답하시오.

If our planet were to be visited by beings from another world, they might look around and come to the conclusion that the human race was comprised of (a) <u>shiny metallic "beetles"</u> traveling here and there. This wouldn't be entirely inaccurate, since motor vehicles have become so much more than just a way to get around: they are determining the entire structure of our cities. (b) <u>The single largest consumer of urban space</u> is its extensive roadways and parking areas. Much more public land would be available if less space was reserved for vehicles. Not only do they occupy space, they also create noise, and that noise causes stress. They are also (c) <u>one of the biggest sources of air pollution</u>.

Nations depend on multiple and varied sources of energy not just to compete effectively in world commerce, but also for their very survival. With the world now a place where energy sources are becoming ever more scarce and costly, (d) <u>this heavy feeder</u> still consumes vast quantities of fuel that could instead help power industry and heat our homes. Our indulgence of the desire for private transportation has created a monster in our midst. It is (e) <u>a creature of questionable merit</u> but one that we feel compelled to acquire, regardless of its tendency to make life less safe and enjoyable.

1 **위 글의 제목으로 가장 적절한 것은?**

① Road System Expansion in Urban Areas
② How To Improve Fuel Efficiency in Vehicles
③ Future Types of Transportation Networks
④ The Societal Consequences of Owning Cars
⑤ The Hidden Environmental Costs of Driving

2 **밑줄 친 (a)~(e) 중에서 가리키는 대상이 나머지 넷과 다른 것은?**

① (a)　② (b)　③ (c)　④ (d)　⑤ (e)

[3~4] 다음 글을 읽고, 물음에 답하시오.

Professionals in the field of child development put a great deal of ____(A)____ on the importance of families having meals together. The experts cite numerous studies indicating that children are then less likely to get into trouble for antisocial behavior and are more motivated to do well academically. Researchers state that meals are not just about putting food in our mouths: they are about teaching good manners and a society's values and culture.

The act of sharing meals with family, however, does not guarantee that it is being done ____(B)____. Being together at the same table does not mean that meaningful conversation happens: children tend to get restless and their attention wanders; mothers and fathers can be distracted by the demands of their work days. Family members may as well go off and eat by themselves if there is a lack of communication.

It is encouraging that further study of family meal patterns indicates that the experience improves with ____(C)____. Conversely, the fewer meals a family shares each week, the more unpleasant the experience can become. Nearly half of families studied that ate together less than four times a week reported that a television was on during meals, and a third of the families spoke little while eating. Children in these groups, far more than those in families eating together frequently, spoke of meal times as being quite tense and were less likely to believe that their parents had feelings of pride toward them.

3

위 글의 요지로 가장 적절한 것은?

① 균형 잡힌 식생활을 위해 외식 횟수를 줄여야 한다.
② 아이들은 부모로부터 사회적 관습과 가치를 습득한다.
③ 어릴 때의 식습관은 성인이 되어서도 영향을 미친다.
④ 음식은 신체발달 외에 정서적 안정과도 관련이 있다.
⑤ 가족이 함께 자주 식사할수록 원활한 대화가 이루어진다.

4

위 글의 빈칸 (A), (B), (C)에 들어갈 말을 짝지은 것 중 가장 적절한 것은?

	(A)		(B)		(C)
①	influence	----	efficiently	----	treatment
②	emphasis	----	efficiently	----	treatment
③	emphasis	----	correctly	----	practice
④	burden	----	correctly	----	practice
⑤	burden	----	properly	----	etiquette

Checkbook p.54

[5~7] 다음 글을 읽고, 물음에 답하시오. 〈모의〉

(A)

I no longer saw (a) the big figure in the same light. Instead of the dull boy who I had hated for a long time, here was someone like me, the human being who had internal value and worth far beyond any externals. It was amazing what I had learned from being forced to run hand-in-hand with someone. For the rest of my life I have never raised a hand against (b) another person.

(B)

At some point during the course of the obligatory mini-marathon that both of us felt anger about, I remember looking over at (c) the large person beside me. His nose was still bleeding a bit. Tears filled his eyes. His giant body slowed him down. Suddenly it struck me that here was a person, not all that different from myself. I guess (d) my unwilling partner thought the same thing because we both looked at each other and began to laugh. In time, we became good friends.

(C)

The gym teacher walked into the room, and recognized that I had been fighting with Matt. He sent us out to the running track. He followed us with a smile on his face and said, “I want both of you to run the track holding each other's hands.” The class captain erupted into a roar of laughter, and we were embarrassed beyond belief. Hesitantly, (e) my enemy and I started running. What had earlier been fists were now linked in a strange handshake.

5 **위 글의 순서로 가장 적절한 것은?**

① (A) – (C) – (B)
② (B) – (A) – (C)
③ (B) – (C) – (A)
④ (C) – (A) – (B)
⑤ (C) – (B) – (A)

6 **밑줄 친 (a)~(e) 중에서 가리키는 대상이 나머지 넷과 다른 것은?**

① (a) ② (b) ③ (c) ④ (d) ⑤ (e)

7 **위 글이 시사하는 바로 가장 적절한 것은?**

① 화해하는 데에는 친구의 역할이 중요하다.
② 규칙적인 운동은 정신 건강에 이롭다.
③ 강제성을 띤 행동 교정은 오히려 역효과를 낳는다.
④ 협동심을 기르는 것이 문제해결의 열쇠이다.
⑤ 상대방의 내적 가치를 존중하는 자세가 필요하다.

Checkbook p.56

8

다음 글의 밑줄 친 부분 중, 어법상 틀린 것은?

Telescopes are essential for professional astronomers, but for someone who has just found a new hobby there may be a better choice. Binoculars offer a very wide field of view, and the images ① seen through them are right side up, which means objects in space are easier to find. It also takes no time or expertise ② to set up binoculars. One can simply pick them up, go outside and start viewing. That makes binoculars ③ ideal for busy people who do not have the time or energy to put together a complex telescope every time they want to use ④ them. Binoculars are also ⑤ much less expensive, so you can try out your new hobby without making too big *or* great an investment.

9

(A), (B), (C) 각 네모 안에서 어법에 맞는 표현으로 가장 적절한 것은?

An astronaut, Catherine Coleman has no medical training and had no experience in surgery (A) [until / by] yesterday — when she successfully removed a gallbladder. How did she do it? Telemedicine. This was a simulated surgery performed by NASA on a very lifelike mannequin. It was done by making a small hole in the belly and (B) [placing / placed] a camera inside. Then from 1,300 miles away a surgeon used a robotic arm to control the internal video camera while instructing the astronaut how to perform the operation. The idea of the experiment was to find out (C) [if / that] astronauts could perform complex surgeries in space with the help of robotics and telemedicine.

*gallbladder 《해부》 쓸개

	(A)		(B)		(C)
①	until	----	placing	----	if
②	by	----	placing	----	that
③	until	----	placing	----	that
④	by	----	placed	----	if
⑤	until	----	placed	----	if

10 (A), (B), (C) 각 네모 안에서 문맥에 맞는 낱말을 골라 짝지은 것으로 가장 적절한 것은?

Human infants are vulnerable and must rely completely upon others for all of life's necessities. Whereas many animals can walk very shortly after birth, babies normally (A) [require / acquire] a full year of development before they learn this skill. Studies have now revealed, though, that newborns are considerably more (B) [competitive / competent] than was once believed. They are born with an (C) [instinct / extinction] to seek food and protection, and have quite a strong grip when anything is placed in their fingers. It was also once thought that newborns could not see or hear, but we are now aware that each of the five senses functions at birth.

*vulnerable 상처받기 쉬운, 취약한

	(A)		(B)		(C)
①	require	----	competitive	----	instinct
②	require	----	competent	----	extinction
③	acquire	----	competent	----	extinction
④	require	----	competent	----	instinct
⑤	acquire	----	competitive	----	extinction

지문 속 필수어법 5

한번 읽고 버리기 아까운 지문을 파헤쳐 보자!

독해에 적용되는 어법은 단순 암기식의 문법공부와는 다르다. 풀었던 지문 속에서 우리가 알고 있는 문법이 어떻게 적용되는지 복습하도록 하자.

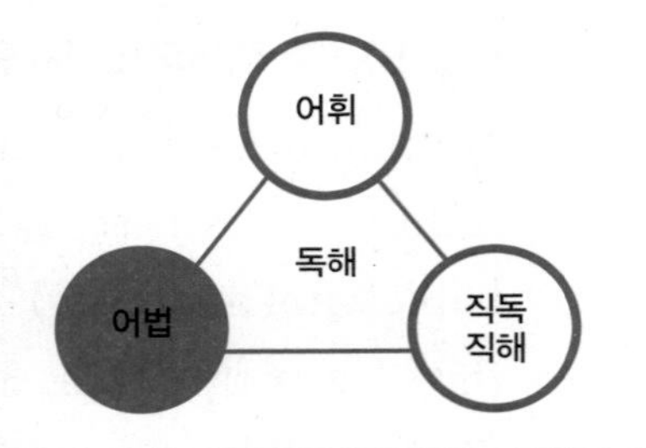

● **다음 밑줄 친 부분 중, 문맥과 어법상 틀린 것을 고르시오.**

1 If our planet ① were to be visited by beings from another world, they might look around and come to the conclusion that the human race was comprised of shiny metallic "beetles" ② traveled here and there. [1–2번 지문]

2 It was amazing ① which I had learned from being forced to run hand-in-hand with someone. For the rest of my life I have never ② raised a hand against another person. [5–7번 지문]

3 ① It was also once thought that newborns could not see or hear, but we are now aware that each of the five senses ② function at birth. [10번 지문]

● **다음 중 문맥과 어법상 알맞은 것을 고르시오.**

4 Not only [they occupy / do they occupy] space, they also create noise, and that noise causes stress. [1–2번 지문]

5 Conversely, the fewer meals a family shares each week, [unpleasant / the more unpleasant] the experience can become. [3–4번 지문]

● **다음 두 문장이 서로 같은 뜻이 되도록 빈칸에 알맞은 말을 써 넣으시오.**

6 Nations depend on multiple and varied sources of energy **not just** to compete effectively in world commerce, **but also** for their very survival.
= Nations depend on multiple and varied sources of energy for their very survival ________ ________ ________ to compete effectively in world commerce. [1–2번 지문]

Checkbook **p.57**

UNIT

06 예상하며 읽기

Research on recovery points to the importance of problem-solving skills.

① 무기력함을 극복할 수 있는 방법
② 자율적 문제 해결 능력의 중요성
③ 자식의 삶에 대한 부모의 지나친 간섭
④ 부모의 성급한 개입이 가져오는 부작용
⑤ 행실이 나쁜 아이를 가진 부모의 지도 방식
정답 ②번 예상

The reason is simple. Action is the best cure for feeling helpless. ...... (중략) ...... Youngsters develop a can-do attitude mainly through experience. So whenever possible, encourage your child to figure out his own solution. .... (후략) .... **〈모의〉**

예상한 답이 맞는지 확인한다.

기상학자들은 앞으로의 날씨를 예측한다.
구름의 모양, 바람의 방향, 습도 등을 토대로 날씨를 예측하는 것이다.
글을 읽을 때에도 몇 가지 단서를 가지고도
이 글의 핵심내용이 무엇인지 예상할 수 있다.
십중팔구는 맞을 것이라는 믿음을 가지고 예상하며 읽는 습관을 길러보자.

Unit Test 핵심스킬 집중훈련

▶ 개념편에서 다진 핵심 리딩스킬을 집중적으로 훈련해보자.

Checkbook p.59

1 **다음 글에서 전체 흐름과 관계 없는 문장은?**

The residents of large cities have a responsibility to use water, oil, and coal reserves carefully, but non-urban populations do, too. ① Farmers can aid conservation efforts by planting crops that are modified to need less water. ② Using more efficient watering systems is another way to save a substantial amount of water. ③ A shortage of energy resources, such as oil and natural gas, is the direct effect of industrialization. ④ Merchants in rural areas could also help by generating energy from bio-gas machines, which run on animal and vegetable waste. ⑤ Solar-powered generators can help villagers as well, because they conserve forested lands by reducing people's dependence on firewood for fuel.

2 **다음 글의 제목으로 가장 적절한 것은?**

[1] When learning how to strike a ball with a golf club, the greatest challenges for new golfers are the club speed and path.[2] Contrary to what many novice golfers believe, swinging as hard as you can does not guarantee long distance.[3] In fact, it may have the opposite effect.[4] Positions of the key body parts involved in a golf swing are what ultimately determine the accuracy and distance of a successful swing.[5] The entire body must be properly aligned to achieve the desired results.[6] Once a new golfer has mastered these positions, noticeable improvements will be evident in the swing.

① How To Improve Your Golf Swing
② Golf Tips for the Advanced Player
③ A Valuable Guide for Golf Equipment
④ Finding the Perfect Golf Course
⑤ Golf: Gambling on the Greens

3

다음 글의 내용을 한 문장으로 요약하고자 한다. 빈칸 (A)와 (B)에 들어갈 말로 가장 적절한 것끼리 짝지은 것은?

Throughout a young person's school years, there is always a "top" crowd that sets the standard, while others follow its lead. Whatever the top crowd does, it seems that everyone else also must do. While this is usually harmless, that is not always the case, such as when the top crowd thinks it is smart to drive cars at high speeds or ride motorbikes without wearing a helmet. All of us have been exposed to these situations, and you may have followed along a few times. You might have felt that you were forced into it by the crowd, but you should learn to resist the pressure.[6] It is not as hard to do as you may think.

↓

If you know a group is planning something which you ____(A)____, have the ____(B)____ to walk away, which is actually the intelligent choice to make.

(A)		(B)
① hear	----	authority
② regret	----	sincerity
③ are against	----	courage
④ are aware of	----	opportunity
⑤ are suspicious of	----	responsibility

[4~5] 다음 글을 읽고, 물음에 답하시오.

One of the best examples of the preference for ___________ among Americans is their use of nicknames. When meeting someone for the first time, many people will give their nicknames rather than their first name. In everyday situations, family names are rarely used, which contrasts with older and more conservative cultures where one's last name comes first and is used to show respect. Americans consider the use of their nicknames to be an indication of acceptance or close friendship. By speaking to each other on a first-name- or nickname-basis, people feel that a relationship is more equal, more comfortable, and often more intimate. Even at work, employees may be addressed by their nicknames, so if a boss uses a staff member's formal name, then it is fairly certain that a problem of some kind is about to be discussed. Nicknames can also create a sense of closeness to people you've never met, which includes U.S. Presidents past and present. Abraham Lincoln is affectionately known as "Honest Abe," Dwight D. Eisenhower as "Ike," and Theodore Roosevelt as "Teddy." Not every nickname, however, is flattering; some are used to mock or make fun of a person. Former president William Jefferson Clinton is not only nicknamed "Bill," but is also referred to unkindly as "Slick Willy" by many who think him untrustworthy and dishonest. For better or worse, nicknames are an authentic and unavoidable aspect of American culture.

*slick 교활한

4

위 글의 제목으로 가장 적절한 것은?

① Meanings of Popular Nicknames
② Informal Communication in America
③ Americans' Fondness of Nicknames
④ Political Advantages of Having a Nickname
⑤ Nicknames of Famous Americans

5

위 글의 빈칸에 들어갈 말로 가장 적절한 것은?

① humor
② security
③ democracy
④ informality
⑤ relationships

6

다음 글을 읽고, 빈칸에 들어갈 말로 가장 적절한 것은? 〈모의〉

The biggest problem teens have with money is that they don't think about ____________. Without them, it's difficult not to spend everything you earn. Tabitha, a college student, remembers what it was like when she first got a job. "When I first started working," she says, "I was hasty in spending money on things I don't even remember now." Then, she decided to buy a car. But the items she bought at the mall left her with no savings. Tabitha made a two-year savings plan. She calculated how much money she needed for the car. Then she stopped making impulse purchases of items such as a new swimsuit, movie tickets, and CDs. Finally, Tabitha bought the car. She loves it.

① financial aids
② credit cards
③ fashion items
④ part-time jobs
⑤ long term goals

7

다음 글에서 전체 흐름과 관계 없는 문장은? 〈모의〉

A new type of remote control provides better protection by switching from normal use to a special "burglar confusion mode." ① This smart device switches audio and video equipment on and off to simulate the presence of a person. ② In the morning, for example, the remote plays a pre-recorded CD containing household sounds like clattering dishes and vacuum cleaning. ③ The vacuum cleaner automatically recharges itself after cleaning the entire floor. ④ Later that day, the remote tunes the TV to a daytime channel and in the evening it plays a movie. ⑤ The switching programming follows the same general pattern on weekdays but changes on weekends.

8 다음 글에서 필자가 주장하는 바로 가장 적절한 것은? 〈수능〉

Of all the ways that automobiles damage the urban environment and lower the quality of life in big cities, few are as maddening and unnecessary as car alarms. Alarms are more than just an annoyance; they are a costly public health problem and a constant irritation to urban civil life. The benefits, meanwhile, are nonexistent. Auto makers, alarm installers, insurers, police, and the biggest experts of all — car thieves — all agree that alarms do nothing to stop theft. What's more, there are now a number of good, inexpensive car security devices available on the market. It's time for us all to reconsider the seriousness of the problem and to do something about it.

① 자동차 보험 가입을 의무화해야 한다.
② 자동차 오디오의 소음을 규제해야 한다.
③ 자동차 보안 장치의 가격을 낮추어야 한다.
④ 자동차 도난 경보기 사용을 제한해야 한다.
⑤ 차량 절도를 막기 위한 대책을 세워야 한다.

Checkbook p.67

9 **다음 글의 밑줄 친 부분 중, 어법상 틀린 것은?**

Scientific laboratories that perform tests on conscious animals in experiments ① are a perfect example of human cruelty. Animals are incapable of ② expressing their fear and pain in words, and cannot escape from cages and chains. As a result, we treat animals in ways we would never treat ③ even the most evil criminal in the world. We live in an interdependent web of relationships with all ④ species. So, each of us is obliged to become aware of the amount of suffering humankind forces on animals and ⑤ finding ways to do less harm ourselves.

10 **(A), (B), (C) 각 네모 안에서 어법에 맞는 표현을 골라 짝지은 것으로 가장 적절한 것은?**

Making phone calls or texting while driving is highly dangerous — you should (A) [at least / at most] pull over to the side of the road before doing either. No one can use a phone *and* give 100% attention to (B) [operate / operating] their vehicle properly. It is not possible to make quick decisions when you have one hand on the steering wheel and (C) [the other / another] hand wrapped around a phone, and your mind on your conversation. Not so long ago it was unthinkable that phones could interrupt drivers and that people would die because of such distractions. We need to manage our calls when we get to our destinations; a return to phone-free driving will save lives.

	(A)		(B)		(C)
①	at least	----	operate	----	the other
②	at least	----	operating	----	another
③	at least	----	operating	----	the other
④	at most	----	operate	----	another
⑤	at most	----	operate	----	the other

11 **(A), (B), (C) 각 네모 안에서 문맥에 맞는 낱말을 골라 짝지은 것으로 가장 적절한 것은?**

It is not appropriate to compare and (A) [contrast / contact] things that are very different, like a bicycle and a tree, as they have too few attributes in common. A bicycle though, can be compared to a motorcycle, as each has two wheels and each is used for (B) [transformation / transportation]. Suppose you are more interested in being able to exercise regularly instead of getting somewhere quickly; the bicycle is the right choice. Likewise, when you are writing a comparative essay, whatever you choose as your (C) [subjects / objects], ensure that your points of contrast and difference are clear, even if it is only to suggest which of the two compared things is the better choice.

	(A)		(B)		(C)
①	contrast	----	transformation	----	subjects
②	contrast	----	transportation	----	subjects
③	contrast	----	transformation	----	objects
④	contact	----	transportation	----	objects
⑤	contact	----	transformation	----	subjects

지문 속 필수어법 6

한번 읽고 버리기 아까운 지문을 파헤쳐 보자!

독해에 적용되는 어법은 단순 암기식의 문법공부와는 다르다. 풀어본 지문 속에서 우리가 알고 있는 문법이 어떻게 적용되는지 복습하도록 하자.

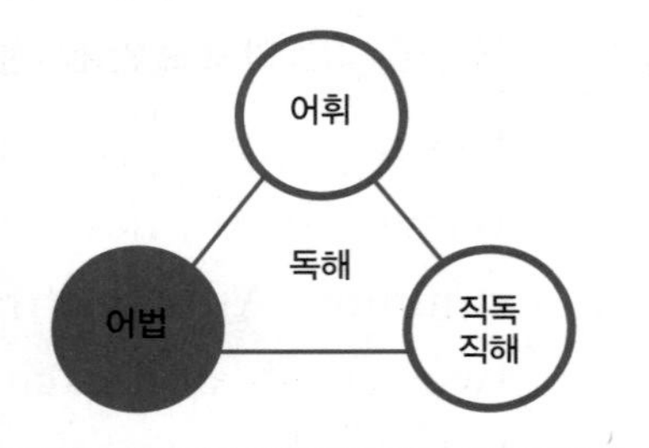

● **다음 중 문맥과 어법상 알맞은 것을 고르시오.**

1 A shortage of energy resources, such as oil and natural gas, [is / are] the direct effect of industrialization. [1번 지문]

2 [Whatever / However] the top crowd does, it seems that everyone else also must do. [3번 지문]

3 [Every / Not every / No] nickname, however, is flattering; some are used to mock or make fun of a person. [4-5번 지문]

● **다음 빈칸에 공통으로 들어갈 단어를 써 넣으시오.**

4 If you know a group is planning something ________ you are against, have the courage to walk away, ________ is actually the intelligent choice to make. [3번 지문]

5 Of all the ways that automobiles damage the urban environment and lower the quality of life in big cities, few are ________ maddening and unnecessary ________ car alarms. [8번 지문]

● **두 문장이 같은 뜻이 되도록 빈칸에 알맞은 말을 써 넣으시오.**

6 Suppose you are more interested in being able to exercise regularly instead of getting somewhere quickly; the bicycle is the right choice.
= ________ you are more interested in being able to exercise regularly instead of getting somewhere quickly, the bicycle is the right choice. [11번 지문]

Checkbook **p.68**

UNIT

07 대명사 · 대체 표현 이해하기

When my son was seven years old, we went to a dolphin show. After the show, I went up to the trainer and asked, "How did you get the dolphin to do all these really neat things?" The trainer looked at my son and me and said, "Unlike many parents, whenever the dolphin does anything like what I want him to do, I notice him! I give him a hug and a fish." The light went on in my head. Whenever my son did what I wanted him to do, I paid little attention to him. However, when he did not, I gave him a lot of attention because I did not want to raise a bad kid! I was unintentionally teaching him to be **a little monster** in order to get my attention. Since that day, I have tried hard to notice my son's good acts and downplay his mistakes. 〈모의〉

위 글에서 밑줄 친 a little monster의 의미를 생각해보자.
앞뒤 문맥을 살펴보면 '부모의 주목을 끌기 위해 못된 짓을 하는 아이' 를 가리키는 것을 알 수 있고 이를 바탕으로 '아이의 잘못보다 바른 행동에 더 관심을 기울여야 한다.' 란 글의 요지를 이끌어 낼 수 있다.
대명사 · 대체 표현이 글의 핵심내용을 찾는 데 중요한 단서가 된다는 것을 명심하고 이러한 표현들이 어떻게 활용되는지 알아보자.

Unit Test 핵심스킬 집중훈련

▶ 개념편에서 다진 핵심 리딩스킬을 집중적으로 훈련해보자.

Checkbook p.69

1 **다음 글에서 밑줄 친 <u>it[its]</u>이 가리키는 대상이 <u>다른</u> 것은?**

Mass production advanced rapidly after World War I because ① <u>it</u> was a time when demand for goods often surpassed supply. The development of new, improved techniques of mass production brought previously unthinkable degrees of comfort and convenience to everyday life. At the dawn of ② <u>its</u> use, not many people would have been able to predict how dramatically their lives would change. Given that ③ <u>it</u> is viewed today as simply an ordinary fact of life, it's easy to forget how important this industrial technique is for us. However, without ④ <u>it</u>, we would not just be inconvenienced, but we would suffer, because we would no longer have the essential supplies ⑤ <u>it</u> provides.

2 **다음 글을 읽고, 빈칸에 들어갈 말로 가장 적절한 것을 고르시오.**

One topic that everybody finds fascinating is how to stay healthy and young. That's why so many studies have been made of the people from Japan's Okinawa Islands, who are among the healthiest and longest-living in the world. Okinawans share more than their beautiful beaches, pleasant climate, healthful cuisine, and freedom from the pressures and stresses of big-city life. Because many Okinawans make their living by farming or fishing, they also have in common the physical strains associated with heavy labor. But since their days are spent being physically active, they have little cause to visit health clubs. And though farming and fishing may be demanding jobs, they are quite peaceful, so the stress that goes with city life is mostly absent from the islands. Based on this, it appears that ______________________ not only prolong life but add to the enjoyment of it as well.

① farming and a diverse diet
② hard work and minimal worries
③ physical exercise and health facilities
④ urban living and plentiful opportunities
⑤ rural communities and limited development

3

다음 글의 요지로 가장 적절한 것을 고르시오.

Any business faced with a lack of adequate funding is similar to a leaky boat: it will inevitably disappear from sight. People who are impatient to start a small business sometimes go right ahead by taking out a big loan and going into debt. To avoid the day-by-day stress of operating a business without a financial cushion, it is smart to wait until sufficient money is accumulated, or go into business on a less ambitious scale than first planned. Anyone planning to start a business should see a professional financial advisor, who can more clearly judge whether you have sufficient resources to support your new venture.

① 중소기업가를 위한 자금 지원이 늘어나야 한다.
② 사업을 시작할 때는 충분한 자본을 확보해야 한다.
③ 주식 투자는 가급적 여유자금으로 시작해야 한다.
④ 좋은 사업 계획 없이 투자자들을 끌어들일 수 없다.
⑤ 사업 자금을 대출받기 위한 요건이 까다로워지고 있다.

[4~5] 다음 글을 읽고, 물음에 답하시오.

It's reasonable to say that correct pronunciation is a skill, and that most people are highly skilled in their first language in this regard. When it comes to a foreign language, however, few learners are able to reproduce the sounds of it very well. Many factors can help explain this, but the primary reason is that many people do not consider pronunciation as important as other aspects of learning a language, such as grammar or writing. But, what is the point of getting the grammar right if native speakers can't understand a word you say? (a) Mastering correct pronunciation is a critical part of learning a language — it won't come from knowing the grammar or having a big vocabulary. (b) Careful training is required if you want to sound like a native speaker of the foreign language, and each sound (c) must be separately focused on and practiced. So, time to do this must be set aside. And good language instructors ensure their students do so, beyond (d) teaching the essential sounds of the language. Making sure that you can be understood means giving (e) speaking practice lots and lots of time.

4

위 글의 요지로 가장 적절한 것은?

① 외국어 발음 학습은 어릴 때 시작할수록 좋다.
② 외국어 발음은 원어민 교사가 가르쳐야 효과적이다.
③ 문법과 어휘를 학습하고 난 후에 발음을 배워야 한다.
④ 외국어 발음을 학습할 시간이 따로 마련되어야 한다.
⑤ 외국어 학습 경험이 있는 교사가 학생을 더 잘 이해한다.

5

위 글의 (a)~(e) 중 밑줄 친 this와 관련 없는 것은?

① (a) ② (b) ③ (c) ④ (d) ⑤ (e)

6

다음 글에서 필자가 주장하는 바로 가장 적절한 것은? 〈모의〉

Have any of you looked at the Declaration of Independence? All the names of the signers are legible — easy to read. There seems to have been a time in our history when people were able to write legibly and were obviously proud of their names. But that is not the case anymore. Illegible scribbles have become commonplace and acceptable. That is why space is provided to print your name on most documents so that it can be more easily read. Some people seem to consider that a signature that is hard to read is the demonstration of self-importance. But it has the opposite effect, I believe. That is, illegible signatures just indicate a lack of self-esteem.

① 알아볼 수 있게 서명해야 한다.
② 개성 있는 서명을 만들어야 한다.
③ 다양한 종류의 글을 읽어야 한다.
④ 글쓰기를 통해 자긍심을 높여야 한다.
⑤ 서류내용을 잘 검토한 후 서명해야 한다.

7

글의 흐름으로 보아 주어진 문장이 들어가기에 가장 적절한 곳은? 〈모의〉

But the strong pig can race to the dispenser and push the weak pig aside to claim the leftovers.

Consider the following experiment with a strong and a weak pig. Two pigs are kept in a box with a lever at one end and a food dispenser at the other. When the lever is pushed, food appears at the dispenser. (①) If the weak pig pushes the lever, the strong pig waits by the dispenser and eats all the food. (②) Even if the weak pig races to the dispenser before the food is gone, the strong pig pushes the weak pig away. (③) The weak pig realizes this, so it never pushes the lever first. (④) On the other hand, if the strong pig pushes the lever, the weak pig waits by the dispenser and eats most of the food. (⑤) This makes it worthwhile for the strong pig to push the lever. The outcome is that the strong pig does all the work and the weak pig does most of the eating.

*dispenser 일정량을 배분해 주는 장치

8 **다음 글의 요지로 가장 적절한 것을 고르시오.** 〈수능〉

The ability to sympathize with others reflects the multiple nature of the human being, his potentialities for many more selves and kinds of experience than any one being could express. This may be one of the things that enable us to seek through literature an enlargement of our experience. Although we may see some characters as outside ourselves — that is, we may not identify with them completely — we are nevertheless able to enter into their behavior and their emotions. Thus, the youth may identify with the aged, one gender with the other, and a reader of a particular limited social background with members of a different class or a different period.

① 작가의 능력은 독자와 작품 속의 등장 인물을 연결시키는 데 있다.
② 타인과 공감할 수 있는 능력은 문학을 통한 경험 확장을 가능케 한다.
③ 독자는 문학 작품을 통해 성현들의 다양한 지혜를 배울 수 있다.
④ 문학 작품을 이해하기 위해서는 그 작품의 시대적 배경 지식이 필요하다.
⑤ 작가의 성장 배경은 문학 작품에 무의식적으로 반영된다.

어법·어휘 실전 대비

▶ 실전 유형 문제를 통해 1등급 완성을 위해 필수적인 어법 · 어휘 유형을 보강하자.

Checkbook **p.77**

9

다음 글의 밑줄 친 부분 중, 어법상 틀린 것은?

Languages of the world have proven time and time again that they are flexible enough ① to meet the needs of their speakers. It ② has been found that all languages are able to express any new event or thing ③ that a speaker comes across. As people's lives change and develop, ④ so does the language of their culture. Vocabulary, idioms, and popular sayings all reflect the needs of people to talk about life's changes and encounters. Even a dead language such as Latin ⑤ has been able to invent a word for it, if technology such as the Internet had existed in ancient Rome.

10

(A), (B), (C) 각 네모 안에서 어법에 맞는 표현을 골라 짝지은 것으로 가장 적절한 것은?

America's malls have brought considerable convenience to the experience of shopping, but some of (A) [their / them] effects have not been so appealing. The majority of a mall's stores and services are part of larger enterprises that have lured business away from smaller shops, leaving many unable to survive. That has meant (B) [fewer / less] individually owned businesses and reduced local control over jobs. Also, since malls are usually located far from city centers, you need to have a car to be able to shop at a mall with ease and comfort. Naturally, this (C) [result / results] in higher levels of fuel consumption and air pollution, and traffic problems on roads near malls.

	(A)		(B)		(C)
①	their	----	fewer	----	result
②	their	----	less	----	results
③	their	----	fewer	----	results
④	them	----	less	----	result
⑤	them	----	fewer	----	results

11 (A), (B), (C) 각 네모 안에서 문맥에 맞는 낱말을 골라 짝지은 것으로 가장 적절한 것은?

The comfortable feeling that surrounds a person who is at peace with the world is great, but it can turn into a (A) [negative / positive] influence. Though people have to learn to accept the unchangeable aspects of life, it is actually a flaw to ignore those things which can be improved. In some people, a (B) [general / specific] sense of contentment with life can too easily develop into laziness. For instance, I sometimes pass a house where the paint is old, the fence is broken, and the garden is full of weeds. I have a feeling that the people who live there may be a bit too contented; they need a little dissatisfaction to (C) [simulate / stimulate] them to make their place a better one to live in.

	(A)		(B)		(C)
①	negative	----	general	----	simulate
②	negative	----	specific	----	stimulate
③	negative	----	general	----	stimulate
④	positive	----	specific	----	stimulate
⑤	positive	----	general	----	simulate

지문 속 필수어법 7

한번 읽고 버리기 아까운 지문을 파헤쳐 보자!

독해에 적용되는 어법은 단순 암기식의 문법공부와는 다르다. 풀었던 지문 속에서 우리가 알고 있는 문법이 어떻게 적용되는지 복습하도록 하자.

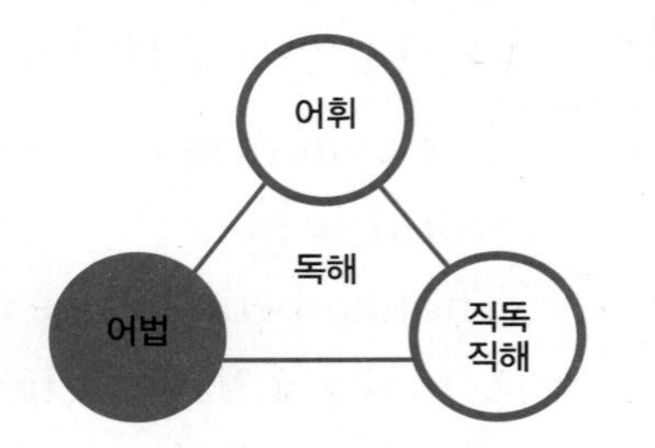

● **다음 중 문맥과 어법상 알맞은 것을 고르시오.**

1 It appears that hard work and minimal worries not only prolong life but [add / adds] to the enjoyment of it as well. [2번 지문]

2 Anyone planning to start a business should see a professional financial advisor, (A) [who / which] can more clearly judge (B) [that / whether] you have sufficient resources to support your new venture. [3번 지문]

3 [Make / Making] sure that you can be understood means giving speaking practice lots and lots of time. [4–5번 지문]

4 To claim the leftovers makes [it / him] worthwhile for the strong pig to push the lever. [7번 지문]

5 The ability to sympathize with others may be one of the things that [enable / enables] us to seek through literature an enlargement of our experience. [8번 지문]

6 Languages of the world have proven time and time again [that / when] they are flexible enough to meet the needs of their speakers. [9번 지문]

● **다음 빈칸에 알맞은 말을 모두 고르시오.**

7 However, ________ mass production, we would not just be inconvenienced, but we would suffer, because we would no longer have the essential supplies it provides. [1번 지문 응용]

① with ② without ③ but for ④ if it were not for ⑤ had it not been for

Checkbook p.78

넌, 네 의지대로
된다!
Be the miracle!

CHAPTER II

정답률을 높여주는 Reading Skills

UNIT

08 글의 핵심내용 빠르게 파악하기

Review your goals and act on them daily. If you spend ten minutes or ten hours focusing on your goals, you will move toward them. Don't wait for next year, next month or even tomorrow. Do something today. If you want to get ahead, you've got to start moving! A baby step is better than no step. And babies actually move pretty fast! Only consistent action will produce the results you want. Identify your aims. **Focus on the ones which are most important to you, and act on them now.** 〈모의〉

요지: 목표에 초점을 두고 지금 실행하자.

연설가는 '~해야 합니다', '~이 중요합니다' 와 같은 표현으로 자신이 전달하고 싶은 말을 강하게 표현한다. 이는 연설에서의 주제문에 해당하는데, 글도 마찬가지로

글쓴이의 강한 의견을 피력하고 싶을 때 여러 단서를 사용하여 독자에게 전달한다.

이러한 주제문의 단서를 잘 찾기만 해도 글의 요지를 빠르게 추론해 낼 수 있기 때문에 시간을 줄일 수 있다.

Checkbook p.80

[1~2] 다음 글의 주제로 가장 적절한 것을 고르시오.

1

If you were to hang upside down and then quickly lift your head up, you would feel very dizzy. Giraffes, however, have an anti-fainting mechanism that allows them to swing their heads more than five meters from an upside-down position without getting dizzy. Like us, when giraffes hang their heads upside down, blood rushes to their heads. The difference is that giraffes' blood vessels direct most of their blood to the brain instead of to the cheeks, tongue and skin, so when they lift their heads they have more blood reserves in their brains. In addition, giraffes have huge hearts and special muscles that quickly pump blood to their brains when they lift their heads up.

*anti-fainting 어지럼을 방지하는

① eating habits of giraffes
② why giraffes don't get dizzy
③ giraffes' physical problems
④ unique muscles of the giraffe
⑤ how giraffes came to have long necks

2

Things that are made of such materials as wood and felt are extremely sensitive to the environment in which they are kept. A piano is no exception. For instance, fluctuations in temperature or the level of humidity result in physical changes to the piano's wood and felt. In turn, this influences the performance of the instrument. To avoid any damage, you should always keep it located in a place that is away from open windows or doors. Extended exposure to heat or direct sunlight can also cause permanent damage. The temperature at which you can expect the highest quality sound from your piano is 20 degrees Celsius.

① materials used in pianos
② preservation of pianos
③ a performing-arts program
④ changing weather conditions
⑤ making music recordings

3

다음 글의 요지로 가장 적절한 것은?

Some people say that laws that are basically just and for everyone's good should be enforced in any way that is effective. But is that really a good idea? Suppose that we made public, through local newspapers or other publications, the names of people who did not pay their taxes. If this were in fact allowed under the law, it would probably stop people from trying to avoid tax payments because they would not want others to learn about their wrongdoing. But there are numerous legal ways for the government to collect money that is owed to it. These legal measures contain sufficient penalties, so using public humiliation to punish anyone accused of criminal behavior is unjust and unnecessary.

① 공개적인 비난은 정당한 처벌방안이 될 수 없다.
② 탈세는 저명인사들이 가장 흔히 저지르는 범법행위이다.
③ 범죄자의 신상공개는 범법행위를 줄이는 좋은 방법이다.
④ 정부는 법 집행의 형평성을 위해 노력해야 한다.
⑤ 법이 강화되지 않으면 범죄율이 줄어들지 않을 것이다.

4

다음 글의 제목으로 가장 적절한 것은?

As consumer demand for fish and seafood grows, so does the number of fisheries. In their natural habitats, fish and seafood are not sources of pollution, but in fisheries nothing is natural. Great quantities of fish are held in areas containing relatively little water, which means that the water must be refreshed often. Every time that occurs, the dirty water flows into nearby rivers or the ocean. This alters the chemical balance of fresh and saltwater systems, and harms plant and animal life that is sustained by them. In this way, fish farms are responsible for an adverse environmental impact, specifically the contamination of water.

① Fisheries: The Economic Impact
② Health Advantages of Farmed Fish
③ A Water Pollution Cause: Fisheries
④ Fisheries and Habitat Conservation
⑤ Maintenance of Fish Farm Sites

5

다음 글의 목적으로 가장 적절한 것은?

In our motorized, industrialized, high-tech world, noise is a presence that we cannot easily ignore and it is hard to escape from it. We go about our days, and frequently our nights now, accompanied by the sounds of every manner of busy human activity. Not even our protected yet remote national parks feel like a wilderness any longer, since passenger jets and other aircraft may roar overhead at any time. It is clear that we need official measures to enforce peace and quiet. While there is no question that many people find comfort in the sounds of daily living, it is equally true that we need protection from them as well.

① 적당한 휴식의 중요성을 강조하려고
② 공항 내 보안규정에 대해 설명하려고
③ 밤 동안의 산업 활동 자제를 당부하려고
④ 공공장소에서 지켜야 할 규칙을 안내하려고
⑤ 소음 공해에 대한 규제의 필요성을 알리려고

6

다음 글의 내용을 한 문장으로 요약하고자 한다. 빈칸 (A)와 (B)에 들어갈 말로 가장 적절한 것끼리 짝지은 것은?

The pressures and stresses of modern life can cause many of us to experience depression and feel less motivated and excited about our lives. Adaptability is the key to successfully managing these unavoidable aspects of life today. Smoking or drinking a lot definitely does not help people to cope, and neither do painkillers or sleeping pills. These may temporarily soften the impact of life's ups and downs, but they don't help us learn to tolerate them. As hard as it can be sometimes, one of the best ways to adapt to pressure is to simply acknowledge it as routine.

⬇

> If we try to ____(A)____ the stresses in life as normal instead of trying to ____(B)____ them, then we will lead healthier and more successful lives.

	(A)		(B)
①	accept	----	escape
②	keep	----	understand
③	forget	----	produce
④	exclude	----	remember
⑤	face	----	exaggerate

Checkbook p.86

7 **다음 글에서 필자가 주장하는 바로 가장 적절한 것은?** 〈모의〉

In the next decade, tens of thousands of criminals who were locked up as a result of tough anti-crime policies will be released from prisons. We have some programs created to help former prisoners adjust to new life outside prison. However, their release in such large numbers will make it hard to run those programs. They are already running short of funds, so they can't provide adequate social services for ex-prisoners. We should support the programs financially so that they can help ex-prisoners settle in society. We can't leave them to return to the criminal behavior that got them into trouble in the first place.

① 교도소 시설을 개선해야 한다.
② 전과자에 대한 인식의 변화가 필요하다.
③ 강력범을 수용할 교도소를 증설해야 한다.
④ 재범 방지를 위해 강력한 처벌이 필요하다.
⑤ 전과자를 위한 프로그램에 재정 지원을 해야 한다.

8 **다음 글의 제목으로 가장 적절한 것은?** 〈모의〉

The number of low-priced, or budget airlines is increasing constantly because of changing trends in commercial air service. Customers value savings more than comfort. Budget airlines can afford to be cheap by doing away with some services. For example, there are no assigned seats or in-flight meals. A budget airline may sell airline tickets at low prices, but its fares are not off-season ticket rates. These airlines reduce the costs in service in order to reduce the price of the tickets. The reason of reducing the price of the tickets is a quick-returns policy. Decreasing prices due to reduction in operating costs makes the number of customers go up, which means more flights and more business from flyers.

① Budget Airlines Offer Low Fares
② New Security Policies in Airports
③ Inconveniences of Budget Airlines
④ Passengers Prefer Comfort to Savings
⑤ Providing Good Services for Passengers

9 **다음 글의 제목으로 가장 적절한 것은?** 〈수능〉

Most of us believe that we can trust in technology to solve our problems. Whatever problem you name, you can also name some hoped-for technological solution. Some of us have faith that we shall solve our dependence on fossil fuels by developing new technologies for hydrogen engines, wind energy, or solar energy. Some of us have faith that we shall solve our food problems with genetically modified crops newly or soon to be developed. Those with such faith assume that the new technologies will ultimately succeed, without harmful side effects. However, there is no basis for believing that technology will not cause new and unanticipated problems while solving the problems that it previously produced.

① Methods of Controlling New Technology
② Technology: Its Past, Present, and Future
③ Common Misconceptions about Technology
④ Great Contributions of Technology to Humans
⑤ Ultimate Solutions for Fuel and Food Problems

Checkbook p.89

10

다음 글의 밑줄 친 부분 중, 어법상 틀린 것은?

During the winter, when we tend to spend more time indoors in close contact with one another, colds are very common. If you catch a cold, chances are that it was ① transmitted through some form of indirect physical contact. Let's say someone with a cold covers her mouth when she's coughing or ② wiping her nose with her hand; her hand now carries the cold virus. If she then opens a door with that hand, the virus now contaminates the door handle. The cold virus can survive on objects ③ for up to three hours, so if within ④ that time you touch that handle and then touch your eyes, nose, or mouth, you will be infected. That's why washing your hands is ⑤ by far the best protection from catching a cold.

11

(A), (B), (C) 각 네모 안에서 어법에 맞는 표현을 골라 짝지은 것으로 가장 적절한 것은?

Research has generally indicated that meditation has a positive effect on well-being, but only recently (A) [a study has / has a study] been able to link the practice with changes in the brain. With aging, the brain's outermost layer becomes thinner. Researchers suspect that this outer layer of the brain is connected to mental sharpness, (B) [that / which] also decreases with age. The recent study compared the brains of people who meditated regularly with those of people who never meditated. It was discovered that the outer layer of the brains of those doing regular meditation (C) [was / were] thicker compared to the others. The research suggests that meditation may slow the process of aging.

	(A)		(B)		(C)
①	a study has	----	that	----	was
②	a study has	----	which	----	were
③	a study has	----	that	----	were
④	has a study	----	which	----	was
⑤	has a study	----	which	----	were

12

(A), (B), (C) 각 네모 안에서 문맥에 맞는 낱말을 골라 짝지은 것으로 가장 적절한 것은?

Thank you for inquiring about the language programs offered at Central University. Enclosed is information on our autumn semester courses, including registration, tuition, and housing. A few weeks prior to semester, the housing office informs students of their (A) [designated / designed] dormitory. The basement floor in every dorm is equipped as a laundry. A fifty-dollar deposit is required to apply for housing. The dorm rooms are (B) [assisted / assigned] on a first come, first served basis, after which a full semester's rent is due in addition to the deposit. These fees must be paid or the housing offer will be (C) [withdrawn / deposited]. As our accommodation space is limited, it would be to your benefit to submit your application as soon as possible.

	(A)		(B)		(C)
①	designated	----	assisted	----	withdrawn
②	designed	----	assisted	----	deposited
③	designated	----	assigned	----	deposited
④	designed	----	assigned	----	withdrawn
⑤	designated	----	assigned	----	withdrawn

지문 속 **직독직해 1**

한번 읽고 버리기 아까운 지문을 파헤쳐 보자!

지문의 어려웠던 구문들을 다시 한 번 의미단위로 끊어 영어의 어순으로 이해하는 직독직해 능력을 기르도록 한다.

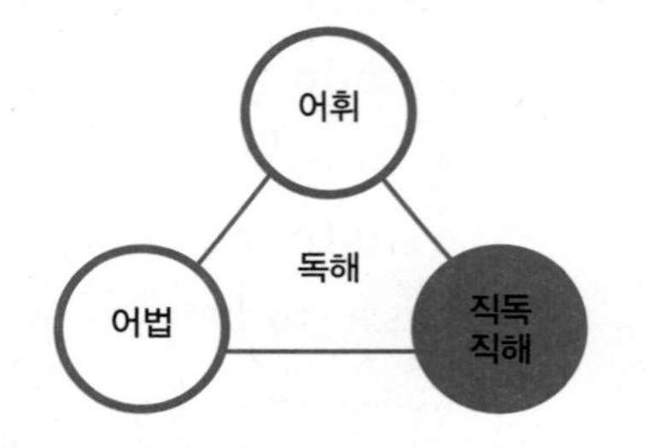

● **다음 문장을 의미단위로 끊은 부분에 따라 해석하시오.**

1 If this were in fact allowed under the law, / it would probably stop people / from trying to avoid tax payments / because they would not want / others to learn / about their wrongdoing. [3번 지문]

____

____

2 As consumer demand [for fish and seafood] grows, / so does the number of fisheries. [4번 지문]

____

____

3 Smoking or drinking a lot / definitely does not help people to cope, / and neither do painkillers or sleeping pills. [6번 지문]

____

____

4 Decreasing prices [due to reduction in operating costs] makes the number of customers go up, / which means more flights and more business from flyers. [8번 지문]

____

____

Checkbook **p.90**

UNIT
09 빈칸에 들어갈 말 추론하기

.... (생략) ...... Since we seem to enjoy making up excuses, I have a great idea. Let's make up ______ excuses. **(빈칸이 포함된 문장)**

↓

Instead of coming up with all kinds of excuses why it won't work, let's focus on why it can work. Excuses like: "There is no time like the present. I am old enough. I am just the person to do the job. I know all the ways it can work." ...... (생략) ...... **(빈칸 뒤의 문장)**

↓

Since we seem to enjoy making up excuses, I have a great idea. Let's make up □ honest ☑ positive excuses. **〈모의〉**

수능에서 정답률 최하위 문제 중에는 빈칸에 들어갈 말을 추론해 내는 유형이 한두 개씩은 꼭 포함되어 있다. 빈칸 추론 유형을 유독 어려워하는 이유는 퍼즐의 마지막 조각을 찾는 것처럼 글의 내용을 스스로 구성해야 하기 때문이다. 그러나 지금까지 익혀온 것처럼

하나의 글은 하나의 주제로 일관되게 구성되기 때문에 마지막 퍼즐 조각의 단서만 찾는다면 어려울 것이 없다.

빈칸 추론 유형을 전략적으로 훈련하여 정복해보자.

Checkbook p.91

[1~6] 다음 글을 읽고, 빈칸에 들어갈 말로 가장 적절한 것을 고르시오.

1 Although plants are usually thought to have adapted to changes in climate and to insect and animal behavior over tens of thousands of years, humans have also played a role in their ____________. In the Neolithic era, people began cultivating crops and unknowingly changed the genetic structure of several grasses by favoring plants that best suited human nutritional needs. For example, a plant with edible parts that were too small or that had a bitter taste was passed over in favor of bigger and better tasting specimens, and a plant that quickly dropped its seeds upon maturity could not be stored until the next growing season, so it was also left behind, uncultivated.

① extinction
② recovery
③ evolution
④ community
⑤ disappearance

2 Once you participate in brainstorming groups, you will be convinced that the maxim "two heads are better than one" is really true. In any project, a team approach will nearly always bear more fruit than individuals working alone. People can brainstorm on their own, of course. But unique combinations of thoughts and suggestions emerge from group efforts. Group brainstorming offers the opportunity to share, combine, and extend people's diverse ways of seeing things. The whole purpose of the exercise is to get superior results through ______________________________.

① the quality of the facilities
② careful project planning
③ a greater variety of ideas
④ the expertise of the participants
⑤ the latest management programs

3 Novelists of all genres express their personalities through their works. A novel is marked not only by the experiences that the novelist has had in his or her life but also by his or her values and prejudices. Most novelists strive for a neutral point of view, but many fail to achieve it. A novelist's personal opinions and feelings sink into the story regardless of how hard he or she tries to avoid it. It's only human nature for a novelist to take sides with one character or another while writing. So it isn't really fair to expect that novelists should be able to maintain perfect ___________.

① prejudice
② objectivity
③ technique
④ influence
⑤ creativity

4 The human body is an extraordinary machine but many people do not value it highly enough. Some scientists claim that with proper care our bodies have the capacity to keep going well for as long as 150 years. In reality, however, the world's average human life expectancy is less than half of that number. In order to keep on working well for a longer time, ______________________________. The ideal diet consists of a wide variety of fresh vegetables, vegetable proteins, and fish, while the worst one is based on meals that are fatty, over-processed, and full of meat and sugar.

① the body demands a certain kind of diet
② people need to aim higher than they ever have
③ sufficient rest and enough money to buy good food are vital
④ regular exercise must be made a part of one's daily routine
⑤ you need regular health checkups and a good diet

5 For more than 200 years, scientists have not only speculated and theorized about the evolution of species, but they have also actually seen and documented it in action. In just 20 years, a finch species, *Geospiza fortis*, has reduced its beak size in order to reach and eat smaller seeds. The finches were forced to make this evolutionary change when a larger species of bird moved into the finches' habitat and competed with them for seeds. The bigger birds only consumed the bigger seeds, and left the smaller seeds alone. Over time, due to their ability to reach and eat smaller seeds and because of their lower energy needs compared to the bigger birds, smaller-beaked finches reproduced more and ____________________.

*finch (콩새 · 멋쟁이새 등) 되새류

① grew longer feathers
② improved their ability to fly
③ migrated shorter distances
④ developed new colors
⑤ had a better survival rate

6 Making our lives more convenient and fulfilling is the premise of much advertising for consumer goods, but frequently, ______________ beneath the promises. Though motor cars are advertised as sources of freedom, the overwhelming majority of motorists find themselves stuck behind the wheel, adding to air pollution, for an average of an hour a day. And while fast food and sodas are marketed as fun, delicious, convenient lifestyle choices, more and more people are becoming obese, dying of obesity-related illnesses, and pushing health-care costs sky-high. Also, in order to afford the luxury-filled modern lifestyle that we see in ads, we work like slaves and hardly have the leisure time to enjoy it.

① hidden costs lie
② there is nothing real
③ statistics are concealed
④ fulfillment is hard to find
⑤ there's not a lot of meaning

Real Test

실전 감각 키우기

▶ 앞서 훈련한 핵심 리딩스킬을 실전에 적용해보자.

Checkbook p.97

[7~9] 다음 글을 읽고, 빈칸에 들어갈 말로 가장 적절한 것을 고르시오.

7 Any kid working in a garage knows you can't pump more gas into a full tank. If you add more gas, it splashes onto the ground. Likewise, your listener's brain is always full of her own thoughts, worries, and enthusiasm. If you pump your ideas into your listener's brain, which is full of her own notions, you'll get a polluted mixture, then a spill. If you want your ideas to flow into her tank, drain her tank completely first. Whenever you are discussing emotionally charged matters, let the speaker finish completely before you jump in. Count to ten if you must speak. It will seem like an eternity, but letting the angry speaker finish is the only way that she'll ________________ ________________. 〈모의〉

① admit her mistake
② have her own way
③ come up with a new idea
④ hear you when it's your turn
⑤ start again when she recovers

8 Do you want to ensure you are recruiting the right people for your company? Then, all you need to do is jump onto public transport. Dr. Fawcett, a leading psychologist, said there were definite patterns in people's behavior depending on ________________________ on a bus. According to him, something as habitual as getting on a bus in their daily routine can reveal what kind of person they are by exposing how they react to situations. He concluded that those at the front seats are generally forward thinkers and those at the back are rebellious types who do not like their personal space being invaded. Sitting in the middle on a bus are independent thinkers — usually younger to middle-aged passengers more likely to read a newspaper or listen to a personal music player. 〈모의〉

① where they tend to sit
② whether they sit or not
③ which direction they look
④ when they give up their seats
⑤ what kind of music they enjoy

9 Night diving is obviously less simple than diving during the day, but when properly organized, it is relatively straightforward. A powerful flashlight will easily light your way and the creatures around you, revealing marine life in its true colors. However, if you cover up your flashlight, you will ________________________________. Many creatures use phosphorescence at night, and as you move through the water, you will cause plankton to release tiny pulses of light, leaving beautiful glowing wakes trailing behind you. 〈수능〉

*phosphorescence 빛을 발하는 현상

① be surprised at how much light there is underwater
② acknowledge the high cost of night diving
③ find out how dangerous underwater light is
④ realize how good night diving is for your health
⑤ still be unable to see the underwater creatures at all

10

(A), (B), (C) 각 네모 안에서 어법에 맞는 표현으로 가장 적절한 것은?

The planet we live on can be compared to a spaceship, a place (A) [which / where] the supply of oxygen available to us is limited. The highest point to which air extends above the earth, known as the troposphere, (B) [lies / lying] no farther than seven miles or so above the surface. The altitude limit of this belt of air is the absolute limit of air. There is no other source we can count on, so we must recycle this finite amount again and again, just as if we (C) [were / had been] in a sealed compartment.

*troposphere 대류권

	(A)		(B)		(C)
①	which	----	lies	----	were
②	where	----	lies	----	had been
③	where	----	lying	----	were
④	where	----	lies	----	were
⑤	which	----	lying	----	had been

11

다음 글의 밑줄 친 부분 중, 어법상 틀린 것은?

Predicting weather has become ① far more accurate in recent years thanks to increasingly advanced technology. Our weather forecasts today are filled with photos taken from space and ② transmitted by satellite. In addition, meteorologists now make use of state-of-the-art computer systems that ③ contains data on historical patterns of weather. In other words, computers "know" ④ what happened in the past when certain atmospheric conditions existed in particular combinations. That data allows the computers to formulate models of the most likely weather ⑤ to emerge at a given time, and allows for longer-range forecasts of several days instead of only one or two days.

12 (A), (B), (C) 각 네모 안에서 문맥에 맞는 낱말을 골라 짝지은 것으로 가장 적절한 것은?

Every country has variations on table manners: children in Korea learn to finish their meals without talking, but during meals in America (A) [live / lively] conversation is encouraged from children. It is expected, however, that they will (B) [converse / reverse] in a pleasant voice, neither talk nor laugh inappropriately, and of course never speak with food in their mouths. Another difference is in the use of toothpicks. In most Korean restaurants, there will be toothpicks readily available, but in restaurants in the west you can hardly ever find them. In Korea, then, how should one use a toothpick? In the (C) [presence / absence] of others, it's polite to turn your head slightly away and use your free hand to cover your mouth.

	(A)		(B)		(C)
①	live	----	converse	----	presence
②	lively	----	converse	----	presence
③	lively	----	reverse	----	absence
④	lively	----	converse	----	absence
⑤	live	----	reverse	----	absence

지문 속 직독직해 2

한번 읽고 버리기 아까운 지문을 파헤쳐 보자!

지문의 어려웠던 구문들을 다시 한 번 의미단위로 끊어 영어의 어순으로 이해하는 직독직해 능력을 기르도록 한다.

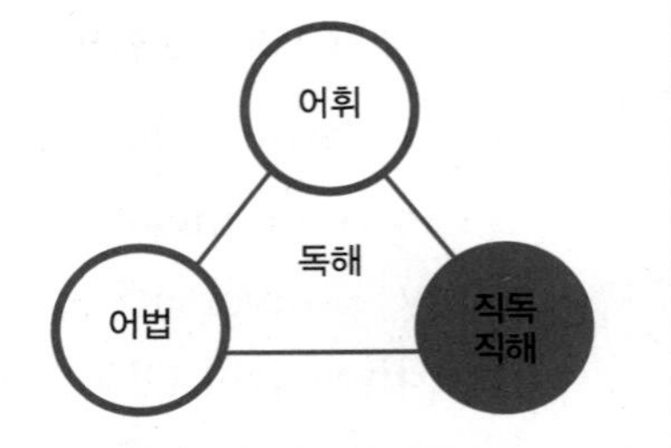

● **다음 문장을 의미단위로 끊은 부분에 따라 해석하시오.**

1 For example, / a plant [with edible parts [that were too small / or that had a bitter taste]] was passed over / in favor of bigger and better tasting specimens, / and a plant [that quickly dropped its seeds / upon maturity] could not be stored / until the next growing season, / so it was also left behind, / uncultivated. [1번 지문]

2 A novel is marked / not only by the experiences [that the novelist has had in his or her life] / but also by his or her values and prejudices. [3번 지문]

3 And / while fast food and sodas are marketed / as fun, delicious, convenient lifestyle choices, / more and more people are becoming obese, / dying of obesity-related illnesses, / and pushing health-care costs sky-high. [6번 지문]

Checkbook **p.101**

UNIT 10

글의 흐름에 맞게 문장 배열하기

Youngsters should also change their ways of thinking.

NEET stands for "Not currently engaged in Employment, Education or Training." (①) According to a report, NEETs are defined as 15- to 29-year-old youngsters who have been jobless for a long time but are not actively seeking employment. (②) NEETs don't even consider employment a possibility. (③) Therefore, they have become a more serious problem for not only households, but also society and the economy. (④) It is time for the government to pay attention to NEETs, because a society with a large number of jobless youth can never be healthy. (⑤) Instead of wasting valuable time with unreasonably high hopes, **they** should face reality, lower their expectations, and keep looking for work. 〈모의〉

잘 짜여진 글이란 하나의 주제에 따라 일관되고 유기적으로 구성된 글을 말한다.

위 글이 주어진 문장이 빠진 채 제시되었다고 생각해보자.
박스 안의 내용이 NEETs족에 대한 정부의 관심인 반면,
밑줄 친 문장은 they가 해야 할 노력에 관한 구체적 예시로 문장의 흐름이 끊김을 알 수 있다.
이렇게 문장이나 단락의 논리적 연결은 글의 핵심내용을 이해하는 데 중요한 실마리가 되며
이 연결이 어떻게 어색한지 이해하면, 논리적 흐름 또한 이해할 수 있게 된다.
본 유닛에서는 글의 흐름에 맞게 문장 또는 문단을 알맞게 배열하는 훈련을 해보도록 하자.

1 글의 흐름으로 보아, 주어진 문장이 들어가기에 가장 적절한 곳은?

> To treat illnesses, therefore, needles are carefully inserted into the body in the places where the flow of *qi* has been disturbed.

Acupuncture is a traditional East Asian medical procedure that is used to treat a variety of illnesses and other health problems. (①) It uses very fine needles which are inserted into specially designated places in the body. (②) The practice of acupuncture is rooted in Taoist philosophy which says that a balanced flow of *qi* is necessary for a body to be healthy. (③) *Qi* is defined as "life-force energy," and stress, injuries and illnesses are thought to disrupt its flow. (④) The acupuncture needles are twisted and vibrated and then taken out. (⑤) When they are removed, one's *qi* supposedly resumes its balanced flow through the body.

*Taoist 도교의

2 주어진 글 다음에 이어질 글의 순서로 가장 적절한 것은?

> The people of the ancient Mexican Aztec civilization recorded stories about their gods, and one of the stories describes an island in the middle of lake as a sign from gods.

(A) The Aztecs made that island their home, but soon discovered that it was not large enough to grow the food crops they needed.

(B) As the seeds sprouted roots in the water, fruits and vegetables began to grow right out of the soil on the mats. Not only did the plants grow well, but also the mats floated on a continuous supply of water.

(C) But the Aztecs were incredibly inventive and found a way to overcome the lack of land. They didn't have to look farther than around the island itself. They planted seeds on the water — in soil laid on floating reed mats.

① (A) – (B) – (C)
② (A) – (C) – (B)
③ (B) – (C) – (A)
④ (C) – (A) – (B)
⑤ (C) – (B) – (A)

3 주어진 글 다음에 이어질 글의 순서로 가장 적절한 것은?

Except for those who speak in public as part of their job, few people have any experience or training in public speaking.

(A) But when they finally take the mic and start the speech they have prepared, the terrible feelings of nervousness usually disappear. All they have to do is to remember to speak slowly, breathe deeply, try to enjoy themselves, and smile.

(B) Even when they have had time to prepare, the majority of inexperienced speakers will still feel very nervous, mostly in anticipation of the moment when they have to take the microphone and face the audience.

(C) That's why so many people become filled with anxiety when they are asked to make a speech. They imagine that they will fail and be rejected and laughed at in public, especially if they haven't had a chance to prepare a speech and practice it.

① (A) – (B) – (C)
② (B) – (A) – (C)
③ (B) – (C) – (A)
④ (C) – (A) – (B)
⑤ (C) – (B) – (A)

[4~6] 다음 글을 읽고, 물음에 답하시오.

(A)

The man was trying to pack his Christmas shopping into his car. He felt stressed and displeased by the weather just then; it was cold and wet in the parking lot. As the man loaded packages into the car, he realized that one of his shopping bags was missing.

(B)

She had asked him to buy gifts for himself and his siblings and to keep enough of the money to get home by taxi. **The boy** had been walking to the doors of the mall when, suddenly, a man had snatched one of the bills from (a) his hand and run away. The man asked the boy why he hadn't yelled for someone to help him. The boy claimed that he had, but that no one had taken any notice of (b) him. The man looked at the boy, who was staring sadly down at the sidewalk.

(C)

Grumbling to himself, he hurried back to the entrance of the mall in order to find it. As he checked along the ground for the missing item, he heard someone crying softly. He glanced around and noticed a boy of about twelve sitting on the ground. (c) He was well-clothed, with a warm coat and heavy boots for protection from the foul weather.

(D)

Thinking that the boy had gotten separated from his parents, the man asked him what the problem was, just as (d) he noticed the boy was holding a hundred dollar bill. The boy explained that he wasn't lost or homeless, but that his mother worked two shifts at the hospital and had no time to shop for Christmas gifts. She had given (e) him two hundred dollars to buy some presents for the family. On the way to her day shift at the hospital, his mother had taken him to the mall first.

4 위 글 (A)에 이어질 내용을 순서에 맞게 배열한 것으로 가장 적절한 것은?

① (B) – (D) – (C)
② (C) – (B) – (D)
③ (C) – (D) – (B)
④ (D) – (B) – (C)
⑤ (D) – (C) – (B)

5 밑줄 친 (a) ~ (e) 중에서 나머지 넷과 가리키는 바가 다른 하나는?

① (a) ② (b) ③ (c) ④ (d) ⑤ (e)

6 밑줄 친 The boy에 대한 내용과 일치하는 것은?

① 형제자매가 없다.
② 쇼핑몰에서 길을 잃었다.
③ 경제적으로 어려운 가정 출신이다
④ 어머니가 바쁘셔서 홀로 쇼핑몰에 왔다.
⑤ 부모님께 드릴 크리스마스 선물을 잃어버렸다.

Checkbook p.108

7

주어진 글 다음에 이어질 글의 순서로 가장 적절한 것은? 〈모의〉

> Talking trees aren't found only in fairy tales. A new discovery seems to show that.

(A) But when a tree is attacked by hungry caterpillars, it tells nearby trees immediately. The other trees get the message and start creating a special chemical.

(B) According to the discovery, trees have a way of sending messages to each other. No one knows for sure how it works.

(C) This substance makes the leaves of the trees taste bad. Caterpillars won't eat the bad-tasting leaves. For trees, this ability to talk proves to be a true lifesaver.

*caterpillar (나비, 나방의)애벌레

① (A) – (C) – (B)
② (B) – (A) – (C)
③ (B) – (C) – (A)
④ (C) – (A) – (B)
⑤ (C) – (B) – (A)

8

글의 흐름으로 보아, 주어진 문장이 들어가기에 가장 적절한 곳은? 〈모의〉

> The continuous pounding of the waves causes these rocks to crumble and form small hollows.

Caves are huge holes under the ground, in cliffs or under the sea. Caves can be formed in various ways. (①) Most rock caves, especially limestone caves, are formed by rainwater that falls into the cracks in the rocks. (②) The rainwater slowly causes the rock to dissolve leaving behind a large hole. (③) Sea caves are formed by waves that wear away rocks at the base of a cliff. (④) These hollows keep expanding as sand, gravel and rocks brought by the waves erode their inner walls. (⑤) Some sea caves are sunk in water during high tide and can only be seen when the water recedes.

9 **주어진 글 다음에 이어질 글의 순서로 가장 적절한 것은?** 〈수능〉

Now many kinds of superior coffee beans are being decaffeinated in ways that conserve strong flavor. But the public suffers from a groundless fear of chemical decaffeination and prefers instead to buy water-processed decaf.

(A) The solvent comes into direct contact with them, carrying the caffeine with it. The drained solvent is then mixed with water, and the caffeine is drawn out to be sold.

(B) In the water process, however, no solvent touches the beans. After the beans are steamed, they are soaked in water, which removes the caffeine — along with all the soluble solids in the beans. The solution is drained off to a separate tank, where the caffeine is drawn out from it.

(C) Every process of decaffeination, whether chemical- or water-based, starts with steaming the green beans to loosen the bonds of caffeine. In the chemical process, a solvent circulates through the beans.

*solvent 용매

① (A) – (C) – (B)
② (B) – (A) – (C)
③ (B) – (C) – (A)
④ (C) – (A) – (B)
⑤ (C) – (B) – (A)

10 (A), (B), (C) 각 네모 안에서 어법에 맞는 표현을 골라 짝지은 것으로 가장 적절한 것은?

He was only in his mother's womb for seven months before arriving in the world. His parents, seeing how tiny he was, (A) [was / were] filled with doubt about whether he would survive. The doctor assured them that he would thrive on the nourishment from the mother's milk. (B) [Despite / Due to] his mother's care, he did do well and now enjoys the fullness of life. I believe that if he had been removed from his mother's loving arms, if he had been deprived of her nourishing milk, then he (C) [would not live / would not have lived] beyond his first day.

	(A)		(B)		(C)
①	was	----	Despite	----	would not live
②	were	----	Due to	----	would not live
③	was	----	Due to	----	would not have lived
④	were	----	Due to	----	would not have lived
⑤	were	----	Despite	----	would not have lived

11 다음 글의 밑줄 친 부분 중, 어법상 <u>틀린</u> 것은?

Some home remedies appear to be odd but have nevertheless proven ① <u>effective</u>. Behind these remedies ② <u>are</u> the belief that many health problems can be treated simply, and that it isn't always necessary to see a doctor and get a prescription for drugs. For example, it's said that you can get relief from an earache by chewing gum ③ <u>while holding</u> a hair dryer on a low setting about 40 centimeters from the ear. And for bad breath, it's recommended that you chew on cloves or anise seeds or a twig of parsley. And, ④ <u>although</u> they are not recommended by most medical professionals, home remedies have given comfort and relief to people for so long ⑤ <u>that</u> even skeptics use them from time to time.

*anise 《식물》 아니스 (지중해 산 미나릿과 향료 식물)

12 (A), (B), (C) 각 네모 안에서 문맥에 맞는 낱말을 골라 짝지은 것으로 가장 적절한 것은?

Many migrating birds have the ability to see clearly in the dark, and they prefer to travel at night. In fact, one study showed that migrating birds flew around (A) [aimlessly / fearlessly] during the day, but after dark their sense of direction was perfect. This is because the part of the migrating bird's brain that senses the earth's magnetic field, which guides them to their (B) [description / destination], is only active at night. In addition, the ability to see at night and the ability to sense the earth's magnetic field are controlled by the same part of the brain, so if one is not working, the other will be (C) [distributed / disrupted] as well.

	(A)		(B)		(C)
①	aimlessly	----	description	----	distributed
②	aimlessly	----	destination	----	disrupted
③	aimlessly	----	destination	----	distributed
④	fearlessly	----	destination	----	distributed
⑤	fearlessly	----	description	----	disrupted

지문 속 **직독직해 3**

한번 읽고 버리기 아까운 지문을 파헤쳐 보자!
지문의 어려웠던 구문들을 다시 한 번 의미단위로 끊어 영어의 어순으로 이해하는 직독직해 능력을 기르도록 한다.

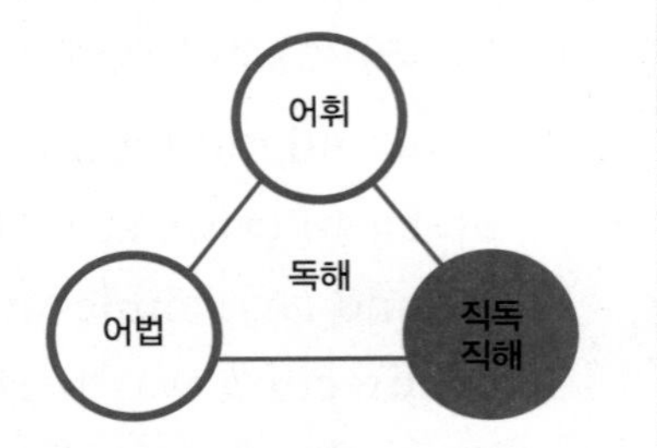

● **다음 문장을 의미단위로 끊은 부분에 따라 해석하시오.**

1 The practice of acupuncture / is rooted in Taoist philosophy [which says that a balanced flow of *qi* is necessary / for a body to be healthy]. [1번 지문]

2 Except for those [who speak in public / as part of their job], / few people have any experience or training / in public speaking. [3번 지문]

3 Every process [of decaffeination], / whether chemical- or water-based, / starts with steaming the green beans / to loosen the bonds of caffeine. [9번 지문]

4 This is because / the part of the migrating bird's brain [that senses the earth's magnetic field, / which guides them to their destination], / is only active at night. [12번 지문]

Checkbook **p.112**

U N I T

11 요약문 완성하기

The drama club faced a challenge in presenting The Strange Case of Dr. Jekyll and Mr. Hyde. **What could transform a nice-looking, conservative doctor, played by Brant Wilson, into the hideous creature known as Edward Hyde? The answer, of course, is the creative application of makeup.** To make Brant's transformation realistic, makeup artist Heather Mikes applied a heavy foundation. To make Hyde look scary, Heather used a dark eyebrow pencil and a small toothbrush on his eyebrows. Next, she brushed on brown makeup for a reddish complexion. Finally, she painted Brant's cheeks with a soft red color. The audience reacted enthusiastically to his transformation. 〈모의〉

Summary: Brant's (A) **alteration**, achieved through (B) **makeup**, was very effective.

요약하며 읽는 습관은 모든 글에 적용되는 좋은 습관 중 하나이다.

글을 요약하며 읽지 못하면, 읽은 부분을 다시 읽어야 하고
이로 인해 독해의 속도가 떨어지게 된다.
수능에서 요약문 완성 문제는 이러한 능력을 측정하는 것을 목표로 한다.
수능의 지문은 우리가 평소에 읽는 책에 비해
상당히 압축적이고 길이가 짧기 때문에 몇 가지 공략법만 터득한다면
아무리 어려운 지문이라 할지라도 정확하게 요약문을 완성할 수 있다.
수험생이 가장 어려워하는 유형 중 하나인 요약문 완성 유형을 정복해보자.

Checkbook p.113

1 **다음 글의 내용을 한 문장으로 요약하고자 한다. 빈칸 (A)와 (B)에 들어갈 말로 가장 적절한 것끼리 짝지은 것은?**

People have a tendency to view anything happening outside their own daily life with very little interest, especially things happening in far-off places. Far-off events never seem quite as important, or even real, as what's happening near us or to us. But an area of mathematics called chaos theory challenges the idea that far-off events have no interest for us. In essence, chaos theory shows that everything affects everything else; a change in ocean temperature can start a chain of reactions resulting in years of drought on the other side of the world; the flapping of a butterfly's wings may cause a series of changes in the atmosphere that change the course of a tornado thousands of kilometers away.

↓

> According to chaos theory, we should not feel ____(A)____ from the events that seem to be ____(B)____ to us.

	(A)		(B)
①	secure	----	linked
②	unsure	----	indirect
③	uneasy	----	useless
④	distant	----	irrelevant
⑤	relevant	----	helpful

2

다음 글의 내용을 한 문장으로 요약하고자 한다. 빈칸 (A)와 (B)에 들어갈 말로 가장 적절한 것끼리 짝지은 것은?

People accustomed to success tend to ask themselves the right kinds of questions to get a solution to a problem. To solve what seems like an impossible problem, we should try rewording the question until we find ourselves asking the right question. For example, if we ask such questions as "Why haven't I gotten that promotion yet?" or "How come I never catch a break in life?" then we are only asking *why* things are the way they are. Instead, ask questions about what has to be done to reach a specific outcome, like "How can I earn that promotion?" and "What can I do to be more effective at work or at home?" Questions like this are more results-oriented and call for real solutions instead of wishful thinking and generalized blame.

↓

Don't spend time searching for ____(A)____ for your problems; rather find out what specific ____(B)____ would improve your situation.

	(A)		(B)
①	excuses	----	aims
②	explanations	----	actions
③	possibilities	----	dreams
④	reasons	----	ambitions
⑤	responsibilities	----	inventions

3 다음 글의 내용을 한 문장으로 요약하고자 한다. 빈칸 (A)와 (B)에 들어갈 말로 가장 적절한 것끼리 짝지은 것은?

People often view their own customs as perfectly normal but other people's customs as more than a little odd. For instance, if you lived in the Mediterranean region, then you might think that dining on octopus — which many Americans turn their noses up at the thought of eating — is a sophisticated and quite delicious meal. It may not naturally occur to you that others would find it completely unappetizing. On the other hand, you might reject being served potatoes that had been fried in animal fat, which is a common way of preparing them outside of the Mediterranean region.

↓

What we ___(A)___ in the environment where we are raised continues to affect our view of what is ___(B)___ for human beings to do.

	(A)		(B)
①	learn	----	acceptable
②	see	----	friendly
③	do	----	educational
④	think	----	ambitious
⑤	eat	----	practical

4

다음 글의 내용을 한 문장으로 요약하고자 한다. 빈칸 (A)와 (B)에 들어갈 말로 가장 적절한 것끼리 짝지은 것은?

While I was trying to learn English, my teacher told me that I should try to read an English newspaper during my daily commute. I didn't have much luck with it, though, because it was too hard to infer the meaning of words when I had no idea what had happened in the day's news yet. Just one unfamiliar word could put me at a loss, and it was hard on the crowded train to reach for my dictionary every time I came across a new word. If I had had any knowledge about what was going on in the news at the time, I might have been able to make up for my lack of vocabulary by using my imagination.

↓

Keeping up-to-date with important ____(A)____ would be good preparation for helping to ____(B)____ unknown vocabulary.

	(A)		(B)
①	events	----	practice
②	grammar	----	find
③	basic words	----	match
④	basic words	----	memorize
⑤	events	----	guess

5 **다음 글의 내용을 한 문장으로 요약하고자 한다. 빈칸 (A)와 (B)에 들어갈 말로 가장 적절한 것끼리 짝지은 것은?** 〈모의〉

You may believe that going to the dentist is associated with pain. You say to yourself "I hate that drill." But they are all learned reactions. You feel unhappy in this situation because you have learned to think that way for a long time. However, you could make the whole experience work for you rather than against you by choosing to make it a pleasant procedure. You could make the sound of the drill signal a beautiful experience. Each time the brrrrrr sound appeared, you could train your mind to picture the most exciting moment of your life.

↓

It's better to master your ____(A)____ than to hang on to the ____(B)____ and just endure.

	(A)		(B)
①	natural setting	----	recent skill
②	worst fear	----	practical theory
③	working condition	----	new information
④	mental environment	----	old image
⑤	traditional treatment	----	medical news

6

다음 글의 내용을 한 문장으로 요약하고자 한다. 빈칸 (A)와 (B)에 들어갈 말로 가장 적절한 것끼리 짝지은 것은?

〈수능〉

People who run sports camps think of the children first. They do their best to create enjoyable and protective environments in which the children feel comfortable and safe. Unfortunately, some sports coaches in the camps occasionally become over-enthusiastic in their desire to help the children excel. As a result, they put pressure on them to perform at high levels, win at all costs, and keep playing, even when they get hurt. This 'no pain, no gain' approach is extremely stressful, and leads to unnecessary injuries. Parents should therefore take care when they send their children to a sports camp, and should talk with the sports coaches to see if they will respect the children's wishes.

↓

> In choosing the most ____(A)____ sports camp for their children, parents should make sure that the coaches have ____(B)____ attitudes to children.

	(A)		(B)
①	inexpensive	----	competitive
②	challenging	----	demanding
③	famous	----	sociable
④	intensive	----	liberal
⑤	suitable	----	caring

어법·어휘 실전 대비

▶ 실전 유형 문제를 통해 1등급 완성을 위해 필수적인 어법 · 어휘 유형을 보강하자.

Checkbook p.119

7 **다음 글의 밑줄 친 부분 중, 어법상 틀린 것은?**

Winemakers have been battling fungi, bugs and wild weather ① for centuries. A new research project suggests that their work ② may get a little bit easier. Grapes that grow in the wild ③ have genetic defenses that evolved naturally. The wild grape's genes make it resistant to the fungus that causes so much damage to commercial stocks. If researchers are successful at identifying the roughly 30,000 genes in a grape plant, and if they identify the genes responsible for the grapes ④ being resistant to the fungus, they can genetically modify the grapes and keep the wine-producing grapes ⑤ healthily without the use of expensive and harsh chemicals.

*fungus 곰팡이 (복수형) fungi

8 **(A), (B), (C) 각 네모 안에서 어법에 맞는 표현을 골라 짝지은 것으로 가장 적절한 것은?**

In the beginning stages of the Industrial Revolution in England and the U.S.A., demand for skilled workers was greater than the available supply, and children were forced into labor at mills, mines, and factories. (A) [Although / In spite of] their obvious unsuitability for work requiring the strength and skills of adults, children commonly worked between fourteen and eighteen hours a day. The brutality of their working conditions (B) [was / were] incomprehensible. To prevent them from escaping, children were tied or chained to their beds by night and to machinery by day. Developed nations today view childhood as a time to be (C) [educating / educated] and for playing and enjoying freedom. In those times, however, the children of poor families were denied these basic rights.

	(A)		(B)		(C)
①	Although	----	was	----	educating
②	In spite of	----	was	----	educated
③	Although	----	was	----	educated
④	In spite of	----	were	----	educating
⑤	In spite of	----	were	----	educated

9 **(A), (B), (C) 각 네모 안에서 문맥에 맞는 낱말을 골라 짝지은 것으로 가장 적절한 것은?**

A group of thieves has stolen a Leonardo da Vinci painting worth millions of dollars, but what can they do with it? Art experts say there is really no market for a painting so famous. Anyone who walked into an auction house or an art gallery with it would immediately get arrested. And no (A) [sensitive / sensible] collector would want it, because he or she could not display it in public. One famous painting was returned because after trying for 20 years, the thieves still had not found a (B) [buyer / supplier]. Although some thieves do make money from stolen paintings, the (C) [awards / rewards] are probably not worth the risks.

	(A)		(B)		(C)
①	sensitive	----	buyer	----	awards
②	sensible	----	buyer	----	awards
③	sensible	----	buyer	----	rewards
④	sensible	----	supplier	----	rewards
⑤	sensitive	----	supplier	----	rewards

지문 속 **직독직해 4**

한번 읽고 버리기 아까운 지문을 파헤쳐 보자!

지문의 어려웠던 구문들을 다시 한 번 의미단위로 끊어 영어의 어순으로 이해하는 직독직해 능력을 기르도록 한다.

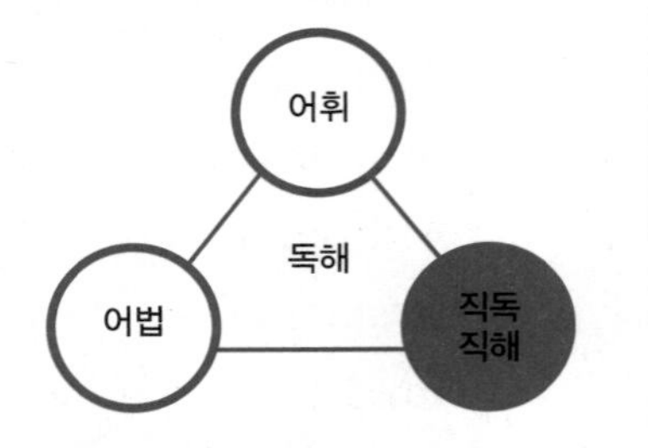

● **다음 문장을 의미단위로 끊은 부분에 따라 해석하시오.**

1 Far-off events never seem / quite as important, or even real, / as what's happening near us or to us. [1번 지문]

---

2 To solve / what seems like an impossible problem, / we should try rewording the question / until we find ourselves asking the right question. [2번 지문]

---

3 What we learn in the environment [where we are raised] / continues to affect our view of [what is acceptable for human beings to do]. [3번 지문]

---

4 If I had had any knowledge [about what was going on / in the news / at the time], / I might have been able to make up for my lack of vocabulary / by using my imagination. [4번 지문]

Checkbook **p.120**

UNIT 12

심경 · 글의 분위기 파악하기

Amy burst through the front door, shouting, "Mother! Mother!" Mrs. Rogan was in the old grandfather's room, serving him his evening soup. "Mother!" yelled Amy, rushing in on them like a hurricane. **"Mother, look! The letter!" Mrs. Rogan simply stood and seemed not to find a word,** staring at the letter. **Grandpa Jeff dropped his spoon** and bowl of soup and took a close look, his nose almost touching the letter. **His eyes were wide open.** Then a marvelous grin spreaded all over his face. Suddenly an explosion seemed to take place inside him. **He threw up his arms and yelled "Yippee!"** And at the same time, his long bony body rose up out of the bed and **in one fantastic leap**, this old fellow jumped on to the floor.

〈모의〉

➔ thrilling and exciting

소설을 읽을 때는 그 줄거리도 중요하지만, 인물이 처한 상황 또는 그 인물이 느끼는 심정, 그 인물을 바라보는 화자의 느낌 등을 파악하는 것도 매우 중요하다.

수능에서도 이에 맞춰 글쓴이의 심경, 글의 분위기 등을 묻는 문제 유형이 출제되고 있다.
자칫하면 함정에 빠지기 쉬운 분위기 · 심경 유형을 머릿속에 그림을 그려가며 정복해보자.

핵심스킬 집중훈련

▶ 개념편에서 다진 핵심 리딩스킬을 집중적으로 훈련해보자.

Checkbook **p.121**

1 **다음 글에 드러난 'she'의 심정으로 가장 적절한 것은?**

Being raised in a small country town, she had never before felt this incredible energy coming from a neighborhood. She was only used to walking along empty dirt roads or, at the very best, barely paved roads. To her, *downtown* meant a pizza restaurant and the local coffee shop. But now, as she stood in the middle of her new city, she could hardly hold in her enthusiasm. People were hurrying here and there. Skyscrapers soared into the sky. An angelic melody resonated from the a cappella group behind her. In this city, the possibilities were endless. She would never have another dull moment again.

*resonate 울려 퍼지다, 공명하다

① envious and impatient
② perplexed and confused
③ hopeful and passionate
④ worrisome and discouraged
⑤ comfortable and content

2 **다음 글의 상황에 나타난 분위기로 가장 적절한 것은?**

When the woman stepped into the street, she was almost knocked down by a speeding bus. Its brakes screeched and its horn blared, and the woman jumped back on to the sidewalk. The streets were filled with fast-moving cars and people pushing to get into buses and subway stations. Loud motorcycles, driven by people who seemed to have little care for their own safety, moved in and out of traffic, narrowly escaping collisions. And the sidewalks were seemingly no different than the roads, as bicycles and scooters sped through the crowds of people, hurrying to catch every green traffic light.

① busy and chaotic
② festive and cheerful
③ exciting and dramatic
④ lonely and depressing
⑤ boring and uninteresting

3

다음 글에 드러난 'he'의 심정으로 가장 적절한 것은?

Sitting in the back seat of the family car watching the monotonous scenery rush by, he thought of a million other things he would rather be doing. The buzz of the engine was the only sound in the car. To distract his ears, he imagined what his friends were doing. He knew they were probably heading to the schoolyard at this very moment to get a game of soccer started. Instead of spending the day running around the soccer pitch, he was traveling four hours away to attend a family reunion. To make matters worse, his favorite cousins were not coming this year. He would have no one to hang out with this weekend.

① anxious and concerned
② bored and hopeless
③ satisfied and relaxed
④ amazed and excited
⑤ surprised and impressed

4

다음 글의 상황에 나타난 분위기로 가장 적절한 것은?

My heart was heavy and my mind so stunned that I had lost the ability to even see clearly. With my mind spinning, I made my way towards the door. Outside, the sky was as gray as the buildings and sidewalks. It was as if the entire world had been painted with the same lifeless color from the same lifeless brush. I turned and walked up the street in the direction of my home. The faces of the passersby were blurry and featureless. All the details that made life so enjoyable had been erased from the city.

① noisy
② lively
③ gloomy
④ humorous
⑤ fantastic

5

다음 글에 드러난 'he'의 심정으로 가장 적절한 것은?

As he hurried home from school, he quietly chuckled to himself about how much he had worried over the exam. Although he had spent hour upon hour working out problem after problem for weeks before the test, he had never been completely comfortable with his understanding of the material. When he was told his score, he was certain that the examiner must have made a mistake. But now, with each step he took, the score became less a dream and more a reality. All the mental strain he had put himself through had worked wonders for him in the end.

① grateful and anticipating
② confused and unsure
③ disappointed and embarrassed
④ depressed and frustrated
⑤ delighted and relieved

6 **다음 글의 상황에 나타난 분위기로 가장 적절한 것은?**

Upon waking, I continued to lie in the soft grass and cool shade, letting my mind wander. The sun peeked through little gaps among the leafy green branches, but not enough to disturb my feeling of being in a secret, dark cave. Patches of sunlight were scattered on the ground and being moved around by the gentle breeze playing in the leaves of the branches above. A few squirrels, nervous but friendly, chattered at me and made me more reluctant to get up and head back to the world outside. So, I stayed, and dozed off again just one more time.

① urgent and stressful
② thrilling and dynamic
③ dreary and mysterious
④ calm and relaxing
⑤ awful and alarming

Checkbook p.127

7 **다음 글에 드러난 Heather의 심경 변화로 가장 적절한 것은?** 〈모의〉

Heather loved the freedom of flying above the land. One day she was hang-gliding when she noticed a red hawk rapidly approaching her. Then she heard its claws ripping the fabric of the glider's wing. It flew off. But the next thing she knew was that it was flying straight at her. She turned out of its way, but it dove at her again. She had to avoid its attacks four times before she was able to land safely. As she drove home, she found out that she had been lucky. The radio news reported that a hang-glider had been attacked and injured by not one, but two hawks.

① proud → angry
② surprised → confident
③ excited → guilty
④ frustrated → envious
⑤ scared → relieved

8 **다음 글의 상황에 나타난 분위기로 가장 적절한 것은?** 〈모의〉

The place was so large that it made Maggie look smaller and weaker. The tough champion punched Maggie like a speeding train. Her fists flew so fast that Maggie could barely block the punches. Maggie danced away, overwhelmed, trying to figure out how to fight this girl. A cheer came up from the crowd, "Maggie!" Several more people took up the shouting. Maggie looked around and fought back the attack. She rushed forward and threw her punches so fast that she looked like she had four arms. The crowd started to go wild. At last when Maggie charged with an uppercut to the jaw, the champion staggered and dropped to the mat. The fans went wild! Maggie danced back to the corner. As the referee counted, almost all of the fans were counting together. "... SEVEN, EIGHT, ..."

① noisy and exciting
② sad and gloomy
③ mysterious and scary
④ calm and boring
⑤ busy and frustrating

9 **다음 글에 드러난 필자의 심정으로 가장 적절한 것은?** 〈수능〉

Our guest arrived in the broadcasting studio, and I opened my show at 11:05 with a brief introduction about his background. Then I asked my first question, and he just said, “I don’t know.” A few more questions followed, but all were answered in one of three ways: “Yes.” “No.” or “I don’t know.” I looked up at the clock in the studio. It was 11:09, and I was out of material. I had nothing left to ask this guy. Everyone in the studio was standing around with the same thought: “What are we going to do? We have fifty minutes left. Listeners all over the country are going to reach for the tuning dials on their radios any second now.”

① lively and excited
② anxious and concerned
③ calm and relieved
④ anticipating and grateful
⑤ bored and indifferent

10

다음 글의 밑줄 친 부분 중, 어법상 틀린 것은?

Bad things happen to people everyday. However, people seldom realize that unfortunate events often lead to ① something better. A romantic relationship falls apart, but this loss leads you to find your soulmate. After being let go from a company ② which you have worked for many years, you are now free to follow a dream of ③ opening a business. Breaking your leg in a basketball game ④ gives you a couple of weeks to stay at home and read the pile of books you ⑤ have been planning to read for months. Sometimes, what seems like terrible misfortune can be a blessing in disguise.

11

(A), (B), (C) 각 네모 안에서 어법에 맞는 표현을 골라 짝지은 것으로 가장 적절한 것은?

(A) [A number / The number] of companies now concentrate on steadily improving their customer service departments, which then become the focus of company sales pitches. Customers have come to view reliable service as the most important thing that a company can offer to (B) [it / them]; more important even than good prices, a wide variety of choices, and excellent quality in merchandise. As a result, we are seeing more and more ads in which companies claim to have (C) [fastest / the fastest] or friendliest or most reliable service in the field.

	(A)		(B)		(C)
①	A number	----	it	----	fastest
②	A number	----	them	----	the fastest
③	A number	----	them	----	fastest
④	The number	----	it	----	the fastest
⑤	The number	----	them	----	fastest

12 (A), (B), (C) 각 네모 안에서 문맥에 맞는 낱말을 골라 짝지은 것으로 가장 적절한 것은?

Huge amounts of oil are (A) [transported / transformed] by ship to all corners of the globe. Most shipments get to their destinations without any trouble, but oil spills are always possible, and they are terribly expensive and difficult to clean up. One interesting and not-so-expensive method of cleaning up an oil spill is feather-stuffed pillows. The method was invented by a man who noted that birds died in oil spills because their feathers soaked up oil, preventing (B) [fright / flight]. He tested the method on a spill in a major American river, by sending small boats to the site and throwing hundreds of special feather pillows into the (C) [purified / contaminated] water. The feathers absorbed many times their weight in oil, thereby validating the method.

	(A)		(B)		(C)
①	transported	----	fright	----	purified
②	transformed	----	fright	----	contaminated
③	transformed	----	flight	----	contaminated
④	transformed	----	fright	----	purified
⑤	transported	----	flight	----	contaminated

지문 속 필수어휘 1

한번 읽고 버리기 아까운 지문을 파헤쳐 보자!

독해에 필수적인 어휘를 오랫동안 기억하는 가장 좋은 방법은 문장을 통해 복습하는 것이다. 지문 속 문장을 통해 문맥으로 어휘의 뜻을 추론하는 능력을 기르자.

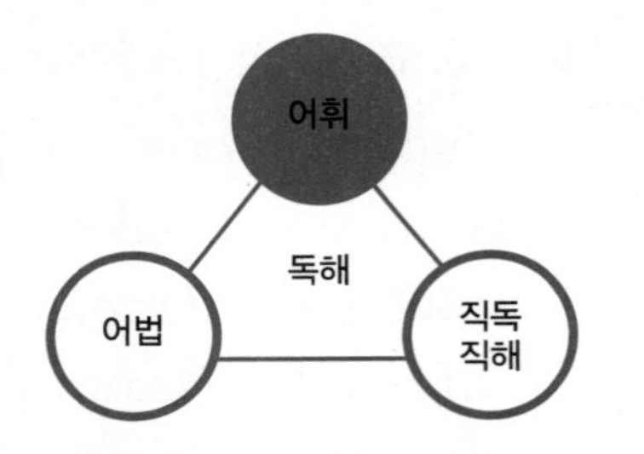

● **다음 밑줄 친 단어의 문맥상 알맞은 우리말 뜻을 고르시오.**

1 The buzz of the engine was the only sound in the car. To **distract** (□ ~에 집중하다 □ ~을 흐트러뜨리다) his ears, he imagined what his friends were doing. He knew they were probably headed to the schoolyard at this very moment to get a game of soccer started. [3번 지문]

2 The faces of the passersby were **blurry** (□ 선명한 □ 흐릿한) and featureless. All the details that made life so enjoyable had been erased from the city. [4번 지문]

3 A few squirrels, nervous but friendly, chattered at me and made me more **reluctant** (□ 싫은 □ 좋은) to get up and head back to the world outside. So, I stayed, and dozed off again just one more time. [6번 지문]

4 Bad things happen to people everyday. However, people seldom realize that unfortunate events often lead to something better. ...... (중략) ...... Sometimes, what seems like terrible misfortune can be a blessing in **disguise** (□ 극복 □ 변장). [10번 지문]

5 He tested the method on a spill in a major American river, by sending small boats to the site and throwing hundreds of special feather pillows into the contaminated water. The feathers absorbed many times their weight in oil, thereby **validating** (□ ~을 반박하다 □ ~을 입증하다) the method. [12번 지문]

Checkbook **p.131**

UNIT 13

실용문 · 도표 해결하기

26th Annual Buckeye Book Fair
You Can Meet 100 Ohio Writers and Illustrators and Purchase Autographed Books at a Discount

• Date & Time
Saturday, November 1, 2014, 9:30 a.m. to 4:00 p.m.

• Parking
Parking is free when you present a ticket for admission.
You are not permitted to enter the Book Fair with books brought from home to be signed. Only books sold during the Book Fair will be signed by authors. Thank you for your understanding.

205 West Liberty Street, Wooster, OH 44691
Tel. (330) 262-3244 / www.BuckeyeBookFair.com

〈모의〉

집에서 가져온 책에 저자의 사인을 받을 수 있다. (×)
지문의 내용을 보면 집에서 가져온 책에는 저자의 사인을 받을 수 없음을 알 수 있다.

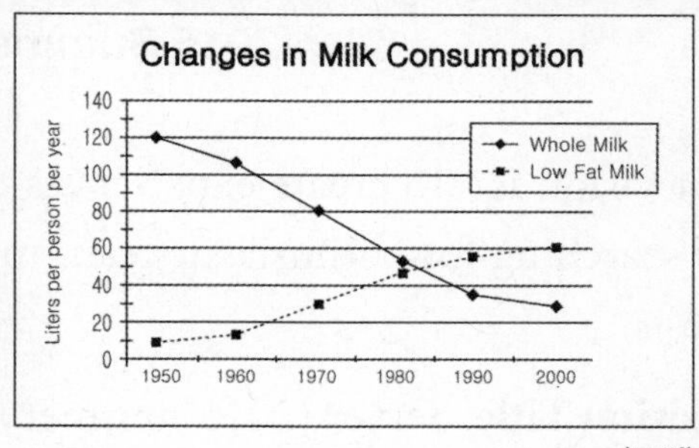

〈모의〉

The above graph shows changes in the amount of milk consumed per person per year in liters between 1950 and 2000.

일인당 우유섭취량 변화에 관한 그래프

In 2000, the amount of low fat milk consumed became three times as much as that of whole milk. (×)
도표에서 보면 low fat milk 소비량이 whole milk의 두 배(two times)임을 알 수 있다.

실용문과 도표 문제는 주어진 정보와 선택지의 내용이 일치하는지 확인하는 문제이다.
정보를 빠르게 찾아 선택지와의 일치 여부를 정확히 파악하지 않으면 함정에 빠지기 쉽다.

1. 실용문: 선택지를 먼저 읽고 해당하는 내용을 지문에서 재빨리 찾아 확인하기
2. 도표: 도표의 내용을 이해한 후 지문에 정확히 표현되었는지 확인하기

이 두 가지 전략만 기억한다면 소중한 2점을 놓치지 않을 것이다.

Checkbook p.132

1 다음 구인 광고문의 내용과 일치하지 않는 것은?

Prospect Point is hiring for the 2015 Summer Season!

Our vision is "To create experiences that people are amazed by," and we are searching for enthusiastic team members to deliver this vision to our guests.

Position Title: Server (2015 summer season only)

Application Deadline: 2015-06-13

Duties / Responsibilities:
We want to provide the highest quality of service and food to our guests.

Qualifications:
- 1 year of previous serving experience preferred
- *Food Safe* Level 1 and *Serving It Right* certification required
- Strong communication skills are considered an asset

Working Conditions:
- Will be required to stand on your feet for extended periods of time while working

*Thank you to all those who apply. Only those selected for an interview will be contacted.

① 한시적으로 일하는 자리이다.
② 지원 마감은 2015년 6월 13일이다.
③ 관련 자격증이 있어야 한다.
④ 오래 서서 일할 수 있어야 한다.
⑤ 모든 지원자들에게 결과를 통보해 준다.

2 다음 글의 밑줄 친 부분 중, 도표의 내용과 일치하지 않는 것은?

Household Expenses
Before and After Taxation Reform

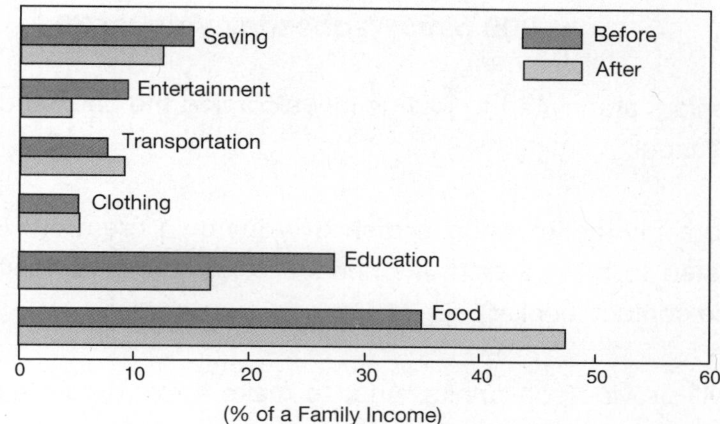

The chart above indicates the effects that taxation reform is having on family spending. Of the six areas of household expenses, ① food was the biggest expense regardless of taxation reform, and expenditure on food actually increased by more than ten percent. ② The percentage of a household's budget being spent on transportation also increased, but the rate was less than that of food. On the other hand, ③ the percentage of money spent on education decreased sharply, falling to below 20 percent after taxation reform. Also, ④ the money that families were able to save after tax reform was less than they could before. ⑤ Following the taxation changes, about a quarter of a family's total income was spent on clothing and entertainment combined.

3

Freshmen Welcome Party에 관한 다음 안내문의 내용과 일치하는 것은?

Freshmen Welcome Party
7:00 p.m. Wednesday, August 30

[1] All seniors are invited to join us in welcoming the new students to Melon high school.

[2] You are invited to bring a dish of your own creation! [3] But don't feel obligated to bring a dish. [4] It's perfect to just bring yourself! [5] In any case, please contact Joelle!

[6] We will provide soft drinks. [7] And, to make it even more exciting, we will provide a special dessert, the best cake in town.

[8] So, come and enjoy meeting the freshmen class!!! [9] This event will be held at the home of Lenore Blums, a member of the senior class:

1019 Devonshire Road
Pittsburgh, PA, 15213

[10] Her home is located near Hilltop park. [11] You can go there on your own or meet us in front of the school's front gate at 6:45 p.m.

[12] Feel free to contact any of us, if you have questions.

[13] **We hope to see you at the party!**

① 졸업을 축하하는 파티이다.
② 음식을 반드시 가져와야 한다.
③ 특별 초청객에게는 디저트가 제공된다.
④ 파티 장소는 한 졸업반 학생의 집이다.
⑤ 학교 주차장에서 모여 파티 장소로 출발한다.

4 다음 도표의 내용과 일치하지 않는 문장은?

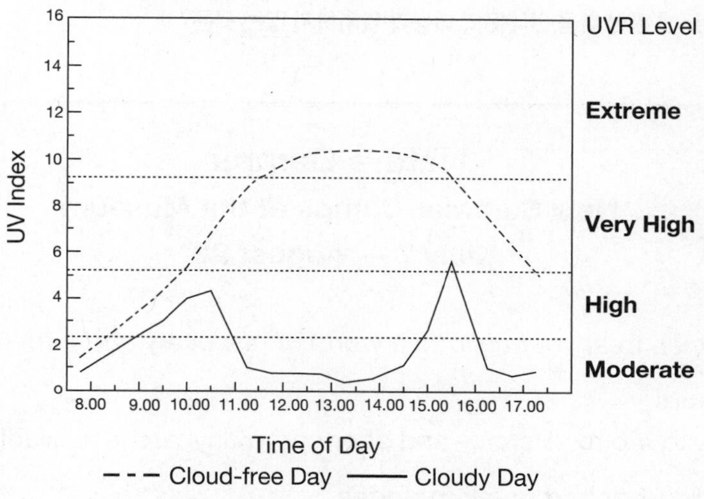

This graph compares the UVR (Ultraviolet Ray) levels on a cloud-free-and a cloudy day in Melbourne on a UV index. ① The two lines on the graph indicate there was only a slight difference in the amount of UVR during the early morning. ② In contrast, the largest gap between the cloud-free and cloudy day occurred at about 1:30 p.m. ③ On the day with no clouds, the UVR level rose to Extreme before midday and remained Extreme for around four hours. ④ On the other hand, the UVR level on the cloudy day was at its lowest between around 11:30 a.m. and 2:30 p.m. ⑤ The fluctuation in the UVR level on the cloudy day was relatively large but it never reached the Very High level.

Real Test

실전 감각 키우기

▶ 앞서 훈련한 핵심 리딩스킬을 실전에 적용해보자.

Checkbook **p.136**

5 **Nature Camps에 관한 다음 안내문의 내용과 일치하지 <u>않는</u> 것은?**

Nature Camps
New Summer Camps at the Museum
July 7 — August 22

1 *This summer, treat your child to a world of discovery and fun:*

Camp hours
- 9 a.m. to 4 p.m. (Before- and after-camp daycare is available.)

Each action-packed week includes
- access to the museum's exhibitions
- interaction with live animals
- daily outdoor activities

Cost
- $295/child per one-week camp
- $250/child for the August 5 - 8 camp (4 days)
- 10% discount for each additional child in the same family during the same week

Registration
- online registration only (Opens on March 20 at 9 a.m.)

2 For further information, you can visit our website at www.mus-nature.com or call (613)-566-4791.

① 캠프는 여름 동안 진행된다.
② 캠프 시간 전후로 보육 서비스가 가능하다.
③ 박물관의 전시물 관람도 포함된다.
④ 할인 혜택은 제공되지 않는다.
⑤ 등록은 온라인으로만 가능하다.

6 다음 도표의 내용과 일치하지 않는 문장은?

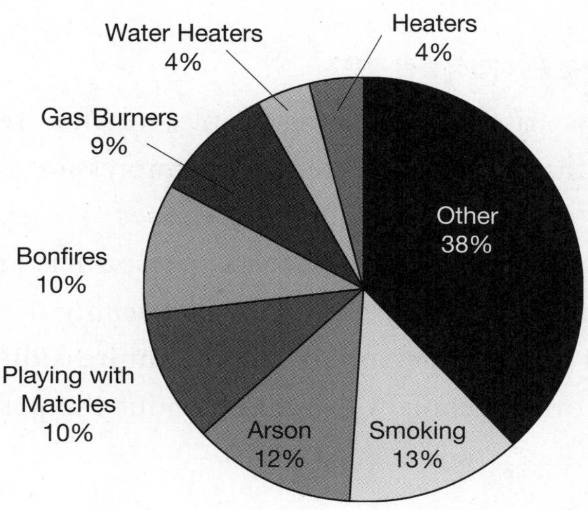

*arson 방화

The chart above compares various causes of fires. ① Careless smokers account for a higher number of fires than those set deliberately by arsonists. ② Bonfires and playing with matches contribute equally to a full twenty percent of occurrences. ③ The percentage of fires ignited by gas burners is smaller than of those caused by heaters. ④ Two household appliances, heaters and water heaters, are factors in the same number of fires each. ⑤ The causes of nearly forty percent of fires cannot be determined.

Checkbook p.138

7 **다음 글의 밑줄 친 부분 중, 어법상 틀린 것은?**

When occasions arise for describing people, we often rely on the dominant impression ① that we have of them. This impression is the primary effect someone has ② on our feelings and senses. We express a dominant impression by selecting a trait that the person has and ③ emphasize it. Adjectives such as *aggressive, curious,* or *friendly* ④ convey a dominant impression of another person. Then the impression may be ⑤ further supported by other details we've noted about the person and his or her personality.

8 **(A), (B), (C) 각 네모 안에서 어법에 맞는 표현을 골라 짝지은 것으로 가장 적절한 것은?**

In any gathering of people, politeness is a basic necessity. However, there are occasions when it can actually hurt another's feelings more than rudeness can. An instance of this could be as (A) [simple / simply] as a teenage boy standing to offer his seat to a rather large woman on a bus. Though the boy's gesture is meant to be polite, there is another vacant seat next to his seat, which suggests that he thinks the woman (B) [be / is] so fat that she needs two seats. Now, everyone on the bus is looking at the embarrassed woman. The boy (C) [should have thought / must have thought] for a moment and stayed in his seat instead of offering it to her.

	(A)		(B)		(C)
①	simple	----	be	----	should have thought
②	simply	----	be	----	should have thought
③	simply	----	is	----	must have thought
④	simple	----	is	----	should have thought
⑤	simple	----	is	----	must have thought

9

(A), (B), (C) 각 네모 안에서 문맥에 맞는 낱말을 골라 짝지은 것은?

Few animal species have experienced as much (A) [necessary / needless] killing and cruelty as snakes. Untold numbers are destroyed on a regular basis by people who (B) [enhance / encounter] them, whether they are aware of the snake or not. A great many snakes are run over by cars and trucks, or are caught in farm machinery such as tractors. Heavy farm equipment not only directly kills many snakes, but also damages their nests and supplies of food and water. It is time that we realized that snakes are actually (C) [beneficial / beneficent] to us. As snakes are meat eaters, they do not eat rice or wheat, but they kill the mice and rats that are the curse of every farmer.

	(A)		(B)		(C)
①	necessary	----	enhance	----	beneficial
②	necessary	----	enhance	----	beneficent
③	necessary	----	encounter	----	beneficent
④	needless	----	encounter	----	beneficent
⑤	needless	----	encounter	----	beneficial

지문 속 **필수어휘** 2

한번 읽고 버리기 아까운 지문을 파헤쳐 보자!

독해에 필수적인 어휘를 오랫동안 기억하는 가장 좋은 방법은 문장을 통해 복습하는 것이다. 지문 속 문장을 통해 문맥으로 어휘의 뜻을 추론하는 능력을 기르자.

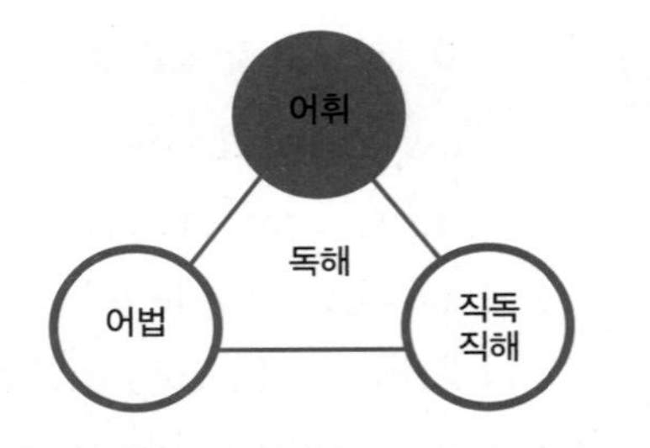

● **다음 밑줄 친 단어의 문맥상 알맞은 우리말 뜻을 고르시오.**

1 Careless smokers account for a higher number of fires than those set **deliberately** (□ 고의로 □ 실수로) by arsonists. **[6번 지문]**

2 The percentage of fires **ignited** (□ ~을 점화하다 □ ~을 구입하다) by gas burners is smaller than of those caused by heaters. **[6번 지문]**

3 Adjectives such as *aggressive, curious,* or *friendly* **convey** (□ ~을 전달하다 □ ~을 조사하다) a dominant impression of another person. **[7번 지문]**

4 An instance of this could be as simple as a teenage boy standing to offer his seat to a rather large woman on a bus. Though the boy's gesture is meant to be polite, there is another **vacant** (□ 비어 있는 □ 차지된) seat next to his seat, which suggests that he thinks the woman is so fat that she needs two seats. **[8번 지문]**

5 It is time that we realized that snakes are actually beneficial to us. As snakes are meat eaters, they do not eat rice or wheat, but they kill the mice and rats that are the **curse** (□ 재앙 □ 원인) of every farmer. **[9번 지문]**

Checkbook **p.139**

UNIT

14 밑줄 어휘 문제 해결하기

The traditional American view was that fences were out of place in the American landscape.

글의 초반부를 읽고 무엇에 관한 내용인지 파악하기:
'전통적으로 미국인들은 담장이 미국적 풍경에 어울리지 않는다는 견해를 가졌다' 는 내용.

This notion turned up ① repeatedly in nineteenth-century American writing about the landscape. One author after another severely ② criticized "the Englishman's insultingly inhospitable brick wall topped with broken bottles." Frank J. Scott, an early landscape architect who had a large impact on the look of America's first suburbs, worked tirelessly to ③ rid the landscape of fences. Writing in 1870, he held that to narrow our neighbors' views of the free graces of Nature was ④ **unselfish → selfish** and undemocratic. To drive through virtually any American suburb today, where every lawn steps right up to the street in a gesture of ⑤ openness and welcoming, is to see how completely such views have triumphed. 〈모의〉

각각의 밑줄 친 어휘가 문맥의 흐름과 논리적으로 일치하는지 확인하기:
미국인들은 담장을 선호하지 않는다는 내용이므로, 담장을 설치해 이웃의 시야를 가로막는 행위는 '이기적' 이란 내용이 되어야 한다.

2009년 수능까지 출제되었던 그림 어휘 유형이 밑줄 어휘 유형으로 바뀌었다. 밑줄 어휘 유형은 밑줄 친 어휘가 글의 흐름과 일치하는지를 판단하는 것이 중요하다. 주로 글의 흐름과 반대되는 어휘가 등장하므로 내용상 어색한 것이 있으면 그 밑줄 어휘 대신 반의어를 넣었을 때 자연스러운지 확인해 정답을 찾으면 된다.

Checkbook p.140

[1~4] 다음 글의 밑줄 친 부분 중, 문맥상 낱말의 쓰임이 적절하지 않은 것을 고르시오.

1 Life has its flaws and defects. Those who accept this reality and integrate it into their existence can lead a really full life. A doctrine that has contributed to the development of ① perfectionism and that a lot of people have internalized is, "If I don't do everything completely right, I am a failure." And yet the greatest inventions are often the result of countless ② successful experiments by inventors who retain an unbroken will to persist. Learn to ③ appreciate your mistakes, because they are opportunities and learning experiences for you to find out how to do things better next time. Accept your ④ imperfect self. Enjoy your failings. Tell others about them. You won't lose esteem, but you will gain ⑤ affection.

2 Even with a well thought-out approach, workplace disagreements can turn ugly. Most often these conversations turn into battles when arguments become personal. If your exchange becomes ① heated, bring the conversation back to your shared interests or goals. Re-focus the dialogue on the future. If your counterpart gets antagonistic or aggressive, it may even be best to take a break from the conversation. Step back and try to get a more ② objective view of the situation. This "outsider" observation can help you ③ lose perspective on what's really going on. You may also try changing the process: write on a whiteboard instead of talking, grab a pen and do some brainstorming, or even offer to continue the discussion over drinks or dinner. This can help to ④ alter the uncomfortable dynamic that's developed between you. If all else fails, withdraw and find a ⑤ third person to mediate.

3 During the 1990s, researchers repeatedly claimed that global warming would have terrible consequences for key crops. More sophisticated studies, however, are revealing a ① <u>different</u> picture, considering a factor so often ignored: human adaptability. "If you're a farmer and you see your crops aren't doing ② <u>well</u> due to global warming, you will plant a more heat-resistant type," says an agricultural economist. He is one of a group of academics pioneering studies that take into account such ③ <u>adaptability</u>. In fact, although studies in the 1990s predicted a huge ④ <u>increase</u> amounting to more than 20 percent per year in agricultural yields, recent studies point to annual growth of more than 13 percent. Needless to say, it's thanks to farmers' ability to make their crops more ⑤ <u>suitable</u> for the climate.

4 Imagine your boss has asked you to work for the third weekend in a row, and you want to say *no* because you have plans for a weekend away with your spouse. Your main interests are to get away, to keep your plans, and not to feel ① <u>overworked</u>. But to understand your deeper needs, you need to keep asking yourself what your ② <u>real</u> interest is in wanting to say *no*. Beneath the interest in getting away is an interest in ③ <u>strengthening</u> your marriage, and beneath that, if you dig deeper, is a basic need for belonging and love. And beneath the interest in keeping your plans is a basic need for autonomy and control over your life. It pays to dig deep when it comes to ④ <u>covering</u> your interests. The deeper you go, the ⑤ <u>more</u> likely you are to get a firm grasp of what's required for you to feel happy and fulfilled.

Real Test 실전 감각 키우기

▶ 앞서 훈련한 핵심 리딩스킬을 실전에 적용해보자.

Checkbook **p.144**

[5~7] 다음 글의 밑줄 친 부분 중, 문맥상 낱말의 쓰임이 적절하지 않은 것을 고르시오.

5 It is said that although people laugh in the same way, they don't necessarily laugh at the same things. If this is true of a single community, it is even more true of people who live in different societies, because the topics that people find amusing, and the occasions that are regarded as ① appropriate for joking, can vary enormously from one society to the next. Some styles of humor with silly actions are guaranteed to raise a laugh everywhere. But because of their reliance on shared assumptions, most jokes travel very ② well. This is particularly ③ noticeable in the case of jokes that involve a play on words. They are difficult, and in some cases virtually ④ impossible to translate into other languages. Therefore, this is why people's attempts to tell jokes to ⑤ foreigners are so often met with blank stares.

6 Now more women than ever before have the chance to reach their potential as athletes. The road for complete acceptance of women in the sports world, however, has been a ① hard one. Sports in America emerged in the 19th century as a strictly ② male domain. Women were discouraged from participating in anything more than recreational activities because of myths about women being the ③ weaker sex, unable physically and emotionally to handle the pressures and strains of competition. But beginning in the latter part of the 19th century, women began to ④ accept these myths, proving that they belonged in sports and that they could benefit from full participation. In June 2002, America celebrated the 30th anniversary of the passage of Title IX, legislation that ⑤ provided opportunities for thousands of young female athletes to reach their potential on sports fields around the country.

7 Many people take numerous photos while traveling or on vacation or during significant life celebrations to ① preserve the experience for the future. But the role of photographer may actually detract from their ② delight in the present moment. I know a father who devoted himself earnestly to photographing the birth of his first and only child. The photos were beautiful but, he ③ lamented afterward he felt that he had missed out on the most important first moment of his son's life. Looking through the camera lens made him ④ detached from the scene. He was just an observer, not an experiencer. Teach yourself to use your camera in a way that ⑤ neglects your ongoing experiences, by truly looking at things and noticing what is beautiful and meaningful.

8 **다음 글의 밑줄 친 부분 중, 어법상 틀린 것은?**

Caring for the homeless has long been a part of ① every large city's list of problems to solve. Cities have found some success in organizing food banks where the homeless can get a hot meal, but these organizations require the help of volunteers, ② who are always limited in numbers. ③ While cities provide partial funding for the food banks, they are forced to rely on businesses in the area for additional support. Most middle class families are surrounded by a bubble of comfort, which can make them ④ indifferently to this other world. Because our personal situation can change dramatically in a short time as well, understanding these problems ⑤ is our duty.

9 **(A), (B), (C) 각 네모 안에서 어법에 맞는 표현을 골라 짝지은 것으로 가장 적절한 것은?**

Should you find yourself in a hospital with a broken bone, don't be surprised if part of the treatment involves the use of sound. The doctors who heal broken bones have become quite (A) [excited / exciting] about applying this new technique. It seems that sound waves produced by a special machine can accelerate the knitting process of a broken bone. The waves from the machine impact the bone and cause it to vibrate, which in turn (B) [cause / causes] movement of the bone cells. Vibrating the bone cells in this way releases chemicals that reduce the time (C) [required / requiring] for a broken bone to mend, sometimes by as much as six weeks.

	(A)		(B)		(C)
①	excited	----	cause	----	required
②	excited	----	causes	----	requiring
③	exciting	----	cause	----	required
④	exciting	----	causes	----	requiring
⑤	excited	----	causes	----	required

10 (A), (B), (C) 각 네모 안에서 문맥에 맞는 낱말을 골라 짝지은 것으로 가장 적절한 것은?

The old Korean saying "It is a sad house where the hen crows louder than the cock" expresses the sexist belief that women's (A) [participation / anticipation] in life should be less active and powerful than men's. But the idea that only men should be managers has been strongly challenged in recent years as more and more women have joined the workforce, even though it's certainly true that the (B) [minority / majority] of management positions are still filled by men. There is no longer any reason to believe that a woman cannot or should not (C) [acquire / inquire] the skills and education necessary for running a business or even a country.

	(A)		(B)		(C)
①	participation	----	minority	----	acquire
②	anticipation	----	minority	----	acquire
③	participation	----	majority	----	inquire
④	anticipation	----	minority	----	inquire
⑤	participation	----	majority	----	acquire

지문 속 **필수어휘 3**

한번 읽고 버리기 아까운 지문을 파헤쳐 보자!

독해에 필수적인 어휘를 오랫동안 기억하는 가장 좋은 방법은 문장을 통해 복습하는 것이다. 지문 속 문장을 통해 문맥으로 어휘의 뜻을 추론하는 능력을 기르자.

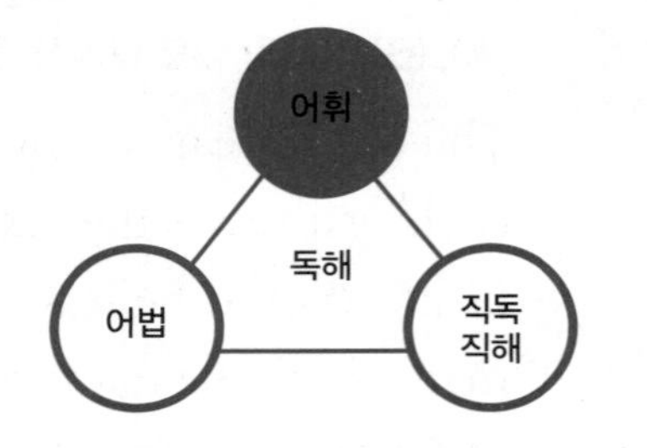

● **다음 밑줄 친 단어의 문맥상 알맞은 우리말 뜻을 고르시오.**

1 If your exchange becomes heated, bring the conversation back to your shared interests or goals. Re-focus the dialogue on the future. If your **counterpart** (□ 상대방 □ 진행자) gets antagonistic or aggressive, it may even be best to take a break from the conversation. [2번 지문]

2 In fact, although studies in the 1990s predicted a huge decrease amounting to more than 20 percent per year in agricultural **yields** (□ 판매가 □ 수확량), recent studies point to annual growth of more than 13 percent. Needless to say, it's thanks to farmers' ability to make their crops more suitable for the climate. [3번 지문]

3 While cities provide **partial** (□ 부분적인 □ 전적인) funding for the food banks, they are forced to rely on businesses in the area for additional support. [8번 지문]

4 It seems that sound waves produced by a special machine can accelerate the **knit**ting (□ ~을 검사하다 □ ~을 접합하다) process of a broken bone. The waves from the machine impact the bone and cause it to vibrate, which in turn causes movement of the bone cells. Vibrating the bone cells in this way releases chemicals that reduce the time required for a broken bone to mend, sometimes by as much as six weeks. [9번 지문]

Checkbook **p.148**

UNIT

15 최신 장문 유형 대비

A friend of mine and his wife were in Hawaii, standing on a beach, watching a beautiful sunset — hardly able to believe how magnificent the sight was. A woman approached them and overheard my friend's wife say, "I can't believe how beautiful this is." While walking away from the spectacular display, the woman said, "You should have seen it in Tahiti." When your attention is not on the present moment but on something else, you will tend to ______________________ as the Tahiti traveler did, or you will wonder about future experiences instead of enjoying the present one, and regret past experiences because they are already over. But as you learn to bring your attention back to the here and now, life will come alive again, providing the enjoyment and satisfaction it was meant to. Thus, when you live in the present moment, one of the nice things that happens to you is that ordinary, everyday life takes on a new significance. Taking walks, watching a sunset, gardening, reading a book, all begin to feel special. When your attention is brought back to the here and now, you engage in life rather than think about life. 〈수능〉

49. 위 글의 빈칸에 들어갈 말로 가장 적절한 것은? ➜ 빈칸 추론 유형

① think about future events in your life
② concentrate better on the event at hand
③ compare even good experiences with others
④ be totally satisfied with the ongoing event
⑤ share the moment with your loved ones

50. 위 글의 제목으로 가장 적절한 것은? ➜ 제목 추론 유형

① Living Today to the Fullest
② Traveling to Exotic Places
③ What Are Friends for?
④ Releasing Your Hidden Power
⑤ Creating Future-Oriented Attitudes

지난 몇 년간 대립된 의견의 핵심쟁점을 묻는 문제가 고정적으로 등장했지만,

최근에는 유형을 결정해놓고 장문 지문을 선정하기보다는
품질이 좋은 지문에 가장 적합한 문제 유형이 출제되고 있다.

따라서 유형이 계속 변한다고 해서 겁먹을 필요는 없다.

그동안 익혀온 유형들의 해법을 최대한 잘 적용하여 장문을 공략해보자!

Checkbook p.149

[1~2] 다음 글을 읽고, 물음에 답하시오.

Leadership is not an abstract concept. It has a face, and more importantly, it should have a heart and time to spare for whoever needs it. The best leaders do not so much command respect from others as earn it. The leader who rules with an iron fist will only influence weak people, and then only for a short time. On the other hand, the leader who rules with a kind heart will influence people for a lifetime. People like to be around a leader who sees himself or herself as fully human, not as some kind of superhuman. Also, generosity goes hand-in-hand with leadership, and it is not limited to money. Good leaders extend their generosity to include gifts of their time and energy and any other resources they possess. Many well-off people are happy to give away material wealth to help the needy, but are less likely to spare any of their time or labor. They say they need their time to make enough money to spare for charity. But our time should not be solely for the purpose of making money, but also for making life better for the people in our community. The time you give could be as short as two minutes, but that is enough time to be briefed on a problem, make a decision, give your opinion, offer some guidance, delegate a task, or simply reassure and support your colleague. How important **these little pockets of time** are. They are of great value to your staff, as well as to you and your company.

1 **위 글의 제목으로 가장 적절한 것은?**

① Use a Minute Like an Hour
② Make Time To Spare for the Poor
③ How To Deal with Tasks More Efficiently
④ How To Attract People around You
⑤ The Prime Quality of a Good Leader

2 **위 글의 밑줄 친 these little pockets of time의 의미로 가장 적절한 것은?**

① 봉사활동을 하는 것
② 신속한 결정을 내리는 것
③ 자투리 시간을 활용하는 것
④ 지인들에게 안부전화를 하는 것
⑤ 주변 사람들에게 시간을 할애하는 것

[3~4] 다음 글을 읽고, 물음에 답하시오.

The funeral of Martin Thompson was a quiet affair, with only a few relatives in attendance. Martin had spent most of his long life in an isolated part of Alaska, searching for gold. He told anyone who would listen that someday he would find a gold nugget as big as his head and retire a rich man, but his plans for great wealth never happened. He did, however, have an unusual experience during his last week of life. Although no one knew about it, he died a __________ man.

One day, while on a task not related to his hunt for gold, his shovel hit something hard. Looking down, he saw a big rock, and he bent down to free it from the earth. The rock had a shininess that puzzled Martin, but as he continued to stare at it, he slowly realized exactly what it was — a huge gold nugget! Overcome with joy, he started to cry and couldn't stop. Finally, his dream had come true. He sat there on the ground for a long time, gazing at his fortune and feeling as if a great burden had been taken from him. Then, with a deep sigh, he slowly placed the nugget of gold back into the hole and began filling it again with dirt. When he finished, he put his shovel over his shoulder and walked back to his cabin, grinning all the way.

3 위 글의 내용을 한 문장으로 요약하고자 한다. 빈칸 (A)와 (B)에 들어갈 말로 가장 적절한 것끼리 짝지은 것은?

A person's real purpose in life lies more in the ___(A)___ of something than in the ___(B)___ of it.

	(A)		(B)
①	pursuit	----	possession
②	rejection	----	pleasure
③	attainment	----	development
④	presence	----	definition
⑤	creation	----	presentation

4 위 글의 빈칸에 들어갈 말로 가장 적절한 것은?

① wealthy
② frustrated
③ generous
④ contented
⑤ lonely

Checkbook p.153

[5~6] 다음 글을 읽고, 물음에 답하시오. 〈모의〉

Researchers asked hundreds of college freshmen what grades they expect to get in their first year at college. In some cases, they were made to write an answer and put it in an envelope privately. In others, they were made to tell it to the researchers publicly. The researchers found that the predictions the women students wrote privately did not differ from the men's. But when they told their predictions publicly, women expected lower grades for themselves than men did. This study showed that women were as confident as men but they are more likely to look __________ in public.
The researchers conducted a second study that found women's **characteristic behavior**. In this case, the researchers told their own grades to the students they interviewed, and the grades seemed comparatively low. When women students thought they were talking to someone who had gotten low grades, they also lowered their predictions of the grades they would get. But men students didn't care whether the researchers had gotten high or low grades. This study showed that women were more likely to change their speech considering the influence that they could have on the other person's feelings.

5 위 글의 빈칸에 들어갈 말로 가장 적절한 것은?

① humble
② lonely
③ smart
④ happy
⑤ popular

6 위 글의 밑줄 친 characteristic behavior의 내용으로 가장 적절한 것은?

① 구체적인 목표를 세운다.
② 논리보다는 감정에 호소한다.
③ 대화할 때 상대방을 배려한다.
④ 타인의 기대에 부응하려 애쓴다.
⑤ 대화를 통해 스트레스를 해소한다.

7 **다음 글의 밑줄 친 부분 중, 어법상 틀린 것은?**

People often try to justify things they do that others may not approve of by claiming that ① they are just their nature to behave that way. It just might be true that people are not capable of changing the basic nature they are ② born with. Yet, if people focus on the causes and development of bad behavior, not just blaming human nature, then replacing bad habits with good ③ ones becomes a real possibility. Many people ④ do manage to stop drinking or eating too much, or to quit smoking, because they realize these habits do little to help solve problems they have. They then start being more physically active and ⑤ living healthier lifestyles that bring other improvements to their lives.

8 **(A), (B), (C) 각 네모 안에서 어법에 맞는 표현을 골라 짝지은 것으로 가장 적절한 것은?**

In an effort to improve the lives of deaf children, a scientist at a prominent university in California was (A) [performed / performing] experiments on human genes. After several months of research, he received a notice from a biotech company on the east coast. The company had obtained a patent for Connexin 26, the gene related to deafness. He could no longer work with the gene (B) [unless / if] he paid royalties to the company. About one-fifth of the genes that have been decoded (C) [is / are] already subject to patent laws. This means that some individual, usually a biotechnology company, has complete control over the gene and decides who can conduct experiments on it. Without getting permission, no scientist is allowed to study the patented genes.

	(A)		(B)		(C)
①	performed	----	unless	----	is
②	performed	----	if	----	are
③	performing	----	unless	----	is
④	performing	----	if	----	is
⑤	performing	----	unless	----	are

9 **(A), (B), (C) 각 네모 안에서 문맥에 맞는 낱말을 골라 짝지은 것으로 가장 적절한 것은?**

Among the nations of Central America, Costa Rica stands out as a more popular tourist destination than its neighbors. To a greater extent than any neighboring countries, its natural beauty, wildlife and successful (A) [reservation / conservation] efforts draw visitors from every part of the globe. Successive governments have made genuine efforts to preserve Costa Rica's reputation as a prime ecotourism destination. Tourists can enjoy a glorious (B) [typical / tropical] environment that is protected by strict national laws. It's a winning combination that should be (C) [adopted / adapted] by other countries, for the benefit of everyone, sooner rather than later.

	(A)		(B)		(C)
①	reservation	----	typical	----	adopted
②	conservation	----	tropical	----	adopted
③	reservation	----	tropical	----	adapted
④	conservation	----	tropical	----	adapted
⑤	conservation	----	typical	----	adopted

지문 속 **필수어휘 4**

한번 읽고 버리기 아까운 지문을 파헤쳐 보자!

독해에 필수적인 어휘를 오랫동안 기억하는
가장 좋은 방법은 문장을 통해 복습하는 것이다.
지문 속 문장을 통해 문맥으로 어휘의 뜻을 추론하는
능력을 기르자.

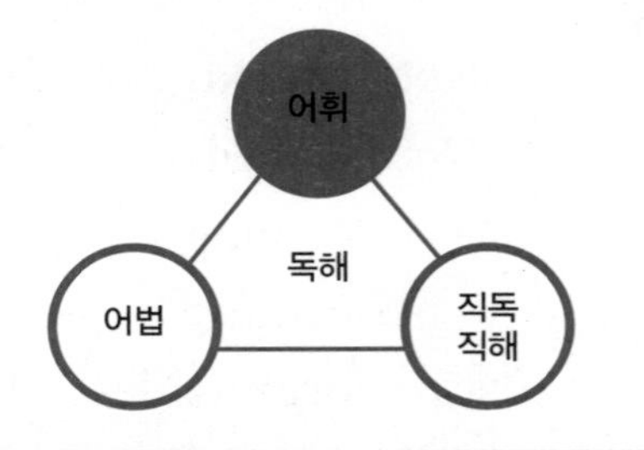

● **다음 밑줄 친 단어의 문맥상 알맞은 우리말 뜻을 고르시오.**

1 Leadership is not an **abstract** (□ 추상적인 □ 구체적인) concept. It has a face, and more importantly, it should have a heart and time to spare for whoever needs it. [1-2번 지문]

2 Although no one knew about it, he died a contented man. ... (중략) ... Overcome with joy, he started to cry and couldn't stop. Finally, his dream had come true. ... (중략) ... Then, with a deep sigh, he slowly placed the nugget of gold back into the hole and began filling it again with dirt. When he finished, he put his shovel over his shoulder and walked back to his cabin, **grin**ning (□ 싱긋 웃다 □ 눈살을 찌푸리다) all the way. [3-4번 지문]

3 The company had obtained a **patent** (□ 허가 □ 특허) for Connexin 26, the gene related to deafness. He could no longer work with the gene unless he paid royalties to the company. [8번 지문]

4 Among the nations of Central America, Costa Rica stands out as a more popular tourist destination than its neighbors. To a greater extent than any neighboring countries, its natural beauty, wildlife and successful conservation efforts draw visitors from every part of the globe. Successive governments have made genuine efforts to preserve Costa Rica's **reputation** (□ 명성 □ 유적) as a prime ecotourism destination. [9번 지문]

Checkbook **p.156**

unit 01 1 ① 2 ⑤ 3 ② 4 ⑤ 5 ④ 6 ④ 7 ⑤ 8 ③ 9 ③ 10 ③ 11 ③ 12 ②

unit 02 1 ① 2 ④ 3 ⑤ 4 ② 5 ② 6 ① 7 ② 8 ⑤ 9 ⑤ 10 ③ 11 ⑤ 12 ④

unit 03 1 ③ 2 ④ 3 ⑤ 4 ③ 5 ④ 6 ② 7 ④ 8 ② 9 ① 10 ① 11 ④ 12 ③

unit 04 1 ⑤ 2 ③ 3 ① 4 ① 5 ⑤ 6 ③ 7 ② 8 ② 9 ③ 10 ③ 11 ⑤ 12 ②

unit 05 1 ④ 2 ② 3 ⑤ 4 ③ 5 ⑤ 6 ② 7 ⑤ 8 ④ 9 ① 10 ④

unit 06 1 ③ 2 ① 3 ③ 4 ③ 5 ④ 6 ⑤ 7 ③ 8 ④ 9 ⑤ 10 ③ 11 ②

unit 07 1 ① 2 ② 3 ② 4 ④ 5 ④ 6 ① 7 ⑤ 8 ② 9 ⑤ 10 ③ 11 ③

unit 08 1 ② 2 ② 3 ① 4 ③ 5 ⑤ 6 ① 7 ⑤ 8 ① 9 ③ 10 ② 11 ④ 12 ⑤

unit 09 1 ③ 2 ③ 3 ② 4 ① 5 ⑤ 6 ① 7 ④ 8 ① 9 ① 10 ④ 11 ③ 12 ②

unit 10 1 ④ 2 ② 3 ⑤ 4 ③ 5 ④ 6 ④ 7 ② 8 ④ 9 ④ 10 ④ 11 ② 12 ②

unit 11 1 ④ 2 ② 3 ① 4 ⑤ 5 ④ 6 ⑤ 7 ⑤ 8 ② 9 ③

unit 12 1 ③ 2 ① 3 ② 4 ③ 5 ⑤ 6 ④ 7 ⑤ 8 ① 9 ② 10 ② 11 ② 12 ⑤

unit 13 1 ⑤ 2 ⑤ 3 ④ 4 ⑤ 5 ④ 6 ③ 7 ③ 8 ④ 9 ⑤

unit 14 1 ② 2 ③ 3 ④ 4 ④ 5 ② 6 ④ 7 ⑤ 8 ④ 9 ⑤ 10 ⑤

unit 15 1 ⑤ 2 ⑤ 3 ① 4 ④ 5 ① 6 ③ 7 ① 8 ⑤ 9 ②

m e m o m e m o

m e m o m e m o

T H E R E A D I N G P L A Y E R

개념의 완벽한 실전 적용을 위한 수능형 리딩스킬 훈련서

The READING PLAYER 적용편

The 리딩플레이어

해답 및 해설

쎄듀

T H E R E A D I N G P L A Y E R

개념의 완벽한 실전 적용을 위한 수능형 리딩스킬 훈련서

The READING PLAYER 적용편

The 리딩플레이어

해답 및 해설

unit	1	2	3	4	5	6	7	8	9	10	11	12
unit 01	①	⑤	②	⑤	④	④	⑤	③	③	③	③	②
unit 02	①	④	⑤	②	②	①	②	⑤	⑤	③	⑤	④
unit 03	③	④	⑤	③	④	②	④	②	①	①	④	③
unit 04	⑤	③	①	①	⑤	③	②	②	③	③	⑤	②
unit 05	④	②	⑤	③	⑤	②	⑤	④	①	④		
unit 06	③	①	③	③	④	⑤	③	④	⑤	③	②	
unit 07	①	②	②	④	④	①	⑤	②	⑤	③	③	
unit 08	②	②	①	③	⑤	①	⑤	①	③	②	④	⑤
unit 09	③	③	②	①	⑤	①	④	①	①	④	③	②
unit 10	④	②	⑤	③	④	④	②	④	④	④	②	②
unit 11	④	②	①	⑤	④	⑤	⑤	②	③			
unit 12	③	①	②	③	⑤	④	⑤	①	②	②	②	⑤
unit 13	⑤	⑤	④	⑤	④	③	③	④	⑤			
unit 14	②	③	④	④	②	④	⑤	④	⑤	⑤		
unit 15	⑤	⑤	①	④	①	③	①	⑤	②			

CHAPTER I

글 전체를 조감하는 Reading Skills

Unit Test **핵심스킬** 집중훈련

01

요지 추론 정답 ①

본문 p.8

1 Why do we remember, / and why do we forget? 〈주제문〉 2 Scientists have discovered / that it is the way [human beings decide to put information into the brain] / that determines the likelihood of recalling it later. 〈보충설명문〉 3 Imagine trying to figure out the best place / to put a new pair of gloves; / you might put them in a drawer / with other winter items. 4 But, / someone else might put them in a coat pocket / so that the gloves are easily found and slipped on / before going outside. 5 A new pair of gloves and new information / may not seem related, / but they do both require convenient storage.

필수 어휘 Note **likelihood** [láiklihùd] 가능성 | **recall** [rikɔ́:l] ~을 기억하다, 회상하다 | **figure out** ~을 생각해내다, 알아내다 | **slip on** ~을 입다, 끼다 | **related** [riléitid] 관련된, 관계가 있는

해석 1 우리는 왜 기억을 하고 또 잊어버릴까? 2 정보를 나중에 기억할 가능성을 결정짓는 것은 바로 인간이 정보를 뇌에 저장하는 방식에 있음을 과학자들이 밝혀냈다. 3 새 장갑을 넣어두기에 가장 좋은 곳을 생각해내려 한다고 가정해 보자. 당신은 장갑을 다른 겨울 물품들과 함께 서랍에 넣어둘지 모른다. 4 그러나 다른 누군가는 외출하기 전에 쉽게 찾아서 낄 수 있도록 코트 주머니에 넣어둘지도 모른다. 5 새 장갑과 새 정보는 서로 관련이 없는 것처럼 보일지 모르지만 그 둘 다 찾기 편리하게 보관해 둬야 하는 것들이다.

필수 구문 분석

2 ~ **it is** *the way* [human beings decide to put information into the brain] / **that** determines ~.
▶ it is ~ that의 강조구문. human beings ~ the brain은 the way를 수식하는 관계부사절이다.

4 ~ **so that** the gloves are easily found and slipped *on* / before going outside.
▶ 목적을 나타내는 so that ~ (~하도록, 하기 위해) 구문. 의미상 장갑을 끼는 것이므로 전치사 on이 쓰였다. someone slip on (the gloves).

내가 적용한 리딩스킬 체크하기 ☑
지문을 읽으며 내가 적용한 리딩스킬을 체크해봅시다.

□ 글의 요지를 묻는 문제이므로 주제문을 찾아야겠다고 생각했다.
↓
□ 1번 문장을 읽고 사람들이 기억을 하거나 잊어버리는 이유에 대한 내용이 이어질 것이라고 예상했다. (▶ 개념편 Unit 06 참조)
↓
□ 2번 문장에서 정보를 뇌에 저장하는 방식이 기억력에 영향을 미친다고 했으므로 선택지 중 이와 가장 가까운 ①번을 정답으로 골랐다.
▶ 정답 ① 도출
↓
□ 이어지는 내용을 읽으며 글의 요지를 알맞게 예상했는지 확인했다.
▶ 정답 ① 확신

핵심스킬 적용! 겨울철 장갑을 보관하는 것처럼 정보도 찾기 편하게 보관해야 한다는 내용의 3~5번 문장은 2번 문장에 대한 구체적인 예. 따라서 2번 문장을 주제문으로 확신할 수 있다.

선택지 다시 보기

① 기억력은 정보 저장방식과 관계가 있다. ▶ 정답.
② 긍정적인 사고방식은 기억력을 높여준다.
③ 정리정돈을 잘하면 시간을 아껴 쓸 수 있다.
④ 대부분의 사람들은 동일한 방식으로 정보를 저장한다. ▶ 4, 5번 문장의 예시에서 알 수 있듯이 사람은 동일한 방식으로 정보를 저장하는 것이 아니라 각자 자신이 기억하기 쉬운 방식으로 정보를 저장한다.
⑤ 일반적으로 정리정돈을 잘하는 사람이 기억력도 좋다. ▶ 사람의 정보 저장방식이 기억력과 관계가 있다는 것을 설명하기 위해 장갑을 보관하는 방식을 예로 든 것일 뿐 정리정돈과 기억력의 상관관계에 대한 내용은 전혀 언급되지 않았다.

02 주제 추론 정답 ⑤

본문 p.8

〈도입〉 [1]Businesses have several hiring processes [from which to choose] / when they have a need for more staff members. [2]Whenever a company has positions open / and attempts to fill them / with current employees, / it is implementing / the policy of "promoting from within." 〈주제문〉 [3]This approach has a number of things [to recommend it]. 〈보충설명문〉 [4]The first is that / the whole organization runs more smoothly / when someone [already familiar with its operation] advances. [5]Another is that / employees feel encouraged to do their best / when they believe / their efforts will be rewarded / through promotions. [6]No one will perform well / without expectation of recognition / or appreciation of their efforts.

필수 어휘 Note **process**[prάses] 방법, 과정, 절차 | **implement**[ímpləmənt] ~을 실시[실행]하다, 이행하다 | **promote**[prəmóut] ~을 승진시키다; ~을 촉진하다 **cf. promotion** [prəmóuʃən] 승진, (판매) 촉진 | **organization**[ɔ̀:rgənəzéiʃən] 조직, 기구, 단체 | **operation**[ὰpəréiʃən] 운영, 경영 | **advance**[ədvǽns] 승진하다; 진보하다 | **reward**[riwɔ́:rd] ~에게 보상을 주다, 보답하다 | **recognition**[rèkəgníʃən] 인정, (공로 등을) 알아줌 | **appreciation**[əprì:ʃiéiʃən] 올바른 평가, 진가의 이해; (예술 작품 등의) 감상; 감사

해석 1 기업체에는 더 많은 직원이 필요할 때 택할 수 있는 몇 가지 고용 방법이 있다. 2 기업에 빈자리가 날 때마다 현재 일하고 있는 직원들로 그 공석을 채우고자 한다면 그 기업은 '내부 승진' 정책을 실시하고 있는 것이다. 3 이러한 접근법은 추천할 만한 여러 가지 이유가 있다. 4 첫째는 회사의 운영을 이미 잘 알고 있는 사람이 승진을 하면 조직 전체가 더 원활하게 운영된다는 것이다. 5 다른 한 가지는 직원들은 그들의 노력이 승진을 통해 보상받게 되리라는 믿음이 들 때 최선을 다할 마음이 난다는 것이다. 6 자신의 노력이 인정받고 올바른 평가를 받으리라는 기대도 없이 일을 잘해낼 사람은 아무도 없을 것이다.

내가 적용한 리딩스킬 체크하기 ☑
지문을 읽으며 내가 적용한 리딩스킬을 체크해봅시다.

☐ 글의 주제를 묻는 문제이므로 주제문이 무엇인지 파악해야겠다고 생각했다.

↓

☐ 1, 2번 문장을 읽고 내부 승진(promoting from within)이 이 글의 소재임을 알았다.

3번 문장의 This approach는 앞에서 언급한 promoting from within을 가리킨다. (▶ 개념편 **Unit 07** 참조)

↓

☐ 내부 승진 정책이 여러 가지 장점이 있다는 3번 문장을 읽고, 이 글의 주제문이란 걸 알았다. 따라서 선택지 중 이와 가장 가까운 ⑤번을 정답으로 골랐다.

▶ 정답 ⑤ 도출

핵심스킬 적용! 주제문에는 필자의 의견이나 주장이 명시되는 경우가 많다. a number of things to recommend it에서 내부 승진 정책의 이점을 강조하는 필자의 의견이 드러나고 있다.

↓

☐ 이후에 이어지는 내용(The first is ~, Another is ~)이 주제를 구체화하고 뒷받침하는 것을 확인하고 정답을 확신했다.

▶ 정답 ⑤ 확신

선택지 다시 보기

① 부서 간 협력의 필요성
② 승진과 생산성의 관계
③ 외부 인사 채용의 단점
④ 효과적인 팀 구성 방안
⑤ 내부 승진 정책의 이점 ▶ 정답.

03

주제 추론 정답 ②

본문 p.9

〈보충설명문〉 1 When a conversation occurs / between speakers of a common language, / they share an unspoken understanding [of environment, history, and tradition]. 2 They are "of one mind," / so to speak, / and can understand the nuances and subtleties [of each other's point of view]. 3 On the other hand, / when two foreigners communicate, / using their own languages / but still understanding the other's native tongue, / there are difficulties [beyond the differences in the languages themselves]. 4 These difficulties / come from the diverse backgrounds and customs [that become a part of each language]. 5 Merely knowing / what words and sentences mean / is not enough for true communication. 〈주제문〉 6 We need to be familiar with the other's cultural tradition / and understand how that affects his or her language.

필수 어휘 Note **so to speak** 말하자면, 소위 | **nuance** [njú:ɑ:ns] 뉘앙스, 미묘한 차이 | **point of view** 견해, 관점 | **diverse** [divə́:rs] 다양한

해석 1 같은 언어를 쓰는 사람들끼리 대화를 나눌 때, 말하지 않아도 환경, 역사, 전통을 이해하는 마음을 공유한다. 2 말하자면 그들은 '한마음'이어서 상대방 견해의 뉘앙스와 미묘한 점들을 이해할 수 있다. 3 반면, 두 명의 외국인이 각자 본인의 언어를 사용하지만 상대방의 모국어를 이해하는 상황에서 의사소통할 때에는 언어 그 자체의 차이점을 넘어서는 어려움이 있다. 4 이 어려움은 각 언어의 일부를 차지하고 있는 다양한 배경과 관습에서 비롯되는 것이다. 5 단지 어휘나 문장의 뜻을 안다고 해서 진정한 의사소통이 이뤄지는 것은 아니다. 6 우리는 상대방의 문화적 전통을 잘 알고 있어야 하고 그것이 어떻게 그들의 언어에 영향을 미치는지를 이해해야 한다.

내가 적용한 리딩스킬 체크하기 ☑

지문을 읽으며 내가 적용한 리딩스킬을 체크해봅시다.

☐ 글의 주제를 묻는 문제이므로 주제문이 무엇인지 파악해야겠다고 생각했다.

↓

☐ 1, 2번 문장은 같은 언어를 사용하는 사람끼리의 대화는 그 언어의 배경, 역사, 전통에 대한 이해를 바탕으로 이루어진다는 내용. 따라서 '언어와 문화의 관계'를 이 글의 주제로 예상했다.

▶ 정답 ② 예상

1번 문장의 share an unspoken understanding of environment, history, and tradition을 2번 문장에서 "of one mind(한마음)"로 표현하고 있다. (▶ 개념편 **Unit 07** 참조)

↓

☐ 3, 4번 문장은 다른 언어를 사용하는 사람들은 언어 외적인 어려움을 겪는다는 내용. 언어 외적인 어려움은 해당 언어권의 배경과 관습에서 비롯된다고 했으므로 ②번을 정답으로 골랐다.

▶ 정답 ② 도출

↓

☐ 6번 문장을 읽고 정답을 ②번으로 확신했다.

▶ 정답 ② 확신

affects의 주어인 that은 the other's cultural tradition을 가리킨다. (▶ 개념편 **Unit 07** 참조)

핵심스킬 적용! '상대방의 문화적 전통을 잘 알아야(familiar) 하고 그것이 언어에 어떻게 영향을 미치는지(affects)를 이해해야 한다'란 내용의 마지막 문장은 이 글의 주제문에 해당한다.

선택지 다시 보기

① the magical power of languages (언어의 마법적인 힘)

② cultural understanding; vital for better communication (의사소통을 더 잘하는 데 있어 필수적인 문화 이해) ▶ 정답.

③ the effect of good conversations on human relationships (유익한 대화가 인간관계에 미치는 영향)

④ the reason why language education is important (언어 교육이 중요한 이유)

⑤ how conversations encourage friendship (어떻게 대화가 우정을 돈독히 하는가.)

04

필자의 주장 정답 ⑤ 본문 p.10

〈주제문〉 1 All too often / we have the desire [to do something] / and suffer disappointment / when we cannot fulfill that desire, / because we have not done careful planning. 〈보충설명문〉 2 **For instance**, / my wife and I felt / that it was time / for us to buy a house. 3 We expected to be able to afford it / because a rumor was circulating my wife's office last week / that she would be replacing her boss, / who is due to retire. 4 So, / we borrowed a lot of money. 5 However, / the next day / my wife came home from work / and informed me / that her company decided to send someone from headquarters / to replace her boss. 〈주제문〉 6 It's fine to dream, / but one **must** remain cautious / until all the pieces are in place.

필수 어휘 Note **suffer**[sʌ́fər] (고통, 손해 등을) 겪다, 받다 | **disappointment** [dìsəpɔ́intmənt] 실망, 낙담 | **fulfill**[fulfíl] ~을 달성하다, 이행하다 | **afford**[əfɔ́:rd] ~할 (경제적, 시간적) 여유가 있다 | **rumor**[rúmər] 소문 | **circulate**[sə́:rkjəlèit] (소문 등이) 유포되다, 돌아다니다 | **replace**[ripléis] ~을 대신하다, 대체하다 | **due to do** ~할 예정인 | **retire**[ritáiər] 은퇴하다, 퇴직하다 | **inform**[infɔ́:rm] ~을 알리다, 통지하다 | **headquarters**[hédkwɔ̀:rtərz] 본부, 본사 | **cautious**[kɔ́:ʃəs] 신중한, 조심성 있는 | **in place** 제자리를 갖춘

해석 1 우리는 너무나 번번이 뭔가를 하고 싶은 욕망을 품었다가 그 욕망을 달성할 수 없을 때 실망감을 겪는데, 이것은 우리가 신중한 계획을 세워놓지 않았기 때문이다. 2 예를 들어, 내 아내와 나는 우리가 집을 살 때가 되었다고 느꼈다. 3 우리는 집을 살 여유가 있을 것으로 기대했는데, 아내가 곧 은퇴할 상관의 자리를 대신하게 될지도 모른다는 소문이 지난주 그녀의 사무실에 떠돌고 있었기 때문이다. 4 그래서 우리는 많은 돈을 빌렸다. 5 그러나 다음 날 아내는 직장에서 돌아와 회사에서 상관 자리를 대신할 사람을 본부에서 보내기로 결정했다고 내게 알려줬다. 6 꿈꾸는 것은 괜찮다. 하지만, 모든 조각이 다 제자리를 갖출 때까지 계속 신중을 기해야 한다.

내가 적용한 리딩스킬 체크하기 ☑
지문을 읽으며 내가 적용한 리딩스킬을 체크해봅시다.

☐ 1번 문장을 읽고 신중한 계획 없이는 원하는 것을 얻을 수 없다는 내용이 요지임을 파악하고 ⑤번을 정답으로 골랐다.

▶ 정답 ⑤ 도출

for instance, for example과 같이 예시를 나타내는 연결어 앞에 오는 문장은 주제문인 경우가 많다. 이후의 내용은 요지를 뒷받침하는 근거이다. (▶ 개념편 Unit 08 참조)

↓

☐ 핵심스킬 적용! 마지막 6번 문장을 읽고 이 글이 양괄식 구조임을 파악했다. 모든 것이 갖추어질 때까지 신중을 기해야 한다는 내용이므로 ⑤번을 정답으로 확신했다.

▶ 정답 ⑤ 확신

must, have to, should 등 필자의 강한 주장이 담긴 문장은 주제문일 가능성이 크다. (▶ 개념편 Unit 08 참조)

↓

☐ 나머지 문장들이 추론한 요지를 적절히 뒷받침하는지 확인했다.

아내의 승진에 대한 기대감으로 주택 구입을 위해 많은 돈을 빌렸으나 승진이 없었던 일로 되어 실망했다는 내용이므로 요지를 적절히 뒷받침하고 있다.

선택지 다시 보기

① 한 번 저지른 실수는 돌이킬 수 없다.
② 꿈을 크게 가지고 실천해야 한다.
③ 불행은 행복을 위한 밑거름일 뿐이다.
④ 작은 일에 매달리다 큰일을 망친다.
⑤ 모든 일에 항상 신중을 기해야 한다. ▶ 정답.

05

제목 추론 정답 ④ 본문 p.10

〈도입〉 **1** The percentage of the aged population [in many advanced countries] is rapidly increasing. 〈주제문〉 **2** Consequently, / businesses are / focusing on products and services [that fit the requirements and preferences [of the elderly]], / and a notable example is / the health care industry. 〈보충설명문〉 **3** Medicines and technologies have been developed specifically / for medical problems [associated with aging]. **4** The tourism industry has also expanded its services / by offering trips [organized around the interests and abilities [of the elderly]]. **5** Furthermore, / products [aimed at the growing base of elderly customers] have appeared on the market / and include everything from footwear to furniture. **6** All in all, / there's never been a better time / to be a senior citizen.

필수 어휘 Note **consequently** [kánsikwəntli] 결과적으로 | **requirement** [rikwáiərmənt] 필요(한 것), 요구(사항) | **preference** [préfərəns] 선호, 좋아하는 것 | **elderly** [éldərli] 나이 지긋한 | **notable** [nóutəbəl] 두드러진, 뚜렷한 | **associate A with B** A와 B를 관련시키다 | **aging** [éidʒiŋ] 노화 | **expand** [ikspǽnd] ~을 확장하다, 늘리다 | **all in all** 대체로, 통틀어 | **senior citizen** 노인, 노령자

해석 **1** 많은 선진국의 고령 인구의 비중이 급격히 늘고 있다. **2** 그 결과, 기업에서는 노인들에게 꼭 필요하고 그들이 선호하는 바에 맞는 상품 및 서비스에 초점을 맞추고 있는데, 두드러진 예로 건강관리 산업이 있다. **3** 의약품 및 의료기술은 특히 노화와 관련된 질환을 위해 개발되고 있다. **4** 관광 산업도 노인층의 기호와 능력을 토대로 구성된 여행 프로그램을 제공함으로써 서비스를 확대해 왔다. **5** 게다가 늘어나는 노인 고객층을 겨냥한 상품이 시장에 등장하고 있고, 신발에서 가구에 이르기까지 모든 것을 망라하고 있다. **6** 대체로 볼 때 노인들에게 이보다 더 좋은 시대는 일찍이 없었다.

내가 적용한 리딩스킬 체크하기 ☑
지문을 읽으며 내가 적용한 리딩스킬을 체크해봅시다.

☐ 1번 문장을 읽고 고령 인구에 대한 이야기가 이어질 것을 예상했다.

↓

☐ 2번 문장을 읽고 고령 인구가 증가함에 따라 노년층을 위한 상품과 서비스가 늘고 있다는 내용임을 파악했다.

▶ 정답 ④ 도출

결론을 나타내는 연결어 Consequently가 나왔으므로 2번 문장을 글 전체 내용을 포괄할 수 있는 주제문으로 예상했다. (▶ 개념편 Unit 08 참조)

핵심스킬 적용! 결론은 주로 글의 마지막 부분에 나오지만 이처럼 앞에 나올 수도 있으므로 이후의 내용이 주제문을 뒷받침하는지 확인하며 읽는다.

↓

☐ 이후 내용이 앞에서 예상한 주제문을 적절히 뒷받침하는지 확인하며 읽어갔다.

▶ 정답 ④ 확신

3, 4번 문장에서 각각 노인들을 위한 의료 산업과 관광 산업이 발전하고 있다는 내용이 나온 후 5번 문장에서 elderly customers(노인 고객층)를 위한 상품이 늘어난다고 했다. 6번 문장은 이런 이유로 노년층이 살기 좋아졌다는 내용이므로 앞에서 파악한 내용과 일치한다.

선택지 다시 보기

① The Life Skills of Senior Citizens (노년층의 삶의 기술)
② The Increase in Older People Living Alone (독거 노인의 증가)
③ The Status of Medical Care for the Elderly (노인 의료 복지의 실태)
④ The Growth of Markets for Elderly Consumers (노인 소비자층 시장의 성장) ▶ 정답.
⑤ The Popularity of Travel among the Aged (노인층에서 여행의 인기) ▶ 노년층을 위한 여행 상품이 증가하고 있다는 내용은 주제를 뒷받침하기 위한 예.

06 목적 추론 정답 ④

본문 p.11

〈주제문〉 1 As construction nears its completion, / we **would like to** invite all students and staff members / to submit possible names [for our school's newest and finest building]. 〈보충설명문〉 2 All entries will be considered, / and the person [whose suggestion is chosen] will raise the new sign / at the opening ceremony. 3 Please submit all proposals by the end of this term, / as the new building is scheduled to be operational / for the fall 2010 semester. 4 Please remember, / while we traditionally name our buildings after regional locations and landmarks, / this year we are also considering names [that highlight the special significance [this new building has for our school]]. 5 Submission forms can be / picked up at the student union office / or downloaded from the school website.

필수 어휘 Note **near**[niər] ~에 접근하다 | **submit**[səbmít] ~을 제출하다, 제시하다 **cf. submission**[səbmíʃən] 제출 | **entry**[éntri] 출품작[참가작]; 입장; 입구 | **opening ceremony** 개막식, 개회식 | **proposal**[prəpóuzəl] 제안(서), 제의, 건의 | **be scheduled to do** ~하기로 예정되어 있다 | **operational**[ɑ̀pəréiʃənl] 사용할 수 있는, 작동 중인 | **name A after B** B의 이름을 따서 A의 이름을 짓다 | **landmark**[lǽndmɑ̀ːrk] 명소, 눈에 잘 띄는 건물 | **highlight**[háilàit] ~을 부각시키다, 강조하다; ~에 주의를 집중시키다 | **significance**[signífikəns] 의미[의의]; 중요성

해석 1 건물 공사가 거의 완공되었기 때문에 학생 및 교직원 전원에게 우리 학교에서 가장 최근에 세워진 멋진 건물에 붙일 이름을 제안해주실 것을 부탁드립니다. 2 모든 출품작이 검토될 것이며, 제안 내용이 채택된 사람은 개막식에서 새 현판을 올리게 되겠습니다. 3 새 건물은 2010년 가을 학기부터 사용될 예정이므로 모든 제안서는 이번 학기 말까지 제출해 주시기 바랍니다. 4 우리 건물들은 전통적으로 지역명이나 명소 이름을 따서 이름 지었지만 올해는 이 새 건물이 우리 학교에 갖는 특별한 의미를 부각시키는 이름 또한 고려하고 있습니다. 5 제출 양식은 학생 회관 사무실에서 받으시거나 학교 웹사이트에서 다운로드 하실 수 있습니다.

내가 적용한 리딩스킬 체크하기 ☑
지문을 읽으며 내가 적용한 리딩스킬을 체크해봅시다.

☐ 1번 문장을 읽고 이 글의 목적이 새 건물의 이름을 공모하는 것임을 파악했다.

▶ 정답 ④ 도출

핵심스킬 적용! 1번 문장의 would like to do(~하고 싶다)를 통해 글을 쓴 목적이 제시될 것임을 예측할 수 있다. 따라서 1번 문장을 주제문으로 파악하고 정답 ④를 도출하였다.

↓

☐ 뒤 내용을 빠르게 읽어가면서 정답을 맞게 찾았는지 확인했다.

▶ 정답 ④ 확신

당선자 혜택, 출품작 마감 시기, 이름 창작시 참고할 사항, 제출 양식 교부처 등 1번 문장에 대한 구체 정보가 이어지고 있으므로 정답을 맞게 찾았다고 확신했다.

선택지 다시 보기

① 학교 행사에 참여할 것을 부탁하려고 ▶ 공모한 이름이 당첨되면 개막식에서 새 현판을 올리게 된다는 내용이 나오지만, 행사에 초대하기 위한 글은 아니다.
② 새로 짓는 건물의 특징에 대해 설명하려고 ▶ 새 건물의 이름을 공모한다는 내용이지 건물의 특징을 설명하는 내용은 아니다.
③ 건축물 공사의 진척 상황을 알려주려고 ▶ As construction nears its completion에서 건물의 완공이 가까워졌음을 밝히고 있긴 하지만, 공사의 진척 상황을 알리기 위한 글은 아니다.
④ 건물 이름 공모에 참가할 것을 권하려고 ▶ 정답.
⑤ 새로운 학교 홈페이지의 오픈을 알리려고

07 주제 추론 정답 ⑤

본문 p.12

〈도입〉 1 Nearly all runaways come from homes [in which there are clear problems], / though there are cases [where there has been little obvious trouble in the home]. 〈주제문〉 2 In any case, / it is **important** for parents / to be aware of the possibility [that their child may run away], / and to notice the changes [that often precede it]. 〈보충설명문〉 3 One major indication is / a sudden change in behavior. 4 This change may be / one of eating or sleeping habits. 5 Changes in social habits / can also indicate problems, / particularly when a teenager becomes withdrawn / from friends and outside contacts. 6 If a young person begins to show / sudden swings in mood, / there is a good chance [that he or she is undergoing some sort of stress [that is difficult to resolve]].

필수 어휘 Note **runaway**[rʌ́nəwèi] 가출 **cf. run away** 가출하다 | **precede**[pri:sí:d] ~에 앞서다, 먼저 일어나다 | **indication**[ìndikéiʃən] 징후, 암시 | **withdrawn**[wiðdrɔ́:n] 다른 사람과 이야기하길 피하는, 집 안에 틀어박힌 | **swing**[swiŋ] 기복, 변화 | **there is a good chance that**절 ~할 가능성이 크다 | **undergo**[ʌ̀ndərgóu] ~을 겪다, 경험하다

해석 1 가정에서 별다른 분명한 문제가 없는 경우에도 가출이 일어나기는 하지만, 거의 모든 가출은 분명한 문제가 있는 가정에서 일어난다. 2 어떠한 경우든지 부모가 아이들의 가출 가능성을 인식하고 가출 전에 흔히 일어나는 변화를 알아차리는 것은 중요하다. 3 한 가지 주요한 징후는 갑작스러운 행동 변화이다. 4 이 변화는 식습관과 수면습관의 변화 중 하나일 것이다. 5 사회성에 있어서의 변화 또한 문제가 있다는 것을 보여주는데, 특히 십대가 친구나 외부와의 접촉을 피하는 경우가 그렇다. 6 만약 청소년이 갑작스러운 감정의 기복을 보이기 시작한다면, 해결하기 어려운 여러 가지 스트레스를 받고 있을 가능성이 크다.

필수 구문 분석

2 In any case, it is important *for parents* / **to be** aware of *the possibility* [**that** their child may run away], and **to notice** *the changes* [**that** often precede it].

▶ 진주어에 해당되는 두 개의 to부정사구가 and로 대등하게 연결되어 있는 구조이다. that이 이끄는 두 개의 관계대명사절은 각각 앞의 명사 the possibility와 the changes를 수식하고 있다.

내가 적용한 리딩스킬 체크하기 ☑

지문을 읽으며 내가 적용한 리딩스킬을 체크해봅시다.

☐ 글의 주제를 추론하는 문제이므로 글의 핵심내용을 담고 있는 주제문을 찾아야겠다고 생각했다.

↓

☐ 1번 문장을 읽고 청소년 가출에 관한 내용임을 파악했다.

↓

☐ 2번 문장은 부모가 아이들의 가출 가능성을 인식하고 가출 전에 일어나는 변화를 알아차리는 것이 중요하다는 내용. **핵심스킬 적용!** 글의 주제(run away)와 글쓴이의 견해(it is important ~)를 담고 있어 2번 문장이 주제문임을 파악했다. 따라서 선택지 중 이와 가장 가까운 ⑤번을 정답으로 골랐다.

▶ 정답 ⑤ 도출

↓

☐ 이어지는 내용을 읽으며 글의 요지를 알맞게 예상했는지 확인했다.

▶ 정답 ⑤ 확신

3~6번 문장은 가출 가능성에 대한 징후를 나열한 예로 정답을 바르게 골랐다고 확신할 수 있다.

선택지 다시 보기

① types of family problems (가정 문제의 유형) ▶ 가정 문제의 유형은 언급되지 않았다.

② importance of school environment (학교환경의 중요성)

③ how to counsel runaway children (가출 청소년들을 상담하는 방법) ▶ 가출 청소년을 상담하는 내용이 아니라 가출 전에 보이는 징후에 주목해야 한다는 내용의 글이다.

④ ways to control unstable emotion (불안정한 감정을 조절하는 방법)

⑤ warning signs of possible runaways (가출 가능성에 대한 징후) ▶ 정답.

08

요약문 완성 정답 ③ 본문 p.12

Teenagers are more ______(A)______ than adults / because they use a different ______(B)______ of their brain / to make decisions / compared to adults.

↓

〈도입〉 1 Sarah Blakemore, / a neuroscientist, / scanned the brains of teenagers and adults / while they were asked questions [relating to decision-making]. 〈주제문〉 2 She found that / teenagers responded / using the rear part of the brain, / where mainly self-centered actions are processed. 〈보충설명문〉 3 A teenager's judgment [on what to do] / was driven by the simple question: / 'What would I do?' 4 In contrast, / adults use the front part of the brain [involved in more complex functions] / such as processing how decisions affect others. 5 They made a decision with the question: / 'How would the people around me / feel as a result of my actions?' 〈요약〉 6 The research showed / teenagers were less likely to think about / how they would feel in another person's shoes.

↓

Teenagers are more (A) **selfish** than adults / because they use a different (B) **region** of their brain / to make decisions / compared to adults.

필수 어휘 Note **neuroscientist** [nùrousáiəntist] 신경과학자 | **scan** [skæn] ~을 자세히 살펴보다, 관찰하다 | **rear** [riər] 뒤쪽의 (↔ **front**) | **self-centered** 자기중심적인 | **process** [prɑ́ses] ~을 처리하다 | **judgment** [dʒʌ́dʒmənt] 판단 | **in A's shoes** A의 입장에서

해석 1 신경과학자인 사라 블레이크모어는 청소년들과 성인들이 의사결정과 관련된 질문들을 받는 동안 그들의 뇌를 정밀 검사하였다. 2 그녀는 십대들이 주로 자기중심적 행동을 처리하는 뇌의 뒷부분을 이용해서 응답한다는 사실을 발견했다. 3 어떻게 해야 할지에 대한 십대의 판단은 '내가 어떻게 해야 하지?' 라는 단순한 질문에 의해 이루어졌다. 4 이와 대조적으로, 어른들은 의사결정이 다른 사람들에게 어떤 영향을 줄지를 처리하는 것과 같은 좀 더 복잡한 기능과 관계된 뇌의 앞쪽 부위를 사용한다. 5 그들은 '내가 한 행동으로 인해 내 주변 사람들이 어떻게 느낄까?' 라는 질문으로 의사결정을 했다. 6 이 연구 결과는 십대들이 다른 사람의 입장에서 그들이 어떻게 느끼는지를 덜 생각하는 경향이 있다는 사실을 보여주었다.

↓

십대들은 어른에 비해 (A) 자기중심적인데, 어른들과는 다른 뇌 (B) 부위를 사용하여 의사결정을 하기 때문이다.

내가 적용한 리딩스킬 체크하기 ☑

지문을 읽으며 내가 적용한 리딩스킬을 체크해봅시다.

☐ 요약문과 1번 문장을 읽고 십대들과 어른들의 의사결정 과정에서의 차이점이 있고, 이는 뇌와 관련이 있다는 내용이 이어질 것을 예상했다. (▶ 개념편 Unit 11 참조)

↓

☐ 2번 문장은 십대들이 뇌의 뒤쪽 부위를 사용하여 주로 자기중심적 결정을 한다는 내용. 이는 실험결과에 해당하므로 이를 주제문으로 보고 이와 가장 유사한 ③번을 정답으로 골랐다.

▶ 정답 ③ 도출

self-centered는 selfish로 the rear part of the brain은 a different region of their brain으로 바뀌어 표현되었다. (▶ 개념편 Unit 07 참조)

핵심스킬 적용! 실험결과는 글쓴이가 말하고자 하는 바를 뒷받침해주는 예인 실험을 가장 일반적으로 설명해주므로 주제문에 해당한다고 볼 수 있다.

↓

☐ 이어지는 내용을 읽으며 요약문에 들어갈 어휘를 알맞게 골랐는지 확인했다.

▶ 정답 ③ 확신

이 글의 마지막 문장은 글의 전체 내용을 요약, 정리하는 문장에 해당한다. '다른 사람의 감정을 덜 생각하는 경향이 있다고 했으므로' selfish를 알맞게 골랐다고 확신할 수 있다.

선택지 다시 보기

	(A)	(B)
①	충동적인	호르몬
②	조심성이 있는	(뇌)파(波)
③	자기중심적인	부위 ▶ 정답.
④	유연한	신호
⑤	겁이 많은	기능

09 필자의 주장 정답 ③ 본문 p.13

〈문제제기〉 1 We have to ask ourselves a question. 2 What kind of world / will our children have to live in? 3 Will they have air [to breathe] / and food [to eat]? 〈보충설명문〉 4 These are among the basic questions [that were addressed / at the first world meeting on the environment, / attended by more than 100 world leaders / and 30,000 other scientists, / newspeople, / and citizens concerned]. 5 These complex problems can no longer be solved / by individual countries. 〈주제문〉 6 Nations of the world **must** act together / if we are to develop answers [that will give a safe and healthy world to our children]. 7 World leaders **should** have the vision / to protect our environment.

필수 어휘 Note **address** [ədrés] ~을 제기[제출]하다; ~을 연설하다; ~의 주소를 쓰다 | **newspeople** [njúzpìːpl] 언론 관계자 | **concerned** [kənsə́ːrnd] 관계된

해석 1 우리는 스스로에게 자문해야 한다. 2 우리의 아이들이 어떤 세상을 살아야 하는가? 3 그 아이들이 숨 쉴 공기와 먹을 음식이 있는가? 4 이러한 물음들은 100명 이상의 세계 지도자들과 30,000명의 다른 과학자들과 언론 관계자들, 그리고 관련 시민들이 참석한 환경에 관한 첫 번째 세계 회의에서 제기된 기본적인 질문들 중의 몇 가지이다. 5 이 복잡한 문제들은 더 이상 개별 국가들에 의해 해결될 수 없다. 6 안전하고 건강한 세상을 우리 아이들에게 줄 해답을 내고자 한다면 세계의 국가들은 함께 행동해야 한다. 7 세계 지도자들은 우리의 환경을 보호할 비전을 가져야 한다.

필수 구문 분석

4 These are among *the basic questions* [**that** were addressed / at *the first world meeting on the environment*, / **attended by** more than 100 world leaders / and 30,000 other scientists, / newspeople, / and citizens concerned].

▶ that이 이끄는 관계대명사절은 앞의 the basic questions를, attended by ~는 the first world meeting on the environment를 보충설명하는 분사구문. and it was attended by ~.

내가 적용한 리딩스킬 체크하기 ☑
지문을 읽으며 내가 적용한 리딩스킬을 체크해봅시다.

☐ 1~3번 문장을 읽고 환경에 대한 내용이 이어질 것을 예상했다.

↓

☐ 개별적인 국가가 환경 문제를 해결할 수 없다는 5번 문장을 읽고 ③번을 정답으로 생각했다.
▶ 정답 ③ 도출

↓

☐ 핵심스킬 적용! 글쓴이의 견해(must, should)가 드러나 있는 6, 7번 문장을 읽고 주제문이라고 생각했다. (▶ 개념편 Unit 08 참조) 환경을 보호하려면, 여러 나라가 힘을 합쳐야 한다는 내용이므로 ③번을 정답으로 확신했다.
▶ 정답 ③ 확신

선택지 다시 보기

① 각국의 언론인들이 환경 보호 단체를 지원해야 한다.
② 어린이들에게 환경 보호의 중요성을 가르쳐야 한다.
③ 환경을 보호하기 위해 세계 각국의 협력이 필요하다. ▶ 정답.
④ 과학자들이 환경 보호 운동에 앞장서야 한다. ▶ 과학자, 언론인, 관련 시민들이 참여하여 회의를 했다고 했다.
⑤ 환경 보호를 위해 환경법 개정이 우선되어야 한다.

10

정답 ③

본문 p.14

해석 지역 간선도로를 유료 고속도로와 연결하자는 제안을 계속 추진해 나간다는 것은 비현실적인 일이 되었다. 처음 그 제안이 입안되었을 때는 이 지역의 인구가 많지 않았지만, 더 이상 사정이 그렇지 않다. 계획이 계속 추진된다면 수백 가구가 집과 그 밖의 재산을 잃게 될 가능성이 있다. 같은 맥락에서 건축 공사로 인해 감당하기 어려울 정도로 환경에 해가 될 것이다. 수많은 새와 작은 동물들, 가장 중요하게는 이미 멸종 동물 리스트에 올라 있는 몇몇 종들이 그들의 자연 서식지에서 강제로 쫓겨나 멸종에 이르게 될 가능성이 있다.

필수 어휘 Note **unrealistic**[ʌ̀nriəlístik] 비현실적인 | **sparsely**[spɑ́ːrsli] 희박하게, 드문드문하게 | **populate**[pɑ́pjəlèit] ~에 살다, (주민을) 거주시키다 | **draw up** (계획 등을) 입안하다, 짜다 | **property**[prɑ́pərti] 재산, 자산; (땅 · 건물 같은) 부동산 | **in the same vein** 같은 맥락에서 | **unacceptable**[ʌ̀nəkséptəbəl] 받아들이기 어려운, 용인할 수 없는 | **endangered**[indéindʒərd] 멸종 위기에 처한 | **habitat**[hǽbətæ̀t] 서식지 | **extinct**[ikstíŋkt] 멸종된, 소멸된

필수 구문 분석

A large number of birds and small animals, / most importantly *a few species* [(**which are**) already on the endangered list], / would be forced ~.

▶ a few species를 수식하는 관계대명사절에서 〈주격 관계대명사+be동사〉가 생략된 구조이다.

정답근거

(A) the proposal linking local highways

▶ 능동인지 수동인지 구분하는 문제이다. (A) 바로 뒤에 목적어에 해당하는 local highways가 있고 문맥상으로도 지방 도로를 '연결하다'란 뜻이므로 현재분사 linking이 적절하다.

(B) hundreds of

▶ hundred 뒤에 -s가 붙어 쓰이면 불특정하게 '아주 많은'이란 뜻. 문맥상으로도 '수백' 가구가 집을 잃게 될 것이란 뜻이 적절하다. 만약 정확한 숫자를 언급하려면 a hundred of, two hundred of 등과 같이 써야 한다.

(C) *A large number of birds and small animals*, ~, would be forced ~ and possibly become extinct

▶ 문맥상 수많은 새와 작은 동물들이(A large number of birds and small animals) 쫓겨나고 멸종될 것이라는 내용. 조동사 would 뒤에서 동사 be forced와 병렬구조를 이루는 자리이므로 동사원형 become이 적절하다.

11

정답 ③

본문 p.14

해석 선물을 한다는 것은 쉽게 알아차릴 수 없는 의사소통의 한 형태이다. 어떤 이들은 받는 사람이 자기가 선호하는 모습에 더 가까워지기를 바라는, 숨겨진 욕망을 반영하는 선물을 고른다. 이에 해당하는 한 가지 경우로 항상 아이에게 과학 관련 선물을 사주는 부모를 들 수 있는데, 이는 아이가 학자가 되길 바라는 희망을 나타내는 것일 수 있다. 이런 식으로 선물을 주는 것의 문제점은 선물을 주는 행위 이면에 숨어 있는 진정한 의도가 숨겨진 채 남아있다는 것이다. 물론 선물을 주는 모든 행위가 이런 식의 욕망을 반영하는 것은 아니다. 그러나 우리의 선물이 가장 가까운 관계에 부정적인 영향을 끼칠 수도 있다는 가능성을 알고 있어야 한다.

필수 어휘 Note **recognize**[rékəgnàiz] ~을 인지하다, 인정하다 | **reflect**[riflékt] ~을 반영하다, 나타내다; ~을 반사하다 | **hidden**[hídn] 숨겨진, 비밀의 | **recipient**[risípiənt] 받는 사람, 수령인 | **a case in point** 적절한 사례 | **scholar**[skɑ́lər] 학자 | **motivation**[mòutivéiʃən] 동기; 원인

정답근거

① a form of communication that is not easily recognized

▶ 의미상 주어인 a form of communication과 recognize가 수동 관계.

② parents who always buy a child science-related gifts, which could indicate

▶ 문맥상 which는 '부모가 아이에게 항상 과학 관련 선물을 사주는 행위'를 가리키며 계속적 용법으로 쓰였다.

③ The difficulty with giving gifts in this way is that the true motivation behind them → it

▶ 문맥상 giving gifts in this way를 가리키므로 it으로 써야 한다.

④ not all (모두 ~인 것은 아니다)

▶ all, every, each 등이 부정어와 함께 쓰이면 부분부정이 된다. all은 단수명사와 복수명사 모두를 수식할 수 있다.

⑤ can negatively affect

▶ 앞에 조동사 can이 쓰였으므로 동사원형이 오는 게 맞다.

12

정답 ②

본문 p.15

해석 1950년대 초에는 미국 여성의 10퍼센트 미만이 머리를 염색했지만, 그 수치는 곧 훨씬 높아졌다. 이러한 큰 변화의 이유는 딱 한마디로 요약될 수 있는데, 바로 '광고'이다. 머리 염색약 회사인 클래롤이 50년대에 시작한 전국적인 캠페인은 "그녀는 했을까, 안 했을까? 그녀의 미용사만이 확실히 알고 있지."라는 슬로건을 특색으로 삼았다. 아이를 동반한 매력적인 여성의 모습이 보여졌는데, 이는 존경받을 만한 위치에 있는 여성조차 머리 염색을 한다는 점을 시사했다. 그 광고로 클래롤 사의 제품 판매는 급격히 증가했는데, 얼마 안 가서 미국 여성의 거의 70퍼센트 정도가 머리 염색을 했기 때문이다.

필수 어휘 Note **figure**[fígjər] 수치, 숫자; 형태; 용모 | **launch**[lɔːntʃ] ~을 시작하다, 착수하다 | **dye**[dai] 염색; ~을 염색하다 | **feature**[fíːtʃər] ~을 특색으로 삼다; (두드러진) 특징, 얼굴 생김새, 특집 기사 | **slogan**[slóugən] 슬로건, 구호 | **for sure** 확실히, 틀림없이 | **accompany**[əkʌ́mpəni] ~을 동반[수반]하다

정답근거

(A) classify ~을 분류하다 / summarize ~을 요약하다
▶ 머리 염색을 한 여성이 급격히 증가했는데, 그 원인을 광고(advertising)라는 한 단어로 '요약할' 수 있다는 문맥.

(B) respectable 존경받을 만한, 훌륭한 / respective 각각의, 각자의
▶ 매력적인 여성이 아이와 함께 광고에 등장하여 그 결과 '존경받을 만한' 여성조차 염색을 한다는 것을 시사한다는 문맥.

(C) moderately 알맞게, 적당히 / dramatically 급격하게, 극적으로
▶ 단기간 내에 거의 70퍼센트의 미국 여성이 염색약을 사용하게 되었다는 뒤 내용과 어울리려면 상품 판매가 '급격하게' 늘었다는 뜻이 되어야 한다.

지문 속 **필수어법 1**

본문 p.16

1 ①→ **was circulating**
① because가 이끄는 부사절 내의 동사 자리로 문맥상 was circulating이 되어야 한다.
② a rumor의 동격절을 이끄는 접속사 자리이므로 that 적절. 주어가 길어져 동격절만 뒤에 위치한 형태. who is due to retire는 앞의 her boss를 선행사로 하는 계속적 용법의 관계대명사절.

2 ②→ **considering**
① remember의 목적어절 내에 부사절이 삽입된 구조. while이 이끄는 절과 this year로 시작되는 절은 상반된 내용으로 '~에도 불구하고' 란 뜻의 양보의 의미를 나타내는 while이 알맞게 쓰였다.
② 문맥상 '우리가 이름을 고려한다' 란 뜻으로 consider는 주어인 we와 능동관계이다. 따라서 현재분사가 적절.

3 **though**
문맥상 두 문장의 관계가 상반되므로 역접의 접속사 though가 적절. (7번 지문 1번 문장 해석 참조)

4 **like**
선물을 주는 사람은 받는 사람이 how 이하 '처럼' 되길 원한다는 문맥으로 like가 적절. alike는 '비슷한' 이란 뜻.

5 **featured**
launched ~ Clairol은 주어인 A national campaign을 수식하는 과거분사구. 문장의 동사 자리이므로 featured가 적절.

6 **colored**
suggest가 '시사[암시]하다' 의 의미일 때 뒤에 이어지는 that절의 동사는 문맥상 알맞은 시제를 사용하면 된다. that절이 당위성을 나타낼 때 《(should+)동사원형》의 형태가 쓰이는 것과 구별하여 알아두자.

Unit Test **핵심스킬 집중훈련**

01

필자의 주장 정답 ①

본문 p.18

〈도입〉 1 A common misconception is / that introverted personality types tend to experience / a lot of failure in their lives / because of their shyness. 2 This may be true for some, / but it is not true for all. 〈주요 세부사항 1〉 3 Many introverts like to socialize, / have many good friends, / and maintain close relationships throughout life, / even as they enjoy plenty of time alone. 〈주요 세부사항 2〉 4 In the workplace, / too, / introverts can get along very well / without forcing themselves to behave as extroverts. 5 They not only focus quietly on / doing their best / but they also concentrate very well on / what's important. 〈주요 세부사항 3〉 6 Moreover, / introverts can be great leaders, / especially when they lead by example, / with their tendency [to be flexible, smart, responsible, and better than most extroverts at listening].

필수 어휘 Note **misconception**[mìskənsépʃən] 오해, 잘못된 생각 | **introverted** [íntrəvə̀ːrtid] 내향적인 (↔ **extroverted**[ékstrəvə̀ːrtid]) **cf. introvert** 내향적인 사람 (↔ **extrovert**) | **shyness**[ʃáinis] 수줍음 | **socialize**[sóuʃəlàiz] 사람들과 어울리다 | **lead by example** 모범이 되어 이끌다, 솔선수범하다 | **tendency**[téndənsi] 성향, 경향 | **flexible**[fléksəbəl] 유순한; 유연한

해석 1 흔한 오해 중 하나는 내향적인 성격의 사람들이 수줍음 때문에 인생에 있어 많은 실패를 겪는 경향이 있다는 것이다. 2 이것은 어떤 사람들에게는 맞는 이야기일 수도 있지만, 모두에게 해당되는 얘기는 아니다. 3 많은 내향적인 사람들이 홀로 지내는 시간을 즐기면서도 사람들과 어울리고, 좋은 친구들이 많으며, 친밀한 관계를 평생 이어 나간다. 4 직장에서도 내향적인 사람들은 외향적인 사람인 것처럼 억지로 행동하지 않아도 잘 지낼 수 있다. 5 그들은 조용히 최선을 다하는 데 집중할 뿐 아니라 중요한 일에도 집중력이 뛰어나다. 6 게다가 내향적인 사람은 특히 그들이 모범이 되어 이끌 때 유순하고, 똑똑하며, 책임감이 있고 대부분의 외향적인 사람들보다 남의 말에 귀를 더 잘 기울이는 자신만의 성향으로 훌륭한 지도자가 될 수 있다.

내가 적용한 리딩스킬 체크하기 ☑

지문을 읽으며 내가 적용한 리딩스킬을 체크해봅시다.

☐ 1, 2번 문장을 읽고 내향적인 사람들에 대한 고정관념을 반박하는 내용이 이어질 것이라 예상했다.

⬇

☐ 이후의 내용을 종합하여 고정관념과 달리 내향적인 사람도 성공할 수 있다는 내용을 파악했다.

▶ 정답 ① 도출

핵심스킬 적용! 내향적인 사람은

1. 친구와 좋은 관계를 유지하며

\+

2. 최선을 다하면서도 집중력이 뛰어나고

\+

3. 지도자로서의 기질을 갖추고 있다.

내향적인 기질이 성공이나 행복에 장애가 되진 않는다.

선택지 다시 보기

① 내향적인 기질이 성공이나 행복에 장애가 되진 않는다. ▶ 정답.

② 혼자 있기를 좋아하는 사람은 사교성이 떨어진다. ▶ 많은 내향적인 사람들이 혼자 지내는 시간을 즐기면서도 사람들과 잘 어울린다고 언급되어 있다.

③ 개인의 성향은 의식적인 노력으로 바꿀 수 있다. ▶ 내향적인 사람이 외향적인 사람인 척 행동하지 않아도 잘 지낼 수 있다고 했으므로 개인의 성향을 의식적으로 바꿀 필요가 없다는 것이 필자의 논리.

④ 비슷한 성향의 사람들은 더 깊은 유대관계를 맺는다.

⑤ 외향적인 성격은 훌륭한 지도자의 필수조건이다. ▶ 본문 단어 leaders를 이용한 오답.

02 요지 추론 정답 ④

본문 p.18

[1]The biggest and strongest tree [in the forest] is not the one [that is hidden in the middle, / protected from the wind / and shaded from the sun]. [2]It is the one [that plants its roots firmly / at the edge of the forest, / where it must face the harshest weather]. [3]In doing so, / it becomes mighty and strong. [4]Similarly, / the strongest fighter / is not the one [who stands on the sidelines / judging the trials and errors of the few [who have the courage to enter the ring]]. [5]A fighter [in the ring] may sometimes become bloodied and bruised, / and experience defeat, / but may also experience victory. [6]A great fighter will feel pride and pleasure / in having the courage to fight, / whatever the outcome.

필수 어휘 Note **hidden**[hídn] 숨겨진, 감춰진 | **shade**[ʃeid] ~을 그늘지게 하다; 그늘 | **firmly**[fə́:rmli] 확고하게, 견고하게 | **face**[feis] (위험, 재난 등에) 정면으로 대하다 | **harsh**[hɑ:rʃ] 거친, 난폭한 | **mighty**[máiti] 강인한, 힘센 | **on the sidelines** 방관하며 | **trial and error** 시행착오 | **bloody**[blʌ́di] ~을 피투성이로 만들다; 피투성이의 | **bruise**[bru:z] ~에게 상처를 입히다, 멍들게 하다; 타박상, 멍 | **defeat**[difít] 패배; ~을 패배시키다, 쳐부수다 | **outcome**[áutkʌ̀m] 결과(물)

해석 1 숲에서 가장 크고 튼튼한 나무는 가운데 숨어 있으면서 바람도 맞지 않고 햇볕도 받지 않는 나무가 아니다. 2 가장 거친 날씨에도 정면으로 맞서야 하는 숲의 가장자리에 그 뿌리를 단단히 박고 있는 나무이다. 3 그렇게 하는 가운데 그 나무는 굳세고 강인해진다. 4 마찬가지로 가장 강인한 선수는 링에 들어가 싸울 용기를 지닌 소수가 겪는 시행착오에 대해 평가를 내리며 방관하는 사람이 아니다. 5 링 안의 선수는 때로는 피 흘리고 상처를 입으며, 패배를 경험하기도 하지만, 승리를 맛보기도 한다. 6 훌륭한 선수는 결과가 어찌 되었건 용기 있게 싸운 것에 자부심과 기쁨을 느낄 것이다.

필수 구문 분석

2~3 **It** is the **one** [that plants its roots firmly / at the edge of the forest, / **where** it must face the harshest weather]. In **do**ing **so**, / it becomes mighty and strong.

▶ It은 앞문장의 The biggest and strongest tree in the forest를, one은 tree를, In doing so에서 do so는 plants its roots ~ harshest weather를 가리킨다. 계속적 용법으로 쓰인 관계대명사 where는 앞의 at the edge of the forest를 가리킨다.

내가 적용한 리딩스킬 체크하기 ☑
지문을 읽으며 내가 적용한 리딩스킬을 체크해봅시다.

☐ 1~3번 문장에서 거친 날씨를 이겨낸 나무가 강하다는 내용이 나왔으므로 ④번을 정답으로 예상했다.

▶ 정답 ④ 도출

Similarly가 나왔으므로 이후 사람도 이와 마찬가지라고 비교하는 내용이 나올 것이라고 파악하고 이후의 내용을 계속 읽어나갔다.
Similarly는 두 대상 간의 공통점을 비교하는 전개방식에서 쓰이는 연결어. (▶ 개념편 Unit 03 참조)

↓

☐ 4~6번 문장을 읽고 패배를 하더라도 직접 어려움에 맞닥뜨리는 사람이 강하다는 것을 이 글의 요지로 파악했다. 핵심스킬 적용! 1~3번 문장과 종합하여 ④번을 정답으로 확신했다.

▶ 정답 ④ 확신

선택지 다시 보기

① It never rains but it pours. (불행은 겹치는 법이다.)
② Don't judge a book by its cover. (겉모습만 보고 판단하면 안 된다.)
③ Success improves the character of the man. (성공은 사람의 성격을 개선시킨다.)
④ That which does not kill us makes us stronger. (우리를 죽이지 않는 것은 우리를 더욱 강하게 만든다.) ▶ 정답.
⑤ The quarrels of friends are the opportunities of foes. (친구끼리의 다툼은 적들에겐 기회가 된다.)

03 제목 추론 정답 ⑤

본문 p.19

〈주요 세부사항 1〉 [1]As farming societies developed in ancient times, / people learned to store surpluses of food / to help survive the winters and other times / when food could not be hunted or grown. 〈주요 세부사항 2〉 [2]Having stable food surpluses / led to the development of such skills / as inventory control, security, and even a basic form of accounting, / since not everyone was required / to participate in hunting and gathering. 〈주요 세부사항 3〉 [3]Another part of life [affected by surpluses] was / that of trade and markets. [4]Having more food than they themselves needed, / a group could make exchanges for things [they did not have enough of], such as tools or clothing.

필수 어휘 Note **surplus** [sə́:rplʌs] 잉여분, 나머지 | **stable** [stéibl] 안정된 | **inventory** [ínvəntɔ̀:ri] 재고품, 상품 목록 | **security** [sikjúəriti] 보안, 안전 | **accounting** [əkáuntiŋ] 회계(학) | **gathering** [gǽðəriŋ] 수확, 채집; 모임; 집회 | **make an exchange** 교환하다

해석 [1]고대에 농경사회가 발달하면서 사람들은 잉여 식량을 보관하면, 겨울이나 식량을 사냥하거나 경작할 수 없는 다른 시기에도 살아남을 수 있다는 것을 깨달았다. [2]안정적인 잉여 식량을 확보하는 것은 재고 관리, 보안, 또 회계의 기본적인 형태와 같은 기술의 발전을 가져오게 되었는데, 모든 사람이 다 사냥이나 수확에 참여할 필요는 없었기 때문이다. [3]잉여분의 영향을 받은 삶의 또 한 부분은 무역 시장 분야이다. [4]자신에게 필요한 양보다 더 많은 식량을 확보함으로써 하나의 집단은 도구나 옷과 같이, 충분치 않은 물건으로 교환할 수 있었다.

내가 적용한 리딩스킬 체크하기 ☑
지문을 읽으며 내가 적용한 리딩스킬을 체크해봅시다.

☐ 1번 문장을 읽고 글에서 다루고 있는 소재가 surpluses of food(잉여 식량)이고, 이것이 고대 농경사회의 식량문제를 해결하는 데 도움이 되었다는 것을 파악했다.

↓

☐ 2번 문장을 읽고, 잉여 식량이 재고 관리, 보안, 또 회계의 기본적인 형태와 같은 기술의 발전을 가져오게 되었다는 것을 파악했다.

↓

☐ 3, 4번 문장을 읽고 잉여 식량이 무역 산업의 발전을 가져왔다는 것을 알 수 있다.

↓

☐ 위의 내용을 종합하여 ⑤번을 정답으로 골랐다.

▶ 정답 ⑤ 도출

핵심스킬 적용! 이처럼 주제문이 드러나 있지 않은 경우에는 글을 읽으면서 핵심적인 세부 사항을 모으고 이를 종합해야 한다.

선택지 다시 보기

① Global Trade Analysis (세계 무역 분석)
② The Importance of Cooperation (협동의 중요성)
③ The Lifestyle of Primitive People (원시인의 생활양식)
④ Different Agricultural Methods (여러 가지 농업 방식)
⑤ The Contribution of Surpluses (잉여분의 공헌) ▶ 정답.

04 목적 추론 정답 ②

본문 p.20

[1]Road trips are a great way [to see the countryside], / but sudden showers or storms / can quickly turn road conditions / from safe to dangerous. 〈주요 세부사항 1〉 [2]To avoid disaster, / it's important to check your vehicle / before you go. [3]Ensure / your windshield wipers work well, / and that the tread [on your tires] is / at least 0.15 cm deep; / use a tire-tread gauge / or insert a coin into the tires' grooves / to check. 〈주요 세부사항 2〉 [4]On the road, / leave plenty of distance / between your vehicle and the one ahead, / in case it stops suddenly or crashes. 〈주요 세부사항 3〉 [5]It's also important / to slow down to drive / through any water [on the road], / as the sudden spray can weaken your brakes / and blind your vision.

필수 어휘 Note **windshield wiper** (자동차 앞창에 붙어 있는) 와이퍼 | **gauge**[geidʒ] 측정기, 계기; 측정 | **insert**[insə́ːrt] ~을 집어넣다, 주입[삽입]하다 | **groove** (패인) 홈 | **crash**[kræʃ] 충돌, 격돌; 충돌하다 | **spray**[sprei] 물이 튀는 것; 물을 뿌리다 | **blind**[blaind] ~을 가리다, 어둡게[흐리게] 하다; 눈이 보이지 않는 | **vision**[víʒən] 시야; 시력

해석 **1** 자동차 여행은 시골을 여행하기에 좋은 방법이지만 갑작스런 소나기나 폭풍우로 인해 안전했던 도로 사정이 순식간에 위험하게 바뀔 수도 있다. **2** 사고를 막으려면, 출발하기 전에 차량을 점검하는 것이 중요하다. **3** 차량 앞 유리창의 와이퍼가 잘 작동되는지, 타이어의 접촉 면이 적어도 0.15cm 깊은지 확인해야 한다. 이때 타이어 지면 접촉 측정기를 사용하거나 타이어 홈에 동전을 집어넣어 확인한다. **4** 주행 중에는 앞차와 자동차 사이의 충분한 거리를 유지해야 하는데, 급정거나 충돌할 경우를 대비하기 위해서이다. **5** 갑자기 물이 튀면 브레이크 성능이 약해지고 시야를 가리게 되므로 도로 위에 물이 있는 곳을 지나칠 때는 천천히 운전하는 것이 중요하다.

필수 구문 분석

4 On the road, / leave plenty of distance / between your vehicle and *the one ahead*, / **in case** *it* stops suddenly or crashes.

▶ in case는 '~을 생각해서, ~인 경우에 대비하여'란 뜻. 여기서 it은 앞의 the one ahead를 가리킨다.

내가 적용한 리딩스킬 체크하기 ☑

지문을 읽으며 내가 적용한 리딩스킬을 체크해봅시다.

□ 1번 문장을 읽고 자동차 여행 시 날씨가 안 좋아졌을 때와 관련된 내용임을 예상했다.

↓

□ 이후의 내용을 종합하여 자동차 여행 시 주의할 점을 알려주려는 내용임을 파악했다.

▶ 정답 ② 도출

핵심스킬 적용! 악천후에 운전을 해야 할 때 사고를 막으려면

1. 떠나기 전 차량을 점검하고

\+

2. 앞차와의 간격을 유지하며

\+

3. 물이 있는 곳에서는 천천히 운전해야 한다.

↓

자동차 여행 시 주의할 점

선택지 다시 보기

① 새로운 교통법 제정을 촉구하려고 ▶ road, vehicle, drive 등 핵심어에서 연상 가능한 내용을 활용한 오답.
② 자동차 여행 시 주의할 점을 알려주려고 ▶ 정답.
③ 여행자 보험의 중요성을 알려주려고
④ 간단한 자동차 수리 방법을 알려주려고 ▶ 와이퍼나 타이어 홈 점검 등에서 유추 가능한 오답.
⑤ 정기적인 차량 점검의 중요성을 강조하려고 ▶ ④번 해설과 동일.

05 제목 추론 정답 ②

본문 p.20

[1]Just two of the important questions [to ask of oneself / before taking a risk on starting a new business] / are: / Do I have management talent? / and Am I experienced enough in this field? 〈주요 세부사항 1〉 [2]Research indicates / that entrepreneurs are highly persistent types / and have an overwhelming need [to be in control]. [3]But they are also willing to take risks and the responsibility for them, / as well as make tough decisions. 〈주요 세부사항 2〉 [4]Successful entrepreneurs have patience / and can wait / until conditions are good for starting a business. [5]They also know how to learn from their mistakes, / trust their own judgment, / and keep a positive attitude.

필수 어휘 Note **management**[mǽnidʒmənt] 관리, 경영 | **talent**[tǽlənt] 재능 | **experienced**[ikspíəriənst] 경험 있는, 노련한 | **entrepreneur**[ὰːntrəprənə́ːr] 기업가, 사업주 | **persistent**[pəːrsístənt] 끈질긴, 불굴의, 고집 센 | **overwhelming**[òuvərhwélmiŋ] 굉장한, 압도적인, 저항할 수 없는 | **be willing to do** 기꺼이 ~하다 | **take a risk** 위험을 무릅쓰다 | **take responsibility for** ~에 책임을 지다

해석 1 새로운 사업을 시작하는 위험을 감수하기에 앞서 스스로에게 물어봐야 할 두 가지 중요한 질문은 '내게 관리자로서의 재능이 있는가?'와 '내가 이 분야에서 경험이 충분한가?'이다. 2 연구에 따르면 기업가들은 대단히 끈질기게 노력하는 유형들이고 자기를 조절하려는 욕구가 굉장하다고 한다. 3 그러나 그들은 또한 어려운 결정을 내리는 것은 물론 위험을 기꺼이 감수하고 그에 대한 책임을 기꺼이 지기도 한다. 4 성공적인 기업가는 인내심을 가지고 창업의 적기를 기다릴 줄 안다. 5 그들은 또한 실수로부터 배우는 법을 알고 자신의 판단을 믿으며 긍정적인 자세를 가지고 있다.

필수 구문 분석

1 *Just two of the important questions* [to ask of oneself / before taking a risk on starting a new business] / are:
▶ to ask ~ a new business는 앞에 나온 명사 Just two of the important questions를 수식하는 to부정사구. ask A of B는 'B에게 A를 묻다'란 뜻이다.

내가 적용한 리딩스킬 체크하기 ☑
지문을 읽으며 내가 적용한 리딩스킬을 체크해봅시다.

☐ 앞부분에 주의를 환기시키는 내용이 나온 후 2, 3번 문장에서 기업가의 특징에 대한 내용이 나오는 것을 파악했다.

▶ 정답 ② 도출

기업가의 여러 가지 긍정적인 특징이 열거되고 있으므로 선택지 중 이와 가장 유사한 ②번을 정답으로 파악했다.

↓

☐ 이어지는 4, 5번 문장에서 성공적인 기업가의 특징이 나열되고 있는 것을 파악했다.

▶ 정답 ② 확신

특히 Successful entrepreneurs가 지닌 특징들이 언급되고 있으므로 앞에서 선택한 정답을 확신할 수 있다.

핵심스킬 적용! 이처럼 주제문이 드러나 있지 않은 경우에는 글을 읽으면서 핵심적인 세부 사항을 모으고 이를 종합해야 한다.

선택지 다시 보기

① How To Attract Prominent Investors (중요한 투자자를 끌어들이는 방법)
② Features of Successful Entrepreneurs (성공적인 기업가의 특징) ▶ 정답.
③ Incentive Bonuses for Top Executives (고위 간부들에게 돌아가는 보너스 장려금)
④ How To Assess the Value of a Business (기업의 가치를 측정하는 방법)
⑤ Ways To Overcome an Economic Crisis (경제 위기 극복법)

06

요약문 완성 정답 ① 　　　　　　　　　　　　본문 p.21

This is an example from life [where a ____(A)____ [to overcome an ____(B)____ difficulty] / led to an invention worth a fortune].

↓

1 The 1904 World's Fair [in St. Louis, Missouri], became the first place [that ice cream was served in a cone]. 2 A Syrian immigrant to America, a Mr. Hamwi, / traveled to the fair / to sell his own special type of pancakes. 3 He happened to get a booth / at the center of the event, / next to an ice cream vendor. 4 On one of the busiest days, / the ice cream seller ran out of clean bowls [used for serving the treat]. 5 Mr. Hamwi then very considerately formed a pancake / into the shape of a horn, / which the vendor filled with ice cream / for a customer — who loved it.

↓

This is an example from life [where a (A) **creative idea** [to overcome an (B) **unexpected** difficulty] / led to an invention worth a fortune].

필수 어휘 Note **fair** [fɛər] 박람회, 전시회; 공정한 | **serve** [səːrv] ~을 접대하다; (손님을) 시중들다, 봉사하다 | **immigrant** [ímigrənt] 이민자, (입국) 이주자 | **happen to do** 우연히 ~하다 | **vendor** [véndər] 노점상, 행상인 | **run out of** ~이 떨어지다, 다 없어지다 | **treat** [triːt] 맛있는 것, 대접, 한턱내기 | **considerately** [kənsídərətli] 사려 깊게, 신중히 | **horn** [hɔːrn] 뿔, 뿔나팔

해석 1 1904년 미주리주, 세인트루이스에서 열린 세계 박람회는 아이스크림을 콘에 넣어 제공한 최초의 장소가 되었다. 2 미국에 이민 온 시리아인인 함위 씨가 자기만의 독특한 팬케이크를 팔기 위해 박람회로 갔다. 3 그는 우연히 행사장 한가운데, 아이스크림 노점상 옆 자리에 부스를 얻었다. 4 가장 바빴던 어느 하루 아이스크림 장수는 아이스크림을 내는 데 쓸 깨끗한 그릇이 떨어졌다. 5 그러자 함위 씨가 매우 사려 깊게도 팬케이크를 뿔 모양으로 만들었고, 아이스크림 장수는 그 뿔에 아이스크림을 채워 손님에게 주었는데 손님이 그것을 아주 좋아했던 것이다.

↓

이것은 (B) 예기치 않은 어려움을 극복하기 위한 (A) 독창적인 생각이 큰돈을 벌어들이는 발명으로 이어진 것을 보여주는 삶의 한 예이다.

내가 적용한 리딩스킬 체크하기 ☑
지문을 읽으며 내가 적용한 리딩스킬을 체크해봅시다.

☐ 요약문을 먼저 읽고 어려움을 극복하는 과정에서 좋은 결과를 이뤄낸 일화임을 파악했다. (▶ 개념편 Unit 11 참조)

This is an example from life에서 이 글이 일화임을 알 수 있으며, 어려움을 극복해서 an invention worth a fortune(많은 부의 가치가 있는 발명)을 이끌어냈다고 했으므로 누군가의 성공 스토리임을 예상할 수 있다.

↓

☐ 이야기 형식이므로 전체적인 내용을 파악해 정답을 추론해야겠다고 생각했다.

핵심스킬 적용! 수필이나 스토리는 명시적인 주제 없이 시간순으로 사건이 나열되는 것이 보통이므로 세부적인 내용을 종합해 정답을 찾아야 한다.

↓

☐ 이어지는 내용을 읽고 창의적인 아이디어로 커다란 수익을 낸 이야기임을 파악했다.

▶ 정답 ① 도출

아이스크림 가게에 깨끗한 그릇이 다 떨어지자 팬케이크를 뿔 모양으로 만들어 용기로 사용했고 고객이 그것을 무척 좋아했다는 내용. 따라서 예기치 않은 (unexpected) 어려움을 극복하기 위해 독창적인 생각(creative idea)을 한 것이 좋은 결과를 가져왔다는 내용의 ①번이 정답.

선택지 다시 보기

	(A)	(B)
①	독창적인 생각	예기치 않은 ▶ 정답.
②	도움의 손길	끔찍한
③	독창적인 생각	공격적인
④	일반적인 반응	짜증 나는
⑤	도움의 손길	언젠가는 일어날

07

주제 추론 정답 ②

본문 p.22

〈도입〉 1The next time [you watch a movie], / try to keep an eye out for products or brand-names / in it. 2It is highly likely that / you will see one of the major soft drinks / appearing repeatedly. 3When you go shopping, / you remember the brand name of the soft drink, / and you might want to buy it. 4Then, you have already been affected by product placement. 〈주요 세부사항〉 5In many cases, / the product placement results / in a positive shift in brand attitude, / causing viewers to buy the products. 6However, / there is potential for a negative shift / in brand attitude / when consumers feel forced to see brand information / too often.

필수 어휘 Note **keep an eye out for** ~을 자세히 살펴보다, 찾아보다 | **repeatedly** [ripíːtidli] 반복적으로, 계속해서 | **product placement** 간접 광고 | **shift** [ʃift] 변화, 이동; ~을 바꾸다, 변화시키다 | **potential** [pouténʃəl] 가능성, 잠재력

해석 1 다음에 영화를 보게 되면, 그 속에 나오는 제품이나 제품 이름을 주의 깊게 살펴보도록 해라. 2 당신은 잘 알려진 음료 중 하나가 반복적으로 등장하는 것을 볼 수 있을 것이다. 3 쇼핑을 가면, 그 음료수의 이름이 기억나 사고 싶을지도 모른다. 4 그렇게 되면, 당신은 이미 간접 광고의 영향을 받은 것이다. 5 많은 경우에 간접 광고는 그 상표에 대한 태도를 긍정적으로 바꾸어, 시청자로 하여금 그 제품을 구매하도록 한다. 6 그러나 소비자들이 너무 빈번하게 그 제품에 대한 간접 광고를 보도록 강요받았다고 느낄 경우에는 상표에 대한 태도가 부정적으로 바뀔 가능성이 있다.

내가 적용한 리딩스킬 체크하기 ☑

지문을 읽으며 내가 적용한 리딩스킬을 체크해봅시다.

☐ 1~4번 문장을 읽고 간접 광고(product placement)에 대한 내용이 이 글의 주제임을 파악했다. 따라서 이와 가장 유사한 선택지인 ②번을 정답으로 도출했다.

▶ 정답 ② 도출

1~4번 문장은 간접 광고를 개인의 경험에 빗대어 일반화한 것으로 도입부에 해당한다.

↓

☐ 이후의 내용을 읽으며 ②번과 내용이 일치하는지 확인했다.

▶ 정답 ② 확인

이후에 간접 광고를 어떻게 하느냐에 따라 상표에 대해 긍정적 또는 부정적 태도를 보일 수 있다고 했으므로 정답으로 선택한 ② 간접 광고의 영향과 내용이 일치한다.

핵심스킬 적용! 이 글은 뚜렷한 주제문이 없는 글로서 〈간접 광고에 대한 도입+간접 광고의 긍정적 또는 부정적 영향〉을 종합하여 주제를 도출할 수 있다.

선택지 다시 보기

① 제품 이름의 중요성
② 간접 광고의 영향 ▶ 정답.
③ 광고 매체의 다양성
④ 소비자의 구매 성향 ▶ 소비자가 간접 광고에 노출되는 정도에 따라 상표에 대한 태도가 달라진다고 했다.
⑤ 허위 광고의 폐해

08 목적 추론 정답 ⑤

본문 p.22

[1] There's a lot of history / behind the Gold Dragons, / so I can understand / why everyone doesn't want to change the uniform. 〈주요 세부사항〉 [2] The new uniform looks a lot like / the one [that the team wore in the mid-80s]. [3] The lettering is blue / instead of the more recent red, / and it goes well with the logo on the sleeve. [4] It might be strange that / something [worn in the 1980s] / is now considered a classic look, / but it's the truth. [5] Fans will be excited to see the team turn up / in the uniform [it wore] / while it won two World Championships in the 1980s. [6] It's time to revive / the glory days for our true fans / and win new fans along the way.

필수 어휘 Note **lettering** [létəriŋ] 글자 도안 | **go well with** ~와 잘 어울리다 | **classic** [klǽsik] 가장 훌륭한; 고전의 | **turn up** 나타나다, 등장하다 | **revive** [riváiv] ~을 되살리다, 부활시키다 | **along the way** ~하면서, ~에 가는 길에

해석 [1] 골드 드래곤즈팀은 오랜 역사를 가지고 있기 때문에, 사람들이 유니폼 교체를 원하지 않는 이유를 이해할 수 있습니다. [2] 새 유니폼은 80년대 중반에 우리 팀이 착용했던 것과 아주 비슷합니다. [3] 글자 도안은 최근의 붉은색이 아닌 푸른색이며, 소매에 새겨진 로고와 잘 어울립니다. [4] 1980년대에 입었던 것이 지금에 와서 '가장 훌륭한' 디자인으로 간주되는 것이 이상할 수도 있겠지만, 그것은 사실입니다. [5] 팬들은 두 번이나 월드시리즈에서 우승했던 1980년대에 입었던 유니폼을 입고 팀이 나타나는 것을 보고 열광할 것입니다. [6] 이제 우리의 진정한 팬들을 위해 영광의 날을 되살리고 그와 함께, 새로운 팬을 확보할 때입니다.

내가 적용한 리딩스킬 체크하기 ☑

지문을 읽으며 내가 적용한 리딩스킬을 체크해봅시다.

□ 1번 문장을 읽고 골드 드래곤즈팀의 유니폼에 관한 내용이 이어질 것을 예상했다.

↓

□ 2~5번 문장을 읽고 골드 드래곤즈팀의 80년대식 유니폼이 매우 의미 있는 것임을 파악했다. 이를 가장 잘 반영한 ⑤번을 정답으로 생각했다.

▶ 정답 ⑤ 도출

↓

□ 유니폼을 제작하여 과거의 영광을 되찾고 새로운 팬을 확보하자는 6번 문장을 읽고 80년대식 새 유니폼 제작에 대한 지지를 호소하기 위한 목적의 글임을 확인했다.

▶ 정답 ⑤ 확인

선택지 다시 보기

① 유니폼의 품질에 대해 항의하려고 ▶ 유니폼에 대한 내용이 이어지고 있지만, 현 유니폼의 품질에 대한 언급은 없었다.
② 팀의 전력 강화 방안을 제시하려고
③ 응원단의 민주적인 운영을 촉구하려고
④ 응원 도구 구입의 필요성을 주장하려고
⑤ 새 유니폼 제작에 대한 지지를 호소하려고 ▶ 정답.

09 빈칸 추론 정답 ⑤

본문 p.23

〈주제문〉 [1]While the fine art object is valued / because it is unique, / it is also valued / because it can be reproduced for **popular consumption**. 〈주요 세부사항〉 [2]For example, / Van Gogh's paintings have been reproduced endlessly / on posters, postcards, coffee mugs, and T-shirts. [3]Ordinary consumers can own / a copy of the highly valued originals. [4]Therefore, / the value of the original results / not only from its uniqueness / but from its being the source / from which reproductions are made. [5]The manufacturers [who produce art reproductions] / and the consumers [who purchase and display them] / give value to the work of art / by making it available to many people / as an item of popular culture.

필수 어휘 Note **reproduce** [rì:prədjú:s] ~을 복제하다 **cf. reproduction** [rì:prədʌ́kʃən] 복제품 | **endlessly** [éndlisli] 끊임없이 | **postcard** [póustkɑ̀:rd] 엽서 | **original** [ərídʒənəl] 원화, 원문 | **uniqueness** [juníknis] 독특함 | **manufacturer** [mæ̀njəfǽktʃərər] 제조업자

해석 [1]훌륭한 미술품은 독특하기 때문에 가치 있게 여겨지지만, 대중적 소비를 위해 복제될 수 있기 때문에도 가치 있게 여겨진다. [2]예를 들어, 반 고흐의 그림들은 포스터, 우편엽서, 커피 잔, 티셔츠에 끊임없이 복제되어 왔다. [3]일반적인 소비자들은 매우 가치있는 원작의 복사본을 소유할 수 있다. [4]따라서 원작의 가치는 그것의 독특함에 있을 뿐만 아니라 복제품들이 만들어지는 원천이 될 수 있다는 것에 있기도 하다. [5]미술 복제품을 생산하는 제조업자와 그것을 구매하고 전시하는 소비자는 예술 작품을 많은 사람들에게 대중문화의 한 아이템으로 이용할 수 있게 함으로써 그것에 가치를 부여하는 것이다.

필수 구문 분석

4 Therefore, the value of the original results / **not only** *from its uniqueness* / **but** *from its being the source* [***from* which** reproductions are made].

▶ 〈not only A but (also) B〉의 구조로 'A뿐만 아니라 B도'란 뜻. A와 B는 둘 다 문법적으로 동일한 형태를 취해야 하기 때문에 from이 이끄는 전명구가 쓰였다. which가 이끄는 관계대명사절은 the source를 수식하며 from의 목적어 역할을 하고 있다.

내가 적용한 리딩스킬 체크하기 ☑

지문을 읽으며 내가 적용한 리딩스킬을 체크해봅시다.

☐ 빈칸이 포함된 문장을 읽고, 예술 작품이 '무엇' 때문에 복제되기에 가치 있다는 내용임을 파악했다. 이후에는 For example로 빈칸에 대한 예시가 이어지고 있으므로 이 문장을 주제문으로 생각했다. (▶ 개념편 Unit 08 참조)

이처럼, 빈칸을 추론해야 하는 유형은 주제문에 빈칸이 포함된 경우가 많다. 따라서 주요 세부사항을 종합하여 글의 요지를 유추해야 한다. (▶ 개념편 Unit 09 참조)

↓

☐ **핵심스킬 적용!** For example 이후를 읽으며 세부내용을 종합했다.

▶ 정답 ⑤ 도출

1. 고흐의 그림은 끊임없이 복제되어 왔다.
2. 복제품을 만들 수 있는 것 또한 원본의 가치인데, 이는 대중문화의 한 아이템(an item of popular culture)으로 이용할 수 있기 때문이다.

위의 두 내용을 종합하여 복제품이 '대중적으로 소비될 수 있기 때문에' 가치 있다는 것이 이 글의 핵심 내용임을 파악했다. 따라서 이와 가장 유사한 선택지인 ⑤번을 정답으로 골랐다.

선택지 다시 보기

① art education (예술 교육)
② artists' imagination (예술가의 상상력)
③ cultural diversity (문화적인 다양성)
④ scholarly research (학문적인 연구)
⑤ popular consumption (대중적 소비) ▶ 정답.

10

정답 ③ 본문 p.24

해석 영국의 물리학자 로버트 후크는 현미경에 렌즈가 두 개라면 사물의 형상이 더 선명하게 보일 것이라는 가설을 세웠다. 그의 생각을 뒷받침할 증거를 제공하기 위해 그는 실험을 실시하고 그 결과들을 기록했다. 그의 가설을 증명하기로 마음먹고 후크는 렌즈의 위치를 조정하고 또 조정했다. 그는 조정할 때마다 현미경을 통해 본 확대된 물체를 바탕으로 정확한 그림을 그렸다. 마침내 그가 수집한 자료들이 철저하게 연구되었고 후크의 결론은 그가 처음 세웠던 가설을 입증해 주었다.

필수 어휘 Note **physicist** [fízisist] 물리학자 | **state** [steit] ~을 진술하다, 말하다 | **microscope** [máikrouskòup] 현미경 | **be capable of** ~할 수 있다 | **in support of** ~을 지지[옹호]하여 | **conduct** [kάndʌkt] ~을 실시하다, 행하다; 행동, 행위 | **determined to do** ~하기로 굳게 결심한, 단호한 | **adjust** [ədʒʌ́st] ~을 조정하다, 맞추다 **cf. adjustment** [ədʒʌ́stmənt] 조정, 수정 | **readjust** [rìːədʒʌ́st] ~을 재조정하다, 바로잡다 | **based on** ~에 근거한, ~에 밑바탕을 둔 | **thoroughly** [θə́ːrouli] 철저히, 완벽하게

필수 구문 분석

***(Being)* Determined** to prove his hypothesis, *Hooke* adjusted and readjusted ~.
▶ 분사구문에서 Being이 생략된 형태. 부사절의 주어가 주절의 주어와 같아 생략되었다.

정답근거

(A) of producing a clearer image of an object
▶ 전치사 of의 목적어 자리이면서 뒤에 목적어(a clearer ~)를 취할 수 있는 동명사 형태가 적절.

(B) through the microscope
▶ 문맥상 '현미경을 통하여'란 의미이므로 through가 적절. throughout은 '(장소) 도처에, 곳곳에; (시간) ~ 내내, 죽' 이란 뜻.

(C) the data ~ were ~ and Hooke's conclusion supported his original hypothesis
▶ 두 개의 절이 and로 이어져 (C)는 Hooke's conclusion을 주어로 하는 동사 자리이다. 따라서 supported가 적절.

11

정답 ⑤ 본문 p.24

해석 뉴스 제작은 큰 노력을 요하고 속도감 있게 진행되는 산업이다. 빡빡한 마감일을 앞두고 일을 하면서도 기자들과 사진사들은 독창적이고 새로운 자료를 끊임없이 만들어낸다. 원고 교정 편집자들은 모든 프린트물이 내용, 문법, 문체 면에서 정확한지 점검한다. 그들은 철자, 문법의 정확성, 적절한 어휘의 쓰임을 점검하기 위해 기사 하나하나를 여러 번씩 읽는 일도 종종 있다. 사실에 입각한 정확성을 확보하기 위해 그들은 참고 도서나 전문적인 출처를 활용하여 보도되는 모든 정보를 재차 확인한다. 또한, 이야기가 너무 길거나 흥미롭지 못하면 원래의 의미는 유지하면서 이야기를 고쳐 쓰기도 한다.

필수 어휘 Note **demanding** [dimǽndiŋ] 큰 노력을 요하는; 요구가 지나친 | **fast-paced** 빠른 속도의 | **constantly** [kάnstəntli] 끊임없이 | **accuracy** [ǽkjərəsi] 정확성 | **article** [άːrtikl] 기사, 논설 | **grammatical** [grəmǽtikəl] 문법적인, 문법상의 | **precise** [prisáis] 정확한, 꼼꼼한 | **usage** [júːsidʒ] 용법, 어법 | **ensure** [inʃúər] ~을 확실하게 하다, 보장하다 | **factual** [fǽktʃuəl] 사실에 입각한, 사실의 | **reference book** 참고 도서 | **expert** [ékspəːrt] 전문의, 숙달된; 전문가 | **retain** [ritéin] ~을 계속 유지하다, 간직하다

정답근거

① Working under tight deadlines, reporters ~
▶ 문장의 주어인 reporters가 일하는 것이므로 현재분사형이 맞다.

② printed material
▶ material은 인쇄되는 것이므로 수동의 의미인 과거분사형이 맞다.

③ They often read ~ to check for spelling
▶ 문장의 동사는 read로 문맥상 '목적'을 나타내는 to부정사의 부사적 용법이 알맞게 쓰였다.

④ all reported information
▶ information, equipment 등은 셀 수 없는 명사로 -s 등이 뒤에 붙지 않고 쓰인다. 참고로, all은 가산 또는 불가산 모두의 앞에 쓰일 수 있다.

⑤ although → if a story is too long or uninteresting, ~
▶ 문맥상 '이야기가 너무 길거나 재미가 없으면, 다시 쓰여진다'란 의미이므로 '가정'을 나타내는 if가 적절. (밑줄 해석 참조)

12

정답 ④

본문 p.25

해석 성공적인 사업의 열쇠는 바로 고객 만족이다. 소비재를 생산하는 회사의 수익성은 회사가 고객에게 제공하는 서비스의 종류와 품질에 상당히 좌우된다. 연구 결과들은 불만족한 고객의 5%만이 불만사항을 등록하는 반면, 95%는 그냥 다른 곳에서 물건을 산다는 사실을 뒷받침해 준다. 그 때문에 최근 몇 년 동안 '비밀 쇼핑객' 들의 역할이 더 중요해진 것이다. 비밀 쇼핑객은 상세한 질문지를 가지고 다니며 매장에서의 쇼핑 경험에 대해 작성한다. 이러한 피드백들은 관리자들이 중대한 채용 결정을 하고, 고객 관리 기준을 향상시키는 것을 도와준다.

필수 어휘 Note **profitability** [prɑ̀fitəbíləti] 수익성 | **significantly** [signífikəntli] 상당히, 두드러지게 | **register** [rédʒistər] ~을 등록하다 | **shop** [ʃɑp] 물건을 사러 가다 | **detailed** [dí:teild] 상세한, 자세한 | **questionnaire** [kwèstʃənέər] 질문지, 앙케이트 | **fill in** (문서 등에) 작성하다, 필요한 항목을 써넣다

정답근거

(A) confirm ~을 뒷받침하다, 확인하다 / conform ~에 따르다, 순응하다

▶ 회사의 이익이 고객에 대한 서비스에 의해 좌우된다는 바로 앞 문장의 예시에 해당되는 문장이다. 따라서 연구 결과가 that 이하를 '뒷받침하다, 확인하다' 란 문맥이 적절하다.

(B) lose ~을 잃다, 분실하다 / gain ~을 얻다

▶ 성공적인 사업을 위해서는 고객 만족이 중요한데 불만족한 고객은 불만을 신고하기보다는 거래를 끊는 경우가 대다수. 따라서 소비자의 입장에서 의견을 전달하는 secret shopper의 역할은 중요성을 '얻는' 것이므로 gained가 적절.

(C) cruel 잔인한, 무자비한 / crucial 중대한, 결정적인

▶ 문맥상 '중대한' 채용 결정이란 뜻으로 crucial이 알맞다.

지문 속 **필수어법 2**

본문 p.26

1 judging

who가 이끄는 관계사절 안에 또 하나의 who 관계사절이 들어 있는 구조이다. 첫 번째 관계대명사 who가 이끄는 절의 분사구문에 해당하는 자리로 의미상 주어는 the one. 문맥상 the one과 judge의 관계가 능동이므로 judging이 적절.

2 that

앞에 나온 part를 가리키는 지시대명사 자리. part는 단수이므로 that이 알맞다.

3 which

앞의 a pancake into the shape of a horn을 가리키며 뒤에 이어지는 절의 동사 filled의 목적어에 해당하는 관계대명사 자리. that은 콤마를 동반하여 계속적 용법으로 쓰일 수 없으므로 which가 적절.

4 improve

사역동사로 쓰인 help의 목적격보어 자리로 improve가 적절. make ~와 and로 연결되었다. help는 동사원형 또는 to부정사를 목적격보어로 취할 수 있다.

5 The manufacturers **[who produce art reproductions]** and the consumers **[who purchase and display them]** **give** (동사) **value to the work of art by making it available to many people as an item of popular culture.**

주어는 The manufacturers and the consumers, 동사는 give. who가 이끄는 관계대명사절이 각각 The manufacturers와 the customers를 수식하고 있다.

6 If a story is too long or uninteresting, they rewrite the story while (*they are*) retaining its original meaning.

while, when, though 등이 이끄는 부사절에서 〈주어+be동사〉가 생략된 형태이다. 주어는 앞에 나온 they(=copyeditors)를 가리킨다.

핵심스킬 집중훈련

01

주어진 문장 넣기 정답 ③ 본문 p.28

The notes and octaves [of the melodies [produced]] / depend on the neck and string length [of both types of string instruments].

1 String instruments generate melodies / with the use of vibrating strings. (①) **2** Some instruments, / like the guitar, / are played / by plucking or strumming / with the fingers or a special tool [called a pick]. (②) **3** Others, / like the cello, / are played by drawing a bow / over the strings. (③ **4 The notes and octaves [of the melodies [produced]] / depend on the neck and string length [of both types of string instruments]**.) **5** **For instance**, / the violin has a short neck / and strings [that are only 13 inches long], / but the double bass has a long neck and 42-inch strings. (④) **6** **In contrast to** the violin's clear sounds, / the bass's large size / produces deep, almost muffled, sounds. (⑤) **7** This makes it relatively easy / to shift octaves on the violin, / but the bass requires more effort and movement / to move between octaves.

필수 어휘 Note **string instrument** 현악기 | **generate** [dʒénərèit] ~을 만들어내다, 발생시키다 | **vibrate** [váibreit] ~을 진동시키다 | **pluck** [plʌk] ~을 뜯다, 잡아당기다 | **pick** [pik] (현악기의 줄을 뜯는) 피크 | **bow** [bou] 활 | **note** [nout] 음조, (악기의) 음 | **octave** [ɑ́ktəv] 옥타브, 8도 음정 | **shift** [ʃift] ~을 바꾸다, 변경하다; 변화, 교체, 교대

해석 **1** 현악기는 진동하는 현을 이용하여 멜로디를 만들어낸다. **2** 기타와 같은 현악기는 손가락이나 피크라고 하는 특별한 도구로 뜯거나 퉁겨서 연주한다. **3** 첼로 같은 악기들은 현 위로 활을 당겨서 연주한다. **4** (만들어진 멜로디의 음조나 옥타브는 두 현악기 모두 목과 현의 길이에 따라 달라진다.) **5** 예를 들어, 바이올린은 목이 짧고 현 길이가 13인치밖에 안되지만 더블베이스는 목이 길고 현 길이가 42인치이다. **6** 바이올린의 선명한 소리에 비해 더블베이스의 큰 몸은 깊고 낮은 소리를 낸다. **7** 이로 인해 바이올린으로 옥타브를 바꾸기는 비교적 쉽지만 더블베이스로 옥타브 간을 오가며 연주하려면 더 많은 노력과 움직임이 필요하다.

필수 구문 분석

7 This makes **it** *relatively* **easy** / **to** shift octaves on the violin, / but ~.

▶ 〈make+it(가목적어)+형용사(목적격보어)+to do(진목적어)〉의 구조. relatively는 목적격보어 easy를 수식하는 부사

내가 적용한 리딩스킬 체크하기 ☑

지문을 읽으며 내가 적용한 리딩스킬을 체크해봅시다.

☐ 우선 주어진 문장의 핵심 내용을 파악하고 앞뒤의 흐름을 예상했다. (▶ 개념편 Unit 06 참조)

두 종류의 현악기(both types of string instruments) 모두 목과 현의 길이에 따라 음조와 옥타브가 달라진다는 내용. 따라서 주어진 문장 앞에는 현악기의 두 종류가 무엇인지, 뒤에는 음조와 옥타브가 구체적으로 어떻게 달라지는지가 나오리라 예상할 수 있다.

↓

☐ 글의 전후 관계를 살피며 읽다가 5번 문장에서 주어진 문장과 연계되는 단서들을 찾았다.

▶ 정답 ③ 도출

1번 문장은 현악기의 정의, 2, 3번 문장은 두 가지 현악기의 다른 연주방식에 대한 내용이다. 그런데 For instance로 시작되는 5번 문장부터 글의 흐름이 바뀌어 바이올린과 더블베이스의 목과 현의 길이를 비교하는 예시가 나오고 있다. 따라서 목과 현의 길이에 따라 음과 옥타브 변화가 있다는 일반적 진술의 주어진 문장은 구체적인 예시인 5번 문장 앞에 들어가야 한다.

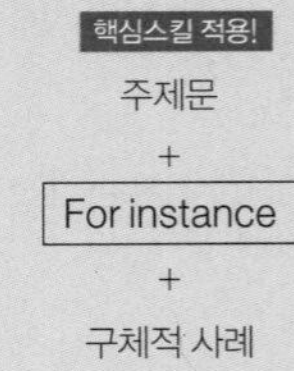

↓

☐ 글의 나머지 부분을 읽고 정답이 맞는지 확인했다.

▶ 정답 ③ 확신

In contrast to(~와는 대조적으로)로 시작하는 6번 문장은 바이올린과 현악기의 소리 차이를 대조하여 설명하고 있고, 7번 문장은 두 악기의 옥타브 차이에 관한 구체적인 내용으로 5번 문장과 자연스럽게 이어진다.

02

빈칸 추론 정답 ④ 본문 p.28

[1] How good is your knowledge of astronomy? [2] Can you tell me with certainty / whether or not there is gravity in space? [3] Everybody has seen footage of astronauts weightlessly [floating over the earth], / and **although** 〈통념〉 it looks like / the forces of gravity are not being applied to those astronauts, / 〈반박 또는 새로운 사실〉 they most certainly are. [4] The earth's pull [on the astronauts] gets weaker / with the distance from the earth, / but it never falls to zero. [5] The reason [why 〈통념〉 they appear / not to experience the pull of gravity] is / that they are orbiting the earth. 〈반박 또는 새로운 사실〉 [6] **In fact**, / they are **being drawn towards the earth**, / but the force of gravity is balanced / by the orbital motion. [7] The net result / is they follow the curve of the earth, / always safely above / and never too close to it.

필수 어휘 Note **astronomy** [əstrɑ́nəmi] 천문학 **cf. astronaut** [ǽstrənɔ̀ːt] 우주비행사 | **with certainty** 확실히, 확신을 가지고 | **gravity** [grǽvəti] 중력 | **weightlessly** [wéitlisli] 무중력 상태로 | **float** [flout] 떠다니다, 뜨다 | **pull** [pul] 끌어당기는 힘, 끌어당기기; ~을 잡아당기다 | **orbit** [ɔ́ːrbit] ~의 주위를 돌다, 궤도를 그리며 돌다; 궤도 **cf. orbital** [ɔ́ːrbitl] 궤도의 | **draw** [drɔː] ~을 끌어당기다; ~을 그리다 | **net** [net] 최종의, 결국의

해석 **1** 당신의 천문학 지식은 어느 정도인가? **2** 우주에 중력이 있는지 없는지 확실히 말할 수 있는가? **3** 지구 위를 떠다니는 우주비행사가 나오는 장면을 누구나 보았을 텐데, 그런 우주비행사들에게는 중력의 힘이 미치지 않는 것처럼 보여도 분명히 중력의 힘은 작용하고 있다. **4** 우주비행사들에게 미치는 지구의 인력은 지구로부터 거리가 멀어질수록 약해지지만, 결코 0의 상태가 되는 일은 없다. **5** 그들이 중력의 힘을 받지 않는 것처럼 보이는 까닭은 그들이 지구 주위를 돌고 있기 때문이다. **6** 실제로 그들은 지구쪽으로 끌어당겨지는 중이지만, 중력의 힘이 궤도 운동에 의해 상쇄되는 것이다. **7** 그렇게 해서 나오는 최종 결과는 그들이 지구의 곡면을 따라가면서 언제나 그 위에 안전하게 떠 있을 뿐 절대로 곡면에 너무 가까이 닿지는 않는다.

필수 구문 분석

3 ~ although it looks like / the forces of gravity **are** not **being applied to** those astronauts, / *they* most certainly *are*.

▶ apply A to B의 수동 형태인 A be applied to B(A가 B에 적용되다)가 쓰였으며 여기에 진행의 의미를 강조하는 진행형 동사가 쓰이고 있다. 콤마 뒤의 they는 앞에 나온 the forces of gravity를 받으며 be동사 are는 are (being applied to those astronauts)에서 앞과 중복되는 부분이 생략된 형태.

내가 적용한 리딩스킬 체크하기 ☑

지문을 읽으며 내가 적용한 리딩스킬을 체크해봅시다.

☐ 빈칸이 속한 문장을 먼저 읽고 추론해야 할 내용을 파악했다. (▶ 개념편 Unit 09 참조)

해당 문장이 In fact로 시작되고 있으므로 바로 앞에는 빈칸의 내용과 반대되는 일반적인 통념이 제시되리란 것을 알 수 있다.

핵심스킬 적용!

일반적인 통념

\+

although, In fact 등

\+

반박 또는 새로운 사실

⬇

☐ 빈칸 앞부분을 읽고 우주비행사들이 중력의 영향을 받지 않는다는 생각이 일반적인 통념으로 제시된 것을 파악했다. 따라서 이와 반대인 ④번을 정답으로 골랐다.

▶ 정답 ④ 도출

3, 4번 문장의 내용은 우주비행사들이 무중력 상태로 떠다니는 것처럼 보여도 실제로는 중력의 영향 아래에 있다는 내용으로 이 또한 일반적인 통념에 대해 반박하는 전개구조를 취한다. 5번 문장에서는 이들이 지구 주위를 돌기 때문에 무중력 상태처럼 보인다고 했다. 이를 종합해보면 우주비행사는 '중력의 힘을 받지만 궤도 운동을 해서 그 힘이 약화된다'는 내용이므로 빈칸에는 중력의 힘을 받아서 나타나는 현상인 ④번이 와야 한다.

⬇

☐ 빈칸 뒤의 7번 문장을 읽고 정답이 ④번임을 확신했다.

▶ 정답 ④ 확신

우주비행사들은 지구 곡면을 따라 움직이는데 절대 곡면에 닿지는 않는다고 했으므로 '지구 쪽으로 끌어당기는 중력의 힘이 궤도 운동 때문에 상쇄된다'는 6번 문장의 내용과 일치한다.

선택지 다시 보기

① floating in space (우주를 떠다니는)
② exploring space (우주를 탐험하는)
▶ astronomy, space, astronauts 등에서 연상할 수 있는 내용을 이용한 오답.
③ close to the next planet (다음 행성에 가까워지는)
④ being drawn towards the earth (지구쪽으로 끌어당겨지는) ▶ 정답.
⑤ moving away from the moon (달로부터 멀어지는)

03

목적 추론 정답 ⑤

본문 p.29

[1] The workforces [of some European countries] have a reduced number of older staff, / partly because of the early retirement offers. [2] The theory [behind those offers] was / that if older people retired, / then younger workers could step into the vacancies. 〈문제제시〉 [3] The reality, / **however**, / has been altogether different: / 〈원인〉 most of the positions [retired from] have simply disappeared / from the job market. [4] Corporations [in technologically advanced nations] are in the middle of a restructuring trend. [5] It is not viewed as cost-efficient / to retain older workers [whose skills may be outdated], / or to hire inexperienced staff [with little training]. 〈결과, 주제문〉 [6] **Therefore**, / the push for early retirement / just reduces the number of available jobs; / it does not introduce more opportunities for youth.

필수 어휘 Note **workforce** [wə́rkfɔ̀rs] 노동력, 인력 | **retirement** [ritáiərmənt] 퇴직, 은퇴 **cf. retire** 퇴직하다, 은퇴하다 | **vacancy** [véikənsi] 빈자리, 공석 | **corporation** [kɔ̀ːrpəréiʃən] 회사, 법인 | **in the middle of** 한창 ~ 중인 | **restructuring** [rìːstrʌ́ktʃəriŋ] 구조 조정, (기구, 제도 등의) 개혁, 개편 | **cost-efficient** 비용 효율이 높은, 비용 절감의 | **retain** [ritéin] ~을 보유하다, 유지하다 | **outdated** [autdéitid] 시대에 뒤떨어진, 구식의 | **inexperienced** [ìnikspíəriənst] 경험이 없는, 서투른 | **push** [puʃ] 추진, 밀기; ~을 추진하다, 밀다[밀치다]

해석 **1** 일부 유럽 국가의 노동력 구성에서 나이 든 직원의 수가 감소했는데, 조기 퇴직 제안이 그 부분적인 이유이다. **2** 그러한 제안을 뒷받침하고 있는 이론은 나이가 든 사람이 퇴직하면 젊은 노동자들이 그 빈자리에 들어갈 수 있다는 것이었다. **3** 그러나 현실은 전혀 달랐다. 퇴직으로 생긴 일자리의 대부분이 취업시장에서 그냥 사라져버린 것이다. **4** 기술적으로 발달한 국가의 기업들은 한창 구조 조정의 추세에 휩쓸리고 있다. **5** 보유한 기술이 시대에 뒤떨어졌을 나이가 든 노동자들을 계속 고용하고 있는 것이나, 훈련이 거의 안 된 미숙한 직원을 고용하는 것은 비용 대비 효율이 높지 않다고 보는 것이다. **6** 그리하여 조기 퇴직을 추진하는 것은 취업 가능한 일자리 수만 줄일 뿐 젊은이에게 더 많은 기회를 열어주지는 않는다.

필수 구문 분석

3 ~: most of **the positions** [(*which were*) **retired from**] have simply disappeared / from the job market.

▶ 수식하는 명사 the positions와 수동 관계에 있으므로 과거분사구 retired from이 쓰였다. retired 앞에 which were가 생략된 형태로 볼 수 있다.

내가 적용한 리딩스킬 체크하기 ☑

지문을 읽으며 내가 적용한 리딩스킬을 체크해봅시다.

☐ 1, 2번 문장을 읽고 이 글의 소재가 '조기 퇴직'이고, 이는 젊은이들에게 취업 기회를 주려는 의도 때문임을 파악했다.

⬇

☐ 3번 문장의 연결어 however를 보고 조기 퇴직이 본래 의도와 다른 결과를 낳았단 내용이 전개될 것을 예상했다. 따라서 이와 가장 유사한 답으로 ⑤번을 골랐다.

▶ 정답 ⑤ 도출

⬇

☐ Therefore로 시작되는 6번 문장을 읽고 이것이 이 글의 주제문임을 파악했다.

▶ 정답 ⑤ 확신

조기 퇴직은 일자리만 줄일 뿐 청년들에게 기회를 주진 않는다고 했으므로 조기 퇴직의 문제점을 지적하기 위한 글이다.

핵심스킬 적용! 연결어는 글의 흐름을 파악하는 데 중요한 지표이다. 도입부인 1, 2번 문장에서 조기 퇴직을 뒷받침하는 이론을 언급했는데 3번 문장에서는 however가, 6번 문장에서는 Therefore가 등장하므로 3번 이후부터 반대 의견과 그 원인이 제시된 다음, 6번에서 이에 대한 결과가 나오고 있음을 알 수 있다.

선택지 다시 보기

① 청년 실업의 심각성을 알리려고 ▶ 조기 퇴직을 통해 청년들에게 일자리를 주고자 했다는 말이 나오긴 하지만, 청년 실업이 어떠한 상황인지에 대한 언급은 없다.

② 퇴직자를 위한 지원을 요청하려고 ▶ 고령의 노동자, 퇴직 등의 핵심어에서 연상 가능한 오답.

③ 적극적인 구직 활동을 장려하려고 ▶ vacancies, job market, available jobs 등에서 떠올릴 수 있는 내용을 활용한 오답.

④ 구조조정의 효용성을 설명하려고 ▶ restructuring trend를 이용한 오답.

⑤ 조기 퇴직의 문제점을 일깨우려고 ▶ 정답.

04 요지 추론 정답 ③

본문 p.30

〈주제문〉 1Some researchers believe / that the minds of people [considered to be geniuses] do not differ in basic ways / from anyone else's mind, / except that ordinary abilities are combined in them / in unusual ways. 2There must be strong interest [in some subject], / but that's common enough. 3There **also** must be great proficiency [in a chosen subject]; / this is not uncommon, either. 4The level of self-confidence [required to pursue new or "strange" ideas], / which can be referred to as stubbornness, / is also easily found in people. 5There is a measure of common sense / in the mix, / **too**. 6Since these are essentially ordinary traits, / 〈주제문〉 why can't a "common" person, / when more fiercely motivated, / become a genius?

필수 어휘 Note **genius**[dʒíːnjəs] 천재 | **proficiency**[prəfíʃənsi] 능숙, 숙달 | **uncommon**[ʌnkámən] 보기 드문, 흔치 않은 | **self-confidence** 자신감, 자부심 | **pursue**[pərsúː] ~을 추구하다, 모색하다 | **refer to A as B** A를 B라고 부르다 | **stubbornness**[stʌ́bərnis] 고집, 집요함, 완고함 | **measure**[méʒər] 일정한 양, 측정; 대책[조치]; ~을 측정하다, 재다 | **common sense** 상식 | **mix**[miks] 혼합(물) ; ~을 혼합하다 | **trait**[treit] 특징, 특색 | **fiercely**[fíərsli] 치열하게, 맹렬하게 | **motivated**[móutivèitid] 의욕에 찬, 동기가 부여된

해석 1 일부 학자들은 천재로 간주되는 사람들의 마음이 그들 내면에서 평범한 능력들이 독특한 방식으로 결합된다는 점을 제외하고는 그 밖의 어떤 사람들의 마음과 기본적으로 다를 바가 없다고 믿는다. 2 특정 주제에 대해 강한 관심을 쏟을 테지만, 그건 충분히 흔한 일이다. 3 또 선택한 주제에 대해 대단히 능숙하지만, 이 또한 보기 드문 일이 아니다. 4 새롭거나 '색다른' 아이디어를 추구하는 데 필요한 어느 정도의 자신감은 고집이라고 불릴 수 있는데, 이 또한 사람들에게서 쉽게 찾을 수 있다. 5 그 능력의 조합 가운데는 상식도 일정량 포함된다. 6 이런 것들은 본질적으로 평범한 특징이므로 '보통의' 사람이 좀 더 강한 의욕만 갖는다면 왜 천재가 될 수 없겠는가?

내가 적용한 리딩스킬 체크하기 ☑
지문을 읽으며 내가 적용한 리딩스킬을 체크해봅시다.

□ 1번 문장을 읽고 천재의 지적 능력이 보통사람과 크게 다르지 않다는 내용이 이어질 것을 예상했다.

▶ 정답 ③ 예상

↓

□ 뒤 내용을 빠르게 확인한 후 1번 문장을 알맞게 뒷받침하는지 확인했다.

▶ 정답 ③ 도출

2~5번 문장에서 천재는 강한 관심, 새 아이디어를 추구하는 고집, 상식이 있는데 이는 모두 흔한 특징이라고 했으므로 앞에서 파악한 요지를 적절히 뒷받침하고 있다.

핵심스킬 적용! 1번 문장에서 천재의 마음이 다른 사람들과 기본적으로 다르지 않다고 한 후, 2번 문장부터 그 예시가 이어지고 있다. 글의 앞부분에서 요지를 제시한 다음, 이를 뒷받침하는 근거를 '나열'하는 구조.

↓

□ 마지막 문장을 읽고, 정답을 바르게 찾았음을 확인했다.

▶ 정답 ③ 확신

6번 문장은 위 내용을 종합하여 강한 의지만 있다면 평범한 사람도 천재가 될 수 있다는 내용으로 '수사의문문'을 사용하여 필자의 주장을 다시 한 번 드러내고 있다.

선택지 다시 보기

① 뛰어난 업적을 달성하려는 의지는 누구에게나 있다.
▶ 의지만 있다면 누구나 천재가 될 수 있다는 것이 이 글의 요지이지 뛰어난 위업에 대한 의지가 모두에게 있다는 내용은 아니다.
② 성공하려면 단점을 긍정적으로 활용할 줄 알아야 한다.
③ 모든 사람은 천재가 될 수 있는 잠재성을 가지고 있다. ▶ 정답.
④ 사회의 우수 인재 확보를 위해 영재교육에 힘써야 한다.
⑤ 타고난 재능도 꾸준히 갈고 닦아야 빛을 발한다.

05

무관한 문장 고르기 **정답** ④ 본문 p.30

[1]Loneliness, / perhaps one of the most common of emotional states, / can affect a person / during major life changes. ① [2]These include / entering college, getting a new job, ending a relationship, / or grown children leaving home. 〈주제문〉 ② [3]**However**, / we cannot assert / that loneliness is equivalent to being alone. ③ [4]Nearly everyone has experienced / feeling lonely in a crowd, / and yet being quite comfortable / when surrounded by silence. ④ [5]**Even if for just a couple of hours each day, / take time away from others.** ⑤ [6]Loneliness, / **on the other hand**, / is a feeling [that something is missing / in your social relationships, / and the need to know or experience / something more profound / than what your life currently offers you].

필수 어휘 Note **loneliness**[lóunlinis] 외로움 | **state**[steit] 상태 | **major**[méidʒər] 중대한, 중요한 | **assert**[əsə́:rt] ~을 단언하다, 주장하다 | **equivalent**[ikwívələnt] 마찬가지인, 동등한, 같은 뜻의 | **missing**[mísiŋ] 빠져 있는, 부족한 | **profound**[prəfáund] 심오한, 깊이 있는 | **currently**[kə́:rəntli] 현재, 지금

해석 1 아마도 가장 흔히 겪는 감정 상태 중 하나일 외로움은 인생의 중대한 변화 중에 우리에게 영향을 미칠 수 있다. 2 이러한 인생의 변화에는 대학에 들어가는 것, 새 일자리를 갖는 것, 인간관계가 끝나는 것, 성장한 아이들이 집을 떠나버리는 것 등이 있다. 3 그러나 외로움이 혼자 있는 것과 마찬가지라고 단언할 수는 없다. 4 거의 누구나 군중 속에서도 외로움을 느껴보았을 테고 한편, 고요함에 둘러싸여 있을 때 상당히 편안한 것을 겪어 보았을 것이다. (5 하루 두세 시간만이라도 다른 사람들에게서 떨어져 지내라.) 6 다른 한편으로, 외로움이란 사회적 관계에서 뭔가 빠져있다고 느끼는 감정으로, 삶이 현재 당신에게 제공하는 것보다 더 심오한 무언가를 알거나 경험하고자 하는 욕구이다.

필수 구문 분석

4 Nearly everyone *has experienced* / **feeling** lonely in a crowd, / and yet **being** quite comfortable / when (*he or she was*) surrounded by silence.

▶ feeling과 being 모두 has experienced의 목적어이다. 한편 when이 이끄는 부사절은 〈주어+be동사〉가 생략된 구조.

내가 적용한 리딩스킬 체크하기 ☑
지문을 읽으며 내가 적용한 리딩스킬을 체크해봅시다.

☐ 우선 글의 주제나 요지를 파악한 다음, 이와 관련이 없거나 혹은 문맥상 어색한 문장을 찾아야겠다고 생각했다.

↓

☐ However로 시작되는 ②번을 읽고 '외로움은 혼자 있는 것과 동일하지 않다'는 것이 이 글의 요지임을 파악했다. 따라서 이후에 외로움과 혼자 있는 것을 '대조'하여 요지를 뒷받침할 것을 예상했다.

↓

☐ 글의 흐름을 어색하게 만드는 ④번을 정답으로 골랐다.

▶ 정답 ④ 도출

주제문을 뒷받침하려면 외로움이 혼자 있는 것과 어떻게 다른지 그 구체적인 근거가 이어져야 한다. 하루 2시간 정도 타인과 떨어져 있으라는 ④번의 내용은 이러한 문맥과는 무관한 내용. ③, ⑤번은 외로움이 혼자 있는 것과 어떻게 다른지 설명하는 내용이므로 요지를 적절히 뒷받침한다.

06 글의 순서 배열 정답 ②

본문 p.31

[1]Children do not learn to speak well / through constant corrections of their speech; / and should correcting occur too frequently, / they will speak less.
(B) [2] **Instead**, children learn / by comparing the way [they speak] / with the way [the majority of other kids and adults / do].
(A) [3]They constantly adjust their style / and correct their own mistakes / when they hear the "right" way [to say something]. [4]They make progress in their ability / to match standard language usage, / step by step.
(C) [5] **In the same way**, / kids master other things / without too much adult supervision: / from basic physical activities / to complex athletic movements. [6]Children know their own limits / and try to push through them.

필수 어휘 Note **constant** [kάnstənt] 끊임없는, 지속적인 | **correction** [kərékʃən] 바로잡음, 정정 | **compare A with B** A를 B와 비교하다 | **adjust** [ədʒʌ́st] ~을 바로잡다, 맞추다, 조절하다 | **make progress in** ~을 향상시키다 | **step by step** 조금씩, 점차 | **supervision** [sù:pərvíʒən] 감독, 관리 | **athletic** [æθlétik] 운동의, 운동선수의 | **push through** ~을 밀어붙이다, 뚫고 나아가다

해석 1 아이들은 자기들이 하는 말을 끊임없이 바로잡아 주는 것을 통해 능숙하게 말하는 법을 깨우치는 것은 아닌데, 만일 교정이 너무 자주 일어나면 말을 적게 하게 될 것이다.
(B) 2 대신, 아이들은 자기가 말하는 방식과 다른 어린이 또는 어른의 대다수가 말하는 방식을 비교하면서 배운다.
(A) 3 어떤 것을 '올바르게' 말하는 방식을 듣게 되면, 아이들은 끊임없이 자신의 스타일을 바로잡고 실수를 고친다. 4 아이들은 조금씩 표준 언어 사용법에 맞는 언어 능력을 키워나간다.
(C) 5 마찬가지로, 아이들은 어른의 감독을 지나치게 받지 않고서도 기초적인 신체 활동에서 복잡한 신체 운동에 이르기까지 다른 것들을 익혀나간다. 6 아이들은 자신의 한계를 알고 그 한계를 이겨낸다.

필수 구문 분석

2 Instead, children learn by **comparing** *the way* [they speak] / **with** *the way* [the majority of other kids and adults / *do*].
▶ 〈compare A with B〉는 'A와 B를 비교하다'란 뜻. 두 개의 관계부사절이 각각 the way를 수식하고 있다. the way (that/which)는 '~하는 법'이라는 뜻. 두 번째 관계부사절의 do는 앞의 speak를 대신하는 대동사.

내가 적용한 리딩스킬 체크하기 ☑
지문을 읽으며 내가 적용한 리딩스킬을 체크해봅시다.

□ 우선 주어진 문장을 읽고 아이들이 언어를 배우는 방식에 대한 내용이 이어질 것이라고 예상했다.

↓

□ (A)와 (B) 단락 모두 아이들이 언어를 배우는 방식에 대한 내용이지만, 연결어(Instead)를 보고 (B) – (A)의 순서임을 파악했다.
▶ 정답 ②, ⑤ 예상
Instead(대신에)는 앞 내용과 상반되는 뒷내용을 강조할 때 쓰는 연결어이다.
따라서 '아이들은 언어를 자꾸 고쳐주게 되면 능숙하게 말하는 법을 배우지 못하게 된다. → 대신에, 아이들은 다른 사람들이 하는 말을 자신이 말하는 방법과 비교하며 말하는 법을 배운다. → 이렇게 함으로써 자신의 실수를 바로잡으며 표준 언어 사용법에 맞는 언어 능력을 키워나가게 된다.'란 흐름이 자연스럽다.

↓

□ In the same way(마찬가지로)로 연결되는 (C)는 '어른의 지나친 간섭을 받지 않아도 아이들은 언어 이외에 다른 영역을 익혀나갈 수 있다'란 내용으로 (A) 뒤에 자연스럽게 이어진다.
▶ 정답 ② 확신

핵심스킬 적용!
대상 A의 특징 (아이들은 스스로 자신의 언어 능력을 발전시킨다.)
\+
In the same way
\+
대상 B의 특징 (언어뿐 아니라 다른 영역에서도 어른들의 간섭 없이 자신의 능력을 발전시킨다.)

In the same way는 두 대상 간의 '공통점'을 비교할 때 쓰는 연결어이다.

07

빈칸 추론 정답 ④ 본문 p.32

[1]When you go swimming, / you are always told to be careful / not to bruise yourself / against the rocks. [2]However, / fish [swimming in the water] rarely get bruised, / moving through cracks [in rocks] / and the branches [of thorny water plants]. [3]It's because / they have scales on their bodies [which serve as a protective layer]. [4]The toughness of these scales is / determined by **how harsh the environment is**. [5] **For example**, / the scales of fish [living in waters], / where they should protect themselves / from ragged surfaces, / are tough. [6]Some people even use them / as a substitute for sandpaper. [7] **On the other hand**, / the fish [which do not encounter too many rough surfaces] have very soft scales.

필수 어휘 Note **bruise**[bru:z] ~을 멍들게 하다 | **crack**[kræk] 갈라진 틈; 금이 가다, 갈라지다 | **scale**[skeil] (물고기의) 비늘; 저울; 눈금 | **serve as** ~로서의 역할을 하다 | **protective**[prətéktiv] 보호의 | **toughness**[tʌ́fnis] 강함, 질김 | **ragged**[rǽgid] 울퉁불퉁한, 너덜너덜한 | **substitute**[sʌ́bstitjù:t] 대용품, 대체물 | **sandpaper**[sǽndpèipər] 사포 | **encounter**[inkáuntər] ~을 마주치다 | **rough**[rʌf] 울퉁불퉁한, 거친

해석 **1** 수영하러 갈 때는 바위에 부딪혀 멍들지 않도록 조심하라는 말을 항상 듣게 된다. **2** 하지만, 물속에서 헤엄치는 물고기들은 바위틈과 가시 달린 수초의 줄기 사이를 헤엄치면서도 멍이 드는 일이 좀처럼 없다. **3** 왜냐하면 물고기는 보호층 역할을 하는 비늘이 몸에 있기 때문이다. **4** 이 비늘의 강한 정도는 환경이 얼마나 척박한지에 따라 다르다. **5** 예를 들어, 울퉁불퉁한 표면으로부터 자신의 몸을 보호해야 하는 곳에 사는 물고기의 비늘은 거칠다. **6** 심지어 어떤 사람들은 그것을 사포 대용으로 사용하기도 한다. **7** 반면에 울퉁불퉁한 표면을 자주 접하지 않는 물고기들의 비늘은 매우 부드럽다.

내가 적용한 리딩스킬 체크하기 ☑
지문을 읽으며 내가 적용한 리딩스킬을 체크해봅시다.

☐ 빈칸이 포함된 문장을 먼저 읽고, scale(물고기의 비늘)의 강한 정도가 무엇 때문에 다른지 찾으며 읽어야겠다고 생각했다.

⬇

☐ 이후에 For example로 시작되는 것으로 보아 구체적인 사례가 이어짐을 알 수 있었다. 5~7번 문장을 읽으며 scale의 강한 정도가 물속 환경이 거친지 아닌지에 따라 달라진다는 것을 파악했고 이와 가장 유사한 선택지인 ④번을 정답으로 골랐다.

▶ 정답 ④ 도출

이어지는 예시는 대조(On the other hand)의 전개 방식을 이용하여 거친 물속에 사는 물고기와 그렇지 않은 물고기의 '차이점'을 비교하고 있다.

핵심스킬 적용!

대상 A의 특징
(거친 물속 환경에 사는 물고기의 비늘)
+
On the other hand
+
대상 B의 특징
(거칠지 않은 물속 환경에 사는 물고기의 비늘)

선택지 다시 보기

① how big the fish are (물고기가 얼마나 큰지)
② how much the fish eat (물고기가 얼마나 많이 먹는지)
③ how fast the fish swim (물고기가 얼마나 빨리 수영하는지)
④ how harsh the environment is (환경이 얼마나 척박한지) ▶ 정답.
⑤ how intense water pressure is (수압이 얼마나 강한지)

08

요지 추론 정답 ②

본문 p.32

[1]Have you tried Monopoly board games? [2]Playing the game, / sometimes you have exciting moments [when you buy many properties / and earn much money]. [3]Sometimes you have dull moments [when poor progress is made / and you have no chance [to buy any property]]. [4]In the latter situation, / you are likely to feel bored / if you are stuck in one place. [5]In a way, / however, / it gives you a chance [to prepare for the next turn / without losing any money]. [6] **Life is just like the game**. [7]It is thrilling, / but for the most part, / life is ordinary and admittedly boring. [8]Boredom is a constitutive element of life. [9]It will lead you to deep reflection on yourself / and the society [you belong to], / which turns into a stepping-stone [on the path / to being a mature person].

필수 어휘 Note **property** [prápərti] (부동산 등의) 자산, 재산 | **dull** [dʌl] 지루한; 명청한 | **progress** [prágres] 진행, 과정 | **latter** [lǽtər] 후자의 | **stuck in** ~에 갇혀 꼼짝 못하다 | **turn** [təːrn] 순서, 차례 | **thrilling** [θríliŋ] 흥미진진한, 스릴있는 | **admittedly** [ædmítədli] 누구나 인정하듯이 | **constitutive** [kánstətjùːtiv] 구성하는, 구성분의 | **reflection** [riflékʃən] 반영; 반사 | **stepping-stone** 디딤돌, 발판 | **path** [pæθ] 길; 진로 | **mature** [mətjúər] 성숙한

해석 [1]모노폴리 게임을 해본 적이 있는가? [2]그 게임을 하면서, 때때로 당신은 많은 자산을 사거나 많은 돈을 버는 신나는 순간을 겪기도 한다. [3]때때로 진행이 더디거나 자산을 살 기회가 없는 지루한 순간을 겪기도 한다. [4]후자의 경우, 당신이 한 곳에 갇혀 있다면 당신은 지루함을 느낄 가능성이 높다. [5]그러나 한편으로 이런 상황은 돈을 잃지 않으면서도 다음 기회를 준비할 기회를 준다. [6]인생은 이 게임과 같다. [7]인생은 흥미진진하지만 대부분 평범하고 누구나 인정하듯이 지루하다. [8]지루함은 인생을 구성하는 요소이다. [9]그것은 당신과 당신이 속한 사회에 대해 깊은 성찰을 하도록 유도하고, 이렇게 하는 것이 더 성숙한 인간이 되기 위한 길의 디딤돌이 된다.

내가 적용한 리딩스킬 체크하기 ☑
지문을 읽으며 내가 적용한 리딩스킬을 체크해봅시다.

☐ 1~5번 문장을 읽고 어떤 것을 모노폴리 게임에 비유하여 설명하려는 것임을 예상했다.

☐ 6번 문장(Life is just like the game.)을 읽고, 인생과 모노폴리의 공통점을 비교하는 내용을 전개하고 있음을 파악했다.

☐ 4~5번 문장은 게임에서 지루한 순간이 다음 기회를 준비하는 순간일 수 있다는 내용이고, 6번 문장 이후에는 삶이 지루할 수 있지만, 자신을 돌아볼 수 있는 시간이 될 수 있다는 내용이 이어지고 있다. 지루함이 긍정적인 역할을 할 수 있다는 것이 모노폴리와 삶의 공통점이므로 ② 번을 정답으로 골랐다.

▶ 정답 ② 도출

선택지 다시 보기

① 기회는 준비된 자에게 찾아온다.
② 지루함은 삶을 위한 긍정적 요소이다. ▶ 정답.
③ 성공지향적인 태도는 삶을 단조롭게 만든다. ▶ 핵심어 boredom에서 연상 가능한 오답.
④ 모노폴리 게임은 사회성 발달에 도움이 된다.
⑤ 익숙한 사물을 새로운 관점으로 보아야 한다.

09

주제 추론 정답 ①

본문 p.33

〈통념〉 1 Many people believe / that they will be free of their anger / if they express it, / and that their tears will release their pain. 2 This belief derives from / a nineteenth-century understanding [of emotions], / and 〈반박 또는 새로운 사실 제시〉 **it is no truer** / than the flat earth. 3 It sees the brain / as a steam kettle [in which negative feelings build up pressure]. 4 But no psychologist has ever succeeded / in proving the unburdening effects [of the supposed safety valves of tears and anger]. 5 On the contrary, / over forty years ago, / controlled studies showed / that fits of anger / are more likely to intensify anger, / and that tears can drive us / still deeper into depression. 6 Our heads do not resemble steam kettles, / and our brains involve a much more complicated system / than can be accounted for / by images [taken from nineteenth-century technology].

필수 어휘 Note **release** [rilíːs] ~을 풀어 놓다, 방출하다 | **derive from** ~에서 기원하다, 시작하다 | **steam** [stiːm] 증기 | **build up** ~을 쌓다 | **psychologist** [saikɑ́lədʒist] 심리학자 | **unburden** [ʌnbə́ːrdn] 부담을 덜어주다 | **supposed** [səpóuzd] 가정의, 추정된 | **fit** [fit] 감정의 폭발, 발작 | **intensify** [inténsəfài] ~을 증폭시키다, 강화하다 | **depression** [dipréʃən] 우울증 | **resemble** [rizémbəl] ~을 닮다 | **complicated** [kɑ́mplikèitid] 복잡한 | **account for** ~을 설명하다

해석 1 많은 사람들이 분노를 표현하면 분노로부터 자유로워질 것이며 눈물이 고통을 덜어 줄 것이라고 믿고 있다. 2 이런 믿음은 19세기 감정에 대한 이해에 그 기원이 있는데, 이 믿음은 지구가 평평하다는 생각처럼 사실이 아니다. 3 이 믿음은 뇌를 부정적인 감정이 압력을 발생시키는 증기 주전자로 간주한다. 4 하지만, 어떤 심리학자도 지금까지 안전밸브로 여겨지는 눈물과 분노가 (고통을) 경감해주는 효과가 있다는 것을 입증하는 데 성공하지 못했다. 5 오히려 40여 년 전의 통제된 연구의 결과에 따르면, 분노의 폭발이 분노를 증폭시킬 가능성이 더 크며 눈물은 우리를 훨씬 더 깊은 우울증으로 몰고 갈 수 있다고 한다. 6 우리 머리는 증기 주전자를 닮지 않았으며, 우리의 뇌는 19세기 과학기술이 이끌어낸 이미지로 설명할 수 있는 것보다 훨씬 더 복잡한 시스템을 갖추고 있다.

내가 적용한 리딩스킬 체크하기 ☑

지문을 읽으며 내가 적용한 리딩스킬을 체크해봅시다.

☐ 1번 문장은 사람들이 일반적으로 감정 표출을 하는 것이 심리적으로 도움이 된다고 믿는다는 내용. 이와 유사한 선택지인 ①번을 정답으로 예상했다.

▶ 정답 ① 예상

↓

☐ 2번 문장을 읽고, 이러한 믿음이 사실이 아니라는 것을 파악하고, ①번을 정답으로 도출했다.

▶ 정답 ① 도출

↓

☐ 이어지는 내용을 읽으며, ①번을 정답으로 확신했다.

▶ 정답 ① 확신

4번 문장은 감정 표출이 도움된다는 것을 밝힌 연구 결과는 없었다는 내용이고, 5번 문장은 오히려 분노를 표출하면 분노가 더 증폭된다는 연구 결과가 40년 전에 나왔다는 내용. 감정 표출이 도움되지 않는다는 2번 문장을 적절히 뒷받침하고 있으므로 ①번을 정답으로 확신할 수 있다.

선택지 다시 보기

① 감정 표출의 효과에 대한 오해 ▶ 정답.
② 두뇌 구조와 우울증의 관계
③ 19세기 과학이 뇌신경학에 미친 영향 ▶ 19세기 과학이 잘못된 믿음을 심어주었다고 했다.
④ 감정에 따른 두뇌 반응의 상이성 ▶ 글의 소재인 '감정' 과 brain에서 연상할 수 있도록 활용한 오답
⑤ 눈물과 분노의 심리적 유사성 ▶ anger, tears라는 핵심어에서 연상 가능한 내용을 활용한 오답.

10

정답 ①

본문 p.34

해석 카를로 페트리니는 슬로우 푸드라는 전 세계적으로 일어난 캠페인의 중심에 서 있는 인물인데, 이 캠페인은 농산물의 다양화를 보존하고 전통 음식을 지키는 데 그 목적이 있다. 페트리니가 믿는 바는 원칙과 즐거움이 서로 조화될 수 있다는 것이다. "왜 전 세계를 구하는 일이 꼭 맥 빠지는 일이 되어야 하는가?"라고 페트리니는 반문한다. 페트리니는 사람들이 자신들의 독특한 지역 요리를 지키는 데 관심을 갖기를 원했을 때 캠페인 사무소를 열지 않고 대신 식당을 열었다. 그 식당의 음식과 분위기는 페트리니가 지키고자 한 전통적인 지방색이 담긴 즐거움을 강조했고, 비싸지 않은 가격에 제공하였다. 많은 이들이 대단히 맛좋은 음식을 즐기러 왔고, 그렇게 하는 가운데 지역의 전통요리를 지키는 것이 왜 그토록 중요한지를 깨달았다.

필수 어휘 Note **conserve** [kənsə́ːrv] ~을 보존하다, 지키다 | **agricultural** [æ̀grikʌ́ltʃərəl] 농업의, 농사의 | **diversity** [divə́ːrsəti] 다양성 | **principle** [prínsəpl] 원칙, 주의 | **fit** [fit] 조화되다, 어울리다; 꼭 맞는, 알맞은 | **depressing** [diprésiŋ] 침울하게 만드는, 울적한 | **mission** [míʃən] 사명, 임무 | **cuisine** [kwizíːn] 요리, 요리법 | **atmosphere** [ǽtməsfìər] 분위기; (지구를 둘러싼) 대기 | **highlight** [háilàit] ~을 강조하다, ~에 주의를 집중시키다 | **regional** [ríːdʒənəl] 지방의, 지역의 | **reasonable** [ríːzənəbəl] 비싸지 않은, 합리적인

정답근거

① a global campaign called Slow Food, who → which aims to ~
▶ 밑줄 친 부분은 앞의 a global campaign called Slow Food를 가리키므로 who는 which가 되어야 한다.

② Petrini's belief is that principles and pleasure can fit together.
▶ be동사의 보어절을 이끌면서 뒤에 완전한 문장이 이어지므로 명사절 접속사 that은 적절.

③ a depressing mission
▶ 임무가 맥 빠지는 감정을 일으키는 주체이므로 현재분사가 맞다.

④ The food and atmosphere at the restaurant highlighted the traditional regional delights ~
▶ 주어는 The food and atmosphere at the restaurant로 밑줄 친 부분은 문장의 동사 자리.

⑤ Many people came to enjoy the great-tasting food and, as they did so, ~
▶ 여기서 so는 '그렇게'란 뜻의 부사로 did so는 앞의 come to enjoy the great-tasting food를 받는다.

11

정답 ④ 본문 p.34

해석 매년 독립기념일에, 미국의 많은 뒷마당에서 축하 행사를 하는 동안, 참가자와 구경꾼을 막론하고 상당수가 불꽃놀이 때문에 부상을 입는다. 수천 명의 사람들이 해마다 불꽃놀이 사용에 대한 관리 소홀로 눈 부상을 입고 있다. 이 가운데 약 3분의 1이 평생 시력에 손상을 입게 되고 또 다른 4분의 1은 시력의 일부 또는 전부를 잃게 된다. 미국의 최고 안과 치료 학회는 시민들에게 불꽃을 직접 점화하기보다는 대중을 위한 눈부신 불꽃놀이를 즐길 것을 권하고 있다. 그러나 불꽃놀이를 꼭 해야 한다면 경고사항이나 사용 설명서를 반드시 읽고 따라야 하며 아이들이 점화하는 일이 없도록 해야 한다.

필수 어휘 Note **celebration** [sèləbréiʃən] 축제, 축하 의식 | **Independence Day** 독립기념일 | **participant** [pɑːrtísəpənt] 참가자, 동참자 | **bystander** [báistæ̀ndər] 구경꾼, 방관자 | **injure** [índʒər] ~을 다치게 하다 **cf. injury** [índʒəri] 상처, 부상 | **firework** [fáiərwə̀ːrk] 불꽃놀이, 폭죽 | **sustain** [səstéin] (상처, 손해를) 입다, 받다; ~을 유지하다, 지탱하다 | **supervision** [sùːpərvíʒən] 관리, 감독 | **blindness** [bláindnis] 눈멂, 실명 | **premier** [primíər] 최고의, 일류의 | **urge** [əːrdʒ] ~을 강력히 권하다, 격려하다 | **dazzling** [dǽzliŋ] 눈부신, 현혹시키는 | **set off** ~을 점화하다, 폭발시키다 | **be sure to do** 반드시 ~하다 | **instruction** [instrʌ́kʃən] 《복수형》 사용 설명서

필수 구문 분석

~, nearly **a third** / suffer lifelong vision damage, / while **another quarter** / experience a degree of or complete blindness.

▶ a third, another quarter는 눈 부상을 입은 사람 중 1/3, 1/4을 가리킨다.

정답근거

(A) annually sustain eye injuries

▶ (A)는 뒤의 동사를 수식하는 부사 자리. 문맥상으로도 참석자들이 불꽃놀이로 인해 '매년' 눈 부상을 입는다는 것이 적절.

(B) A rather than B (B보다는 오히려 A)

▶ cf. more than (~보다 많은, ~ 이상으로)

▶ 불꽃놀이가 위험하므로 직접 불꽃을 터뜨리기보다는 불꽃놀이 행사를 감상하도록 권고한다는 내용.

e.g. I prefer to stay rather than (to) go.
(가는 것보다는 오히려 머물러 있는 게 좋다.)

(C) let children light them

▶ 사역동사로 쓰인 let의 목적격보어 자리에는 동사원형이 오므로 light(~을 점화하다)의 형태가 알맞다. 〈동사(let) + 목적어(children) + 목적격보어(light them)〉의 구조.

12

정답 ③ 본문 p.35

해석 아이들을 성숙한 존재로 간주하고 대하는 몇 가지 특별한 방법이 있다. 이런 분야 가운데 하나가 언어 발달과 관계된 것인데, 어른들이 아이들과 얘기할 때 아기 말투를 쓰는 것이 그들에게 호의를 베푸는 것은 아니다. 아이들에게 어른들의 방식으로 얘기해야 아이들의 언어 능력을 더 빨리 발달시킬 수 있다. 두 번째로, 부모들이 자녀를 훈육하는 최선의 방법에 대해 합의를 본 다음에는 일관된 태도를 지녀야 한다. 장난감을 깨끗이 치워두지 않은 것에 대한 벌칙이 컴퓨터 게임을 못하는 것이라면 부모는 이를 시행해야 한다. 세 번째로, 아이들이 간단한 문제들에 대해서는 스스로 결정을 내릴 수 있도록 하는 것을 권하는데, 이는 아이들이 나중에 직면해야 할 더 어려운 문제들을 대비하는 데 도움을 주기 위함이다.

필수 어휘 Note **respond to A** A에 응하다, 응답[대답]하다 | **concern** [kənsə́ːrn] ~와 관계가 있다, ~을 걱정시키다; 관심[배려], 걱정 | **do A a favor** A에게 호의를 베풀다, A의 청을 들어주다 | **grown-up** 어른다운, 성숙한; 어른, 성인 | **discipline** [dísəplin] ~을 훈육하다, 훈련[단련]하다; 훈련 | **penalty** [pénəlti] 벌칙 | **enforce** [infɔ́ːrs] (법률, 규칙 등을) 시행하다, 집행하다

정답근거

(A) mature 성숙한 ↔ premature 조숙한, 시기상조의

▶ 빈칸 (A) 뒤에 아기 말투(baby talk)보다는 성인들의 방식으로(in a grown-up manner) 이야기하는 게 언어 발달에 도움이 된다는 내용이 나오므로 어린이들을 '성숙한' 존재로 간주해야 한다는 문맥이 자연스럽다.

(B) corresponding 상응하는, 대응하는 / consistent (의견, 사상 등이) 일관된

▶ 바로 뒤에 장난감을 치우지 않았을 때 컴퓨터 게임을 금지하기로 정했다면 실제 그렇게 해야 한다는 내용이 나오므로 '일관된' 태도를 보이라는 문맥이 되어야 한다. corresponding의 뜻은 예문을 통해 알아두자.

e.g. in the **corresponding** period last year (지난 해 같은 기간에)

(C) confront ~에 직면하다 / contest ~와 경쟁하다; 경쟁

▶ 아이들이 나중에 '직면하게' 될 더 어려운 결정들을 대비할 수 있게 도와준다는 문맥.

지문 속 필수어법 3

본문 p.36

1 ①→ **considered**

① 앞의 the minds of people을 수식하는 분사 자리이고 문맥상 '천재로 여겨지다' 란 뜻이 되어야 하므로 considered가 되어야 한다.
② 주어 the minds of people의 동사 자리로 복수동사 do not differ 적절.
③ 문맥상 '~을 제외하고' 란 뜻이고 뒤에 절이 이어지므로 except that 적절.

2 ③→ **found**

① 앞의 The level of self-confidence를 수식하는 분사 자리이고, 문맥상 '추구하기에 필요한' 이란 뜻으로 required 적절. cf. be required to+동사원형: ~하는 것이 필요하다
② The level of self-confidence required to pursue new or "strange" ideas를 부연설명하는 관계대명사 자리. 콤마를 동반한 계속적 용법으로 쓰였으므로 which 적절.
③ 문맥상 어느 정도의 자신감은 사람들에게서도 쉽게 '발견된다' 란 의미이므로 found가 적절. cf. found-founded-founded: ~을 설립하다

3 ②→ **what**

① a feeling 뒤에 완전한 절이 이어져 있다. 이 절은 a feeling에 부연설명을 제공하므로 동격을 나타내는 that 적절.
② 뒤에 offers의 직접목적어가 생략된 불완전한 절이 이어지고 있다. something more profound와 비교되면서 know or experience의 목적어절을 이끌어야 하므로 명사절의 역할을 할 수 있는 관계대명사 what이 적절.

4 ②→ **less**

① if correcting should occur ~에서 if가 생략되고 주어 correcting과 조동사 should가 도치된 형태이다.
② 앞절에서 말하는 것을 계속해서 고쳐주면 말을 잘 못하게 된다고 했다. 이는 말을 고쳐주는 것의 부정적 영향에 해당하므로 ②번 또한 말을 더 '적게' 하게 된다란 부정적 의미가 되어야 한다. 따라서 less가 적절.

5 ①→ **where**

① 문맥상 waters를 선행사로 받고, 뒤에 완전한 절이 이어지므로 계속적 용법으로 쓰인 관계부사 where로 바꿔야 한다.
② 물고기들이 '스스로를' 보호해야 한다는 문맥이므로 themselves 적절.
③ 주어는 the scales of fish living in waters. the scales에 수일치하므로 복수동사 are 적절.

6 ①→ **(should) be**

① 제안, 요구, 주장, 명령 등을 나타내는 동사 뒤 that절에 《(should)+동사원형》이 와야 하므로 (should) be가 되어야 한다.
② 사역동사로 쓰인 help의 목적격보어 자리. help는 목적격보어로 동사원형 또는 to부정사를 취할 수 있으므로 prepare는 알맞다.
③ 앞에 나온 명사 issues를 가리키며 harder의 수식을 받을 수 있는 대명사 자리로 복수형인 ones는 적절.

Unit Test **핵심스킬 집중훈련**

01

요지 추론 정답 ⑤ 본문 p.38

1 Life is filled with such a variety of challenges / that we often look for guidance from proverbs. 2 These are valuable tools / even though some appear to contradict each other / at first, / such as: "Many hands make light work" / and "Too many cooks spoil the broth." 〈주제문〉 3 Each of these proverbs proves true / in light of particular, not similar, contexts. (**For example**) 4 Such time-consuming but unskilled jobs / as picking up litter in a park / are indeed made lighter work / with many people helping out. 5 It is equally true / that too many qualified people [working on a job [requiring complicated skills]] might ruin it / because of competing viewpoints.

필수 어휘 Note **a variety of** 다양한, 가지각색의 | **guidance**[gáidns] 조언, 길잡이, 안내 | **proverb**[právəːrb] 속담, 격언 | **contradict**[kàntrədíkt] 모순되다, 반박하다 | **spoil**[spɔil] ~을 망치다; ~을 버릇없게 키우다 | **broth**[brɔ(ː)θ] 묽은 수프 | **in light of** ~에 비추어 | **context**[kántekst] 상황, 정황 | **litter**[lítər] 쓰레기, 잡동사니; ~을 어질러 놓다 | **qualified**[kwáləfàid] 자격 있는, 적격의 | **complicated**[kámplikèitid] 복잡한, 이해하기 어려운 | **competing**[kəmpíːtiŋ] 상충하는 | **viewpoint**[vjúːpɔ̀int] 관점, 견해

해석 1 인생은 매우 다양한 어려움으로 가득 차 있어서 우리는 종종 속담에서 가르침을 찾는다. 2 '손이 많으면 일을 던다' 와 '요리사가 많으면 음식을 망친다' 처럼 어떤 속담들은 처음에는 서로 모순되어 보이더라도 매우 유익한 말이다. 3 이 속담들 중 각각은, 다른 개개의 상황에 비추어 보면 맞는 말이다. 4 공원에서 쓰레기를 줍는 일처럼 시간이 걸리지만 특별한 기술이 필요 없는 일은 많은 사람이 거들면 실제로 일이 줄어든다. 5 복잡한 기술을 필요로 하는 일에 자격을 갖춘 사람들이 지나치게 많이 매달리면 상충하는 관점 때문에 일을 망칠 수도 있다는 것 또한 똑같이 맞는 말이다.

필수 구문 분석

1 Life is filled with **such** a variety of challenges / **that** we often look for guidance from proverbs.

▶ 〈such+명사+that ~〉은 '매우 …해서 ~하다' 란 뜻. such는 명사를, so는 형용사 또는 부사를 뒤에 취한다.

내가 적용한 리딩스킬 체크하기 ☑

지문을 읽으며 내가 적용한 리딩스킬을 체크해봅시다.

☐ 요지를 파악하는 문제이므로 글의 핵심내용을 담고 있는 주제문을 찾아야겠다고 생각했다.

↓

☐ 글의 앞부분을 읽고 어떤 속담들은 처음에는 서로 모순된 것처럼 보이지만 '각각의 상황에서는 모두 맞는 말이다' 라는 3번 문장을 요지로 파악했다.

▶ 정답 ⑤ 도출

1번 문장에서 글의 소재인 속담에 대해 환기시킨 다음, 3번 문장에서는 속담이 서로 모순되는 것처럼 보여도 서로 다른 특정 상황에서는 모두 맞다고 했다. 따라서 필자의 견해가 드러나는 3번 문장을 주제문으로 파악할 수 있다. '상황에 따라 적용할 수 있는 속담이 다르다' 는 것이 이 글의 요지이므로 선택지 중 이와 가장 유사한 ⑤번이 정답.

↓

☐ 이어지는 내용을 확인한 후 정답을 바르게 찾았음을 확신했다.

▶ 정답 ⑤ 확신

서로 모순되어 보이는 두 속담이 적용되는 각각의 상황을 예로 들어 주제문을 적절히 뒷받침하고 있다.

핵심스킬 적용! For example, For instance 등의 연결어가 생략되었지만, 이후의 내용을 읽으며 주제문을 적절히 뒷받침하는 예시임을 파악했다. 이처럼, 구체적인 예시를 들어 설명할 때에는 연결어가 생략되기도 한다.

선택지 다시 보기

① 가능한 한 많은 해결책을 고려해보는 게 좋다. ▶ 상황에 따라 알맞은 해결책이 다르다는 내용이지 많은 해결책을 고려해보라는 내용은 아니다.
② 경험에서 축적된 지식은 삶의 귀중한 자산이다.
③ 상충되는 의견 조율은 리더의 기본 자질이다.
④ 여럿이 협동할수록 좋은 결과가 나온다. ▶ 복잡한 기술을 필요로 하는 일에 많은 사람이 투입되면 일을 망칠 수도 있다고 했다.
⑤ 상황에 따라 문제에 대한 접근 방법이 달라진다. ▶ 정답.

02 무관한 문장 고르기 정답 ③

본문 p.38

〈주제문〉 [1]Toys and other gifts are a wonderful part of a child's play / but they also improve learning skills, / even making math problems [like "how many?"] fun [to learn]. ① [2]The higher skill of estimation, / as well as problem solving and creative thinking, / results from inventive play with toys. ② [3]Hand-eye coordination and fine-motor development, / helpful when learning to write, / are first practiced by playing with stacking toys. ③ **[4]In selecting toys for a child, / there is unanimous agreement [that the first consideration should be safety].** ④ **(Furthermore)** [5]Beautifully illustrated books / help develop reading skills, a large vocabulary / and possibly an enduring attraction to literature. ⑤ **(Also)** [6]Children get to understand the world and relationships / in new ways / through play with beloved dolls and other figures.

필수 어휘 Note **estimation**[èstiméiʃən] 추정, 견적, 추산 | **inventive**[invéntiv] 독창적인, 창의력이 풍부한 | **coordination**[kouɔ̀ːrdinéiʃən] (근육 운동의) 공동 작용 | **fine-motor** 미세 운동, 미세 동작 | **stack**[stæk] ~을 쌓다, 쌓아올리다; 더미, 퇴적 | **unanimous** [juːnǽniməs] 만장일치의, 이구동성의 | **illustrated**[íləstrèitid] 삽화를 넣은, 그림이 들어간 | **enduring**[indjúəriŋ] 지속적인, 영속적인 | **beloved**[bilʌ́vd] 소중한, 가장 사랑하는

해석 [1]장난감과 기타 여러 선물은 아이의 훌륭한 놀잇감이지만 학습 능력을 향상시켜 주기도 하는데, '몇 개일까?' 와 같은 수학 개념을 배우는 것조차 재미있게끔 해준다. [2]문제 해결과 창의적 사고는 물론, 보다 고차원적인 가치 판단 기술까지도 장난감을 창의적인 방법으로 가지고 놀면서 습득한다. [3]쓰기를 배울 때 유용한, 손과 눈의 공동 작용과 미세 운동의 발달은 쌓기 놀이 장난감을 가지고 놀면서 처음으로 훈련된다. ([4]아이들 장난감을 고를 때 첫 번째 고려 대상이 안전이라는 것은 모두가 동의하는 바이다.) [5]아름다운 그림이 그려진 책은 읽기 능력을 발달시키고 어휘를 풍부하게 하며 문학에 대한 지속적인 매력을 느끼게 할 수도 있다. [6]아끼는 인형과 그 밖의 형상물을 가지고 노는 것을 통해 아이들은 세상과 그 속의 관계들을 새로운 방식으로 이해하게 된다.

필수 구문 분석

3 Hand-eye coordination and fine-motor development, / **helpful when learning to write**, / are first practiced ~.

▶ 주어와 동사 사이에 수식어구 helpful when learning to write가 콤마로 삽입된 형태. 이 수식어구는 주어인 Hand-eye coordination and fine-motor development에 대한 부가설명을 제공하고 있다.

내가 적용한 리딩스킬 체크하기 ☑

지문을 읽으며 내가 적용한 리딩스킬을 체크해봅시다.

□ 우선 글의 주제나 요지를 파악한 다음, 이와 관련이 없거나 혹은 문맥상 어색한 문장을 찾아야겠다고 생각했다.

↓

□ 1번 문장을 읽고 장난감과 여러 선물에 교육적 효과가 있다는 것이 이 글의 핵심내용임을 파악했다.

1번 문장의 but 이하가 필자가 강조하려는 내용. 장난감과 여러 선물이 학습 능력을 향상시킨다는 내용이므로 이후에는 이에 대한 구체적인 근거가 이어질 것을 예상할 수 있다.

↓

□ 글의 흐름을 어색하게 만드는 ③번을 정답으로 골랐다. 장난감을 선택할 때 안전을 고려해야 한다는 것은 이 글의 주제와 거리가 멀다.

▶ 정답 ③ 도출

핵심스킬 적용! 2, 3, 5번 문장은 다양한 learning skills의 습득을 도와주는 장난감과 여러 선물의 구체적인 예로 요지를 뒷받침하고 있다. 이 문장들 사이에는 Furthermore, Also 등 '첨가'를 나타내는 연결어들이 생략되었다고 볼 수 있다. 이처럼 대등한 내용의 문장을 나열할 때에는 연결어가 없어도 의미가 분명히 드러나므로 생략되는 경우가 많다.

03

연결어 넣기 정답 ①

본문 p.39

〈도입〉 [1]Some problems, / such as those [found in mathematics], / have only one or maybe two possible solutions. [2]There are others, (A) **however**, [that have many more possible answers / and are best handled / with the flexibility, creativity, and insight [that comes with time and patience]]. [3]If you find yourself faced with a problem [that cannot be solved / even after careful consideration and sincere effort [to figure it out]], / then take a break for a while / and return to it later. (B) [4]**In other words**, / approaching the problem from a fresh angle / is best. [5]It is possible for us / to get so caught up in the details of a problem / that we are unable to see / what will later stand out / as an obvious solution.

필수 어휘 Note **flexibility**[flèksəbíləti] 유연성, 융통성 | **insight**[ínsàit] 통찰력, 간파 | **(be) faced with** ~에 부딪친, 직면한 | **sincere**[sinsíər] 성실한, 참된 | **figure out** ~을 해결하다, 알아내다 | **get[be] caught up in** ~에 푹 빠지다, 말려들다 | **stand out** 드러나다, 눈에 띄다, 두드러지다

해석 1 수학에 등장하는 문제들처럼 어떤 문제들은 해결법이 하나뿐이거나 두 개 정도 있을 수 있다. 2 그러나 가능한 답이 훨씬 더 많으며 유연성, 창의성, 시간과 인내를 통해 얻게 되는 통찰력으로 가장 잘 처리될 수 있는 다른 문제들도 있다. 3 답을 알아내기 위해 심사숙고하고 성실한 노력을 기울인 뒤에도 풀 수 없는 문제에 부딪힌다면 잠시 휴식을 취한 다음 나중에 다시 그 문제로 돌아가라. 4 다시 말해, 새로운 시각에서 그 문제에 접근하는 것이 최선이다. 5 우리는 문제의 세세한 부분에 지나치게 사로잡혀 나중에 분명한 해결책으로 드러나는 것을 못 보고 넘어갈 수 있다.

필수 구문 분석

2 There are *others*, however, [**that** have many more possible answers / and **(that)** are best handled / with the flexibility, creativity, and *insight* [**that** comes with time and patience]].

▶ 대명사 others 뒤에 이를 수식하는 두 개의 관계사절이 and로 연결된 형태. are best handled 앞에는 중복되는 주격 관계대명사 that이 생략되어 있다. 세 번째 that은 바로 앞의 insight를 수식하는 주격 관계대명사.

내가 적용한 리딩스킬 체크하기 ☑

지문을 읽으며 내가 적용한 리딩스킬을 체크해봅시다.

☐ 1, 2번 문장을 읽고 서로 상반된 내용임을 알았다.

▶ 정답 ①, ⑤ 예상

답이 하나 또는 고작 두 개인 문제와 다양한 답이 나올 수 있는 문제의 차이점을 비교하고 있으므로 '대조'를 나타내는 however가 (A)에 들어가는 것이 알맞다.

↓

☐ 3번 문장은 '아무리 고민해도 문제가 해결되지 않을 때는 잠시 쉬었다 다시 생각하라'는 내용이고, 4번 문장은 '새로운 시각으로 접근하라'는 내용. 4번 문장은 3번 문장과 동일한 내용을 다른 표현으로 진술하므로 (B)에는 In other words가 들어가는 것이 알맞다.

▶ 정답 ① 도출

⑤번의 Besides(게다가)는 '첨가'를 나타내는 접속사로서 3번 문장의 내용에 대한 또 다른 사실이나 근거를 덧붙이는 내용이 와야 한다.

04 필자의 주장 정답 ①

본문 p.40

[1] Many college students / experience feelings of doubt [about their choice of major]. [2] These students can benefit / by exploring other options. [3] An education major might come to prefer engineering, / while a sociology major may find ancient history more interesting. [4] Another motivation for considering other subjects / is that few professional careers are based on an education / in just one field. 〈주제문〉 **(So)** [5] The more varied a student's background, / the better. [6] Some students may protest / that they cannot take courses outside their majors / and still graduate on the expected date. **(However)** [7] They should know that there are in fact ample opportunities for taking interesting courses outside their major, / any of which might suit them better.

필수 어휘 Note **doubt**[daut] 회의, 의심 | **benefit**[bénəfit] 이익을 얻다, 혜택을 받다; 이익, 이득 | **explore**[ikspl5ːr] ~을 살피다, 탐험하다 | **option**[ápʃən] 선택사항, 선택권 | **sociology**[sòusiálədʒi] 사회학 | **motivation**[mòutivéiʃən] 동기, 원인 | **career**[kəríər] 경력, 이력 | **varied**[vέərid] 다양한, 가지각색의 | **protest**[prətést] ~을 항의하다, 주장하다 | **ample**[ǽmpl] 충분한 | **suit**[suːt] ~에 어울리다; ~의 마음에 들다

해석 [1] 많은 대학생들이 전공 선택에 회의적인 감정을 경험한다. [2] 이런 학생들은 다른 선택사항들을 살펴봄으로써 도움을 얻을 수 있다. [3] 교육학도가 공학을 더 좋아하게 될 수도 있는가 하면, 사회학 전공자가 고대 역사에 더 많은 흥미를 느낄 수도 있다. [4] 다른 학과를 고려해 보게 되는 또 다른 동기는 단지 한 분야의 교육에 기초한 직업이 드물기 때문이다. [5] 학생의 배경이 다양할수록 더 좋은 것이다. [6] 어떤 학생들은 전공 외 과목을 들으면서 예정된 날짜에 졸업할 수는 없다고 이의를 제기할지도 모른다. [7] 실제로 전공 외 과목 중 흥미로운 강좌를 들을 충분한 기회가 있으며 그 중 어떤 것이든 그들에게 더 잘 맞을 수도 있다는 사실을 알아야 한다.

필수 구문 분석

7 ~ there are in fact ample opportunities for taking *interesting courses outside their major*, / any of **which** might suit them better.
▶ 계속적 용법의 관계대명사 which의 선행사는 interesting courses outside their major이다.

내가 적용한 리딩스킬 체크하기 ☑
지문을 읽으며 내가 적용한 리딩스킬을 체크해봅시다.

☐ 1, 2번 문장을 읽고 이 글에서 다루고 있는 소재가 전공 외 수업을 듣는 것의 이점임을 파악했다.

▶ 정답 ① 예상

자신의 전공 선택에 확신이 없는 학생들은 전공 외 수업을 듣고 도움을 얻을 수 있다고 했으므로 전공 외 수업의 긍정적인 측면에 대한 내용이다.

↓

☐ 4번 문장에서 전공 외 수업을 듣는 또 다른 이유가 언급되고 있고, 5번 문장에서 필자의 견해가 드러나고 있으므로 앞에서 예상한 정답이 맞았다고 생각했다.

▶ 정답 ① 도출

핵심스킬 적용! 5번 문장은 2, 3, 4번 문장의 '결론'에 해당하며 So 등 '결론'을 나타내는 연결어가 생략되었다. 이처럼 인과관계가 자연스러운 경우 연결어가 생략되기도 한다.

↓

☐ 나머지 부분을 읽어가며 내용을 확인했다.

▶ 정답 ① 확신

6, 7번 문장은 일부 학생들이 시간 부족으로 전공 외 수업을 못 듣는다고 하지만 실제로는 그렇지 않다는 내용이므로 위에서 파악한 흐름과 일치한다.

핵심스킬 적용! 6번과 7번 문장은 서로 상반된 내용이므로 중간에 However와 같은 역접을 나타내는 접속사가 생략되었다고 볼 수 있다.

선택지 다시 보기

① 자신의 전공 외에도 다양한 수업을 들어야 한다. ▶ 정답.
② 원하는 직업을 얻기 위해서 성적 관리를 잘 해야 한다.
③ 성공을 위해서는 한 분야의 전문가가 되어야 한다. ▶ 글의 요지와 반대의 내용. 5번 문장에서 배경이 다양할수록 더 좋다고 나와 있다.
④ 최근 대학의 졸업 요구 조건이 까다로워지고 있다.
⑤ 직업 목표에 맞는 수업을 선별해서 들어야 한다.

05

빈칸 추론 정답 ⑤ 본문 p.40

1 Geologists [from around the world] travel to the Grand Canyon / to study / what is recognized / as one of our planet's most cherished geological sites. 〈주제문〉 2 The walls of the canyon / consist of exposed layers, each one containing **a record of major natural events** [that have taken place / over millions of years]. **(For example)** 3 While one layer may give us a picture of 10,000-year old volcanic activity, / another layer gives evidence / of a gigantic lake [that covered much of south-western North America]. **(In addition)** 4 In the magnificent Grand Canyon, geologists and archaeologists / have uncovered bones of ancient animals [that roamed the earth / long ago]. 5 The layers of the canyon provide invaluable information / about the development of the earth. **(That is)** 6 They are like pages / in the storybook of our planet.

필수 어휘 Note **geologist** [dʒìːɑ́lədʒist] 지질학자 **cf. geological** [dʒìːəlɑ́dʒikəl] 지질학의, 지질학상의 | **cherish** [tʃériʃ] ~을 소중히 여기다 | **consist of** ~으로 구성되다 | **expose** [ikspóuz] ~을 노출하다, 드러내다 | **layer** [léiər] 층 | **take place** 일어나다, 발생하다 | **volcanic** [vɑlkǽnik] 화산의 | **gigantic** [dʒaigǽntik] 거대한, 엄청나게 큰 | **magnificent** [mægnífisənt] 웅장한, 장엄한 | **archaeologist** [ɑ̀ːrkiɑ́lədʒist] 고고학자 | **uncover** [ʌ̀nkʌ́vər] ~을 드러내다; ~을 파헤치다, 폭로하다 | **roam** [roum] ~을 돌아다니다, 배회하다 | **invaluable** [invǽljuəbəl] 값을 헤아릴 수 없는, 매우 소중한

해석 1 세계 곳곳의 지질학자들은 우리 지구에서 지질학적으로 가장 소중한 곳 중 하나로 간주되는 그랜드 캐니언을 연구하기 위해 그곳을 여행한다. 2 그랜드 캐니언의 절벽은 외부로 노출된 단층으로 이뤄져 있는데, 각 단층에는 수백만 년에 걸쳐 일어난 주요 자연현상들의 기록이 담겨 있다. 3 1만 년이나 된 화산 활동 모습을 보여주는 층이 있는가 하면, 북아메리카 남서부 지방의 상당 부분을 차지했던 거대한 호수의 흔적을 제시하는 단층도 있다. 4 웅장한 그랜드 캐니언에서는 지질학자와 고고학자들이 오래 전 지구에서 어슬렁거리며 돌아다녔던 고대 동물들의 뼈를 찾아내기도 했다. 5 그랜드 캐니언의 단층은 지구의 발전에 대한 값으로는 헤아릴 수 없는 소중한 정보를 제공한다. 6 단층은 우리 지구에 대해 쓴 이야기책의 한 페이지 한 페이지와 같다.

내가 적용한 리딩스킬 체크하기 ☑
지문을 읽으며 내가 적용한 리딩스킬을 체크해봅시다.

☐ 빈칸이 속한 2번 문장을 읽고 그랜드 캐니언의 단층 하나하나가 무엇을 포함하고 있는지 파악해야겠다고 생각했다.

빈칸 뒤에 that have taken place over millions of years란 말이 나오므로 장기간에 걸친 결과물이란 걸 알 수 있다.

↓

☐ 3, 4번 문장의 예시 내용을 보고 ⑤번을 정답으로 골랐다.

▶ 정답 ⑤ 도출

어떤 층은 1만 년이 된 화산 활동에 대해, 또 다른 층은 북아메리카 남서부 지방에 존재했던 거대한 호수에 대해 정보를 제공한다고 했고, 고대 동물의 뼈도 발견할 수 있다고 했으므로 '자연에서 일어난 주요 현상들의 기록' 이란 뜻의 선택지 ⑤번을 정답으로 골랐다.

핵심스킬 적용! 3, 4번 문장은 빈칸이 포함된 2번 문장의 예시로 2, 3번 문장 사이에는 For example이 3, 4번 문장 사이에는 In addition이 생략되었다고 볼 수 있다.

↓

☐ 이후의 내용을 읽고 정답을 바르게 찾았음을 확신했다.

▶ 정답 ⑤ 확신

지구의 발달에 대한 귀중한 정보를 제공한다고 했으므로 주요 자연현상들의 기록이란 정답과 일맥상통한다.

핵심스킬 적용! 6번 문장은 5번 문장을 부연하여 설명하고 있으므로 That is와 같은 연결어가 생략되었다고 볼 수 있다.

선택지 다시 보기

① precious fossil fuels (귀중한 화석 연료)
② the routes of early explorers (초기 탐험가들의 경로)
③ historical data of famous volcanoes (유명한 화산들의 역사적 자료) ▶ 그랜드 캐니언에는 오래 전에 일어난 volcanic activity의 흔적을 보여주는 단층이 있다는 말이 나오지만 지엽적인 예시이므로 오답.
④ world-famous prehistoric paintings (세계적으로 유명한 선사 시대의 그림)
⑤ a record of major natural events (주요 자연현상들의 기록) ▶ 정답.

06

제목 추론 정답 ③ 본문 p.41

[1] Should you want to become a writer, / no matter what kind of writer you want to be, / then keep a notebook handy at all times. 〈주제문〉 [2] Every day brings unique events, / but the ideas [that may occur to you / because of them] need to be quickly recorded. (**Because**) [3] A bit of conversation [you hear] / or the wording [of a humorous sign] / could be hard to recall later / if not immediately written down. (**Also**) [4] It is better to always be receptive / to what's going on around you / as well as / to be sensitive / to your impressions [about it]. [5] Imagine your ideas as butterflies [flitting around in your head] — / you need to capture them / before they disappear.

필수 어휘 Note **keep A handy** A를 가까이 두다 | **wording** [wə́ːrdiŋ] 말씨, 어법, 표현 | **humorous** [hjúːmərəs] 재미있는, 우스운 | **receptive** [riséptiv] 감수성이 풍부한, 잘 받아들이는 | **sensitive** [sénsətiv] 감각이 예민한, 민감한 | **impression** [impréʃən] 느낌, 인상 | **flit** [flit] 이리저리 날아다니다, 스치듯 지나가다 | **capture** [kǽptʃər] ~을 붙잡다, 잡다

해석 1 혹시 작가가 되길 원한다면 쓰고 싶은 종류의 글이 무엇이건 메모지를 늘 가까이 두라. 2 매일 매일 독특한 사건들이 일어나긴 하지만, 그 사건들로 인해 당신에게 떠오를지도 모를 생각을 빨리 기록할 필요가 있다. 3 들리는 대화의 단편이나 재미있는 간판 문구는 바로 적어두지 않으면 다시 떠올리기가 어려울 것이다. 4 항상 당신 주위에서 일어나는 일에 대해 느끼는 당신의 감정에 민감할 뿐 아니라 감수성이 풍부하다면 더욱 좋다. 5 당신의 아이디어가 당신 머릿속을 이리저리 날아다니는 나비라고 생각해 보라. 사라져 버리기 전에 붙잡아야 한다.

필수 구문 분석

1 **Should you** want to become a writer, / *no matter what kind of writer you want to be*, / then ~.

▶ If you should want ~에서 If가 생략되고 조동사 should가 주어와 도치된 형태. should / were to는 '일어날 일이 거의 없는 상황을 상상 또는 가정할 때 쓴다. '혹시라도 ~하면'의 의미. no matter what은 '~을 ~하더라도'란 의미로 whatever로 바꿔 쓸 수 있다.

4 It is better *to always be receptive to what's going on around you* **as well as** *to be sensitive to your impressions about it.*

▶ B as well as A는 B를 강조하여 'A뿐 아니라 B도'라는 뜻.

내가 적용한 리딩스킬 체크하기 ☑
지문을 읽으며 내가 적용한 리딩스킬을 체크해봅시다.

☐ 1, 2번 문장을 읽고 아이디어가 떠오르면 빨리 기록해두어야 한다는 내용임을 파악하였다. 따라서 이와 가장 유사한 선택지인 ③번을 정답으로 골랐다.

▶ 정답 ③ 도출

2번 문장에서 글쓴이의 주장이 강하게 (need to) 드러나 있으므로 이 문장을 주제문으로 파악하고 정답을 골랐다. (▶ 개념편 **Unit 08** 참조)

↓

☐ 글의 나머지 부분을 빠르게 읽어가며 앞에서 파악한 내용이 올바른지 확인했다.

▶ 정답 ③ 확신

3번 문장은 아이디어를 빨리 기록해야 하는 근거에 해당하는 보충설명문. 4번 문장은 아이디어를 빨리 기록하기 위한 추가적인 조언에 해당한다. 따라서 2, 3번 문장 사이에는 '이유'를 나타내는 Because가 3, 4번 문장 사이에는 '첨가'를 나타내는 Also가 생략되었다고 볼 수 있다.

핵심스킬 적용! 이와 같이 연결어가 없으면 앞뒤 관계에 어울리는 연결어를 떠올려본 후, 연결어를 넣었을 때 문맥이 더 명확하게 이해되는지 확인한다.

선택지 다시 보기

① Pay Attention to Your Inside World (내면의 세계에 주의를 기울여라.) ▶ 아이디어를 수시로 적는 습관을 기르면 세상사를 잘 이해하는 데 도움이 된다고 했다.

② Great Ideas Come from Everyday Life (위대한 아이디어는 일상에서 시작된다.) ▶ 매일의 일상생활 속에서 아이디어가 떠오르지만, 이를 빨리 적어두는 것이 중요하다는 내용이다.

③ Always Be Ready for Idea Recording (항상 아이디어를 기록할 준비를 해라.) ▶ 정답.

④ Genre Doesn't Matter for Good Readers (훌륭한 독자에게 장르는 중요한 것이 아니다.)

⑤ To Be a Writer: Keep a Diary Every Day (작가가 되는 법, 매일 일기를 써라.)

07

주제 추론 정답 ②

본문 p.42

[1]When I was a kid, / I was always left out / when my friends chose their baseball team players. [2]In those days / there were no baseball gloves / for the left-handers like me. [3]I was normal in other times / but I was considered disabled / every time they played the game. [4]Fortunately my son, / who is also a left-hander, / was born / after the gloves [for the left-handers] / were invented. [5]So / he doesn't have to feel / what I felt / when he wants to play baseball. 〈주제문〉 [6]There are other various inventions [which can reduce the condition of disability]. **(For example)** [7]Thanks to eyeglasses, / I can avoid feeling powerless / in this world. [8]Wheelchairs can improve the mobility of the people [who cannot walk].

필수 어휘 Note **leave out** ~을 제외하다 | **disabled** [diséibəld] 장애를 가진, 불구인 **cf. disability** [dìsəbíləti] (신체의) 장애, 불구 | **invention** [invénʃən] 발명품 **cf. invent** [invént] 발명하다 | **thanks to A** A덕분에 | **mobility** [moubíləti] 이동성

해석 **1** 어린 시절, 친구들이 야구팀의 선수를 고를 때 나는 항상 제외당했다. **2** 그 시절에는 나와 같은 왼손잡이들을 위한 야구 글러브가 없었다. **3** 나는 다른 때는 정상이었지만 친구들이 시합을 할 때만 되면 장애가 있는 사람으로 취급당했다. **4** 역시 왼손잡이인 내 아들은 다행히 왼손잡이를 위한 글러브가 발명된 후에 태어났다. **5** 그래서 내 아들은 야구를 하고 싶을 때 내가 느꼈던 감정을 느낄 필요가 없다. **6** 장애의 상태를 줄일 수 있는 다양한 다른 발명품들이 있다. **7** 안경 덕분에 나는 살아가면서 무력감을 피할 수 있다. **8** 휠체어는 걷지 못하는 사람들의 이동성을 향상시킬 수 있다.

내가 적용한 리딩스킬 체크하기 ☑

지문을 읽으며 내가 적용한 리딩스킬을 체크해봅시다.

☐ 주제를 묻는 문제이므로 주제문을 찾아야겠다고 생각했다.

⬇

☐ 1~5번 문장은 왼손잡이를 위한 글러브가 발명되면서 나의 아들은 나와는 달리 장애가 있는 사람으로 취급당할 필요가 없다는 내용. 뒤에 이어지는 6번 문장을 읽고 이를 뒷받침하고자 하는 예시임을 파악했다. 따라서 6번 문장을 주제문으로 보고 이와 가장 유사한 답인 ②번을 주제문으로 골랐다.

▶ 정답 ② 도출

⬇

☐ 이후의 내용을 읽으며 ②번이 정답임을 확신했다.

▶ 정답 ② 확신

뒤이어 안경과 휠체어의 예를 들어 장애 상태를 줄여주는 발명품이 많이 있다는 주제를 뒷받침하고 있다. 따라서 For example 등의 연결어가 생략되었다고 볼 수 있다.

핵심스킬 적용! 이와 같이 구체적인 예시를 들어 설명할 때에는 연결어가 생략되기도 한다.

선택지 다시 보기

① inventions ignored in the past (과거에는 무시되었던 발명품들)
② inventions for handicapped people (장애인을 위한 발명품들) ▶ 정답.
③ efforts to narrow a generation gap (세대차를 좁히기 위한 노력)
④ common habits among family members (가족들 사이의 공통된 습관)
⑤ technological development through ages (세대를 관통하는 기술의 발전)

08

필자의 주장 정답 ②

본문 p.42

[1]There is a report [showing / that in our country, / each individual donates / about one tenth of the money [donated in advanced countries]]. [2]This is because / many people have no idea [about giving even a small amount of money to charity]. [3]In advanced countries, / children are taught to raise money / for the needy / by selling sandwiches, cookies or lemonade / at street stands. [4]But our children have grown up / without being educated / about the need [to give]. **(Therefore)** 〈주제문〉 [5]We need to take steps / to spread the message [of giving throughout our society], / and educating people at an early age / should be the first step / in doing this. [6]Mothers and fathers could take their children / to senior citizens [in need] / with presents. [7]If practices [like this] become a way of life, / we will be able to change our country gradually.

필수 어휘 Note **donate** [dóuneit] 기부하다 | **charity** [tʃǽrəti] 자선 단체 | **street stand** 노점, 매점 | **take steps to do** ~하기 위해 ...한 조치를 취하다 | **spread** [spred] ~을 퍼뜨리다 | **senior citizen** 노인, 고령자 | **practice** [prǽktis] 관행, 관례; 습관; 연습 | **gradually** [grǽdʒuəli] 점차적으로

해석 1 우리나라 사람들은 선진국 사람들이 기부하는 금액의 십분의 일 정도를 기부한다는 보고가 있다. 2 이것은 많은 사람들이 적은 금액이라도 자선 단체에 기부하는 것에 대한 개념이 없기 때문이다. 3 선진국에서는 아이들이 길거리 노점에서 샌드위치, 쿠키, 레모네이드를 팔아서 어려운 사람들을 위해 돈을 모금하도록 배운다. 4 그러나 우리 아이들은 기부의 필요성에 대해 배우지 못한 채 자란다. 5 우리는 사회 전반에 걸쳐 기부에 대한 메시지를 전파하기 위한 조치를 취할 필요가 있고, 어려서부터 교육을 시키는 것이 이러한 것을 하는 첫 번째 단계가 되어야 한다. 6 부모들은 자녀들과 도움이 필요한 노인들에게 선물을 가지고 갈 수 있다. 7 이러한 관행이 삶의 방식으로 된다면 우리는 우리나라를 점차 변화시킬 수 있을 것이다.

내가 적용한 리딩스킬 체크하기 ☑

지문을 읽으며 내가 적용한 리딩스킬을 체크해봅시다.

□ 필자의 주장을 묻는 문제이므로 주제문을 찾아야겠다고 생각했다.

↓

□ 1~4번 문장은 기부에 대한 우리나라와 선진국의 의식 차이를 설명하고 있다. 따라서 이와 가장 유사한 답으로 ②번을 예상했다.

▶ 정답 ② 예상

↓

□ 5번 문장은 필자의 견해가 가장 잘 드러난 문장(need to)으로 이 글의 주제문이라 할 수 있다. (▶ 개념편 Unit 08 참조) '사회 전반적으로 기부의 중요성을 알리기 위해 어릴 때부터 교육을 시킬 필요가 있다' 란 내용이므로 ②번을 정답으로 생각했다.

▶ 정답 ② 도출

핵심스킬 적용! 5번 문장은 1~4번 문장의 결론에 해당하므로 Therefore 등의 연결어가 생략되었다고 볼 수 있다. 이처럼 문장 간의 인과관계가 분명할 때에는 연결어가 생략될 수 있다.

↓

□ 나머지 부분을 읽으며, 정답을 확신했다.

▶ 정답 ② 확신

6번 문장은 기부를 하는 방법, 7번 문장은 기부를 함으로써 나타나는 결과에 대한 내용으로 주제문인 5번 문장을 적절히 뒷받침하고 있다.

선택지 다시 보기

① 자선 단체 활성화를 위해 정부의 지원을 늘려야 한다. ▶ charity, donate 등의 핵심어를 이용한 오답.

② 어릴 때부터 기부하는 태도를 길러주어야 한다. ▶ 정답.

③ 어린이 경제 교육 프로그램을 개발해야 한다.

④ 소외계층을 위한 재정 지원을 확대해야 한다. ▶ ①번 해설과 동일.

⑤ 노인 복지 시설을 선진국 수준으로 확충해야 한다. ▶ senior citizens에서 연상 가능한 오답.

09

연결어 넣기 정답 ③ 본문 p.43

[1]Sheets [of paper] exist / almost entirely / for the purpose [of carrying information], / so we tend to think of them / as neutral objects. [2]We rarely interpret marks [on paper] / as references to the paper itself. (A) [3]**However**, / when we see the text, characters, and images [on artifacts [that serve other purposes]], / we generally interpret these marks / as labels [that do refer to their carriers]. [4]Natural objects do not come with labels, / of course, / but these days, / most physical artifacts do. (B) [5]**That is**, / their designers have chosen to shift / part [of the burden [of communication]] / from the form and materials [of the artifact itself] / to lightweight surface symbols. [6]So, / for example, / a designer [of door handles] might not worry about / communicating their functions / through their shapes, / but might simply mark them 'push' and 'pull.'

필수 어휘 Note **entirely** [intáiərli] 완전히, 전적으로 | **neutral** [njú:trəl] 중립의 | **interpret** [intə́:rprit] ~을 해석하다, 번역하다 | **reference** [réfərəns] 언급, 참조 **cf. refer to A** A를 언급하다 | **label** [léibəl] 라벨, 딱지 | **shift** [ʃift] ~을 바꾸다, 옮기다 | **burden** [bə́:rdn] 부담 | **lightweight** [láitwèit] 가벼운; 하찮은

해석 1 낱장의 종이는 거의 전적으로 정보를 전달하는 목적으로 존재하기 때문에, 우리는 그 종이를 중립적인 대상으로 생각하는 경향이 있다. 2 우리는 종이 위의 표시를, 종이 자체에 대해 언급하는 것으로서 좀처럼 해석하지 않는다. 3 하지만, 우리가 다른 목적으로 쓰이는 인공물에서 문구, 문자, 이미지를 볼 때에는, 일반적으로 이런 표시들을 그 표시의 운반체를 언급하는 라벨로 해석한다. 4 물론 자연 물질들에 라벨이 붙지는 않지만 오늘날 대다수의 인공물질들에는 라벨이 붙는다. 5 다시 말하자면, 이 인공물의 디자이너는 의사소통(인공물질을 알리는 것)에 대한 어느 정도의 부담을, 인공물 그 자체의 형태와 재료에서부터 가벼운 표면 상징물들로 옮기는 것을 선택한 것이다. 6 그러므로 예를 들어 문 손잡이 디자이너는 문 손잡이의 형태를 통해 그 기능을 알리는 것에 대해 고민하지 않고 단순히 문 손잡이에 '미세요'와 '당기세요'와 같은 표시를 할 수도 있다.

필수 구문 분석

5 ~, their designers have chosen to shift / part [of the burden [of communication]] / **from** the form and materials [of the artifact itself] / **to** lightweight surface symbols.

▶ 〈from A to B〉는 'A에서 B로'란 뜻. 문장의 목적어 part of the burden of communication을 A에서 B로 바꾼다는 의미.

내가 적용한 리딩스킬 체크하기 ☑

지문을 읽으며 내가 적용한 리딩스킬을 체크해봅시다.

□ 빈칸 (A)의 앞뒤 부분을 읽은 후, 종이 위 표시를 해석할 때와, 그 밖의 인공물들에 있는 표시를 해석할 때의 차이를 언급하고 있는 것을 파악했다. 따라서 빈칸 (A)에는 '대조, 역접'의 연결사 However가 적절.

▶ 정답 ①, ③ 예상

종이(sheets of paper)와 인공물(artifacts)을 비교하는 지문으로 종이 위의 표시(marks on paper)는 종이 자체를 언급하지 않지만, 인공물의 문구, 문자, 이미지(text, characters, and images on artifacts)는 인공물을 언급하는 매개에 해당한다. 이러한 관계를 잘못 이해하면, 종이에 관한 설명을 한 후, 인공물에 관해 부연 설명하는 관계로 보고 Besides를 정답으로 잘못 생각할 수 있다.

↓

□ 빈칸 (B)의 앞에서 대부분의 인공물질에 라벨이 붙는다고 했고, 뒤에는 디자이너들이 의사소통의 부담을 피하기 위해 인공물질에 라벨을 붙인다고 했다. 빈칸 뒤의 내용은 앞 내용을 부연 설명하고 있으므로 That is가 적절하다.

▶ 정답 ③ 도출

10

정답 ③ 본문 p.44

해석 주택 건축에 쓰이는 자재들은 낮 동안의 열에 약간 팽창했다가 어두워지면 식어서 다시 줄어드는 경향이 있다. 이렇게 계속되는 변화 주기는 펑하는 소리, 삐걱거리는 소리, 그리고 그 밖의 여러 다른 소리가 연이어 나는 것처럼 들린다. 사람들이 해가 진 다음에야 이 소리를 알아차리는 이유는 일상생활의 소음이 대체로 그 소리를 가리기 때문이다. 그리고 또, 사람들이 밤에 들리는 이상한 소리에 약간 더 귀를 기울이기 때문일 것이다. 그러나 주택에서 하루 종일 이런 소리가 나는 것은 의심할 여지가 없다.

필수 어휘 Note **material** [mətíəriəl] 재료; 수업자료 | **expand** [ikspǽnd] 팽창하다, 넓어지다 | **shrink** [ʃriŋk] 줄어들다, 오그라들다 | **continual** [kəntínjuəl] 계속적인, 잇따른 | **cycle** [sáikl] 주기, 순환 | **a series of** 일련의 | **pop** [pɑp] 펑하는 소리; 펑하고 소리 나다[터지다] | **squeak** [skwiːk] 삐걱거리는 소리; 삐걱거리다 | **nightfall** [náitfɔ̀ːl] 해 질 녘, 땅거미 | **no doubt** 의심할 바 없이, 필시

정답근거

① during the day's heat
▶ 뒤에 명사구가 이어지므로 during이 적절.

② other sounds
▶ 뒤에 복수명사가 이어지므로 other는 적절.

③ The reason [people only notice them after nightfall] are → is that ~
▶ The reason 뒤에 관계부사 why가 생략된 형태. The reason에 수일치해야 하므로 단수동사 is를 써야 한다. 그 뒤의 that절은 be동사의 보어 역할을 하는 명사절.

④ a little harder
▶ a little은 '약간' 이란 뜻의 부사로 비교급을 수식할 수 있다. 문맥상 사람들은 밤에 들리는 이상한 소리에 '약간' 더 귀를 기울인다는 문맥이므로 적절.

⑤ There is no doubt, however, that houses create ~
▶ 중간에 however가 삽입된 구조로 〈There is no doubt that+S+V〉는 '~하는 것은 의심할 여지가 없다' 란 뜻.

11

정답 ⑤ 본문 p.44

해석 국내 무역이든 국제 무역이든 간에 무역은 상호 이익이 되어야 한다. 즉, 무역은 한쪽 사업체가 다른 어느 편보다 더 많은 이익을 얻도록 이뤄지는 협정이 아니다. 대신에 거래에 관련된 모든 사람들에게 이익을 주는 조건의 계약이다. 기업체는 무역의 기반으로서 다른 사람들이 좋아할 만한 제품 생산을 전문으로 한다. 기업이 전문화하려는 상품 종류는 다양하기 때문에, 이것은 기업이 효과적인 거래 협정을 모색하고 체결하고자 하는 동기가 된다.

필수 어휘 Note **domestic** [dəméstik] 국내의 | **mutually** [mjúːtʃuəli] 상호의, 서로간의 | **beneficial** [bènəfíʃəl] 유익한, 도움이 되는 **cf. benefit** [bénəfit] 이익, 이득 | **arrangement** [əréindʒmənt] 협정, 협약, 배열, 배치 | **contract** [kɑ́ntrækt] 계약 | **term** [təːrm] 《복수형》 (지불 요금 등의) 조건, 조항 | **involved** [invɑ́lvd] 관련된, 연관된 | **transaction** [trænsǽkʃən] 거래, 매매 | **enterprise** [éntərpràiz] 기업체, 회사 | **specialize in** ~을 전문적으로 하다, ~을 특화하다 | **appeal to A** A의 마음에 들다 | **merchandise** [mə́ːrtʃəndàiz] 상품 | **vary** [vέəri] 여러 가지이다, 변화하다

필수 구문 분석

That is to say, / it is not an arrangement [set up] / **so that** one business will gain more / than any other.

▶ 〈so that A will ~〉은 'A가 ~하도록' 이란 뜻. set up은 an arrangement를 후치수식하고 있는 과거분사구.

정답근거

(A) Whether it is domestic or international
▶ 문맥상 '국내 무역이든 국제 무역이든 간에' 란 뜻의 부사절로 쓰였으므로 Whether가 적절. 〈whether A or B〉는 'A든 B든 간에' 란 뜻.

(B) a contract whose terms
▶ 뒤에 완전한 절이 이어지고 있으며, 문맥상 '계약 조건' 이란 뜻으로 a contract와 terms는 소유의 관계가 성립한다. 따라서 소유격 관계대명사인 whose가 적절.

(C) to seek out and (to) establish ~
▶ 문맥상 to seek out에 and로 연결되는 구조. 따라서 establish가 적절. 문장의 동사 becomes에 연결된다고 생각하지 않도록 주의한다.

12

정답 ② 본문 p.45

해석 탄광산업의 초창기에 광부들은 카나리아가 들어 있는 새장을 가지고 광산 지역으로 내려가곤 했다. 이 카나리아가 의식을 잃거나 죽으면 그것이 광부들에게 산소 수치가 낮거나 유해한 가스가 존재한다는 것을 경고해주었던 것이다. 이와 같이, 오늘날에도 동물은 우리에게 경계 신호를 준다. 살충제 사용으로 인한 결과로 어떤 종의 새들은 그 알껍데기가 매우 약해져 안에 들어 있는 새끼 새가 부화하기도 전에 죽어버린다. 호수에 살고 있는 물고기 떼들이 산성비와 수은 중독, 그 밖의 오염 물질로 인해 죽어가고 있다. 이러한 환경 파괴는 불가피하게 인간을 포함한 모든 생물 종에게 영향을 미칠 것이다.

필수 어휘 Note **mining** [máiniŋ] 채광, 광업 **cf. mine** [main] 광산, **miner** [máinər] 광부 | **descend** [disénd] 내려가다 | **consciousness** [kɑ́nʃəsnis] 의식, 자각 | **alert A to B** A에게 B에 대해 경고하다, 경계시키다 | **pesticide** [péstisàid] 살충제 | **hatch** [hætʃ] (알이) 부화하다, 알이 깨다 | **stock** [stɑk] (집합적) 가축 | **acid rain** 산성비 | **mercury** [mə́:rkjəri] (화학) 수은 | **contaminant** [kəntǽminənt] 오염 물질

필수 구문 분석

~, workers **would** descend into a mine area / *carrying* a cage with a canary inside.

▶ would는 '~하곤 했다'로 과거의 불규칙한 습관을 나타낸다. carrying 이하는 동시동작을 나타내는 분사구문이다.

정답근거

(A) presence 존재, 출석 / pressure 압력
▶ 카나리아가 의식을 잃거나 죽으면, 산소 수치가 낮거나 유해한 가스가 존재한다는 것을 경고해준다는 문맥이므로 '존재'란 뜻의 presence가 적절.

(B) frank 솔직한 / fragile 연약한, 깨지기 쉬운
▶ 살충제 사용으로 알 껍데기가 매우 '약해진다'는 문맥으로 fragile이 적절.

(C) impact ~에 영향을 미치다 / improve ~을 향상시키다
▶ 환경이 파괴되고 있다는 것을 동물들이 죽음을 통해 경고하고 있다는 내용이다. 따라서 환경 파괴가 인간을 포함한 모든 생물 종에게도 '영향을 미칠 것이다'란 문맥이 적절하다.

지문 속 필수어법 4

본문 p.46

1 **proves**
〈Each of+복수명사〉는 Each에 수일치하므로 단수 취급.

2 **are**
문장의 주어는 Such time-consuming but unskilled jobs, 동사는 are made. 전치사구 as picking up litter in a park가 주어와 동사 사이에 삽입된 형태.

3 **figure it out**
〈타동사+부사+목적어〉의 구조일 때 목적어가 대명사이면 〈타동사+대명사+부사〉의 어순이어야 한다.

4 **consist of, taken place**
consist of는 '~로 구성되다', take place는 '일어나다, 발생하다'란 뜻. 두 동사 모두 대표적인 자동사에 해당하므로 수동태로 쓸 수 없다.

5
• It is equally true that too many qualified people working on a job requiring complicated skills might ruin it because of competing viewpoints.
• It is equally true that too many qualified people working on a job requiring complicated skills might ruin it because of competing viewpoints.
첫 번째 It은 that절을 대신하는 가주어. 두 번째 it은 a job requiring complicated skills를 대신한다.

6 **The more varied, the better**
〈the+비교급 ~, the+비교급 ...〉은 '~하면 할수록 더 …하다'란 뜻.

김기훈의 톡톡 여행기!

내가 여행을 떠나는 이유!

헤르만 헤세(Hermann Hesse)는 『데미안』에서 이렇게 말했다. '새는 알에서 나오려고 싸운다. 알은 곧 세계이다. 태어나려는 자는 한 세계를 파괴하지 않으면 안 된다.' 심오한 문학구절을 들지 않더라도 누구나 새로운 것에 도전하고 새로운 세계를 발견함으로써 한 단계 성숙하는 자아가 될 수 있다. 삶은 무엇보다 내 자신과의 끊임없는 싸움이다. 그 자리에 안주하지 말고 더 나은 식견과 견문을 위해, 삶의 지평을 넓히기 위해 여행을 떠나보자.

Unit Test **핵심스킬 집중훈련**

1-2 장문의 이해 정답 1 ④ 2 ②

본문 p.48

1 If our planet were to be visited / by beings from another world, / they might look around / and come to the conclusion [that the human race / was comprised of (a) shiny metallic "beetles" [traveling here and there]]. 2 This wouldn't be entirely inaccurate, / since motor vehicles have become / so much more than just a way [to get around]: / they are determining the entire structure of our cities. (b) 3 The single largest consumer of urban space / is its extensive roadways and parking areas. 4 Much more public land would be available / if less space was reserved for vehicles. 5 Not only do they occupy space, / they also create noise, / and that noise causes stress. 6 They are also (c) one of the biggest sources of air pollution.

7 Nations depend on multiple and varied sources of energy / not just to compete effectively in world commerce, / but also for their very survival. 8 With the world now a place [where energy sources / are becoming ever more scarce and costly], / (d) this heavy feeder / still consumes vast quantities of fuel [that could instead help power industry / and heat our homes]. 9 Our indulgence of the desire for private transportation / has created a monster in our midst. 10 It is (e) a creature of questionable merit / but one [that we feel compelled to acquire, / regardless of its tendency [to make life less safe and enjoyable]].

필수 어휘 Note **come to the conclusion that** ~이라고 결론짓다, 판단하다 | **race** [reis] 인종, 종족 | **be comprised of** ~으로 구성되어 있다 | **metallic** [mətǽlik] 금속의 | **beetle** [bíːtl] 딱정벌레 | **inaccurate** [inǽkjərit] 부정확한 | **get around** 돌아다니다 | **urban** [ə́ːrbən] 도시의, 도회지의 | **extensive** [iksténsiv] 광대한, 넓은 | **reserved** [rizə́ːrvd] 지정된, 남겨 둔, 예약한 | **occupy** [ákjəpài] ~을 점령하다, 차지하다 | **source** [sɔːrs] 원천, 근원, 원인 | **multiple** [mʌ́ltipəl] 다수의, 복수의 | **varied** [vɛ́ərid] 다양한, 가지가지의 | **commerce** [kámə:rs] 상업, 통상, 교역 | **scarce** [skɛərs] 드문, 희박한 | **costly** [kɔ́ːstli] 값비싼, 비용이 드는 | **vast** [væst] 광대한, 거대한 | **indulgence** [indʌ́ldʒəns] 탐닉, 빠짐 | **midst** [midst] 한가운데, 중앙 | **questionable** [kwéstʃənəbəl] 의심의 여지가 있는, 미심쩍은 | **merit** [mérit] 장점, 이점 | **feel compelled to do** 어쩔 수 없이 ~해야 한다고 여기다 | **tendency to do** ~하는 경향, 추세

해석 1 혹시라도 어떤 존재가 다른 세계로부터 우리 행성에 찾아온다면, 그들은 주위를 살펴보고는 인간 종족은 여기저기를 돌아다니는 반짝이는 금속의 '딱정벌레들'로 되어 있다고 결론 내릴 것이다. 2 이는 완전히 틀린 말이 아닌데, 자동차는 이제 단순한 이동 수단 그 이상이 되었기 때문이다. 자동차는 우리 도시 구조 전체를 결정짓고 있다. 3 도시 공간을 단독으로 가장 많이 차지하는 것은 넓게 뻗은 도로와 주차 공간이다. 4 차량을 위해 확보된 공간이 줄어

내가 적용한 리딩스킬 체크하기 ☑
지문을 읽으며 내가 적용한 리딩스킬을 체크해봅시다.

1

☐ 핵심스킬 적용! 장문형 지문이므로 우선 전체적인 맥락을 파악하는 데 필요한 부분부터 읽어야겠다고 생각했다.

↓

☐ 첫 번째 단락의 뒷부분인 4~6번 문장을 읽고 차량이 공간을 차지하고 소음을 발생하며 대기를 오염시킨다는 내용을 파악했다. 단락의 앞부분은 도입부.

▶ 선택지 ①, ②, ③ 제외

앞부분이 비유적인 표현으로 시작되고 있으므로 핵심이 되는 내용은 뒤쪽에 나올 것을 예상할 수 있다.

↓

☐ 두 번째 단락의 일부를 읽고 선택지 ④번을 정답으로 골랐다. 에너지 부족 시대에 차량이 과도한 연료를 소비하고 있다고 했으므로 앞에서 파악한 내용과 이를 함께 포괄할 수 있는 제목은 ④번.

▶ 정답 ④ 도출

7번 문장에는 에너지에 대한 내용만 나오므로 글에서 다루고 있는 소재인 차량에 대한 언급이 나오는 8번 문장까지 읽고 그 내용을 파악한다.
첫째 단락: 차량 소유가 가져오는 문제점 ① – 공간 부족, 소음 발생, 대기 오염 발생
둘째 단락: 차량 소유가 가져오는 문제점 ② – 에너지 고갈

2

☐ 주변 문맥을 살펴 밑줄 친 것이 지칭하는 대상을 찾으려고 했다.

(a): 2번 문장을 읽고 (a)가 자동차(motor vehicles)를 가리킨다는 것을 알았다.
(b): 도시 공간을 가장 많이 사용하는 것은 '도로와 주차공간(its extensive roadways and parking areas)'이다.
(c): 6번 문장의 주어 They는 vehicles를 가리키므로 (c)는 '자동차'를 뜻한다.
(d): this heavy feeder가 막대한 연료를 써버리지 않는다면 대신 산업과 난방에 쓸 수 있을 것이라는 문맥이므로 (d) 역시 '자동차'를 가리킨다.
(e): 자동차가 끼치는 부정적인 영향에 관한 글이므로 '미심쩍은 장점을 주는 피조물'이란 곧 '자동차'를 뜻한다.

들면 훨씬 더 많은 공유지 면적을 사용할 수 있을 것이다. **5** 자동차는 공간을 차지할 뿐만 아니라 소음도 발생시키고 그 소음은 스트레스를 유발한다. **6** 또한, 자동차는 대기 오염의 주된 원인 중 하나이기도 하다.

7 국가들은 국제 통상에서 효과적으로 경쟁하기 위해서뿐만 아니라 다름 아닌 국가의 생존을 위해서도 여러 가지 다양한 에너지 자원에 의존하고 있다. **8** 이제 세계는 에너지 자원이 점점 고갈되고 그 비용이 비싸지고 있는데, 이 많이 먹어치우는 물건은 그렇지 않았으면 산업을 가동시키고 우리 가정에 난방을 공급해주었을 엄청난 양의 연료를 여전히 계속 소모한다. **9** 개인 운송수단을 갖고 싶어 하는 우리 욕망에의 탐닉은 우리 가운데 괴물을 하나 탄생시켰다. **10** 그것은 미심쩍은 장점을 지닌 피조물이지만 삶을 덜 안전하고 덜 즐겁게 하는 경향에도 불구하고 왠지 가져야 한다고 강요받는 것처럼 느껴지는 것이다.

필수 구문 분석

8 **With** the world now *a place* [**where** energy sources / are becoming ever more scarce and costly], ~.

▶ 〈With+A(the world)+B(a place)〉의 구조로 'A가 B인 상태에서, A가 B인 채로'란 뜻이다. a place는 장소의 관계부사 where가 이끄는 절의 수식을 받고 있다.

따라서 '자동차'를 지칭하는 (a), (c), (d), (e)와 달리 '도로와 주차공간'을 가리키는 (b)가 정답.

▶ 정답 ② 도출

선택지 다시 보기

1 ① Road System Expansion in Urban Areas (도시 지역의 도로 시스템 확장)
② How To Improve Fuel Efficiency in Vehicles (차량의 연료 효율 개선 방법)
③ Future Types of Transportation Networks (미래형 수송 네트워크)
④ The Societal Consequences of Owning Cars (차를 소유하는 것의 사회적 결과) ▶ 정답. 차량 소유에 따른 여러 가지 문제점을 나열하고 있으므로 이와 같은 제목이 적절하다.
⑤ The Hidden Environmental Costs of Driving (운전의 숨겨진 환경적 비용) ▶ 차량이 대기 오염의 주원인이라는 말이 나오긴 하지만 그 외에 공간 부족과 에너지 부족에 대해서도 언급하고 있으므로 글 전체의 내용을 포괄하지 못한다.

3-4 장문의 이해 정답 3 ⑤ 4 ③

본문 p.50

1 Professionals [in the field of child development] put a great deal of (A) **emphasis** / on the importance [of families having meals together]. 2 The experts cite numerous studies [indicating / that children are then less likely to get into trouble for antisocial behavior / and are more motivated to do well academically]. 3 Researchers state / that meals are not just about putting food in our mouths: / they are about teaching good manners and a society's values and culture.

4 The act [of sharing meals with family], / **however**, / does not guarantee / that it is being done (B) **correctly**. 5 Being together at the same table / does not mean that meaningful conversation happens: / children tend to get restless / and their attention wanders; / mothers and fathers can be distracted / by the demands of their work days. 6 Family members may as well go off and eat by themselves / if there is a lack of communication.

7 It is encouraging / that further study of family meal patterns / indicates that the experience improves with (C) **practice**. 〈주제문〉 8 **Conversely**, / the fewer meals a family shares each week, / the more unpleasant the experience can become. 9 Nearly half of families [studied] [that ate together / less than four times a week] / reported that a television was on during meals, / and a third of the families / spoke little while eating. 10 Children in these groups, / far more than those [in families eating together frequently], / spoke of meal times as being quite tense / and were less likely to believe / that their parents had feelings of pride toward them.

필수 어휘 Note **put emphasis on** ~을 강조하다, 중시하다 | **cite** [sait] ~을 인용하다 | **indicate** [índikèit] ~을 나타내다, 표시하다 | **antisocial** [æ̀ntisóuʃəl] 반사회적인 | **motivated** [móutəvèitid] 의욕에 찬, 동기가 부여된 | **guarantee** [gæ̀rəntíː] ~을 보장하다 | **restless** [réstlis] 불안한, 침착하지 못한 | **wander** [wɑ́ndər] 헤매다, 이리저리 다니다 | **distracted** [distrǽktid] (주의 등이) 빗나간, 마음이 산란한 | **lack of** ~의 결핍[부족] | **conversely** [kənvə́ːrsli] 거꾸로, 역으로 | **tense** [tens] 긴장한, 긴박한

해석 1 아동 발달 분야의 전문가들은 가족이 함께 식사하는 것의 중요성을 대단히 강조한다. 2 전문가들은 그렇게 하면 아이들이 반사회적 행동을 하는 문제에 빠질 가능성이 더 적고 학교 공부를 잘하고 싶은 의욕이 더 생긴다는 것을 나타내는 수많은 연구를 인용한다. 3 연구원들은 식사란 우리 입에 그저 음식을 집어넣는 것만이 아니라 바른 예절과 사회의 가치관 및 문화를 가르치는 것이라고 말한다.
4 그러나 가족과 함께 식사를 한다고 해서 꼭 올바르게 식사를 하고 있다는 뜻은 아니다. 5 같은 식탁에 함께 앉아 있다고 해서 의미 있는 대화를 나누는 것을 뜻하지는 않는데, 아이들은 안절부절 못해 주의가 산만하고 부모들은 해야 할 일 때문에 주의가 흩어질 수 있다. 6 대화가 부족하다면 가족 구성원들이 따로따로 흩어져 각자 식사 하는 것과 다를 바가 없다.
7 가족의 식사 형태에 대한 진척된 연구 결과가 그러한 경험이 연습을 통해 나아질 수 있음을

내가 적용한 리딩스킬 체크하기 ☑
지문을 읽으며 내가 적용한 리딩스킬을 체크해봅시다.

3

☐ 핵심스킬 적용! 장문형의 요지를 찾는 문제이므로 처음부터 모든 내용을 꼼꼼히 읽기보다는 우선 각 단락의 앞부분을 읽어 대강의 내용을 파악하려고 했다.

↓

☐ 첫 번째 단락의 앞부분을 읽고 가족식사의 중요성에 대한 글임을 파악했다.

↓

☐ however가 포함된 두 번째 단락의 앞부분을 읽고 함께 앉아서 식사하는 것 외에 또 다른 무언가가 필요하다는 내용을 예상했다.

↓

☐ 앞에서 지적한 문제점의 해결방안이 나올 것이며 이것이 곧 요지임을 예상했다. 빈칸 (C) 뒤에 Conversely(반대로 말하면)란 말이 나오므로 8번 문장은 7번 문장을 바꿔 말한 것. 함께 식사하는 횟수가 적을수록 별로 달갑지 않은 경험이 된다는 내용이므로 자주 같이 식사하는 게 중요하단 뜻. 따라서 이 글의 요지는 ⑤번.

▶ 정답 ⑤ 도출

첫째 단락(주제 소개): 가족식사의 중요성
둘째 단락(문제 제기): 의미있는 대화가 이뤄지지 않는 가족식사는 불충분
셋째 단락(해결책 제시): 가족식사의 빈도를 높여 원활한 대화가 이뤄지도록 연습이 중요

4

☐ 빈칸 (A) 뒤의 2번 문장을 보면 가족식사로 인한 긍정적인 예시(less likely to get into trouble for antisocial behavior and are more motivated)가 나오고 있으므로 빈칸에 burden(짐, 부담)은 적절치 않다.

▶ 선택지 ④, ⑤ 제외

↓

☐ 빈칸 (B) 뒤에 같은 식탁에 앉아있다고 해서 꼭 의미 있는 대화를 나누는 것은 아니란 내용이 나오므로, 앞에서 제외되고 남은 선택지 중 ③ correctly가 적절. efficiently는 '(시간, 돈, 에너지 등을 낭비하지 않고) 효율적으로'라는 뜻.

▶ 정답 ③ 도출

↓

☐ 가족식사는 그 빈도가 잦을수록 좋은 경험이 된다는 내용이므로 improve with practice(연습을 통해 개선된다)라는 문맥이 되어야 맞다. 따라서 앞에서 도출한 ③번이 정답으로 확실.

▶ 정답 ③ 확신

보여주는 것은 고무적이다. **8** 거꾸로 말해, 가족이 매주 함께 식사하는 일이 드물수록 그 경험은 점점 더 싫어지는 것이다. **9** 연구 대상 가족 중 함께 식사하는 횟수가 매주 4회 미만인 가족의 약 절반이 식사 때 텔레비전을 틀어 놓는다고 했으며, 그 가족들 중 3분의 1이 식사 도중 얘기를 나누는 일이 거의 없다고 했다. **10** 가족과 함께 자주 식사하는 아이들보다 훨씬 많은 수인 이 그룹에 속하는 아이들은 식사 시간을 상당히 긴장된 시간으로 얘기했으며, 부모가 자기를 자랑스럽게 생각한다는 것을 덜 믿는 경향이 있었다.

필수 구문 분석

1 ~ put a great deal of emphasis / on the importance of *families* **having** meals together.

▶ having은 전치사 of의 목적어로 쓰인 동명사로, 이때 바로 앞의 families는 동명사 having의 의미상 주어이다.

6 Family members **may as well** go off and eat by themselves ~.

▶ may as well은 '~하는 것과 마찬가지이다, 차라리 ~하는 편이 낫다'란 뜻이다.

9 Nearly half of *families* [**studied**] [**that** ate together / less than four times a week] reported ~.

▶ 수동 관계를 나타내는 과거분사 studied와 that이 이끄는 주격 관계사절 모두 families를 수식하고 있는 구조이다.

선택지 다시 보기

3 ① 균형 잡힌 식생활을 위해 외식 횟수를 줄여야 한다. ▶ 가족식사에서 떠올릴 수 있는 내용이지만, 가정식과 외식을 비교하는 내용은 전혀 언급되지 않았다.
② 아이들은 부모로부터 사회적 관습과 가치를 습득한다. ▶ 첫 번째 단락에서 가족식사는 사회의 가치와 문화를 가르친다는 말이 나오긴 하지만 이 글의 요지는 아니다.
③ 어릴 때의 식습관은 성인이 되어서도 영향을 미친다. ▶ 어릴 때의 식습관과 성인이 되어서의 식습관을 비교하는 내용은 없었다.
④ 음식은 신체발달 외에 정서적 안정과도 관련이 있다.
⑤ 가족이 함께 자주 식사할수록 원활한 대화가 이루어진다. ▶ 정답.

5-7 장문의 이해 정답 5 ⑤ 6 ② 7 ⑤

본문 p.52

(C) 1 The gym teacher walked into the room, / and recognized / that I had been fighting with Matt. 2 He sent us out to the running track. 3 He followed us with a smile on his face / and said, / "I want both of you to run the track / holding each other's hands." 4 The class captain erupted into a roar of laughter, / and we were embarrassed / beyond belief. 5 Hesitantly, / (e) my enemy and I started running. 6 What had earlier been fists / were now linked in a strange handshake.

(B) 7 At some point / during the course of the obligatory mini-marathon [that both of us felt anger about], / I remember looking over at (c) the large person / beside me. 8 His nose was still bleeding a bit. 9 Tears filled his eyes. 10 His giant body slowed him down. 11 Suddenly it struck me / that here was a person, / not all that different from myself. 12 I guess / (d) my unwilling partner thought the same thing / because we both looked at each other / and began to laugh. 13 In time, / we became good friends.

(A) 14 I no longer saw (a) the big figure / in the same light. 15 Instead of the dull boy [who I had hated for a long time], / here was someone like me, / the human being [who had internal value / and worth far beyond any externals]. 16 It was amazing / what I had learned / from being forced to run hand-in-hand with someone. 17 For the rest of my life / I have never raised a hand / against (b) another person.

필수 어휘 Note **recognize** [rékəgnàiz] ~을 알아보다, 인식하다 | **erupt into** (소음 등이) 폭발하다, 분출하다 | **roar of laughter** 큰 웃음소리 | **beyond belief** 믿기 어려울 만큼, 터무니없을 정도로 | **hesitantly** [hézətəntli] 주저하면서 | **fist** [fist] 주먹 | **obligatory** [əblígətɔ̀ːri] 의무적인 | **strike** [straik] ~에게 생각이 떠오르다 | **all that** 그다지, 그렇게까지 | **unwilling** [ʌnwíliŋ] 마지못해 하는 | **figure** [fígjər] 인물 | **light** [lait] 방식, 양상 | **internal** [intə́ːrnl] 내면의; 내면 (↔ **external** [ikstə́ːrnəl] 외면의; 외면)

해석 (C) 1 체육 선생님이 교실로 걸어 들어오셔서 내가 매트와 싸우고 있는 것을 보셨다. 2 선생님은 우리를 육상 트랙으로 내 보내셨다. 3 선생님은 미소를 지으신 채 우리를 따라오시면서 말씀하셨다. "나는 너희 둘이 서로의 손을 잡고 트랙을 달리기를 원한다." 4 반장은 갑자기 큰 웃음을 터트렸고, 우리는 믿을 수 없을 만큼 당황스러웠다. 5 주저하면서, 나의 적과 나는 뛰기 시작했다. 6 바로 조금 전에는 주먹이었던 것이 이제 어색한 악수로 연결되어 있었다. (B) 7 우리 둘 다 분노를 느끼며 강제로 뛰고 있던 미니 마라톤 코스의 어떤 지점에서, 나는 내 옆에 있던 그 큰 녀석을 쳐다보았던 것이 기억난다. 8 그의 코에서는 여전히 피가 약간 흐르고 있었다. 9 눈에는 눈물이 가득 차 있었다. 10 그의 거대한 몸 때문에 그는 속도가 느려졌다. 11 갑자기 여기에 나와 그다지 다르지 않은 한 사람이 있다는 생각이 들었다. 12 마지못해 뛰고 있던 내 파트너도 같은 생각을 하고 있었다고 짐작되는데 왜냐하면 우리 둘 다 서로를 쳐다보

내가 적용한 리딩스킬 체크하기 ☑
지문을 읽으며 내가 적용한 리딩스킬을 체크해봅시다.

5

☐ (A)는 그 이후로 친구를 다른 각도로 다시 보게 되었고 평생 동안 지속된 깨달음을 얻게 되었다는 내용으로 이 이야기의 결론에 해당하므로 마지막에 온다고 파악했다.

▶ 선택지 ①, ②, ④ 제외

It was amazing what I had learned ~를 통해 필자가 어떠한 교훈을 얻었음을 짐작할 수 있다.

↓

☐ 이야기 형식의 일화이므로 시간순으로 전개되리라 예상했다. (C)는 친구와 싸우다가 선생님에게 발각되어 강제로 손을 잡고 운동장을 뛰게 되었다는 내용. 화가 나서 운동장을 뛰다가 갑자기 나와 다르지 않은 같은 사람이라는 생각에 서로 쳐다보고 웃기 시작했다는 내용의 (B)가 이어지는 것이 자연스럽다고 생각했다.

▶ 정답 ⑤ 도출

(B)의 마지막에 나오는 In time, we became good friends.는 갈등이 해소되었음을 나타낸다.

6

☐ 주변 문맥을 살펴 밑줄 친 것이 지칭하는 대상을 찾으려고 했다.

(a): '그 덩치 큰 아이'를 더 이상 같은 시각으로 보지 않았다는 문맥으로 필자와 싸웠던 매트를 가리킨다.

(b): 그날 이후로 다른 사람과 싸우지 않았다는 내용으로 another person은 불특정한 대상을 나타낸다. ▶ 정답.

(c): (a)와 동일.

(d): '마지못해 뛰던 나의 파트너'는 나와 같은 생각을 하고 웃기 시작했다는 내용. 따라서 매트를 가리킨다.

(e): 필자는 같이 싸우던 매트를 '적'이라고 생각했고 선생님의 지시로 운동장을 같이 뛰게 되었다. 따라서 (e)는 매트를 가리킨다.

▶ 정답 ② 도출

7

☐ 5번 문제를 풀며, 글의 시사점이 마지막 단락인 (A)에 나타나 있던 것을 기억하고, 다시 한 번 읽어보았다. 다른 사람도 나처럼 어떤 외적인 것을 훨씬 넘어서는 내적인 가치(internal value and worth far beyond any externals)를

고 웃기 시작했기 때문이다. **13** 이내, 우리는 좋은 친구가 되었다.

(A) **14** 나는 이제 더 이상 그 덩치 큰 아이를 같은 시각으로 보지 않았다. **15** 내가 오랫동안 미워했던 멍청한 소년 대신에, 여기에 나와 같은 누군가가, 어떤 외적인 것을 훨씬 넘어서는 내적인 가치를 가지고 있는 인간이 여기에 있었다. **16** 내가 누군가와 강제로 손을 잡고 뛰게 됨으로써 배웠던 것은 놀라운 것이었다. **17** 남은 내 생애 동안 나는 절대로 다른 사람에게 손을 올리지 않았다.

필수 구문 분석

6 **What** had earlier been *fists* / **were** now linked in a strange handshake.

▶ What은 문맥상 fists를 받기 때문에 복수동사 were가 쓰였다. what은 명사절을 이끌지만, 문맥에 따라 단수 또는 복수 취급한다.

가지고 있으므로 이를 존중해 주어야 한다는 것이 이 글의 교훈임을 파악했다.

▶ 정답 ⑤ 도출

핵심스킬 적용! 수필이나 이야기 형식의 글은 마지막에 글의 주제나 교훈이 드러나는 경우가 많으므로 순서상 가장 마지막 단락을 꼼꼼하게 읽어 요지를 도출하도록 한다.

선택지 다시 보기

7 ① 화해하는 데에는 친구의 역할이 중요하다.
② 규칙적인 운동은 정신 건강에 이롭다.
③ 강제성을 띤 행동 교정은 오히려 역효과를 낳는다.
④ 협동심을 기르는 것이 문제해결의 열쇠이다. ▶ 손을 잡고 운동장을 뛰다가 화해를 했다는 내용에서 연상 가능한 오답.
⑤ 상대방의 내적 가치를 존중하는 자세가 필요하다. ▶ 정답.

08

정답 ④ 본문 p.54

해석 망원경은 프로 천문학자에게 꼭 필요한 물건이지만, 새로운 취미를 막 발굴해 낸 사람에게는 더 나은 게 있을 수 있다. 쌍안경은 시야가 아주 넓고 그것을 통해 사물을 보면 영상이 똑바로 보이는데, 이는 하늘에 떠 있는 물체들을 찾아내기가 더 쉽다는 것을 의미한다. 또한, 쌍안경은 설치하느라 시간이 들거나 전문 기술이 필요하지도 않다. 그냥 집어들고 밖으로 나가 보기 시작하면 되는 것이다. 그것이 바로 사용하고 싶을 때마다 복잡한 망원경을 조립하는 데 시간과 힘을 들일 여유가 없는 바쁜 사람들에게 쌍안경이 이상적인 이유이다. 쌍안경은 또한 훨씬 값이 싸서 지나친 투자를 하지 않고도 새 취미생활을 시도해 볼 수 있다.

필수 어휘 Note **telescope** [téləskòup] 망원경 | **professional** [prəféʃənəl] 전문의, 직업적인 | **astronomer** [əstrɑ́nəmər] 천문학자 | **binoculars** [bənɑ́kjələrz] 쌍안경 | **right side up** 똑바로, 바로 선 모양의 | **expertise** [èkspərtí:z] 전문 기술, 전문 지식 | **set up** ~을 설치하다 | **ideal** [aidí:əl] 이상적인 | **put together** ~을 조립하다, 합치다 | **investment** [invéstmənt] 투자

정답근거

① and the images [seen through them] are
▶ 두 절이 and로 연결된 구조. 뒤에 두 번째 절의 동사 are가 이어지고 있으므로 ①은 the images를 수식하는 분사 자리. the images와 see가 수동 관계이므로 seen이 적절.

② It also takes no time or expertise to set up binoculars.
▶ 〈It takes A to do〉의 구조로 '~하는 데 A가 들다, 필요하다'의 뜻. A의 자리에는 주로 시간이나 돈과 관련된 표현이 온다.

③ That makes binoculars ideal
▶ 〈make+목적어(binoculars)+목적격보어〉의 구조로 목적격보어 자리에는 형용사가 적절.

④ ~ *a complex telescope* every time they want to use them → it
▶ 여기서 it은 앞의 a complex telescope를 받으므로 단수형인 it이 적절. makes의 목적어인 binoculars를 대신한다고 생각하지 않도록 주의.

⑤ much less expensive
▶ much, far, a lot 등의 부사는 비교급을 수식할 수 있다.

09

정답 ① 본문 p.54

해석 우주 비행사 캐서린 코울먼은 어제까지 의료 훈련을 받거나 수술 경험이 있는 것이 아니었으나 바로 어제 그녀는 쓸개를 성공적으로 제거해 냈다. 그녀가 어떻게 한 걸까? (그것은) 바로 원격 의료였다. 이것은 인체와 매우 비슷한 마네킹을 대상으로 나사(NASA)가 실시한 모의 수술이었다. 그것은 복부에 작은 구멍을 뚫어 그 안에 카메라를 설치함으로써 이루어졌다. 그런 다음에는 1,300마일 떨어진 곳에 있는 의사가 우주 비행사인 그녀에게 수술하는 법을 지시하면서 로봇 팔을 이용해 체내의 비디오카메라를 작동했다. 그러한 실험을 하겠다는 생각은 우주 비행사가 로봇공학과 원격 의료의 도움으로 우주에서 복잡한 수술을 할 수 있는지 알아보려는 것이었다.

필수 어휘 Note **astronaut** [ǽstrənɔ̀:t] 우주 비행사 | **telemedicine** [tèləmédəsin] (통신수단에 의해 환자가 받을 수 있는) 원격 의료 | **simulated** [símjəlèitid] 모의의, 모의실험의 | **surgery** [sə́:rdʒəri] (외과) 수술 **cf. surgeon** [sə́:rdʒən] 외과 의사 | **lifelike** [láiflàik] 살아 있는 것 같은, 실물 그대로의 | **belly** [béli] 배, 복부 | **robotic** [roubɑ́tik] 로봇을 이용하는, 로봇 식의 **cf. robotics** [roubɑ́tiks] 로봇공학 | **internal** [intə́:rnl] 내부의, 내적인 | **instruct** [instrʌ́kt] ~을 지시하다, 가르치다

정답근거

(A) *no* medical training and had no experience in surgery until yesterday
▶ until은 '계속된 동작 · 상태의 끝점'을 나타내어 '~까지 (줄곧)'이란 뜻. by는 '완료의 시한'을 나타낸다. 문맥상 '어제까지는 (줄곧) 의료 훈련을 받아 보지도 않았고 수술을 해 본 경험도 없었다'는 의미로 until이 적절. (참고) 〈no[not] ~ until〉 구문으로 '~할 때까지 …하지 않는다' 또는 '…해서야 비로소 ~하다'란 뜻.
cf. Completed Scholarship application forms must be submitted by 1st March. (작성한 장학금 신청서는 3월 1일까지 제출되어야 합니다.)

(B) It was done by *making* a small hole in the belly and *placing* a camera inside.
▶ making ~과 and로 연결된 by의 목적어 자리.

(C) The idea of the experiment was to find out if astronauts could perform complex surgeries ~
▶ 문맥상 '~인지 아닌지'란 뜻이므로 if가 적절. (밑줄 해석 참조) that 또한 명사절을 이끌지만, '~하는 것'으로 해석한다.

cf. It hurts to find out that what you wanted doesn't match what you dreamed. (당신이 원하던 것이 당신이 꿈꾸던 것과 일치하지 않다는 것을 알게 될 때 상처 입는다.)

10

정답 ④ 본문 p.55

해석 유아는 다치기 쉽고 살아가는 데 필요한 모든 것을 타인에게 전적으로 의존해야 한다. 많은 동물들이 태어난 지 얼마 되지 않아 바로 걸을 수 있는 반면, 아기들은 보통 꼬박 일 년은 걸려야 이 기술을 습득할 수 있다. 그러나 신생아가 과거에 생각됐던 것보다 더 능력 있다는 것이 최근 연구 결과 밝혀졌다. 그들은 먹을 것을 구하고 스스로를 보호하는 본능을 가지고 태어나며, 무엇이든 손에 놓이면 상당히 강하게 꽉 쥔다. 또한, 한때는 신생아가 보지도 듣지도 못한다고 생각되었으나 지금은 다섯 개의 감각이 모두 출생 시부터 그 역할을 다하고 있음을 알고 있다.

필수 어휘 Note **infant** [ínfənt] (특히 걷기 전의) 유아, 갓난아기 | **rely upon[on]** ~에 의지하다, ~을 신뢰하다 | **necessity** [nəsésəti] 필수품, 꼭 필요한 것 | **shortly** [ʃɔ́ːrtli] 곧, 얼마 안 있어 | **reveal** [rivíːl] ~을 밝히다, 드러내다 | **newborn** [njúːbɔ̀ːrn] 신생아; 갓 태어난 | **grip** [grip] 잡기, 쥐기; ~을 꽉 쥐다 | **function** [fʌ́ŋkʃən] 역할을 하다, 기능하다; 기능 | **at birth** 출생 시, 태어났을 때

정답근거

(A) require ~을 필요로 하다 / acquire ~을 얻다
▶ 걷는 것을 배우기까지 꼬박 1년의 시간이 필요하다는 문맥이므로 require가 적절.

(B) competitive 경쟁의, 경쟁적인 / competent 능력 있는, 유능한
▶ 신생아들이 예전에 믿어져 왔던 것보다 더 능력이 있다는 문맥으로 뒤에 그에 해당하는 근거(스스로 먹을 것을 구하고 보호하며, 오감이 제 기능을 한다.)가 이어지고 있다.

(C) instinct 본능 / extinction 멸종
▶ 뒤에 이어지는 어구 to seek food and protection과 어울리는 것은 instinct. 뒤이어 신생아들이 가지고 있는 본능으로 무엇이든 손에 놓이면 꽉 쥔다는 예를 들고 있다.

지문 속 **필수어법 5**

본문 p.56

1 ②→ **traveling**
① 미래에 실현 가능성이 전혀 없는 일을 가정하거나 상상할 때 were to를 쓴다. '혹시라도 ~하면' 이란 뜻.
② shiny metallic "beetles"를 수식하는 분사 자리로 능동 관계이기 때문에 traveling이 적절.

2 ①→ **what**
① 뒤에 목적어가 없는 불완전한 절이 이어지고, 앞에 선행사가 없으므로 선행사를 포함한 관계대명사 what이 적절.
② '손을 들다' 의 의미로 타동사 raised가 맞다.

3 ②→ **functions**
① ⟨It is[was] thought that ~⟩은 '~라고 생각되[됐]다, 여겨지[졌]다' 란 뜻.
② that절의 주어는 each of the five senses. each에 수일치하므로 단수동사 functions가 되어야 한다.

4 **do they occupy**
⟨not only A, but also B (A뿐만 아니라 B도)⟩의 구조. 부정어구 not only가 문두에 위치하면서 주어와 동사가 도치되어야 한다. 일반동사일 때 ⟨do/does/did+S+동사원형⟩의 어순.

5 **the more unpleasant**
⟨the+비교급 ~, the+비교급 …⟩은 '~하면 할수록 더 …하다' 란 뜻.

6 **as well as**
⟨not just[only] A but also B⟩는 'A뿐만 아니라 B도' 란 뜻으로 B as well as A와 같은 의미이다. 둘 다 B를 강조한다. to 부정사구, for 모두 목적을 나타내고 있다.

김기훈의 톡톡 여행기!

당당하게 떠나자!

해외여행은 호사스러운 일일까? 아니다. 스스로의 힘으로도 충분히 떠날 수 있다. 대학생이 되면 경제적으로 스스로를 책임지겠다고 다짐하자. 시간이 나면 놀지 말고 일을 하자. 학점 관리를 잘 해서 장학금을 타는 것도 좋다. 평소에 쓰는 돈을 아껴 여행을 떠나자. 여행이 호사스러운 일일지, 자신의 인생을 바꿔 놓을지는 가봐야만 안다. Where there is a will, there is a way!

Unit Test **핵심스킬 집중훈련**

01

무관한 문장 고르기 정답 ③

본문 p.58

〈주제문〉 [1]The residents of large cities / have a responsibility to use water, oil, and coal reserves carefully, / but non-urban populations do, too. ① [2]Farmers can aid conservation efforts / by planting crops [that are modified / to need less water]. ② [3]Using more efficient watering systems / is another way [to save a substantial amount of water]. ③ [4]**A shortage of energy resources, / such as oil and natural gas, / is the direct effect of industrialization.** ④ [5]Merchants in rural areas could also help / by generating energy from bio-gas machines, / which run on animal and vegetable waste. ⑤ [6]Solar-powered generators can help villagers as well, / because they conserve forested lands / by reducing people's dependence on firewood for fuel.

필수 어휘 Note **resident**[rézidənt] 거주자, 주민 | **reserve**[rizə́:rv] 보유(고), 비축(양); ~을 (훗날을 위해) 남겨두다 | **non-urban** 도시 지역이 아닌, 비도시의 | **aid**[eid] ~을 돕다, 거들다; 원조, 조력 | **conservation**[kɑ̀nsə:rvéiʃən] 보호, 보존 **cf. conserve**[kənsə́:rv] ~을 보존[보호]하다, (자원 등을) 절약하다 | **modify**[mɑ́dəfài] ~을 변경하다, 수정하다 | **substantial**[səbstǽnʃəl] 상당한, 많은 | **shortage**[ʃɔ́:rtidʒ] 부족, 결핍 | **industrialization**[indʌ̀striəlaizéaiʃən] 산업화 | **generate**[dʒénərèit] (열, 전기 등을) 발생시키다; (결과, 상태 등을) 일으키다, 초래하다 **cf. generator**[dʒénərèitər] 발전기 | **solar-powered** 태양열, 동력의 | **dependence on** ~에의 의존 | **firewood**[fáiərwùd] 땔감, 장작

해석 [1]대도시 거주자들은 물과 석유, 석탄 보유고를 주의 깊게 사용할 책임이 있는데, 도시에 거주하지 않는 사람들 역시 마찬가지다. [2]농부들은 물이 덜 필요하게끔 개량된 곡식을 재배함으로써 에너지 보존 노력을 도울 수 있다. [3]더 효과적인 관개 시스템을 사용하는 것도 상당한 양의 물을 절약할 수 있는 또 한 가지 방법이다. ([4]물과 천연가스와 같은 에너지 자원이 부족한 것은 산업화의 직접적인 영향이다.) [5]농촌 지역 상인들은 또한 생물 가스 발전기로 에너지를 만들어 씀으로써 일조할 수 있는데, 이 기계는 동물과 채소에서 나오는 찌꺼기를 연료로 작동된다. [6]태양열 동력 발전기도 마을 사람들에게 도움이 될 수 있는데, 연료로 사용되는 땔감 의존량을 줄임으로써 삼림 지대 보존에 기여할 수 있기 때문이다.

내가 적용한 리딩스킬 체크하기 ☑

지문을 읽으며 내가 적용한 리딩스킬을 체크해봅시다.

☐ 우선 글의 주제나 요지를 파악한 다음, 이와 관련이 없거나 혹은 문맥상 어색한 문장을 찾아야겠다고 생각했다.

⬇

☐ 1, 2번 문장을 읽고 이 글의 요지가 농촌 지역 거주자들도 물과 석유, 석탄을 아껴 써야 한다는 것임을 파악했다.

1번 문장의 but 이하가 필자가 강조하려는 내용으로, 비도시 거주자들도 물, 석유, 석탄을 신중히 사용해야 한다는 것이다. 1번 문장의 non-urban populations가 Farmers, Merchants in rural areas, villagers로 구체화되었고, 2번 문장부터 에너지 절약 방법의 구체적인 예시가 이어지고 있다.

핵심스킬 적용! 무관한 문장 찾기 유형에서는 첫 한두 문장이 주제문에 해당하는 경우가 많으므로 이후에 전개되는 내용이 주제문과 일치하는지 점검하며 읽는다.

⬇

☐ 글의 흐름을 어색하게 만드는 ③번을 정답으로 골랐다.

▶ 정답 ③ 도출

따라서 이후에는 도시에 거주하지 않는 사람들이 에너지를 절약하는 내용이 전개되어야 하는데, 에너지 부족이 산업화의 직접적인 결과란 ③번의 내용은 전체 문맥에 어울리지 않는다.

02 제목 추론 정답 ①

본문 p.58

[1] When learning / how to strike a ball with a golf club, / the greatest challenges for new golfers / are the club speed and path. [2] Contrary to what many novice golfers believe, / swinging as hard as you can / does not guarantee long distance. [3] In fact, / it may have the opposite effect. [4] Positions of the key body parts [involved in a golf swing] are / what ultimately determine the accuracy and distance of a successful swing. [5] The entire body must be properly aligned / to achieve the desired results. [6] Once a new golfer has mastered these positions, / noticeable improvements / will be evident in the swing.

필수 어휘 Note **golf club** 골프채 | **path**[pæθ] 길, 통로 | **contrary to A** A와는 반대로 | **novice**[nάvis] 초보자, 풋내기 | **swing**[swiŋ] (팔을 휘둘러) 치다, 스윙하다; 휘두르기 | **guarantee**[gæ̀rəntíː] ~을 보증하다, 약속하다 | **ultimately**[ʌ́ltimətli] 결국, 궁극적으로 | **align**[əláin] ~을 일직선으로 하다, 일렬로 세우다 | **noticeable**[nóutisəbəl] 눈에 띄는, 주목할 만한 | **evident**[évidənt] 명백한, 분명한

해석 1 골프채로 공치는 법을 배울 때 처음 골프 치는 사람에게 가장 어려운 것이 골프채의 속도와 방향을 조절하는 것이다. 2 많은 초보자들이 생각하는 바와는 다르게, 있는 힘껏 휘두른다고 해서 꼭 멀리 나가는 것이 아니다. 3 실제로는 그 반대의 결과가 나올 수 있다. 4 골프 스윙 동작과 연관되는 주요 신체 부위의 자세가 결국 성공적인 스윙의 정확성과 거리를 결정해 주는 것이다. 5 바라는 결과를 얻으려면 몸 전체가 적절히 일직선을 이뤄야 한다. 6 처음 골프 치는 사람이 일단 이 자세를 터득하고 나면 스윙이 눈에 띄게 향상될 것이 분명하다.

필수 구문 분석

2 Contrary to **what** many novice golfers believe, / swinging *as* hard *as you can* / does not guarantee long distance.

▶ 전치사구 Contrary to의 목적어로 선행사를 포함한 관계대명사 what이 이끄는 절이 왔으며 〈as ~ as one can (가능한 한 가장 ~하게)〉 구문이 주어인 동명사 swinging을 수식하고 있다.

내가 적용한 리딩스킬 체크하기 ☑
지문을 읽으며 내가 적용한 리딩스킬을 체크해봅시다.

☐ 1, 2번 문장을 읽고 new golfers에게 swing을 잘하는 방법을 알려주는 글임을 파악했다.
▶ 정답 ① 예상
1번 문장에서 new golfers가 겪게 되는 어려움을 언급하고 2번 문장에서는 일반적인 생각과 달리 세게 친다고 장타가 나오는 것은 아니라고 했으므로 이어지는 내용은 스윙을 잘하는 방법에 대한 것이라고 예상할 수 있다.

⬇

☐ 핵심스킬 적용! 나머지를 읽어가며 예상한 내용이 맞는지 확인했다.
▶ 정답 ① 확신
4, 5번 문장에서 제대로 된 스윙을 하려면 자세가 중요하다고 했으며 6번 문장에서 이러한 자세를 익히면 스윙이 눈에 띄게 개선된다고 했으므로 앞에서 예상한 내용과 일치한다.

선택지 다시 보기

① How To Improve Your Golf Swing (골프 스윙 개선 방법) ▶ 정답.
② Golf Tips for the Advanced Player (고급 과정의 골퍼들을 위한 골프 팁) ▶ 고급 과정의 골퍼가 아니라 초보 골퍼들을 대상으로 하고 있으므로 오답.
③ A Valuable Guide for Golf Equipment (골프 장비 선택을 위한 유용한 지침)
④ Finding the Perfect Golf Course (완벽한 골프 코스 찾기)
⑤ Golf: Gambling on the Greens (골프: 초록 풀밭 위에서 펼쳐지는 도박)

03 요약문 완성 정답 ③

본문 p.59

If you know / a group is planning something [which you ___(A)___], / have the ___(B)___ [to walk away], / which is actually the intelligent choice [to make].

↓

1 Throughout a young person's school years, / there is always a "top" crowd [that sets the standard], / while others follow its lead. 2 Whatever the top crowd does, / it seems / that everyone else also must do. 3 While this is usually harmless, / that is not always the case, / such as when the top crowd thinks / it is smart / to drive cars / at high speeds / or ride motorbikes / without wearing a helmet. 4 All of us have been exposed to these situations, / and you may have followed along a few times. 〈주제문〉 5 You might have felt / that you were forced into it by the crowd, / but you should learn to resist the pressure. 6 It is not as hard to do / as you may think.

↓

If you know / a group is planning something [which you (A) **are against**], / have the (B) **courage** [to walk away], / which is actually the intelligent choice [to make].

필수 어휘 Note **set a standard** 기준을 세우다 | **lead** [li:d] 선도, 지휘; ~을 안내하다, 이끌다 | **harmless** [há:rmlis] 해가 되지 않는, 무해한 | **be exposed to A** A에 처해 있다, 노출되어 있다 | **force A into B** A에게 B를 강요하다 | **resist** [rizíst] ~에 저항하다, ~을 물리치다 | **pressure** [préʃər] 압력, 압박

해석 1 청소년의 학창시절을 통틀어 보았을 때 항상 기준을 세우는 '선도' 집단이 있는가 하면, 그 집단이 선도하는 대로 따라가는 다른 사람들이 있다. 2 선도 그룹이 무슨 일을 하든지 간에 다른 사람들도 모두 그렇게 해야 하는 것처럼 느껴진다. 3 이렇게 하는 것은 보통 해로울 게 없지만, 언제나 그런 것만은 아닌데, 선도 그룹이 차를 매우 빠른 속도로 몰거나 헬멧을 쓰지 않은 채 오토바이를 타는 것이 멋지다고 생각하는 경우가 그러하다. 4 우리 모두는 이런 상황에 처한 적이 있으며 아마 몇 번은 그대로 따른 적이 있을 것이다. 5 여럿이 그래서 어쩔 수 없었다고 느꼈을지 모르지만 그 압력에 저항하는 법을 익혀야 한다. 6 그것은 생각만큼 어려운 일이 아니다.

↓

어떤 그룹이 네가 (A) 반대하는 어떤 일을 계획하고 있음을 알게 된다면 거기에서 발을 뺄 수 있는 (B) 용기를(을) 가져야 하는데, 그것이 진정으로 현명한 선택이다.

내가 적용한 리딩스킬 체크하기 ☑
지문을 읽으며 내가 적용한 리딩스킬을 체크해봅시다.

☐ **핵심스킬 적용!** 요약문을 먼저 읽고 글의 내용을 예상했다.

요약문의 내용으로 보아 집단이 하려는 일(a group is planning something)과 관련해 현명한 선택(the intelligent choice)이 무엇인지 알려주는 내용이 나오리란 걸 추측할 수 있다.
(A)에는 부정적 단어가 (B)에는 긍정적 단어가 들어가야 할 것을 예상하고 ①, ④번을 소거했다. (▶ **개념편 Unit 11 참조**)

▶ 정답 ①, ④ 제외

↓

☐ 1, 2번 문장을 읽고 이 글이 학창시절의 선도 그룹에 관한 내용임을 파악했다.

the top crowd가 계속해서 등장하고 있다. 이렇게 반복되는 표현들은 글의 핵심어이므로 주의 깊게 파악하도록 한다. the top crowd란 다른 학생들이 모방하는 '선도 집단'이란 뜻.

↓

☐ 5번 문장의 but 뒤에 조동사 should와 함께 요지가 제시되고 있음을 파악했다. 잘못된 선도 그룹의 행동에 반대할 줄 알아야 한다는 내용이므로 ③번이 정답.

▶ 정답 ③ 도출

3번 문장에서 역접 접속사 While(~할지라도, ~하지만)이 나오므로 흐름이 바뀌는 것을 알았고, 5번 문장에서 조동사 should를 사용해 필자의 강한 견해를 제시하고 있으므로 이것이 주제문임을 확인했다. (▶ **개념편 Unit 08 참조**) 따라서 주제문과 일치하는 요약문이 되려면 본인이 반대하는(are against) 일을 선도 그룹이 계획할 때는 동조하지 않을 수 있는 용기(courage)를 지니란 뜻의 선택지 ③번이 정답.

선택지 다시 보기

	(A)		(B)
①	듣는	----	권위
②	후회하는	----	성실
③	반대하는	----	용기 ▶ 정답.
④	아는	----	기회
⑤	의심스러워하는	----	책임

4-5 장문의 이해 정답 4 ③ 5 ④

본문 p.60

[1]One of the best examples / of the preference for **informality** among Americans / is their use of nicknames. [2]When meeting someone for the first time, / many people will give their nicknames / rather than their first name. [3]In everyday situations, / family names are rarely used, / which contrasts with older and more conservative cultures [where one's last name comes first / and is used to show respect]. [4]Americans consider / the use of their nicknames / to be an indication [of acceptance or close friendship]. [5]By speaking to each other / on a first-name- or nickname-basis, / people feel that a relationship is / more equal, / more comfortable, / and often more intimate. [6]Even at work, / employees may be addressed by their nicknames, / so if a boss uses a staff member's formal name, / then it is fairly certain / that a problem of some kind / is about to be discussed. [7]Nicknames can also create / a sense of closeness to people [you've never met], / which includes U.S. Presidents past and present. [8]Abraham Lincoln is affectionately known as "Honest Abe," / Dwight D. Eisenhower as "Ike," / and Theodore Roosevelt as "Teddy." [9]Not every nickname, however, is flattering; / some are used to mock / or make fun of a person. [10]Former president William Jefferson Clinton is / not only nicknamed "Bill," / but is also referred to unkindly as "Slick Willy" / by many [who think him untrustworthy and dishonest]. [11]For better or worse, / nicknames are an authentic and unavoidable aspect [of American culture].

필수 어휘 Note **preference**[préfərəns] 선호, 편애 | **A rather than B** B라기보다는 A | **contrast with** ~와 대조[비교]하다 | **indication**[ìndikéiʃən] 표시, 징후 | **acceptance**[ækséptəns] 수락, 용인 | **intimate**[íntimət] 친밀한, 가까운 | **address A by B** A를 B라 부르다; 연설하다 | **formal**[fɔ́:rməl] 공식적인 (↔**informal** 비공식적인) | **fairly**[fέərli] 꽤, 상당히 | **affectionately**[əfékʃənətli] 애정을 다하여 | **flattering**[flǽtəriŋ] 기쁘게 하는; 아첨하는, 발림 말의 | **mock**[mɑk] ~을 조롱하다, 비웃다 | **make fun of** ~을 놀리다 | **former**[fɔ́:rmər] 전(前)의, 이전의 | **refer to A as B** A를 B로 부르다 | **untrustworthy**[ʌntrʌ́stwə̀:rði] 신뢰할 수 없는 | **dishonest**[disɑ́nist] 불성실한, 정직하지 못한 | **for better or (for) worse** 좋든 나쁘든 | **authentic**[ɔ:θéntik] 진정한 | **unavoidable**[ʌ̀nəvɔ́idəbəl] 피할 수 없는, 불가피한 | **aspect**[ǽspekt] 측면, 양상

해석 **1** 미국인들이 격식을 따지지 않는 것을 좋아하는 성향을 보여주는 가장 좋은 예 중 하나는 별칭을 사용하는 것이다. **2** 누군가를 처음 만날 때 많은 이들이 이름보다는 별칭을 제시한다. **3** 일상적인 상황에서는 성을 사용하는 일이 좀처럼 없는데, 이는 사람의 성이 먼저 나오고 성씨를 존경을 표하는 데 사용하는 더 오래되고 보수적인 문화권에서와는 대조된다. **4** 미국인들은 별칭을 사용하는 것을 수락이나 친밀한 우정의 표시로 여긴다. **5** 서로 이름이나 별칭을 부름으로써 사람들은 관계가 더 평등하며, 더 편안하고 종종 더 친밀해진다고 느낀다. **6** 직장에서도 직원들을 별칭으로 부르는데, 그래서 상관이 직원의 공식적인 이름을 사용하면 그때는 곧 뭔가 곤란한 문제를 놓고 얘기하게 될 것임이 거의 확실하다. **7** 별칭은 또한 한 번

내가 적용한 리딩스킬 체크하기 ☑
지문을 읽으며 내가 적용한 리딩스킬을 체크해봅시다.

4

☐ 핵심스킬 적용! 장문유형이므로 전체 맥락을 파악하는 데 필요한 앞뒤 부분을 읽고 글의 요지를 예상했다. 미국인들의 별칭 애용에 관한 글이므로 선택지 중 가장 유사한 ③번을 정답으로 골랐다.

▶ 정답 ③ 도출

이 글의 핵심 소재는 use of nicknames로 1번 문장에서 이 글이 미국인의 별칭 애용에 대한 내용임을 예상할 수 있고, 마지막 11번 문장에서 별칭은 미국인의 삶에서 뗄 수 없는 측면이라고 했다.

⬇

☐ 나머지 부분을 훑어보며 정답이 ③임을 확신했다.

▶ 정답 ③ 확신

이후에 별칭이 친근함의 표시이고 직장에서도 자주 쓰이며 심지어 유명한 사람들에게도 붙여진다는 내용이 이어진다. 이는 미국인들의 별칭에 대한 애정을 나타내므로 정답을 ③이라 확신할 수 있다.

5

☐ 빈칸이 포함된 문장을 읽고 미국인들이 무엇을 선호하는지 찾아야겠다고 생각했다.

⬇

☐ 미국인들은 별칭을 쓰면서 사람과의 관계가 평등하다고 생각하고 더 편안하고 친밀하게 느낀다(more equal, more comfortable, and often more intimate)고 했다. 사람 간의 관계를 더 친밀하게 느끼는 것은 격식을 차리지 않는 것에 해당하므로 ④번을 정답으로 골랐다.

▶ 정답 ④ 도출

이후에 직장에서 별칭을 쓰거나 전직 대통령들에게 별칭을 지어준 예를 들어 이를 뒷받침하고 있다.

선택지 다시 보기

4 ① Meanings of Popular Nicknames (유명한 별칭의 뜻)
② Informal Communication in America (미국에서의 격식을 갖추지 않는 대화)
③ Americans' Fondness of Nicknames (미국인들의 별칭에 대한 애정) ▶ 정답.
④ Political Advantages of Having a Nickname (별칭이 있을 때의 정치적 장점) ▶ 전직 대통령들에게 별칭을 지어준 예는 글의 요지를 뒷받침하려는 예에 불과하다.
⑤ Nicknames of Famous Americans (유명 미국 인사들의 별칭) ▶ ④번 해설과 동일.

도 만난 일이 없는 사람들에 대한 친밀감을 조성해줄 수 있으며, 미국의 전 · 현직 대통령들이 이에 해당한다. **8** 아브라함 링컨은 '정직한 에이브' 라는 애정 어린 이름으로 알려져 있고, 드와이트 D. 아이젠하워는 '아이크' 로, 데오도어 루즈벨트는 '테디' 로 알려져 있다. **9** 그러나 별칭이라고 해서 모두 듣기 좋은 말은 아니며, 어떤 별칭은 사람을 조롱하거나 놀리기 위해 사용된다. **10** 전직 대통령인 윌리엄 제퍼슨 클린턴은 '빌' 이라는 별칭으로 불리기도 하지만, 그를 신뢰할 수 없고 불성실한 사람으로 본 많은 사람들에 의해 나쁘게는 '교활한 윌리' 라고 불리기도 한다. **11** 좋든 나쁘든 별칭은 미국 문화의 진솔하고도 피할 수 없는 한 측면이다.

필수 구문 분석

6 ~, / then **it** is fairly certain / **that** a problem of some kind / *is about to* be discussed.

▶ it은 가주어, that 이하가 진주어이다. be about to do는 '이제 막 ~하려 하다' 란 뜻. a problem과 discuss는 수동관계이므로 수동형(be discussed)으로 쓰였다.

5

① humor (유머)
② security (안전)
③ democracy (민주주의)
④ informality (격식을 차리지 않는 것) ▶ 정답.
⑤ relationships (인간관계)

Real Test 실전 감각 키우기

06

빈칸 추론 정답 ⑤ 본문 p.62

1 The biggest problem / teens have with money / is that they don't think about **long term goals**. 2 Without them, / it's difficult not to spend everything [you earn]. 3 Tabitha, a college student, remembers / what it was like / when she first got a job. 4 "When I first started working," / she says, / "I was hasty in spending money on things [I don't even remember now]." 5 Then, / she decided to buy a car. 6 But the items [she bought at the mall] left her / with no savings. 7 Tabitha made a two-year savings plan. 8 She calculated / how much money she needed for the car. 9 Then she stopped making impulse purchases of items / such as a new swimsuit, movie tickets, and CDs. 10 Finally, Tabitha bought the car. 11 She loves it.

필수 어휘 Note **hasty** [héisti] 성급한 | **savings** [séiviŋz] 저축, 저축액 | **impulse** [ímpʌls] 충동적인 | **purchase** [pə́ːrtʃəs] 구입, 구매

해석 1 돈에 대해서 십대들이 가지고 있는 가장 큰 문제점은 장기간의 목표에 대해 생각을 하지 않는 것이다. 2 장기간의 목표 없이는 번 돈을 모두 쓰게 된다. 3 대학생인 타비타는 그녀가 처음 일을 하게 됐을 때 어떠했는지 기억하고 있다. 4 그녀는, "처음 일을 시작했을 때, 지금은 기억조차 못 하는 물건들을 사느라 정신이 없었어요."라고 말한다. 5 그 당시 그녀는 차를 사기로 결심했다. 6 그러나 상점에서 산 물건들 때문에 그녀에게는 저축한 돈이 전혀 남아 있지 않았다. 7 타비타는 2년에 걸친 저축 계획을 세웠다. 8 그녀는 차를 사는 데 필요한 돈이 얼마인지를 따져 보고는 9 새 수영복이나, 영화표, CD 같은 물건들을 충동적으로 구매하는 것을 그만두었다. 10 마침내 타비타는 차를 샀고 11 그 차를 매우 맘에 들어 한다.

필수 구문 분석

3 Tabitha, a college student, remembers / **what** it was **like** / when she first got a job.
▶ what ~ like는 how와 같은 뜻으로 '어떻게, 어떠한'의 뜻.

9 Then she **stopped** ***making*** impulse purchases of items / such as a new swimsuit, movie tickets, and CDs.
▶ 〈stop ~ing〉는 '~하는 것을 멈추다'란 뜻. cf. stop to do: ~하기 위해 멈추다

내가 적용한 리딩스킬 체크하기 ☑
지문을 읽으며 내가 적용한 리딩스킬을 체크해봅시다.

☐ 핵심스킬 적용! 빈칸이 포함된 문장을 먼저 읽고 '돈에 대한 십대들의 문제점'이 글의 핵심소재인 것을 파악했다. '무엇' 없이는 번 돈을 다 쓸 수 있다는 2번 문장을 읽고 논리적으로 가장 알맞은 ⑤번을 정답으로 생각했다.
▶ 정답 ⑤ 도출

↓

☐ 이후의 내용을 읽으며 예상했던 답과 일치하는지 확인했다.
▶ 정답 ⑤ 확신

쇼핑을 하느라 돈을 모으지 못했던 Tabitha가 장기 계획을 세우면서 결국 차를 사게 되었다는 이야기. 따라서 예상했던 '장기간의 목표'가 빈칸에 적절하다.

선택지 다시 보기

① financial aids (재정적 도움)
② credit cards (신용카드)
③ fashion items (패션 아이템)
④ part-time jobs (시간제 근무)
⑤ long term goals (장기간의 목표) ▶ 정답.

07 무관한 문장 고르기 정답 ③

본문 p.62

[1]A new type of remote control provides better protection / by switching from normal use / to a special "burglar confusion mode." ① [2]This smart device switches / audio and video equipment on and off / to simulate the presence [of a person]. ② [3]In the morning, / for example, / the remote plays a pre-recorded CD [containing household sounds / like clattering dishes and vacuum cleaning]. ③ **[4]The vacuum cleaner automatically recharges itself / after cleaning the entire floor.** ④ [5]Later that day, / the remote tunes the TV to a daytime channel / and in the evening it plays a movie. ⑤ [6]The switching programming follows / the same general pattern on weekdays / but changes on weekends.

필수 어휘 Note **burglar** [bə́:rglər] 도둑 | **confusion** [kənfjú:ʒən] 혼란 | **equipment** [ikwípmənt] 장비 | **simulate** [símjəlèit] ~을 가장하다, ~인 체하다 | **household** [háushòuld] 집안의, 가정의 | **clatter** [klǽtər] 딸그락거리다 | **vacuum cleaner** 진공청소기 | **automatically** [ɔ̀təmǽtikli] 자동으로 | **recharge** [rì:tʃá:rdʒ] 재충전하다 | **tune A to B** A를 B에 맞추다

해석 **1** 새로운 형태의 이 리모컨은 일반적 용도로 사용되다가 특별한 용도의 '도둑 혼란 기능'으로 바뀜으로써 더 안전하게 해준다. **2** 이 영리한 장치는 사람의 존재를 가장하기 위해 오디오와 비디오 장치를 틀거나 끈다. **3** 예를 들어, 오전에는 미리 녹음된 CD를 틀어 접시 딸그락거리는 소리나 진공청소기 소리와 같이 집안일을 하는 소리를 낸다. (**4** 그 진공청소기는 바닥을 다 청소하고 난 후 자동으로 재충전된다.) **5** 시간이 지나면 이 리모컨은 TV를 낮 프로그램에 맞추어 틀고 저녁에는 영화를 튼다. **6** 주중에는 이와 같은 패턴을 따르지만 주말에는 바뀐다.

내가 적용한 리딩스킬 체크하기 ☑
지문을 읽으며 내가 적용한 리딩스킬을 체크해봅시다.

☐ 우선 글의 주제나 요지를 파악한 다음, 이와 관련이 없거나 혹은 문맥상 어색한 문장을 찾아야겠다고 생각했다.

⬇

☐ **핵심스킬 적용!** 첫 문장을 읽고 새로운 리모컨의 '도둑 혼란 기능'에 대한 설명이 이어질 것을 예상했다.

2번 문장부터 이 기능이 작동하는 방식이 이어지고 있다.

⬇

☐ 글의 흐름을 어색하게 만드는 ③번을 정답으로 골랐다.

▶ 정답 ③ 도출

도둑예방 기능을 갖고 있는 리모컨에 관한 글이므로 이 기능에 대한 설명이 이어져야 하는데, ③번은 진공청소기의 기능을 설명하고 있으므로 전체 문장과 어울리지 않는다.

08 필자의 주장 정답 ④

본문 p.63

[1] Of all the ways [that automobiles damage the urban environment / and lower the quality of life in big cities], few are as maddening and unnecessary as car alarms. [2] Alarms are more than just an annoyance; / they are a costly public health problem / and a constant irritation / to urban civil life. [3] The benefits, / meanwhile, / are nonexistent. [4] Auto makers, alarm installers, insurers, police, and the biggest experts of all — car thieves — / all agree that alarms do nothing to stop theft. [5] What's more, / there are now a number of good, inexpensive car security devices [available on the market]. 〈주제문〉 [6] It's time / for us all / to reconsider the seriousness [of the problem] / and to do something about it.

필수 어휘 Note **maddening** [mǽdniŋ] 짜증나게 하는, 분통 터지게 하는 | **car alarm** 자동차 도난 방지용 경보장치 | **annoyance** [ənɔ́iəns] 골칫거리, 성가신 것 | **constant** [kánstənt] 끊임없는, 지속적인 | **irritation** [ìrətéiʃən] 짜증, 화 | **civil** [sívil] 시민의; 예의 바른 | **nonexistent** [nànigzístənt] 존재하지 않는 | **insurer** [inʃúərər] 보험업자[회사] | **theft** [θeft] 절도 | **what's more** 더구나, 게다가

해석 1 자동차가 도시 환경을 해치고 대도시의 삶의 질을 떨어뜨리는 모든 방식 중에서 차량 경보기만큼 짜증나고 불필요한 것은 거의 없다. 2 경보기는 단순한 골칫거리에서 그치지 않고, 비용이 많이 드는 공중 보건 문제이자 도시 시민의 삶에 지속적인 짜증이 된다. 3 한편, 이익은 전혀 없다. 4 자동차 제조업자, 경보기 설치자, 보험업자, 경찰, 그리고 이들 중 최고의 전문가들인 차량 절도범까지 모두 경보기가 절도를 막는 데 아무 역할도 하지 못한다는 데 동의한다. 5 게다가, 이제는 품질 좋고 저렴한 자동차 보안 장치들이 시장에 많이 나와 있다. 6 이제 우리 모두가 문제의 심각성을 다시 생각해보고 거기에 대해 무언가 조치를 취해야 할 때이다.

내가 적용한 리딩스킬 체크하기 ☑
지문을 읽으며 내가 적용한 리딩스킬을 체크해봅시다.

☐ 1번 문장을 읽고 자동차 경보기(car alarms)가 도시 환경을 망치고 있다는 내용이 이어질 것으로 예상하고 이와 가장 유사한 ④번을 정답으로 골랐다.

▶ 정답 ④ 도출

〈부정어구(few, no 등)+as 원급 as A〉는 'A만큼 ~한 것은 (거의) 없다' 즉 'A가 가장 ~하다'란 뜻으로 이 문장의 해석을 잘하는 것 또한 답을 찾는 열쇠가 될 수 있다.

↓

☐ 이후의 내용을 읽으며 예상한 답과 일치하는지 확인했다.

▶ 정답 ④ 확신

마지막 문장은 자동차 경보기의 문제를 인식하고 어떤 조치를 취해야 한다는 내용으로 글쓴이의 주장이 강하게 드러나 있다.

선택지 다시 보기

① 자동차 보험 가입을 의무화해야 한다.
② 자동차 오디오의 소음을 규제해야 한다. ▶ car alarms를 오역하면 혼동할 수 있는 오답.
③ 자동차 보안 장치의 가격을 낮추어야 한다.
④ 자동차 도난 경보기 사용을 제한해야 한다. ▶ 정답.
⑤ 차량 절도를 막기 위한 대책을 세워야 한다. ▶ car thieves, stop theft 등의 단어에서 연상 가능한 오답.

09

정답 ⑤ 본문 p.64

해석 의식이 있는 동물들을 대상으로 실험을 실행하는 과학 실험실은 인간의 잔인함을 전적으로 드러내는 예이다. 동물은 공포와 고통을 말로 표현할 수도, 우리나 쇠사슬을 빠져나가지도 못한다. 그 결과, 우리는 심지어 세상에서 가장 잔인한 범죄자에게도 다루지 않았던 방식으로 동물들을 다룬다. 우리는 온갖 생물종들과 상호 의존 관계를 맺고 있는 그물 속에 살고 있다. 그러므로 우리는 인간이 동물에게 부과하는 고통의 양을 헤아리고 우리 자신에게 해를 덜 입히는 방법을 찾아야 할 의무가 있다.

필수 어휘 Note **laboratory** [lǽbərətɔ̀:ri] 실험실 | **conscious** [kɑ́nʃəs] 의식이 있는 | **cruelty** [krú:əlti] 잔인함 | **be incapable of** ~할 능력이 없다 | **escape from** ~에서 탈출하다 | **criminal** [krímin*ə*l] 범죄자 | **interdependent** [ìntərdipéndənt] 상호 의존하는 | **species** [spí:ʃi(:)z] (생물 분류상의) 종 | **be obliged to do** ~할 의무가 있다

정답근거

① Scientific laboratories [*that* perform tests on conscious animals in experiments] are

▶ 주격 관계대명사절이 Scientific laboratories을 수식하는 구조로 복수동사 적절.

② of expressing their fear and pain

▶ of의 목적어 역할을 하면서 their fear and pain을 목적어로 취하므로 동명사가 맞다.

③ even the most evil criminal

▶ 여기서 even은 '~조차도'란 뜻으로 쓰인 부사로 문맥상 적절하다. 최상급을 수식하는 부사 자리로 생각하지 않도록 주의한다. 최상급을 수식하는 부사는 much, by far 등이 있다.

④ all species

▶ species는 단수와 복수형이 같은 명사.

⑤ is obliged *to become* aware of the amount of suffering [humankind forces on animals] and finding → find ways

▶ is obliged to become과 and로 연결되는 구조로 (to) find가 적절. humankind forces on animals는 which, that 등이 생략된 목적격 관계대명사절로 suffering을 수식하고 있다. suffering과 연결되어 finding이 되어야 한다고 생각하지 않도록 주의한다.

10

정답 ③ 본문 p.64

해석 운전 중 전화 통화를 하거나 문자를 보내는 것은 매우 위험하다. 당신은 둘 중 하나를 하기 전에 적어도 길가에 차를 주차해야 한다. 전화 통화를 하면서 차를 올바로 운전하는 데 100% 주의를 집중할 수 있는 사람은 아무도 없다. 한 손은 핸들 위에 올려놓고 나머지 한 손은 전화기를 감싸 쥐고 정신을 대화에 쏟은 채 신속한 결정을 내린다는 게 가능하지 않다. 전화가 운전자를 방해하고 이러한 방해 때문에 사람들이 죽을 수도 있다는 사실은 얼마 전까지만 해도 생각할 수도 없는 일이었다. 목적지에 도착해서 걸려온 전화를 처리해야 하며, 전화 없이 운전을 하는 시절로 돌아가는 것이 생명을 구하는 일일 것이다.

필수 어휘 Note **pull over** 차를 주차하다 | **give attention to A** A에 주의를 집중하다 | **operate** [ɑ́pərèit] ~을 운전하다, 조작하다 | **vehicle** [ví:ik*ə*l] 탈것, 차량 | **properly** [prɑ́pərli] 올바르게, 적절하게 | **steering wheel** (자동차의) 핸들 | **wrap** [ræp] ~을 싸다, 두르다 | **unthinkable** [ʌnθíŋkəb*ə*l] 생각할 수도 없는, 도저히 있을 수 없는 | **interrupt** [ìntərʌ́pt] ~을 방해하다, 훼방 놓다 | **distraction** [distrǽkʃ*ə*n] 방해, 혼란 | **destination** [dèstinéiʃ*ə*n] 목적지, 행선지

정답근거

(A) at least (적어도, 최소) / at most (기껏해야, 많아야)

▶ 앞에서 운전 중 전화 통화가 위험하다고 했으므로 '적어도' 차를 길가로 뺄 때까지 기다려야 한다는 문맥이 적절하다.

(B) give 100% attention to operating their vehicle properly

▶ 이때의 to는 to부정사의 to가 아니라 전치사 to. 전치사 뒤에는 명사류가 와야 하므로 operating이 맞는 형태. 이와 같이 쓰이는 전치사 to로 object to(~에 반대하다), be accustomed to(~에 익숙하다)도 함께 알아두자.

(C) one hand on the steering wheel and the other hand wrapped around

▶ 둘 중의 하나는 one, 나머지 하나는 the other로 받는다. 손은 두 개이므로 the other hand가 맞는 표현. 한편, 셋 이상 중 하나는 one, 다른 하나는 another로 지칭한다.

11

정답 ② 본문 p.65

해석 자전거와 나무처럼 서로 매우 다른 사물들을 비교하고 대조하는 것은 적절치 않은데, 공통된 특성이 전혀 없기 때문이다. 그러나 자전거는 오토바이와 비교될 수 있는데, 각각은 바퀴가 두 개 있고 운송수단으로 쓰이기 때문이다. 당신이 어떤 곳에 빨리 도착하는 대신 규칙적으로 운동할 수 있는 것에 더 관심이 있다고 가정하면 자전거가 적절한 선택이다. 마찬가지로 비교하는 글을 쓸 때는 무엇을 주제로 선택하든지 간에 비교한 두 개 중 결국 어느 것이 더 나은 대안인지 제안할 뿐이더라도 대조사항과 차이점이 명확한지 확인해라.

필수 어휘 Note **appropriate** [əpróupriə̀it] 적절한, 적당한 | **compare** [kəmpέər] ~을 비교하다, 견주다, 비유하다 **cf. compare A to B** A를 B에 비교하다 **cf. comparative** [kəmpǽrətiv] 비교의, 비교에 의한 | **attribute** [ətríbjuːt] 특징, 본질 | **ensure** [inʃúər] ~을 확실히 하다 | **only to do** 결국 ~할 뿐인

정답근거

(A) contrast ~을 대조하다; 대조, (현저한) 차이 / contact ~와 접촉하다, 연락하다
▶ 뒤에 이어지는 내용은 자전거와 오토바이는 공통된 특성이 있기 때문에 비교될 수 있다는 내용이다. 매우 다른 사물은 비교하거나 대조할 수 없다는 문맥이 되어야 하므로 contrast가 적절.

(B) transformation 변형, 변질 / transportation 수송, 운송
▶ 자전거와 오토바이 모두 '운송' 수단으로 이용된다는 뜻으로 transportation이 적절.

(C) subject 주제; 과목; 대상 / object 물건, 물체
▶ 글을 쓸 때 어떤 '주제'를 선택하든 대조사항과 차이점을 명확히 하라는 내용이므로 subjects가 적절.

지문 속 필수어법 6

본문 p.66

1 is
주어는 A shortage of energy resources로 such as oil and natural gas는 주어와 동사 사이에 삽입된 전명구이다. A shortage에 수일치하므로 is가 적절.

2 Whatever
문맥상 '선도 그룹이 하는 것은 무엇이든지 간에'란 뜻으로 Whatever가 적절. However는 뒤에 형용사 또는 부사를 동반하여 '~일지라도'란 뜻.

3 Not every
뒤에 어떤 별칭은 사람을 놀리는 데도 이용된다고 했으므로 이 문장은 일부의 별칭만이 듣기 좋다란 뜻이 되어야 한다. Not every는 '모두 ~인 것은 아닌'이란 뜻으로 '부분 부정'을 나타낸다.

4 which
첫 번째 빈칸은 something을 수식하며 are against의 목적어 역할을 하는 목적격 관계대명사 자리. 두 번째 빈칸은 바로 앞의 절 have the courage to walk away를 선행사로 받는 계속적 용법의 관계대명사 자리.

5 as
〈A as ~ as B〉의 구조로 A가 '부정(few)'을 나타내면, 'B만큼 ~한 것은 없다', 즉, 최상의 의미를 나타낸다.

6 If
Suppose (that) ~은 '만약 ~이면'이란 뜻으로 If와 바꿔 쓸 수 있다.

핵심스킬 집중훈련

01

지칭 추론 정답 ① 본문 p.68

1 Mass production advanced rapidly / after World War I / because ① it was **a time [when demand for goods often / surpassed supply]**. 2 The development of new, improved techniques of **mass production** / brought previously unthinkable degrees of comfort and convenience / to everyday life. 3 At the dawn of ② its use, / not many people would have been able to predict / how dramatically their lives would change. 4 Given that / ③ it is viewed today as simply an ordinary fact of life, / it's easy to forget / how important **this industrial technique** is / for us. 5 However, without ④ it, we would not just be inconvenienced, but we would suffer, / because we would no longer have the essential supplies [⑤ it provides].

필수 어휘 Note **mass production** 대량 생산 | **demand** [dimǽnd] 수요, 요구 (↔ **supply** [səplái] 공급; (복수형) 공급품, 보급품) | **goods** [gudz] 상품, 물품 | **surpass** [sərpǽs] ~을 능가하다, 초과하다 | **previously** [prí:viəsli] 이전에, 미리 | **unthinkable** [ʌnθíŋkəbəl] 생각할 수 없는, 도저히 있을 수 없는 | **convenience** [kənví:njəns] 편의, 편리 (↔ **inconvenience** 불편, 성가심; ~을 불편하게 하다) | **at the dawn of** ~의 초기에 | **dramatically** [drəmǽtikəli] 급격히, 엄청나게 | **industrial** [indʌ́striəl] 산업의 | **suffer** [sʌ́fər] 고통받다

해석 1 대량 생산은 1차 세계대전 이후 급격히 발달했는데, 상품에 대한 수요가 공급을 종종 능가한 때였기 때문이다. 2 새롭게 향상된 대량 생산 기술의 발전은 이전에는 생각지도 못했던 수준의 안락함과 편의를 일상생활에 가져왔다. 3 대량 생산을 이용한 초기 시절에는 소수의 사람들만이 삶이 얼마나 급격히 변화할지 예상할 수 있었을 것이다. 4 오늘날 이 산업 기술이 단순히 삶의 일상적인 일로 여겨진다는 점을 감안할 때 그것이 우리에게 얼마나 중요한지를 잊기 쉽다. 5 그러나 대량 생산이 없다면 더 이상 그것이 제공하는 필수품을 제공받을 수 없어서 불편할 뿐만 아니라 엄청난 고통을 겪게 될 것이다.

필수 구문 분석

4 **Given that** / it is viewed today as ~.

▶ ⟨Given that+주어+동사⟩는 '~을 감안[고려]할 때'라는 뜻으로, 접속사처럼 사용된다. 이때 that은 생략 가능. 전치사적 용법으로 ⟨given+명사(구)⟩의 형태로도 쓰인다.

내가 적용한 리딩스킬 체크하기 ☑

지문을 읽으며 내가 적용한 리딩스킬을 체크해봅시다.

☐ 앞부분을 읽고 글에서 다루고 있는 소재를 개략적으로 파악했다.

1, 2번 문장을 읽고 대량 생산(Mass production)의 발전과 그 영향에 대한 내용이 나올 것을 예상했다.

↓

☐ 가리키는 대상이 다른 하나를 찾는 문제이므로 각각의 대명사가 무엇을 가리키는지 파악하면서 글을 읽었다.

▶ 정답 ① 도출

① 이때의 it은 '수요가 공급을 초과하던 1차 세계대전 이후의 시기(a time when demand for goods often surpassed supply)'를 가리킨다.

② 이때의 its는 앞 문장의 mass production을 지칭한다. 대량 생산의 이용 초기에는 그로 인한 삶의 변화를 거의 예측할 수 없었다는 문맥.

③ 이때의 it은 '대량 생산'을 달리 표현한 this industrial technique을 가리킨다. 오늘날에는 이러한 산업 기술 즉, 대량 생산이 그리 놀라운 것이 아니라는 문맥.

④, ⑤번 문장의 it은 모두 mass production을 가리킨다. 문맥상 '대량 생산'이 없이는 불편할 뿐만 아니라 필수품 공급이 부족해서 고통을 겪게 된다는 뜻.

핵심스킬 적용! 대명사 외에 같은 의미의 다른 표현을 사용하여 동어 반복을 피하기도 한다. 여기서 mass production은 this industrial technique으로 바꿔 표현되었다.

02 빈칸 추론 정답 ②

본문 p.68

[1]One topic [that everybody finds fascinating] / is [how to stay healthy and young]. [2]That's why / so many studies have been made / of the people [from Japan's Okinawa Islands], / who are among the healthiest and longest-living / in the world. [3]Okinawans share more than / their beautiful beaches, / pleasant climate, / healthful cuisine, / and freedom [from the pressures and stresses of big-city life]. [4]Because many Okinawans make their living / by farming or fishing, / they also have in common the physical strains [associated with heavy labor]. [5]But since **their days are spent being physically active**, / they have little cause [to visit health clubs]. [6]And though farming and fishing may be demanding jobs, / **they are quite peaceful, / so the stress [that goes with city life] is mostly absent from the islands**.

[7]Based on this, / it appears / that **hard work and minimal worries** / not only prolong life / but add to the enjoyment of it / as well.

필수 어휘 Note **fascinating** [fǽsənèitiŋ] 흥미로운; 매혹적인 | **cuisine** [kwizíːn] 요리, 요리법 | **make A's living** 생계를 유지하다 | **have A in common** (관심사 · 생각 등을) 공통적으로 지니다, A라는 공통점이 있다 | **strain** [strein] (심신의) 피로, 긴장 | **associated with** ~와 관련된 | **cause** [kɔːz] 이유; ~의 원인이 되다, ~을 초래하다 | **demanding** [dimǽndiŋ] (일이) 큰 노력을 요하는; (사람이) 요구가 지나친 | **go with** ~와 동반[동행]하다 | **prolong** [proulɔ́ːŋ] ~을 늘이다, 연장하다

해석 **1** 모든 사람들이 흥미로워하는 한 가지 화제는 건강과 젊음을 유지하는 방법이다. **2** 이것이 세계에서 가장 건강하고 오래 사는 일본의 오키나와 섬 사람들에 관한 수많은 연구가 행해진 이유이다. **3** 오키나와 사람들은 아름다운 해변, 온화한 기후, 건강한 음식, 대도시 생활의 압박과 스트레스로부터의 자유 이상의 것을 공유하고 있다. **4** 많은 오키나와 사람들은 농사를 짓거나 물고기를 잡으며 삶을 영위하기 때문에 고된 노동과 관련된 신체적 피로도 공통으로 가지고 있다. **5** 그러나 그들은 신체적으로 활발하게 일상을 보내기 때문에 헬스클럽에 갈 이유가 없다. **6** 농사를 짓고 물고기를 잡는 일은 큰 노력을 요하긴 해도 상당히 평화롭기도 해서 도시 생활을 하면서 동반되는 스트레스가 그 섬에는 거의 나타나지 않는다. **7** 이에 근거해 볼 때, 근면한 노동과 최소한의 걱정이 수명을 연장할 뿐만 아니라 삶의 즐거움을 더해 주기도 하는 것 같다.

필수 구문 분석

7 Based on this, / **it** appears / **that** hard work and minimal worries / *not only* prolong life / *but* add to the enjoyment of it / as well.

▶ it은 가주어, that 이하가 진주어로 쓰인 문장이며 〈not only A but (also) B〉는 'A뿐만 아니라 B도' 라고 해석한다.

내가 적용한 리딩스킬 체크하기 ☑
지문을 읽으며 내가 적용한 리딩스킬을 체크해봅시다.

☐ 빈칸이 속한 문장을 먼저 읽고 추론해야 할 내용을 파악했다.

빈칸에는 삶을 연장할 뿐만 아니라 즐거움을 가져다주는 것이 들어가야 한다. 그런데 빈칸이 속한 문장이 Based on this(이에 근거해 볼 때)로 시작하고 있으므로 그 앞부분을 읽어 this에 대한 내용을 찾아야 한다.

↓

☐ 5, 6번 문장을 읽고 ②번을 정답으로 골랐다. 5번 문장은 육체노동, 6번 문장은 평화로운 생활에 관한 내용이므로 이와 가장 유사한 선택지 ②번이 정답이다.

▶ 정답 ② 도출

선택지가 모두 '명사구 and 명사구' 형태이므로 수명을 연장하고 삶의 즐거움을 주는 두 가지 요인을 찾아야 한다. 5번 문장은 육체노동으로 인해 별도의 운동이 필요 없다는 내용이며, 6번 문장은 평화로운 일상으로 인해 스트레스가 없다는 내용이므로 '근면한 노동과 최소한의 걱정' 이란 뜻의 선택지 ②번이 정답.

핵심스킬 적용! 대명사 this가 가리키는 대상은 단어, 구, 절 또는 문장 전체일 수도 있다. 7번의 this는 앞의 5, 6번 문장 모두를 가리키며 이를 종합하여 빈칸의 내용을 추론하도록 한다.

선택지 다시 보기

① farming and a diverse diet (농업과 다양한 식단)
② hard work and minimal worries (근면한 노동과 최소한의 걱정) ▶ 정답.
③ physical exercise and health facilities (신체 운동과 체육 시설)
④ urban living and plentiful opportunities (도시 생활과 많은 기회)
⑤ rural communities and limited development (농촌과 제한된 발전)

03

요지 추론 정답 ②

본문 p.69

[1] Any business [faced with a lack of adequate funding] / is similar to a leaky boat: / it will inevitably disappear from sight. [2] People [who are impatient to start a small business] / sometimes go right ahead / by taking out a big loan / and going into debt. [3] To avoid the day-by-day stress of [operating a business] / without a financial cushion, / 〈주제문〉 it is smart **to wait / until sufficient money is accumulated, / or go into business / on a less ambitious scale / than first planned**. [4] Anyone [planning to start a business] should see a professional financial advisor, / who can more clearly judge / whether you have sufficient resources [to support your new venture].

필수 어휘 Note **adequate** [ǽdikwit] 충분한, 적절한 | **funding** [fʌ́ndiŋ] 자금 제공 | **leaky** [líːki] (물, 가스 등이) 새는, 새기 쉬운 | **inevitably** [inévitəbli] 불가피하게, 반드시 | **impatient to do** ~을 가급적 빨리하길 원하는 | **go ahead** 시작하다, 계속하다 | **take out a loan** 대출을 받다 | **debt** [det] 빚 | **operate** [ápərèit] (회사를) 운영하다; (기계를) 작동하다 | **sufficient** [səfíʃənt] 충분한 | **accumulate** [əkjúːmjəlèit] ~을 모으다, 축적하다 | **ambitious** [æmbíʃəs] 야심 찬, 대대적인 | **scale** [skeil] 규모; 저울 | **judge** [dʒʌdʒ] ~을 판단[평가]하다 | **resource** [ríːsɔːrs] 《보통 복수형》 재원, 자원 | **venture** [véntʃər] 모험적 사업, 모험

해석 1 충분한 자금 조달이 부족한 상황에 처한 사업체는 물이 새는 보트와 비슷해서 그것은 결국에는 보이지 않게 사라지게 될 것이다. 2 가급적 빨리 사업을 작게 시작하고자 하는 사람들은 가끔 많은 대출을 받아 빚을 진 채 곧바로 사업을 시작한다. 3 재정적인 완충 장치 없이 사업체를 운영해 가는 하루하루의 스트레스를 피하려면 충분한 자금이 모일 때까지 기다리거나 애초에 계획했던 것보다 덜 야심 찬 규모로 사업을 시작하는 것이 현명하다. 4 사업을 시작하려고 계획한 사람은 누구나 전문 재무 상담가와 상의해야 하며, 이들은 당신이 새 사업을 유지할 수 있는 충분한 자금을 모았는지 좀 더 분명히 판단해 줄 수 있다.

내가 적용한 리딩스킬 체크하기 ☑

지문을 읽으며 내가 적용한 리딩스킬을 체크해봅시다.

☐ 글의 앞부분을 읽고 충분한 사업 자금 마련의 중요성이 이 글의 주제임을 파악했다.

▶ 정답 ② 예상

충분한 자금이 부족한 사업을 물이 새는 보트에 비유했으므로 충분한 자금 마련의 중요함을 강조하는 글임을 예상했다.

⬇

☐ 이후의 내용을 읽고 충분한 자금을 모은 후 사업을 시작하라는 것이 이 글의 요지임을 파악했다.

▶ 정답 ② 확신

3번 문장의 내용은 재정적인 압박의 부담을 피하기 위해서 충분한 자금이 모일 때까지 기다리라는 것. it is smart to ~ (~하는 것이 현명하다)에서 필자의 주관이 드러난다. 4번 문장에서도 새 사업을 위한 자금이 충분한지 재무 상담가와 상의하라는 내용이 나왔으므로 정답을 바르게 찾았다고 확신할 수 있다.

핵심스킬 적용! 대명사 it이 가리키는 것은 to wait ~ first planned이다. 이처럼 대명사가 먼저 나오고 그것이 가리키는 대상이 뒤에 나오는 경우가 있다. 특히 가주어 구문이 주제문일 경우 가주어 뒤에 이어지는 내용을 주의 깊게 살피도록 한다.

선택지 다시 보기

① 중소기업가를 위한 자금 지원이 늘어나야 한다. ▶ 예비 중소기업가는 충분한 자금을 확보한 후에 사업을 시작하라는 내용이지 자금 지원에 대한 내용은 아니다.

② 사업을 시작할 때는 충분한 자본을 확보해야 한다. ▶ 정답.

③ 주식 투자는 가급적 여유자금으로 시작해야 한다.

④ 좋은 사업 계획 없이 투자자들을 끌어들일 수 없다.

⑤ 사업 자금을 대출받기 위한 요건이 까다로워지고 있다.

4-5 장문의 이해 **정답** 4 ④ 5 ④

본문 p.70

1 It is reasonable to say / that correct pronunciation is a skill, / and that most people are highly skilled / in their first language / in this regard. 2 When it comes to a foreign language, / however, / few learners are able to reproduce / the sounds of it / very well. 3 Many factors can help explain this, / but the primary reason is / that many people do not consider pronunciation / as important as other aspects [of learning a language], / such as grammar or writing. 4 But, what is the point [of getting the grammar right] / if native speakers can't understand a word [you say]? 5 (a) **Mastering correct pronunciation** / is a critical part [of learning a language] / — it won't come from knowing the grammar / or having a big vocabulary. 6 (b) **Careful training** is required / if you want to sound like a native speaker [of the foreign language], / and (c) **each sound must be separately focused on and practiced**. 〈주제문〉 7 So, / time to do this must be set aside. 8 And / good language instructors ensure / their students do so, / beyond (d) **teaching the essential sounds [of the language]**. 9 Making sure that / you can be understood / means / giving (e) **speaking practice** lots and lots of time.

필수 어휘 Note reasonable [ríːzənəbəl] 이치에 맞는, 온당한 | pronunciation [prənʌ̀nsiéiʃən] 발음 | in this regard 이 점에서, 이러한 관점에서 | when it comes to A A에 관한 한 | reproduce [rìːprədjúːs] ~을 재현하다, 재생하다 | factor [fǽktər] 요인, 요소 | primary [práimәri] 주요한, 첫째의 | aspect [ǽspekt] 측면, 양상 | master [mǽstər] ~을 완전히 습득하다 | critical [krítikəl] 중대한, 결정적인 | set aside ~을 확보하다, 챙겨두다 | instructor [instrʌ́ktər] 교사, 가르치는 사람 | ensure (that) ~을 확실히 하다 | make sure that 반드시 ~하다

해석 1 정확한 발음은 하나의 기술이며, 이 점에서 대부분의 사람들이 모국어에 있어서 매우 전문적이라는 것은 이치에 맞는 말이다. 2 그러나 외국어에 관한 한 그 언어의 소리를 매우 잘 따라할 수 있는 학습자가 드물다. 3 많은 요인들이 이를 설명해 줄 수 있지만 주된 이유는 많은 사람들이 발음을 문법이나 쓰기와 같은 언어의 다른 측면만큼 중요시하지 않기 때문이다. 4 그러나 만약 원어민이 당신이 말한 단어를 이해하지 못한다면 문법을 똑바로 배운다 한들 결국 무슨 소용이 있겠는가? 5 정확한 발음을 습득하는 일은 언어 학습 과정의 중요한 부분이고, 그것은 문법을 이해하고 단어를 많이 안다고 해서 이뤄지는 것이 아니다. 6 당신이 외국어를 원어민처럼 말하고 싶다면, 주의 깊은 훈련이 필요하고 각각의 소리를 개별적으로 집중해서 훈련해야 한다. 7 따라서 이를 위한 시간이 따로 확보되어야 한다. 8 또한, 훌륭한 언어 교사들은 언어의 기본적인 소리를 가르치는 것 외에도 학생들이 따로 집중하여 훈련할 수 있도록 해야 한다. 9 다른 사람이 당신을 이해하게 한다는 것은 말하기 훈련에 엄청난 시간을 들여야 한다는 것을 의미한다.

내가 적용한 리딩스킬 체크하기 ☑
지문을 읽으며 내가 적용한 리딩스킬을 체크해봅시다.

4

☐ 1, 2번 문장을 읽고 외국어를 정확히 발음하는 것이 어렵다는 내용임을 파악했다.

↓

☐ 4번 문장을 읽고 사람들이 보통 문법이나 작문보다 발음을 중요하게 생각하지 않는다는 3번 문장에 상반된 의견이 그 이후에 제시될 것을 예상했다.

일반적인 사실이 언급된 후 But과 같은 역접의 연결어와 함께 상반되는 내용이 등장하면 이후의 내용이 글의 핵심 내용일 가능성이 높으므로 주의 깊게 읽도록 한다. (▶ 개념편 Unit 08 참조)

↓

☐ 6, 7번 문장을 읽고 외국어를 정확히 발음하려면 훈련이 필요하다는 것을 알았다. 정확한 발음을 하기 위해서는 별도의 교육시간과 많은 연습이 필요하다는 내용이므로 ④번을 정답으로 도출했다.

▶ 정답 ④ 도출

글의 마지막 부분에 So와 같이 결론을 나타내는 연결어가 나오면 그 문장은 주제문일 가능성이 높다. (▶ 개념편 Unit 08 참조)

5

☐ 주변 문맥을 살펴 밑줄 친 this가 지칭하는 대상을 찾고 이와 관련 없는 내용을 골랐다.

▶ 정답 ④ 도출

this가 포함된 문장은 '외국어 발음 교육을 하는 시간이 마련되어야 한다'는 문맥으로 this는 '외국어 발음을 훈련하는 것'을 가리킨다. (a), (b), (c), (e)는 모두 발음 훈련에 대한 것이지만, (d)는 교사들이 기본적인 소리만을 가르친다는 내용으로 (d)가 this와 관련이 없다.

핵심스킬 적용! 대명사와 그것이 가리키는 대상은 멀리 떨어질 수도 있으므로 대명사가 가리키는 대상을 문맥으로 판단하며 읽도록 한다.

필수 구문 분석

3 ~, but **the primary reason is** / **that** many people do not consider pronunciation / *as* important *as* other aspects [of learning a language], ~.

▶ but 이하의 문장은 〈주어+be동사+that절(주격보어)〉의 구조를 이루고 있다. that절은 〈not as ~ as A (A만큼 ~하지 않다)〉의 구조.

선택지 다시 보기

4

① 외국어 발음 학습은 어릴 때 시작할수록 좋다.
② 외국어 발음은 원어민 교사가 가르쳐야 효과적이다.
③ 문법과 어휘를 학습하고 난 후에 발음을 배워야 한다.
④ 외국어 발음을 학습할 시간이 따로 마련되어야 한다. ▶ 정답.
⑤ 외국어 학습 경험이 있는 교사가 학생을 더 잘 이해한다.

Real Test **실전 감각 키우기**

06

필자의 주장 정답 ①

본문 p.72

1 Have any of you looked at the Declaration of Independence? 2 All the names [of the signers] / are legible — / easy to read. 3 There seems to have been a time [in our history] / when **people were able to write legibly / and were obviously proud of their names**. 4 But that is not the case anymore. 5 Illegible scribbles have become / commonplace and acceptable. 6 That is why / space is provided to print your name / on most documents / so that it can be more easily read. 7 Some people seem to consider / that **a signature [that is hard to read] is the demonstration of self-importance**. 8 But it has the opposite effect, / I believe. 9 That is, / illegible signatures just indicate a lack [of self-esteem].

필수 어휘 Note **declaration** [dèkləréiʃən] 선언(서) | **legible** [lédʒəbəl] 읽기 쉬운 (↔ **illegible** 읽기 어려운) cf. **legibly** 읽기 쉽게 | **scribble** [skríbl] 갈겨쓰기, 악필 | **commonplace** [kɑ́mənplèis] 흔한 일, 평범한 일 | **acceptable** [əkséptəbəl] 용인[허용]할 수 있는 | **document** [dɑ́kjəmənt] 문서 | **signature** [sígnətʃər] 서명 | **self-importance** (다른 사람보다 자신이 더 중요하다고 생각하는) 자존심, 거만함 | **self-esteem** (자신이 다른 사람만큼 소중하다고 생각하는) 자긍심, 자부심

해석 1 여러분 중 누구라도 독립선언문을 본 적이 있는가? 2 모든 서명자들의 이름을 쉽게 읽을 수 있다. 3 우리의 역사에서 사람들이 알아보기 쉽게 글씨를 쓰고, 자신의 이름에 대해 분명히 자랑스러워하던 때가 있던 것 같다. 4 그러나 더 이상은 그렇지 않다. 5 알아 볼 수 없는 악필이 흔해졌고 용인되었다. 6 그래서 보다 쉽게 읽을 수 있도록 대부분의 문서에 이름을 정자 체로 쓰는 공간이 있는 것이다. 7 일부 사람들은 읽기 어려운 서명이 자존심의 과시라고 여기는 것 같다. 8 그러나 나는 그 반대라고 생각한다. 9 즉, 알아볼 수 없는 서명은 단지 자긍심의 결여를 나타낼 뿐이다.

필수 구문 분석

6 **That is why** / space is provided to print *your name* / on most documents / **so that** *it* can be more easily read.

▶ That's why는 '그것은 ~ 때문이다'란 뜻으로 앞에는 '원인', 뒤에는 '결과'가 이어진다. so that은 '~하기 위해서'란 뜻으로 '목적'을 나타내며 여기서 it은 앞의 your name을 가리킨다.

내가 적용한 리딩스킬 체크하기 ☑

지문을 읽으며 내가 적용한 리딩스킬을 체크해봅시다.

□ 1~3번 문장을 읽고 '서명'이 핵심소재이고, '서명을 읽기 쉽게 쓰는 것'에 대한 내용이 이어질 것을 예상했다.

▶ 정답 ① 예상

legible이란 단어를 모르더라도 이를 부연 설명해주는 대시(—) 이하를 이용하여 단어의 의미를 유추할 수 있다. easy to read라고 했으므로 legible은 '읽기 쉬운'이란 뜻임을 알 수 있다.

핵심스킬 적용! 이처럼 같은 의미의 다른 표현 즉, 대체 표현을 사용하여 글의 요지를 파악하는 데 단서를 주기도 한다. 대명사뿐 아니라 어려운 단어나 다른 어구로 표현되었는지 파악하며 읽도록 한다.

↓

□ But으로 시작하는 4번 문장을 읽고, 글의 내용이 전환될 것을 예상한 후, 이후에는 오늘날 사람들은 알아보기 쉽게 글을 쓰지 않는다는 내용이 나올 것을 짐작했다.

▶ 정답 ① 도출

핵심스킬 적용! 여기서 that은 앞 문장의 people were able to write legibly and were obviously proud of their names를 가리킨다. 이처럼 대명사가 절 전체를 가리키는 경우도 있다.

↓

□ 이후의 내용을 빠르게 읽다가 8, 9번 문장을 읽고 정답이 ①번임을 확신했다.

▶ 정답 ① 확신

But 이후에 필자의 주장이 강하게 드러나 있다(I believe). 여기서 it은 앞의 a signature that is hard to read is the demonstration of self-importance를 가리켜 '서명을 알아보기 어렵게 하는 것이 자존심을 과시하는 것 같지만, 사실은 그렇지 않다'는 내용으로 정답이 ①번임을 확신할 수 있다.

선택지 다시 보기

① 알아볼 수 있게 서명해야 한다. ▶ 정답.
② 개성 있는 서명을 만들어야 한다.
③ 다양한 종류의 글을 읽어야 한다.
④ 글쓰기를 통해 자긍심을 높여야 한다.
⑤ 서류내용을 잘 검토한 후 서명해야 한다.

07

주어진 문장 넣기 정답 ⑤ 본문 p.72

But the strong pig can race / to the dispenser / and push the weak pig aside / to claim the leftovers.

1 Consider the following experiment [with a strong and a weak pig]. 2 Two pigs are kept / in a box [with a lever at one end / and a food dispenser at the other]. 3 When the lever is pushed, / food appears / at the dispenser. (①) 4 If the weak pig pushes the lever, / the strong pig waits by the dispenser / and eats all the food. (②) 5 Even if the weak pig races / to the dispenser / before the food is gone, / the strong pig pushes the weak pig away. (③) 6 The weak pig realizes this, / so it never pushes the lever first. (④) 7 On the other hand, / if the strong pig pushes the lever, / the weak pig waits by the dispenser / and eats most of the food. (⑤ 8 **But the strong pig can race / to the dispenser / and push the weak pig aside / to claim the leftovers.**) 9 This makes it worthwhile / for the strong pig / to push the lever. 10 The outcome is / that the strong pig does all the work / and the weak pig does most of the eating.

필수 어휘 Note race to A A로 달려가다, 돌진하다 | aside [əsáid] 옆에; 따로 떨어져서 | claim [kleim] ~을 요구하다, 주장하다 | leftover [léftòuvər] 남은 음식 | worthwhile [wə́ːrθhwàil] 가치 있는, 보람이 있는 | outcome [áutkʌ̀m] 결과

해석 1 힘센 돼지와 약한 돼지를 데리고 하는 다음의 실험을 생각해 보자. 2 한쪽 끝에 레버가 달려있고 다른 쪽 끝에는 먹이배분장치가 있는 상자 속에 두 돼지가 갇혀 있다. 3 레버를 누르면 먹이가 배분장치에 나타난다. 4 약한 돼지가 레버를 누르면 강한 돼지가 먹이배분장치 옆에서 기다렸다가 먹이를 전부 먹어버린다. 5 비록 약한 돼지가 먹이가 없어지기 전에 먹이배분장치로 달려오더라도, 힘센 돼지는 약한 돼지를 밀쳐 버린다. 6 약한 돼지는 이것을 깨닫고 결코 먼저 레버를 누르지 않는다. 7 반면에, 강한 돼지가 레버를 누르면 약한 돼지가 먹이배분장치 옆에서 기다렸다가 대부분의 음식을 먹는다. 8 그러나 힘센 돼지가 먹이배분장치로 달려와서 남은 먹이를 요구하기 위해 약한 돼지를 옆으로 밀쳐낼 수 있다. 9 이것은 힘센 돼지로 하여금 레버를 누르는 것을 보람 있는 일이 되게 한다. 10 그 결과는 힘센 돼지가 모든 일을 하며 약한 돼지는 대부분 먹는 일을 한다는 것이다.

내가 적용한 리딩스킬 체크하기 ☑

지문을 읽으며 내가 적용한 리딩스킬을 체크해봅시다.

☐ 우선 도입부분인 1~3번 문장을 읽고 이 글의 소재와 전개방식을 예상했다.

1~3번 문장은 먹이배분장치가 설치된 상자 안에 약한 돼지와 힘센 돼지 두 마리를 넣어 실험을 했다는 내용으로 이 실험에 대한 내용이 시간순으로 전개될 것을 예상할 수 있다.

↓

☐ 주어진 문장을 읽고 앞뒤의 흐름을 파악했다.

주어진 문장은 힘센 돼지가 먹이배분장치로 달려와 남은 음식을 먹기 위해 약한 돼지를 민다는 내용. But으로 시작하는 것으로 보아 바로 앞 문장에서 약한 돼지가 먹이를 먹는다는 내용이 제시되리라 예상했다. 따라서 ⑤번을 정답으로 도출했다.

▶ 정답 ⑤ 도출

↓

☐ 이후의 내용을 읽어 내려가며 ⑤번이 주어진 문장이 들어갈 자리로 알맞은지 확인했다.

▶ 정답 ⑤ 확인

핵심스킬 적용! 9번 문장의 This가 가리키는 바가 '강한 돼지가 남은 음식을 먹는다' 라는 것임을 파악하면, 주어진 문장 뒤에 이어지리라는 것을 알 수 있다.

08 요지 추론 정답 ②

본문 p.73

[1]**The ability [to sympathize with others]** / reflects the multiple nature [of the human being], / his potentialities [for many more selves / and kinds of experience / than any one being could express]. 〈주제문〉 [2] This may be one of the things [that enable us to seek / through literature / an enlargement of our experience]. [3]Although we may see some characters / as outside ourselves — / that is, / we may not identify with them completely — / we are nevertheless able to enter into / their behavior and their emotions. [4]Thus, / the youth may identify with the aged, / one gender with the other, / and a reader [of a particular limited social background] with members [of a different class or a different period].

필수 어휘 Note **sympathize with** ~에 동감[공감]하다; ~을 동정하다, 측은히 생각하다 | **reflect** [riflékt] ~을 반영하다, 나타내다; ~을 반사하다 | **multiple** [mʌ́ltipəl] 다수의, 복합의 | **potentiality** [poutènʃiǽləti] 가능성, 잠재력 | **seek** [si:k] ~을 추구하다; ~을 찾다 | **enlargement** [inlɑ́:rdʒmənt] 확장, 확대 | **that is (to say)** 즉, 다시 말하면 | **identify with** ~와 동일시하다, 일체감을 갖다

해석 **1** 타인에게 공감하는 능력은 인간의 복합적인 본성, 즉 어느 한 인간이 표현할 수 있는 것보다 더 많은 자아와 더 많은 종류의 경험을 할 수 있는 잠재력을 나타낸다. **2** 이는 우리가 문학을 통해 경험의 확대를 추구할 수 있게 하는 요인 중 하나일지도 모른다. **3** 우리는 몇몇 등장인물들이 우리 자신과 관계없다고 생각할 수도 있지만, 즉 우리가 그들과 완전히 일체감을 느낄 수는 없겠지만, 그럼에도 우리는 그들의 행동과 감정에 빠져들 수 있다. **4** 따라서 젊은이는 노인과, 하나의 성(性)은 다른 성(性)과, 특정하게 한정된 사회적 배경을 가진 독자는 다른 계층이나 시대의 구성원과 공감할 수 있다.

필수 구문 분석

1 The ability [to sympathize with others] / reflects **the multiple nature** [**of the human being**], / *his potentialities [for many more selves / and kinds of experience / than any one being could express]*.

▶ his potentialities ~ could express는 the multiple nature of the human being을 보충 설명하는 동격어구.

내가 적용한 리딩스킬 체크하기 ☑

지문을 읽으며 내가 적용한 리딩스킬을 체크해봅시다.

□ 글의 요지를 묻는 문제이므로 주제문을 찾아야겠다고 생각했다.

⬇

□ 1번 문장을 읽고 타인에게 공감할 수 있는 능력(The ability to sympathize with others)이 핵심 소재임을 파악하고 이와 유사한 ②번을 정답으로 예상했다.

▶ 정답 ② 예상

⬇

□ 2번 문장은 인간은 자신과 다른 처지에 있는 타인에게 공감할 수 있는 능력이 있기 때문에 문학 작품을 통해 경험을 확장할 수 있다는 내용. 이 문장을 주제문으로 파악하고 ②번을 정답으로 도출했다.

▶ 정답 ② 도출

enable us to seek through literature an enlargement of our experience에서 글의 요지가 명확히 드러난다. 2번 문장의 This는 앞 문장의 The ability to sympathize with others(타인에게 공감하는 능력)를 가리킨다.

핵심스킬 적용! 대명사가 가리키는 바는 글의 요지와 직결되는 경우가 많으므로 지칭하는 대상을 정확히 파악하도록 한다.

⬇

□ 나머지 내용을 읽어가며 ②번이 정답으로 확실한지 점검했다.

▶ 정답 ② 확신

이후의 내용은 우리가 문학에 나오는 등장인물들과 공감할 수 있다는 내용으로 이 글의 요지를 적절히 뒷받침하고 있다. Thus로 시작하는 4번 문장은 3번 문장의 결과를 나타낸다.

선택지 다시 보기

① 작가의 능력은 독자와 작품 속의 등장 인물을 연결시키는 데 있다. ▶ literature, characters 등의 단어에서 연상 가능한 오답.
② 타인과 공감할 수 있는 능력은 문학을 통한 경험 확장을 가능케 한다. ▶ 정답.
③ 독자는 문학 작품을 통해 성현들의 다양한 지혜를 배울 수 있다.
④ 문학 작품을 이해하기 위해서는 그 작품의 시대적 배경 지식이 필요하다.
⑤ 작가의 성장 배경은 문학 작품에 무의식적으로 반영된다.

09

정답 ⑤

본문 p.74

해석 전 세계 언어들은 그 언어 사용자들의 욕구를 충족시킬 만큼 충분히 융통성 있음을 거듭 증명해 왔다. 모든 언어는 화자가 마주치는 모든 새로운 사건이나 일을 묘사할 수 있다는 것이 밝혀져 왔다. 사람들의 삶이 변화하고 발전하듯이 그들이 속한 문화권의 언어도 마찬가지다. 어휘, 관용어, 유명한 속담 모두 삶에서 일어나는 변화 및 우연히 마주치게 되는 것들을 이야기하고자 하는 사람들의 욕구를 반영한다. 고대 로마에 인터넷과 같은 기술이 존재했더라면 라틴어와 같은 사어(死語)도 그에 해당하는 말을 만들어낼 수 있었을 것이다.

필수 어휘 Note **flexible**[fléksəbəl] 융통성 있는, 적응성 있는 | **meet a need** 욕구[필요]를 충족시키다 | **come across** ~을 우연히 마주치다 | **idiom**[ídiəm] 관용구, 숙어 | **reflect**[riflékt] ~을 반영하다; 반사하다 | **encounter**[inkáuntər] 우연히 마주침; 우연히 만나다

정답근거

① enough to meet
▶ enough to do: ~하기에 충분한

② It has been found that ~
▶ 〈It(가주어) ~+that절(진주어)〉 구문. 과거부터 현재에 걸쳐 that 이하의 내용이 밝혀졌다는 문맥이므로 현재완료 수동태가 쓰였다.

③ any new event or thing [that a speaker comes across]
▶ 관계대명사 that은 any new event or thing을 선행사로 받으며 동사 comes across의 목적어 역할을 하고 있다.

④ As people's lives change and develop, so does the language of their culture.
▶ 〈as ~ so ...〉는 '~하는 것과 같이 …하다' 란 뜻. 이때 so 이하의 주어와 동사는 도치된다. 주어가 단수이므로 대동사 does가 알맞게 쓰였다. does는 앞의 change and develop 대신 쓰인 대동사.

⑤ a dead language ~ has been → would have been able to invent ~, if technology ~ had existed
▶ if절의 동사가 had p.p.이고 과거의 사실을 반대로 가정하고 있으므로 가정법 과거완료 구문. 따라서 주절의 시제는 〈would+have+p.p.〉가 되어야 한다.

10

정답 ③

본문 p.74

해석 미국의 쇼핑몰들은 쇼핑하는 경험을 상당히 편리하게 해주었지만, 이들이 미친 영향 중 일부는 그다지 매력적이지 않다. 쇼핑몰의 점포와 서비스 중 대다수는 작은 점포로부터 사업체를 끌어온 큰 기업의 일부로서 많은 이들을 먹고살 수 없도록 만들었다. 그것은 개인 소유 사업체가 줄고 일자리를 조절하는 지역의 힘이 약해짐을 뜻한다. 또한, 쇼핑몰은 주로 시내 중심부에서 멀리 떨어진 곳에 위치해 있기 때문에 쇼핑몰에서 쉽고 편안하게 쇼핑을 할 수 있으려면 차가 필요하다. 당연히 이것은 연료 소비와 대기 오염, 쇼핑몰 주변 도로의 교통 혼잡의 원인이 된다.

필수 어휘 Note **considerable**[kənsídərəbəl] 상당한, 적지 않은 | **appealing**[əpíːliŋ] 매력적인, 마음을 끄는 | **enterprise**[éntərpràiz] 기업, 회사 | **lure**[luər] ~을 꾀어내다, 유혹하다 | **fuel**[fjúːəl] 연료 | **consumption** [kənsʌ́mpʃən] 소비

정답근거

(A) their effects have not been ~
▶ effect가 명사와 동사로 모두 쓰이는 것에 주의. (A) 뒤에 동사 have not been이 나오므로 이때의 effects는 명사. 따라서 명사를 수식하는 소유격 their가 정답이다.

(B) fewer individually owned businesses
▶ (B)는 가산 명사 businesses(사업체들)를 수식하는 자리이므로 fewer가 정답. fewer와 less는 둘 다 '보다 적은' 이란 뜻이지만 가산 명사를 수식할 때는 fewer, 불가산 명사를 수식할 때는 less를 쓴다.

(C) this results in ~
▶ (C) 앞의 this만 보고서 result를 명사로 생각해 단수명사 형태인 result를 고르지 않도록 주의한다. result가 명사라면 이 문장에는 동사가 없게 된다. 따라서 주어인 this의 수에 일치시켜 동사 results가 되어야 한다. 참고로 result in은 '~을 초래하다' 라는 의미.

11

정답 ③

본문 p.75

해석 세상과 평화롭게 지내는 사람을 감싸고 있는 안락한 느낌은 대단한 것이긴 하지만, 그것이 부정적인 영향으로 바뀔 수도 있다. 사람들이 인생의 바꿀 수 없는 면들을 받아들이는 법을 배워야 하긴 하지만, 개선될 수 있는 것들을 모른 척하는 것도 사실상 단점이다. 어떤 사람들을 보면 삶에 대한 대체적인 만족감이 너무 쉽게 게으름으로 발전하기도 한다. 예를 들어, 나는 때때로 페인트칠이 낡고, 담장은 부서져 있으며 정원은 잡초로 가득한 집을 지나치기도 한다. 나는 그곳에 사는 사람들이 다소 너무 만족해 한다는 느낌이 든다. 그들에게는 자신의 공간을 더 살기 좋은 곳으로 만들도록 자극하는 약간의 불만족이 필요하다.

필수 어휘 Note **surround** [səráund] ~을 둘러싸다, 에워싸다 | **aspect** [ǽspekt] (사물의) 국면, 양상 | **flaw** [flɔː] 결점, 결함 | **contentment** [kənténtmənt] 만족, 흡족함 **cf. contented** 만족한 | **weed** [wiːd] 잡초 | **dissatisfaction** [dissæ̀tisfǽkʃən] 불만족, 불평

필수 구문 분석

The comfortable feeling [**that** surrounds *a person* [**who** is at peace with the world is great]], ~.

▶ The comfortable feeling을 수식하는 관계사절 안에 a person을 수식하는 관계사절이 들어가 있는 구조.

정답근거

(A) negative 부정적인 ↔ positive 긍정적인

▶ 앞절과 but으로 연결되므로 부정적인 느낌의 내용이 이어질 것을 예상할 수 있다. 이후에 개선될 수 있는 것을 모른척하는 것이 단점이 되거나(a flaw to ignore those things which can be improved) 어떤 사람들은 너무 쉽게 게을러지기도 한다고 했으므로 (A)는 '부정적' 이란 뜻의 negative가 적절.

(B) general 일반적인 ↔ specific 구체적인

▶ 사람들이 '어떤' 만족감을 게으름으로 발전시키는지 찾아보자. For instance 이후에 집을 관리하지 않는 사람에 대한 예가 이어지고 있다. 일상적으로 느끼는 만족감이 게으름으로 연결된 예에 해당하므로 (B)에는 general이 적절.

(C) simulate ~을 가장하다, ~인 체하다; ~의 모의 실험을 하다 / stimulate ~을 자극하다

▶ 집을 관리하지 않는 사람들을 '자극하려면' 약간의 불만족이 필요하다란 문맥이 적절하므로 stimulate가 알맞다.

지문 속 필수어법 7

본문 p.76

1 add

〈not only A but (also) B (A뿐 아니라 B도)〉의 구조. prolong과 문법적으로 대등해야 하므로 add가 적절.

2 (A) who (B) whether

(A) a professional financial advisor에 대한 부가적 설명을 제공하는 계속적 용법의 관계대명사 자리로 who가 적절.

(B) judge의 목적어 자리이며 문맥상 '~인지 아닌지' 란 뜻이 되어야 하므로 whether가 알맞다.

3 Making

문장의 동사는 means로 주어가 필요하다. 따라서 동명사구 Making이 적절.

4 it

for the strong pig를 의미상 주어로 to push the lever를 진목적어로 하는 〈make it worthwhile for A to do〉 구조가 적절. 'A가 ~하는 것을 보람 있게 하다' 란 뜻.

5 enable

that 이하는 문맥상 the things를 선행사로 하는 주격 관계대명사절로 복수동사 enable이 적절. 〈one of+복수명사〉의 형태라 해서 무조건 one에 수일치 해서는 안 된다.

6 that

부사구 time and time again(자주, 반복해서)이 삽입되어 동사 have proven과 목적어절이 떨어져 있는 구조로 목적어절을 이끌 수 있는 that이 적절. time and time again을 수식하는 관계부사절로 생각하지 않도록 한다.

7 ②, ③, ④

문맥상 '~이 없다면' 이란 뜻이고, 뒤에 〈조동사+동사원형〉의 형태가 이어지고 있으므로 가정법 과거 구문이다. Without, But for, If it were not for[Were it not for]는 '~이 없다면' 이란 뜻의 가정법 대용어구. Had it not been for[If it had not been for]는 '~이 없었다면' 이란 뜻으로 가정법 과거완료를 나타낸다.

CHAPTER II

정답률을 높여주는 Reading Skills

Unit Test **핵심스킬** 집중훈련

01

주제 추론 정답 ②

본문 p.80

1 If you were to hang upside down / and then quickly lift your head up, / you would feel very dizzy. 〈주제문〉 2 Giraffes, / **however**, / have an anti-fainting mechanism [that allows them / to swing their heads / more than five meters / from an upside-down position / without getting dizzy]. 3 Like us, / when giraffes hang their heads upside down, / blood rushes to their heads. 4 The difference is / that giraffes' blood vessels / direct most of their blood / to the brain / instead of to the cheeks, tongue and skin, / so when they lift their heads / they have more blood reserves / in their brains. 5 In addition, / giraffes have huge hearts / and special muscles [that quickly pump blood to their brains / when they lift their heads up].

필수 어휘 Note **upside down** 거꾸로 | **dizzy** [dízi] 어지러운, 현기증 나는 | **mechanism** [mékənìzəm] 메커니즘, 기계 장치 | **swing** [swiŋ] ~을 흔들다; 그네 | **rush** [rʌʃ] 돌진하다, 돌격하다 | **blood vessel** 혈관 | **direct A to B** A를 B로 안내하다[향하게 하다] | **cheek** [tʃiːk] 뺨 | **tongue** [tʌŋ] 혀 | **reserve** [rizə́ːrv] 비축, 보존물; ~을 (훗날을 위해) 남겨두다

해석 1 당신이 만약 거꾸로 매달려 있다가 급히 머리를 들어 올린다면 심하게 어지럼증을 느낄 것이다. 2 그러나 기린에게는 머리를 거꾸로 한 자세에서 5미터 이상 빠르게 머리를 흔들어도 어지럼을 느끼지 않는 어지럼 방지 메커니즘이 있다. 3 우리와 마찬가지로 기린도 머리를 거꾸로 하면, 피가 머리로 쏠린다. 4 차이점은 기린의 혈관이 대부분의 피를 뺨이나 혀, 피부 대신에 뇌로 쏠리게 하여 머리를 들어 올릴 때 뇌 속에 피가 더 많이 남아 있는 것이다. 5 또한 기린은 심장이 매우 크고 머리를 들어 올릴 때 뇌에 피를 신속히 펌프질해 넣어 주는 특별한 근육을 갖고 있다.

필수 구문 분석

1 If you **were to** hang upside down / and then quickly lift your head up, / you **would** feel very dizzy.

▶ 가능성이 희박한 일을 가정하는 〈if+주어+were to do〉 구문. 이해를 돕기 위해 만약의 상황을 가정해 본 것이다. '혹시라도 ~한다면'이라고 해석한다.

내가 적용한 리딩스킬 체크하기 ☑

지문을 읽으며 내가 적용한 리딩스킬을 체크해봅시다.

☐ 글의 핵심내용을 담고 있는 주제문이 어느 것인지 파악해야겠다고 생각했다.

⬇

☐ 2번 문장을 주제문으로 파악한 후 이 글의 주제가 기린이 지닌 an anti-fainting mechanism임을 알았다.

▶ 정답 ② 도출

1, 2번 문장은 인간과 달리 기린은 특별한 메커니즘이 있어 갑자기 머리를 들어 올려도 어지럼을 느끼지 않는다는 내용. 역접 연결어 however가 포함된 2번 문장을 이 글의 요지로 파악했다.

핵심스킬 적용! 일반적인 사실이 언급된 후 역접의 연결어와 함께 상반되는 내용이 등장하면 이는 주제문일 가능성이 크다.

⬇

☐ 이어지는 내용을 빠르게 읽고 정답을 바르게 찾았음을 확신했다.

▶ 정답 ② 확신

기린은 인간과 달리 머리를 갑자기 들어 올려도 뇌에 피가 부족하지 않고 커다란 심장과 특별한 근육이 있어 어지럼을 느끼지 않는단 내용. 즉, 2번 문장에서 언급한 an anti-fainting mechanism을 자세히 설명하고 있으므로 주제문을 알맞게 뒷받침하고 있다.

선택지 다시 보기

① eating habits of giraffes (기린의 식습관)
② why giraffes don't get dizzy (기린이 현기증이 나지 않는 이유) ▶ 정답.
③ giraffes' physical problems (기린의 신체적 문제점)
④ unique muscles of the giraffe (기린의 독특한 근육) ▶ 기린이 어지럼을 느끼지 않는 이유 중 하나. 전체 내용을 포괄하기엔 지엽적이다.
⑤ how giraffes came to have long necks (어떻게 기린은 긴 목을 갖게 되었는가)

02

주제 추론 정답 ②

본문 p.80

〈주제문〉 1Things [that are made of such materials / as wood and felt] are extremely sensitive to the environment [in which they are kept]. 2A piano is no exception. 3 **For instance**, / fluctuations [in temperature or the level of humidity] result in physical changes / to the piano's wood and felt. 4In turn, / this influences / the performance of the instrument. 5To avoid any damage, / you should always keep it located / in a place [that is away from open windows or doors]. 6Extended exposure [to heat or direct sunlight] can also cause permanent damage. 7The temperature [at which you can expect the highest quality sound / from your piano] is 20 degrees Celsius.

필수 어휘 Note **extremely** [ikstríːmli] 지극히, 몹시 | **sensitive to A** A에 민감한 | **exception** [iksépʃən] 예외 | **fluctuation** [flʌ̀ktʃuéiʃən] 오르내림, 변동 | **temperature** [témpərətʃər] 기온, 온도 | **humidity** [hjuːmídəti] 습도 | **in turn** 이번에는, 차례로, 번갈아 | **performance** [pərfɔ́ːrməns] 연주; 연기; 수행[실행] | **instrument** [ínstrəmənt] 악기 | **locate** [loukéit] ~에 위치시키다, 두다 | **extended** [iksténdid] 장기간에 걸친, 연장된 | **exposure to A** A에의 노출, (햇볕, 비바람 등)에 드러내 놓음 | **permanent** [pə́ːrmənənt] 영구적인, 영원한 | **celsius** [sélsiəs] 섭씨의

해석 1 나무나 펠트 같은 재질로 만들어진 물건은 그것이 보관되는 환경에 대단히 민감하다. 2 피아노도 예외가 아니다. 3 예를 들어, 기온과 습도가 오르락내리락하면 피아노의 나무와 펠트에 물리적인 변화가 일어난다. 4 이번에는 이것이 악기 연주에 영향을 끼친다. 5 어떤 손상도 막으려면 피아노를 항상 열린 창문 옆이나 문가에서 멀리 떨어진 곳에 두어야 한다. 6 열이나 직사광선에 오랫동안 노출되는 것도 영구적인 손상을 가져올 수 있다. 7 피아노에서 가장 좋은 소리를 기대할 수 있는 온도는 섭씨 20도이다.

필수 구문 분석

5 ~, you should always **keep** it **located** / in *a place* [**that** is away from open windows or doors].

▶ 〈keep + 목적어(it) + 목적격보어(located)〉의 구조. a place 뒤에 이를 수식하는 관계사절이 나오고 있다.

내가 적용한 리딩스킬 체크하기 ☑

지문을 읽으며 내가 적용한 리딩스킬을 체크해봅시다.

□ 글의 핵심내용을 담고 있는 주제문을 찾아야겠다고 생각했다.

↓

□ 1, 2번 문장을 읽고 피아노 보관에 대한 내용임을 파악했다.

▶ 정답 ② 도출

1, 2번 문장은 wood나 felt로 된 사물은 그것을 보관하는 환경의 영향을 많이 받는데 피아노도 예외가 아니라는 내용. 이때 뒤의 3번 문장이 예시를 나타내는 연결어 For instance로 시작되고 있으므로 1, 2번 문장을 이 글의 핵심내용으로 파악했다.

핵심스킬 적용! 예시를 나타내는 연결어 앞에 나오는 문장은 주제문인 경우가 많다.

↓

□ 뒤 내용을 빠르게 확인한 후 정답을 바르게 찾았음을 확신했다.

▶ 정답 ② 확신

기온 및 습도 변화, 열이나 직사광선에의 노출 피하기 등 피아노 보관 시 유의해야 할 구체적인 사항이 나열되고 있으므로 위에서 파악한 내용과 일치한다.

선택지 다시 보기

① materials used in pianos (피아노에 사용되는 재질) ▶ 피아노에 사용되는 재질을 설명하는 글이 아니라 피아노를 잘 보관하는 방법에 대한 글이다.

② preservation of pianos (피아노 보관) ▶ 정답.

③ a performing-arts program (행위예술 프로그램)

④ changing weather conditions (변화하는 기후 조건)

⑤ making music recordings (음악 녹음하기)

03

요지 추론 정답 ①

본문 p.81

[1]Some people say / that laws [that are basically just / and for everyone's good] should be enforced / in any way [that is effective]. [2]But is that really a good idea? [3]Suppose that / we made public, / through local newspapers or other publications, / the names of people [who did not pay their taxes]. [4]If this were in fact allowed under the law, / it would probably stop people / from trying to avoid tax payments / because they would not want / others to learn / about their wrongdoing. [5]But there are numerous legal ways / for the government / to collect money [that is owed to it]. [6]These legal measures contain sufficient penalties, / 〈주제문〉 **so** using public humiliation / to punish anyone [accused of criminal behavior] / is unjust and unnecessary.

필수 어휘 Note **just** [dʒʌst] 공정한, 공평한 (↔**unjust** 불공정한) | **for A's good** A를 위하여 | **enforce** [infɔ́ːrs] (법률 등을) 실행하다, 집행하다 | **make A public** A를 공개하다, 공표하다 | **publication** [pʌ̀blikéiʃən] 간행(물), 발행(물) | **stop A from doing** A가 ~하는 것을 못하게 하다 | **payment** [péimənt] 지불, 결제 | **wrongdoing** [rɔ́ːŋdùːiŋ] 잘못, 불법행위 | **legal** [líːgəl] 합법적인, 법률상의 (↔**illegal** 불법적인) | **owe A to B** A를 B에게 빚지다 | **measure** [méʒər] 조치, 방책 | **sufficient** [səfíʃənt] 충분한, 넉넉한 | **penalty** [pénəlti] 벌칙, 처벌 | **humiliation** [hjuːmìliéiʃən] 창피 | **accuse A of B** A를 B의 이유로 고발[고소]하다

해석 **1** 어떤 사람들은 기본적으로 공정하고 모두를 위한 법이라면 어떤 효과적인 방법으로든 시행되어야 한다고 말한다. **2** 하지만, 그것이 정말 좋은 아이디어인가? **3** 세금을 내지 않은 사람들의 이름을 지역 신문이나 기타 발행물을 통해 공개한다고 치자. **4** 만약 이것이 실제로 법적으로 허용된다면, 사람들은 다른 사람들이 자신의 잘못에 대해 알게 되기를 원치 않을 것이기 때문에 아마도 사람들이 세금 납부를 회피하려는 것을 막게 될 것이다. **5** 그러나 정부로서는 정부에 귀속되어야 할 돈을 모을 합법적인 방법들이 수없이 많다. **6** 이러한 법적 조치 가운데는 충분한 벌금을 물리는 방법도 있다. 따라서 범법 행위로 기소된 누군가를 처벌하기 위해 공개적으로 창피를 주는 것은 부당하고 불필요한 일이다.

필수 구문 분석

3 **Suppose that** / we made public, / through local newspapers or other publications, / *the names of people* [*who did not pay their taxes*].

▶ Suppose that은 '~라고 가정해보라, 만약 ~하면 어떨까'라는 뜻. 목적어(the names of people)가 관계대명사의 수식을 받아 길어져 목적격보어(public) 뒤로 간 형태.

5 But there are *numerous legal ways* / **for** the government / **to** collect money [that is owed to it].

▶ to collect는 앞의 명사 numerous legal ways를 수식하는 형용사적 용법의 to부정사, for the government는 그 의미상 주어이다.

내가 적용한 리딩스킬 체크하기 ☑

지문을 읽으며 내가 적용한 리딩스킬을 체크해봅시다.

☐ 도입부인 1, 2번 문장을 읽고 모든 사람에게 이익이 된다고 해서 법이 어떤 방법으로든 시행되어야 하는 것은 아니라는 내용이 이어질 것으로 예상했다.

일반적인 통념을 언급한 후에 반어법을 사용한 수사의문문(But is that really a good idea?)이 나오고 있으므로 이와 반대되는 내용이 이어질 것을 예상할 수 있다.

↓

☐ But으로 시작하는 5번 문장부터 글의 흐름이 바뀌는 것을 파악하고 '공개적인 비난을 통해 처벌하는 것은 정당하지 않다'는 내용을 이 글의 요지로 파악했다.

▶ 정답 ① 도출

3, 4번 문장은 세금을 납부하지 않은 사람들의 이름을 공개함으로써 세금 납부를 회피하는 것을 막을 수 있다는 내용. 5번 문장에서 이 내용을 반박하고 있다.

핵심스킬 적용! 역접을 나타내는 But과 같은 접속사는 글의 흐름을 바꾼다.

↓

☐ 6번 문장을 읽고 정답을 확신했다.

▶ 정답 ① 확신

핵심스킬 적용! so와 같이 결론을 나타내는 연결어가 글의 마지막 부분에 나오면 그 문장은 주제문일 가능성이 크다.

선택지 다시 보기

① 공개적인 비난은 정당한 처벌방안이 될 수 없다. ▶ 정답.
② 탈세는 저명인사들이 가장 흔히 저지르는 범법행위이다.
③ 범죄자의 신상공개는 범법행위를 줄이는 좋은 방법이다. ▶ 이 글의 요지와 반대되는 내용이다.
④ 정부는 법 집행의 형평성을 위해 노력해야 한다.
⑤ 법이 강화되지 않으면 범죄율이 줄어들지 않을 것이다.

04 제목 추론 정답 ③

본문 p.82

[1] As consumer demand [for fish and seafood] grows, / so does the number of fisheries. [2] In their natural habitats, / fish and seafood are not sources of pollution, / but in fisheries / nothing is natural. [3] Great quantities of fish are held / in areas [containing relatively little water], / which means / that the water must be refreshed often. [4] Every time that occurs, / the dirty water flows into nearby rivers or the ocean. [5] This alters / the chemical balance [of fresh and saltwater systems], / and harms plant and animal life [that is sustained by them]. 〈주제문〉 [6] **In this way**, / fish farms are responsible / for an adverse environmental impact, / specifically the contamination of water.

필수 어휘 Note **fishery**[fíʃəri] 어장, 수산업 | **habitat**[hǽbitæ̀t] (동식물의) 서식지, 생식 환경지 | **refresh**[rifréʃ] ~을 새로이 공급하다, 원기를 회복시키다 | **nearby**[níərbài] 가까운; 가까이에, 근처에 | **alter**[ɔ́:ltər] ~을 바꾸다, 변경하다 | **sustain**[səstéin] ~을 유지하다, 지속시키다 | **adverse**[ædvə́:rs] 부정적인, 적대적인, 불리한 | **impact**[ímpækt] 영향, 충격; ~에 충격을 주다, 영향을 끼치다 | **contamination**[kəntæ̀minéiʃən] 오염, 감염

해석 [1] 어류와 해산물에 대한 소비자 수요가 늘면서 어장의 숫자도 늘고 있다. [2] 자연 서식지에서는 물고기와 해산물이 오염의 원인이 되는 일이 없지만 어장에서는 자연적으로 이루어지는 것이 아무것도 없다. [3] 다량의 물고기가 물의 양이 비교적 적은 곳에 가둬지는데, 이는 그 물을 자주 새 물로 갈아줘야 함을 뜻한다. [4] 그럴 때마다 더러운 물이 근처의 강이나 바다에 흘러 들어간다. [5] 이것은 담수와 염수 시스템의 화학적 균형을 바꾸고 이 시스템에 의해 유지되는 동식물의 삶에도 나쁜 영향을 미친다. [6] 이런 식으로 해서 어장은 환경에 부정적인 영향, 특히 수질 오염에 책임이 있다.

필수 구문 분석

5 This alters / the chemical balance of *fresh and saltwater systems*, / *and* harms *the plant and animal life* [that **is** sustained by **them**].

▶ 두 개의 절이 and로 연결되어 있는 구조이다. 문장 끝의 them은 앞의 fresh and saltwater systems를 가리킨다. plant and animal이 life를 수식하여 관계대명사 절의 동사는 단수동사 is가 쓰였다.

내가 적용한 리딩스킬 체크하기 ☑
지문을 읽으며 내가 적용한 리딩스킬을 체크해봅시다.

□ 알맞은 제목을 찾는 문제이므로 글의 요지를 담고 있는 주제문을 찾아야겠다고 생각했다.

↓

□ 1, 2번 문장을 읽고 어장이 환경에 미치는 부정적인 영향이 이어질 것으로 예상했다.

▶ 정답 ③ 예상

2번 문장에서 자연 서식지에서는 물고기와 해산물이 오염의 원인이 되지 않지만, 어장에서는 자연적인 것이 없다고 했으므로 어장이 수질 오염의 원인이 된다는 구체적인 내용이 이어질 것을 예상할 수 있다.

↓

□ '어장이 수질 오염에 책임이 있다'란 내용의 마지막 6번 문장을 주제문으로 파악하고 선택지 중 이와 가장 유사한 ③번을 정답으로 골랐다.

▶ 정답 ③ 도출

핵심스킬 적용! 글의 마지막 부분에 결과를 나타내는 연결어가 오면 그 문장은 주제문일 가능성이 크다. In this way(이런 식으로, 이렇게)도 결과를 나타내는 연결어의 한 종류.

선택지 다시 보기

① Fisheries: The Economic Impact (어장, 그 경제적 파장)
② Health Advantages of Farmed Fish (양식 어류의 건강상 이점)
③ A Water Pollution Cause: Fisheries (수질 오염의 원인, 어장) ▶ 정답.
④ Fisheries and Habitat Conservation (어장과 생물 서식지 보존)
⑤ Maintenance of Fish Farm Sites (양식 어장의 유지 관리)

05

목적 추론 정답 ⑤ 본문 p.82

[1]In our motorized, industrialized, high-tech world, / noise is a presence [that we cannot easily ignore] / and it is hard to escape from it. [2]We go about our days, / and frequently our nights now, / accompanied by sounds [of every manner [of busy human activity]]. [3]Not even our protected yet remote national parks / feel like a wilderness any longer, / since passenger jets and other aircraft / may roar overhead at any time. 〈주제문〉 [4]It is clear / that we need official measures [to enforce peace and quiet]. [5]While there is no question that / many people find comfort / in the sounds of daily living, / it is equally true / that we need protection from them / as well.

필수 어휘 Note **motorized**[móutəràizd] 자동화된 | **presence**[prézəns] 존재; 현재; 출석 | **escape from** ~에서 벗어나다, 탈출하다 | **go about** (평소처럼) 계속하다 | **frequently**[fríːkwəntli] 자주, 빈번히 | **accompany**[əkʌ́mpəni] ~을 수반하다, 동반하다 | **remote**[rimóut] 멀리 떨어진, 먼 | **wilderness**[wíldərnis] 황무지, 자연보호 지역 | **passenger jet** 여객기 | **aircraft**[ɛ́ərkræ̀ft] 항공기 | **roar**[rɔr] (자동차, 기계 등이) 큰소리를 내며 움직이다; 고함치다; 으르렁거리다 | **overhead**[òuvərhéd] 머리 위로; 머리 위의

해석 1 자동화되고, 산업화된 첨단 기술의 사회에서 소음은 쉽게 무시할 수 없는 존재이며 그 존재로부터 벗어나기도 어렵다. 2 우리는 낮 동안, 그리고 이제는 종종 밤에 온갖 종류의 분주한 인간 활동에서 야기되는 소리를 들으며 지낸다. 3 심지어 보호구역이면서 멀리 떨어져 있는 국립공원까지도 더 이상 자연보호 지역으로 느껴지지 않는데, 여객기와 그 밖의 항공기들이 당장에라도 굉음을 내며 머리 위로 날아갈지 모르기 때문이다. 4 우리에게는 평화와 고요를 가져다줄 공식적인 조치가 필요한 것이 분명하다. 5 많은 사람들이 일상적인 삶의 소리에서 안락함을 느끼는 것도 분명하지만, 그 소리로부터 보호가 필요한 것 또한 똑같이 맞는 얘기다.

필수 구문 분석

5 While **there is no question that** / many people find comfort / in *the sounds of daily living*, / **it** is equally true / **that** we need protection from *them* / as well.

▶ there is no question that ~은 '~은 의심할 여지가 없다'란 뜻. 콤마 뒤 주절에서 it은 가주어, that 이하가 진주어이다. that절 내의 them은 앞에 나오는 the sounds of daily living을 가리킨다.

내가 적용한 리딩스킬 체크하기 ☑
지문을 읽으며 내가 적용한 리딩스킬을 체크해봅시다.

☐ 글의 앞부분을 읽고 이 글에서 다루고 있는 소재가 '소음'임을 파악했다.

▶ 정답 ⑤ 도출

글의 목적을 묻는 문제는 요지나 제목, 주제를 묻는 유형처럼 글의 핵심 내용을 파악한 후 이와 유사한 정답을 골라야 한다. 우선 도입부를 통해 글의 소재를 파악한 다음, 주제문의 위치를 찾도록 하자.

⬇

☐ 평화와 고요함을 보장해주는 공식적인 조치가 필요하다는 4번 문장의 내용을 이 글의 요지로 파악했다.

▶ 정답 ⑤ 확신

1~3번 문장에서 현대사회가 늘 소음을 동반한다는 내용을 지적하다가, 4번 문장에서는 그러한 이유 때문에 조용히 지낼 수 있는 조치가 필요하다고 주장하고 있다. 따라서 4번 문장이 주제문. 선택지 가운데 주제문의 내용과 가장 유사한 ⑤번이 정답.

핵심스킬 적용! 주제문은 글에서 가장 중요한 내용을 전달하는 문장이므로 need, should, must 등 강하게 자신의 주장을 드러내는 표현이 자주 등장한다. It is clear that ~(~임이 분명하다) 또한 필자의 강한 주장을 드러내는 표현.

선택지 다시 보기

① 적당한 휴식의 중요성을 강조하려고 ▶ comfort라는 단어에서 떠올릴 수 있는 말이지만, 휴식을 강조한 것이 아니라 소음에서 벗어날 필요성이 있다는 내용이다.
② 공항 내 보안규정에 대해 설명하려고
③ 밤 동안의 산업 활동 자제를 당부하려고
④ 공공장소에서 지켜야 할 규칙을 안내하려고
⑤ 소음 공해에 대한 규제의 필요성을 알리려고 ▶ 정답.

06

요약문 완성 정답 ①　　　　본문 p.83

If we try to ___(A)___ the stresses [in life] as normal / instead of trying to ___(B)___ them, / then we will lead healthier and more successful lives.

↓

[1] The pressures and stresses [of modern life] / can cause many of us / to experience depression / and feel less motivated and excited / about our lives. 〈주제문〉 [2] Adaptability is the **key** / to successfully managing these unavoidable aspects [of life today]. [3] Smoking or drinking a lot / definitely does not help people to cope, / and neither do painkillers or sleeping pills. [4] These may temporarily / soften the impact [of life's ups and downs], / but they don't help us / learn to tolerate them. [5] As hard as it can be sometimes, / 〈주제문〉 **one of the best ways** [to adapt to pressure] is / to simply acknowledge it as routine.

↓

If we try to (A) **accept** the stresses [in life] as normal / instead of trying to (B) **escape** them, / then we will lead healthier and more successful lives.

필수 어휘 Note **pressure** [préʃər] 압력, 부담 | **depression** [dipréʃən] 우울, 낙담 | **motivated** [móutivèitid] 의욕에 찬, 동기가 부여된 | **adaptability** [ədæ̀ptəbíləti] 적응력, 융통성 | **unavoidable** [ʌ̀nəvɔ́idəbəl] 피할 수 없는 | **definitely** [défənitli] 분명히, 정말로 | **cope** [koup] 대처하다, 극복하다 | **painkiller** [péinkìlər] 진통제 | **temporarily** [témpərərili] 일시적으로, 잠깐 | **soften** [sɔ́(:)fən] ~을 경감시키다, 완화시키다 | **ups and downs** 기복, 굴곡 | **tolerate** [tálərèit] ~을 참다, 견디다 | **adapt to A** A에 적응하다, 순응하다 | **acknowledge** [əknálidʒ] ~을 인정하다, 승인하다

해석 [1] 현대 생활에서의 압박감과 스트레스는 많은 이들로 하여금 우울함을 겪게 하고 자기 삶에 대해 덜 의욕적이고 덜 흥미를 갖게 한다. [2] 바로 적응력이 오늘날 삶의 피할 수 없는 측면들을 성공적으로 다룰 수 있는 비결이다. [3] 담배를 피우거나 술을 많이 마시는 것은 결코 (이러한 것에) 대처하는 데 도움이 되지 않고, 진통제나 수면제 또한 마찬가지다. [4] 이런 것들은 살면서 느끼는 감정의 기복을 일시적으로 경감시켜 주기는 하지만 참는 것을 배우는 데 도움이 되지는 않는다. [5] 가끔은 좀 어렵더라도 압박감에 적응하는 최상의 방법 중 하나는 그것을 그냥 일상적인 것으로 인정하는 것이다.

↓

만약 우리가 삶의 스트레스에서 (B) 벗어나려고 하는 대신에 그것을 정상적인 것으로 (A) 받아들이려고 한다면 우리는 보다 건강하고 성공적인 삶을 살게 될 것이다.

필수 구문 분석

5 **As hard as it can be** sometimes, / ~.

▶ 〈as+형용사+as+주어+동사〉는 '비록 ~이지만'이라고 해석하며 Though it can be hard ~로 바꿔 쓸 수 있다.

내가 적용한 리딩스킬 체크하기 ☑

지문을 읽으며 내가 적용한 리딩스킬을 체크해봅시다.

☐ 요약문을 읽고 스트레스에 어떻게 대처해야 하는지에 대한 내용이 나올 것이라고 예상했다.

↓

☐ 선택지 내용을 대입하면서 오답가능성이 있는 것을 소거했다.

▶ 선택지 ② 제외

스트레스를 이해하는 대신 스트레스를 간직하면 더 건강하고 성공적인 삶을 살 수 있다는 문맥은 논리적으로 적절치 않다. (▶ 개념편 Unit 11 참조)

↓

☐ 2번 문장의 the key to A (A에 대한 비결[열쇠])란 표현을 보고 이 문장이 글의 요지임을 파악했다.

▶ 정답 ① 도출

1번 문장에서 압박감과 스트레스의 부정적인 영향에 대해 언급한 다음, 2번 문장에서 Adaptability(적응력)가 그것을 극복하는 비결이라고 했다. 따라서 해결책을 제시하는 2번 문장이 필자가 말하려는 주된 내용.

핵심스킬 적용! 주제문에는 key, essential, important 등 '중요함'을 나타내는 표현이 자주 등장한다.

↓

☐ 예상한 정답이 맞는지 뒤 내용을 빠르게 검토하다가 5번 문장의 one of the best ways ~ as routine을 보고 정답을 바르게 찾았음을 확신했다.

▶ 정답 ① 확신

압박감을 일상적인 것(routine)으로 받아들이는 것이 최선의 방법 중 하나라는 필자의 주장이 펼쳐지고 있다. one of the best ways가 주제문임을 알려주는 단서. 따라서 5번 문장의 내용과 일치하려면 스트레스에서 벗어나려(escape) 하지 말고 자연스러운 것으로 받아들이라는(accept) 뜻의 선택지 ①번이 정답. 참고로 이 글은 주제문이 글의 앞뒤에 등장하는 양괄식 구조이다.

핵심스킬 적용! 주제문은 가장 핵심이 되는 내용을 담고 있으므로 최상급 표현을 사용하기도 한다.

선택지 다시 보기

	(A)		(B)	
①	받아들이려고	----	벗어나려고	▶ 정답.
②	간직하려고	----	이해하려고	
③	잊어버리려고	----	만드려고	
④	제외하려고	----	기억하려고	
⑤	맞서려고	----	과장하려고	

07

필자의 주장 정답 ⑤

본문 p.84

1 In the next decade, / tens of thousands of criminals [who were locked up / as a result of tough anti-crime policies] will be released / from prisons. 2 We have some programs [created to help / former prisoners / adjust to new life / outside prison]. 3 However, / their release [in such large numbers] will make it hard / to run those programs. 4 They are already running short of funds, / so they can't provide adequate social services / for ex-prisoners. 〈주제문〉 5 We **should** support the programs financially / so that they can help ex-prisoners / settle in society. 6 We can't leave them / to return / to the criminal behavior [that got them into trouble in the first place].

필수 어휘 Note **criminal** [krímənəl] 범죄자; 범죄의 **cf. crime** [kraim] 범죄 | **lock up** ~을 가두다 | **release** [rilí:s] ~을 석방하다, 풀어주다; 석방, 해방 | **prison** [prízn] 감옥 **cf. prisoner** [príznər] 수감자, 죄수 | **adjust to A** A에 적응하다 | **run short of** ~이 부족하다 | **adequate** [ǽdikwit] 충분한 | **settle in** ~에 정착하다 | **in the first place** 처음에, 애초에

해석 1 강력한 반(反) 범죄 정책의 결과로 수감되었던 수만 명의 범죄자들이 10년 후에 교도소에서 풀려난다. 2 전과자들이 교도소 밖의 새로운 생활에 적응하는 것을 돕기 위해 만들어진 프로그램들이 있다. 3 그러나 그렇게 많은 수의 범죄자 석방은 그 프로그램들을 운영하는 것을 어렵게 할 것이다. 4 그 프로그램들은 이미 자금이 부족한 상태이며, 따라서 전과자들을 위한 충분한 사회적 서비스를 제공할 수 없다. 5 우리는 그 프로그램들을 재정적으로 지원해서 전과자들이 사회에 정착하는 것을 도와야 한다. 6 전과자들이 애초에 자기 자신을 어려움에 처하게 한 그 범죄행위를 다시 하게 해서는 안 된다.

필수 구문 분석

1 ~, **tens of thousands of *criminals*** [*who* were locked up / as a result of tough anti-crime policies] **will be released** / from prisons.
▶ 주어는 tens of thousands of criminals, 동사는 will be released. who가 이끄는 관계대명사절이 criminals를 수식하고 있다.

3 ~, their release [in such large numbers] will make *it* hard / **to** run those programs.
▶ 〈make+가목적어(it)+목적격보어(hard)+to do〉의 구조.

5 We should support the programs financially / **so that** they can help ex-prisoners / settle in society.
▶ 〈so that ~〉은 문맥에 따라 '결과(~해서 그 결과)' 또는 '목적(~하기 위하여)'을 나타낸다. 문맥에 따라 알맞게 해석하도록 한다.

내가 적용한 리딩스킬 체크하기 ☑
지문을 읽으며 내가 적용한 리딩스킬을 체크해봅시다.

☐ 필자의 주장을 묻는 문제이므로 필자의 주장이 가장 강하게 드러난 부분을 찾아야겠다고 생각했다.

↓

☐ 1, 2번 문장을 읽고 전과자들을 돕는 프로그램에 관한 내용임을 파악하고 이와 가장 유사한 ⑤번을 정답으로 예상했다.
▶ 정답 ⑤ 예상

↓

☐ 3, 4번 문장을 읽고 ⑤를 정답으로 도출했다.
▶ 정답 ⑤ 도출

1, 2번 문장에서 전과자들을 돕는 프로그램이 있다는 일반적인 진술을 한 후, However로 화제를 전환하여 프로그램 운영 자금 부족에 대한 문제 제기를 하고 있다.

핵심스킬 적용! However 등 '역접'의 연결어와 함께 상반되는 내용이 등장하면 이는 주제문일 가능성이 크거나 글의 핵심내용을 드러내기 위해 화제를 전환하는 문장에 해당하므로 이후의 내용을 주의 깊게 읽어야 한다.

↓

☐ 5번 문장은 전과자들을 돕는 프로그램을 재정적으로 지원해야 한다는 내용으로 글쓴이의 견해가 강하게(should) 드러나 있다. 이를 주제문으로 보고 ⑤번을 정답으로 확신했다.
▶ 정답 ⑤ 확신

핵심스킬 적용! 주제문은 글에서 가장 중요한 내용을 전달하는 문장이므로 should, need, must 등 '~해야 한다'란 뜻의 의무를 나타내는 표현이 자주 등장한다.

선택지 다시 보기

① 교도소 시설을 개선해야 한다.
② 전과자에 대한 인식의 변화가 필요하다.
③ 강력범을 수용할 교도소를 증설해야 한다.
④ 재범 방지를 위해 강력한 처벌이 필요하다.
⑤ 전과자를 위한 프로그램에 재정 지원을 해야 한다.
▶ 정답.

08

제목 추론 정답 ①

본문 p.84

1 The number [of low-priced, or budget airlines] is increasing constantly / because of changing trends [in commercial air service]. 2 Customers value savings more / than comfort. 〈주제문〉 3 Budget airlines can afford to be cheap / by doing away with some services. 4 **For example**, / there are no assigned seats / or in-flight meals. 5 A budget airline may sell airline tickets at low prices, / but its fares are not off-season ticket rates. 6 These airlines reduce the costs [in service] / in order to reduce the price [of the tickets]. 7 The reason [of reducing the price of the tickets] is a quick-returns policy. 8 Decreasing prices [due to reduction in operating costs] makes the number of customers go up, / which means more flights and more business from flyers.

필수 어휘 Note **budget**[bʌ́dʒit] 값이 싼, 가격이 저렴한 | **constantly**[kɑ́nstəntli] 계속해서, 꾸준히 | **commercial**[kəmə́ːrʃəl] 상업의; 광고 | **savings**[séiviŋz] 비용 절감; 저축액 | **do away with** ~을 없애다 | **assign**[əsáin] ~을 배정하다, 할당하다 | **policy**[pɑ́ləsi] 정책 | **reduction**[ridʌ́kʃən] 감소, 하락 | **operating costs** 운영비(용)

해석 1 상업 항공 서비스 분야의 변화하는 추세 때문에 낮은 가격, 즉 저가 항공사의 수가 계속해서 증가하고 있다. 2 고객들은 안락함보다는 비용 절감에 더 가치를 둔다. 3 저가 항공사들은 몇몇 서비스를 없애버림으로써 비용을 싸게 할 수 있다. 4 예를 들어, 좌석을 지정할 수 없거나, 기내식이 제공되지 않는다. 5 저가 항공사는 항공권을 낮은 가격에 팔 수 있지만 그 요금이 비수기 항공권 시세는 아니다. 6 이런 항공사들은 항공권 가격을 낮추기 위해 서비스 비용을 줄인다. 7 항공권 가격을 줄일 수 있는 이유는 박리다매(이익을 적게 보고 많이 파는 것) 정책 때문이다. 8 운영비의 삭감으로 인한 비용 감소는 고객의 수를 늘어나게 하는데 이는 더 많은 비행이 있고 비행기를 타는 사람들로 인해 더 많은 거래가 있다는 것을 뜻한다.

필수 구문 분석

1 **The number** [of low-priced, or budget airlines] / **is** increasing constantly / because of *changing* trends [in commercial air service].

▶ 〈The number of+복수명사〉는 The number에 수일치하므로 단수동사 is가 쓰였다. 여기서 changing은 trends를 수식하는 현재분사. 동명사로 생각하지 않도록 주의한다.

내가 적용한 리딩스킬 체크하기 ☑

지문을 읽으며 내가 적용한 리딩스킬을 체크해봅시다.

☐ 1, 2번 문장을 읽고 저가 항공사에 대한 내용이 이어질 것을 예상했다.

↓

☐ 3번 문장은 저가 항공사가 몇몇 서비스를 없애면서 저렴한 가격에 항공권을 내 놓고 있다는 내용으로 뒤에 그 예가 제시되고 있다. 이 문장을 주제문으로 파악하고 ①번을 정답으로 골랐다.

▶ 정답 ① 도출

핵심스킬 적용! 예시를 나타내는 연결어 앞에 오는 문장은 주제문인 경우가 많다. 글쓴이가 요지를 제시한 다음 그에 대한 근거를 들기 때문이다.

↓

☐ 이후의 내용을 읽으며 정답을 알맞게 골랐는지 확인했다.

▶ 정답 ① 확신

좌석 배정을 할 수 없고, 기내식을 제공하지 않으며 박리다매 정책으로 운영비를 줄여 항공권의 가격을 낮췄다는 내용이 이어지고 있으므로 정답을 알맞게 골랐다고 할 수 있다.

선택지 다시 보기

① Budget Airlines Offer Low Fares (저가 항공사가 저렴한 요금을 제시하고 있다.) ▶ 정답.

② New Security Policies in Airports (공항의 새로운 보안 정책)

③ Inconveniences of Budget Airlines (저가 항공의 불편함) ▶ 좌석이 배정되지 않고, 기내식도 제공되지 않는다고 했지만, 이를 불편하다고 언급하지 않았으며 오히려 소비자들은 안락함보다 비용 절감을 선호한다고 했다.

④ Passengers Prefer Comfort to Savings (승객은 비용 절감보다 안락함을 선호한다.) ▶ ③번과 동일.

⑤ Providing Good Services for Passengers (승객에게 좋은 서비스 제공하기) ▶ 저가 항공사의 경영원칙은 서비스를 줄여 낮은 가격에 항공권을 제공하는 것이므로 오답.

09

제목 추론 정답 ③ 본문 p.85

[1] Most of us believe / that we can trust in technology / to solve our problems. [2] Whatever problem you name, / you can also name some hoped-for technological solution. [3] Some of us have faith [that we shall solve our dependence [on fossil fuels] / by developing new technologies [for hydrogen engines, / wind energy, / or solar energy]]. [4] Some of us have faith [that we shall solve our food problems / with genetically modified crops newly / or soon to be developed]. [5] Those [with such faith] assume / that the new technologies will ultimately succeed, / without harmful side effects. 〈주제문〉 [6] **However**, / there is no basis for believing / that technology will not cause / new and unanticipated problems / while solving the problems [that it previously produced].

필수 어휘 Note **hoped-for** 기대되는 | **dependence on** ~에의 의존 | **hydrogen** [háidrədʒən] 수소 | **solar**[sóulər] 태양의 | **genetically modified** 유전자 변형의 | **assume**[əsjúːm] ~을 추측하다, 가정하다 | **ultimately**[ʌ́ltəmitli] 결국, 궁극적으로 | **side effect** 부작용 | **basis**[béisis] 근거, 기초 | **unanticipated**[ʌ̀næntísipeitid] 예기치 못한

해석 1 우리들 대부분은 문제를 해결함에 있어서 과학기술을 신뢰할 수 있다고 생각한다. 2 당신이 어떤 문제를 제기하든 간에 당신은 또한 과학기술적으로 기대할 만한 해결책을 제기할 수 있다. 3 우리들 중 일부는 수소엔진, 풍력에너지, 또는 태양에너지를 얻기 위한 새로운 기술을 개발함으로써 화석연료에 대한 의존을 해결할 거라는 믿음을 가지고 있다. 4 우리들 중 일부는 새로이 또는 머지않아 개발될 유전자 변형 곡물로 식량문제를 해결할 거라는 믿음을 가지고 있다. 5 그러한 믿음을 가진 사람들은 새로운 과학기술이 해로운 부작용 없이 결국 성공을 거두리라고 추측한다. 6 그러나 과학기술이 이전에 발생한 문제를 해결하는 과정에서 예기치 못한 새로운 문제를 야기하지 않을 거라고 믿을만한 근거는 전혀 없다.

필수 구문 분석

5 **Those** [with such faith] assume / that the new technologies ~.

▶ Those는 불특정한 사람들을 가리킬 때 쓰인다. with such faith가 주어인 Those를 수식하고 assume이 동사인 구조.

내가 적용한 리딩스킬 체크하기 ☑

지문을 읽으며 내가 적용한 리딩스킬을 체크해봅시다.

☐ 1, 2번 문장을 읽고 과학기술에 대한 신뢰가 이 글의 소재라고 생각했다.

↓

☐ 3~5번 문장은 일부 사람들은 과학기술이 인간의 모든 문제를 해결해주리라는 낙관적인 생각을 한다는 내용. 1, 2번 문장의 내용과 종합했을 때 정답 가능성이 적은 ①, ②, ⑤번을 우선적으로 제외했다.

▶ ①, ②, ⑤ 제외

①, ②, ⑤번은 비교적 객관적 입장의 선택지로 주관적 입장의 뉘앙스가 담긴 지문을 포괄하기에는 부족하다.

↓

☐ However로 시작하는 6번 문장을 주제문으로 보고 이와 가장 유사한 ③을 정답으로 골랐다.

▶ 정답 ③ 도출

문제를 해결하는 과정에서 예기치 못한 문제가 발생할 가능성이 있음을 지적하며 앞의 내용을 반박하고 있다.

핵심스킬 적용! However 등 역접의 연결어가 등장했을 때, 이는 주제문에 해당할 가능성이 크므로 주의해서 읽도록 한다.

선택지 다시 보기

① Methods of Controlling New Technology (새로운 과학기술을 통제하는 방법)
② Technology: Its Past, Present, and Future (과학기술의 과거, 현재, 미래)
③ Common Misconceptions about Technology (과학기술에 대한 일반적인 오해) ▶ 정답.
④ Great Contributions of Technology to Humans (인류에 대한 과학기술의 공헌)
⑤ Ultimate Solutions for Fuel and Food Problems (연료와 식량 문제에 대한 궁극적 해결책)

10

정답 ② 본문 p.86

해석 실내에서 서로 밀접하게 접촉하며 지내는 경향이 있는 겨울철에는 감기가 흔한 일이다. 당신이 감기에 걸렸다면, 일종의 간접적 신체 접촉의 형태로 전염되었을 가능성이 있다. 예를 들어, 감기에 걸린 사람이 기침을 할 때 손으로 입을 막거나 손으로 코를 닦으면 이제 그 손은 감기 바이러스를 옮기고 다니는 것이다. 그 손으로 문을 열면 바이러스가 이제 문의 손잡이를 오염시키는 것이다. 감기 바이러스는 물건에서 최대 3시간까지 살아 있을 수 있으므로 그 시간 내에 그 손잡이를 만지고 눈, 코, 입을 만지면 감염이 된다. 그것이 바로 손을 씻는 것이 감기에 걸리는 것을 막는 단연 가장 좋은 예방법인 이유이다.

필수 어휘 Note **in contact with** ~와 접촉하여 | **transmit**[trænzmít] (병 등을) 전염시키다, 옮기다; ~을 전달하다 | **indirect**[ìndirékt] 간접적인 (↔**direct** 직접적인) | **cough**[kɔ(:)f] 기침하다; 기침 (소리) | **wipe**[waip] ~을 닦아내다, 문지르다 | **contaminate**[kəntǽminèit] ~을 오염시키다, 더럽히다 | **infect**[infékt] (병을) 감염시키다, 전염시키다

정답근거

① it(=a cold) was transmitted
▶ 감기는 '전염되는' 것이므로 수동태가 알맞다.

② someone with a cold *covers* her mouth when she's coughing / or wiping → wipes her nose with her hand
▶ 문맥상 covers와 접속사 or로 연결되어야 하므로 wipes가 적절. she's coughing에 연결된다고 생각하지 않도록 주의.

③ for up to three hours
▶ 여러 전치사가 겹쳐 쓰여 어색해 보일 수도 있지만 up to(~까지)는 두개의 전치사가 결합되어 사용되는 관용어구이다. up to three hours가 전치사 for(~동안)의 목적어 역할을 하고 있다.

④ within that time
▶ 여기서 that은 지시형용사로 쓰여 '그 ~, 저 ~'라는 뜻. '그 시간 안에' 라고 해석한다. 여기서 that time은 문맥상 three hours를 가리킴.

⑤ by far the best protection
▶ 최상급을 강조할 때는 by far, by no means, the very 등을 사용한다.

11

정답 ④ 본문 p.86

해석 연구결과는 일반적으로 명상이 행복에 긍정적인 영향을 끼친다고 보여줬지만, 근래에 들어서야 한 연구가 그 습관을 뇌의 변화와 연관시킬 수 있었다. 노화가 됨에 따라 뇌의 가장 바깥층이 점점 얇아진다. 연구원들은 이 뇌 바깥층이 정신적 예민함과 관계가 있는데 나이가 들면서 이 예민함 또한 줄어든다고 짐작한다. 최근의 연구는 규칙적으로 명상을 한 사람과 전혀 명상을 하지 않은 사람들의 뇌를 비교했다. 규칙적인 명상을 한 사람들의 뇌 바깥층이 다른 사람들에 비해 더 두꺼웠다. 이 연구는 명상이 노화가 진행되는 속도를 늦출 수 있다는 것을 시사한다.

필수 어휘 Note **meditation**[mèdətéiʃən] 명상 **cf. meditate**[médətèit] 명상하다 | **well-being** 행복, 안녕 | **aging**[éidʒiŋ] 노화 | **outermost**[áutərmòust] 가장 바깥쪽의 **cf. outer** 바깥쪽의, 외면의 | **layer**[léiər] 층 | **sharpness**[ʃáːrpnis] 예리함, 날카로움

정답근거

(A) only recently has a study been able to link the practice
▶ only는 준부정어. only recently, not only와 같이 only가 이끄는 어구가 문두에 위치할 때 〈동사+주어〉의 어순으로 주어와 동사가 도치된다.

(B) mental sharpness, which also decreases with the age
▶ 계속적 용법으로 쓰인 관계대명사 자리로 which가 적절. that은 계속적 용법으로 쓸 수 없다. which는 앞의 mental sharpness를 가리킨다.

(C) the outer layer [of the brains of those [doing regular meditation]] was ~
▶ of가 이끄는 전치사구가 the outer layer를 수식하는 구조로 the outer layer에 수일치한다. doing 이하는 앞의 those를 수식.

12

정답 ⑤ 본문 p.87

해석 센트럴 대학에서 제공되는 어학 프로그램에 대해 문의해 주셔서 감사합니다. 동봉한 것은 등록, 수업료, 기숙사 내용이 포함된 가을 학기 과정에 대한 자료입니다. 학기가 시작되기 몇 주 전에 기숙사 사무소에서는 학생들에게 지정된 기숙사를 알려줍니다. 각 기숙사 지하층에는 세탁시설이 갖춰져 있습니다. 모든 기숙사 신청을 위해서는 50달러의 보증금이 필요합니다. 기숙사 방은 선착순으로 배정되며, 그 이후에는 보증금과 함께 한 학기 분 기숙사비 전액을 지불하셔야 합니다. 이 돈을 반드시 내셔야 하고, 그렇지 않으면, 기숙사 배정 자체가 취소될 수 있습니다. 숙박 공간이 제한되어 있으므로 가급적 빨리 신청서를 내는 것이 유리합니다.

필수 어휘 Note **enclose** [inklóuz] ~을 동봉하다; ~을 둘러싸다 | **registration** [rèdʒistréiʃən] 등록 | **tuition** [tjuːíʃən] 수업료, 등록금 | **prior to A** A에 앞서 | **dormitory** [dɔ́ːrmitɔ̀ːri] 기숙사 (= dorm) | **basement** [béismənt] 지하층, 지하실 | **be equipped as** ~로서의 시설을 갖추고 있다 | **deposit** [dipɑ́zit] 보증금, 예탁금 | **on a first come, first served basis** 선착순으로 | **due** [djuː] 당연히 내야 할, 지불 기한이 된 | **accommodation** [əkɑ̀mədèiʃən] 숙박 시설 | **to A's benefit** A에게 이익이 되는

필수 구문 분석

Enclosed is / information on our autumn semester courses, including registration, tuition, and housing.

▶ Enclosed는 문장의 보어. 주어인 information on ~ and housing이 길어져 〈보어+동사+주어〉의 순으로 도치된 경우이다.

정답근거

(A) designate ~을 지정[지명]하다 / design ~을 디자인하다
▶ 기숙사 사무소에서 학생들에게 '지정된' 기숙사 방을 안내해준다는 문맥이므로 designated가 적절.

(B) assist ~을 돕다 / assign (일, 방 등을) 할당[배당]하다
▶ 기숙사 방이 선착순(on a first come, first served basis)으로 '배정된다'는 의미가 적절하므로 assigned가 적절.

(C) withdraw ~을 취소하다, 철회하다 / deposit ~을 맡기다; 예금하다
▶ 보증금과 기숙사비를 지불하지 않으면, 기숙사 배정이 '취소될' 수 있다는 문맥이 적절하므로 withdrawn이 알맞다.

지문 속 직독직해 1

본문 p.88

1 만약 이것이 실제로 법적으로 허용된다면 / 그것은 아마도 사람들이 (~하는 것을) 막게 될 것이다 / 세금 납부를 회피하려고 노력하는 것을 / 왜냐하면 사람들은 (~하는 것을) 원치 않을 것이기 때문이다 / 다른 사람들이 알게 되기를 / 자신의 잘못에 대해.

해석 Tip 〈If+S+가정법 과거(과거동사), S+조동사 과거〉는 현재 사실을 반대 또는 가정, 상상하도록 해석한다. '만약 ~하면, …할 것이다'란 뜻.

2 소비자 수요가 [어류와 해산물에 대한] 늘면서 / 어장의 숫자도 늘고 있다.

해석 Tip 〈as ~ , so …〉는 '~이듯이 …이다'란 뜻.

3 담배를 피우거나 술을 많이 마시는 것은 / 사람들이 대처하는 데 결코 도움이 되지 않는다 / 그리고 진통제나 수면제 또한 마찬가지다.

해석 Tip 〈neither+(조)동사+S〉는 '부정'의 말에 동의하는 표현으로 'S도 역시 그렇다'란 뜻.

4 비용 감소는 [운영비의 삭감으로 인한] 고객의 수를 늘어나게 하는데 / 이는 더 많은 비행이 있고 비행기를 타는 사람들로 인해 더 많은 거래가 있다는 것을 뜻한다.

해석 Tip 계속적 용법으로 쓰인 관계대명사가 가리키는 바를 정확히 이해해야 한다. 여기서 which는 앞절 전체를 가리킨다.

Unit Test **핵심스킬** 집중훈련

01

빈칸 추론 정답 ③ 본문 p.90

〈주제문〉 1 Although plants are usually thought to have adapted / to changes in climate / and to insect and animal behavior / over tens of thousands of years, / humans have also played a role in their **evolution**. 2 In the Neolithic era, / people began cultivating crops / and unknowingly changed the genetic structure of several grasses / by favoring plants [that best suited human nutritional needs]. 3 For example, / a plant [with edible parts [that were too small / or that had a bitter taste]] was passed over / in favor of bigger and better tasting specimens, / and a plant [that quickly dropped its seeds / upon maturity] could not be stored / until the next growing season, / so it was also left behind, / uncultivated.

필수 어휘 Note **adapt to A** A에 적응하다, 순응하다 | **play a role in** ~에 있어서 역할을 하다 | **Neolithic** [nìːoulíθik] 신석기 시대의 | **era** [érɑ] 시대, 시기 | **cultivate** [kʌ́ltivèit] ~을 재배하다, 경작하다 **cf. uncultivated** [ʌnkʌ́ltivèitid] 경작되지 않은 | **unknowingly** [ʌ̀nnóuiŋli] 모르는 사이에, 부지불식간에 | **genetic** [dʒinétik] 유전자의, 유전의 | **nutritional** [njuːtríʃən(ə)l] 영양상의 | **edible** [édəbəl] 먹을 수 있는 | **bitter** [bítər] (맛이) 쓴; 고통스런 | **pass over** ~을 간과하다, 무시하다 | **in favor of** ~의 편을 들어, ~을 지지하여 | **specimen** [spésəmən] 표본, 견본 | **maturity** [mətjúərəti] 잘 익음, 성숙 | **leave behind** ~을 남기다

해석 1 보통 식물이 수만 년에 걸쳐 기후 변화와 곤충, 동물의 행동에 적응해 왔다고 여겨지지만, 인간 또한 식물의 진화에 한몫을 담당해 왔다. 2 신석기 시대에 인간은 곡식을 재배하기 시작했고 인간의 영양상 필요에 가장 잘 맞는 식물을 선호함으로써 자기도 모르게 몇몇 풀의 유전자 구조를 변화시켰다. 3 예를 들어, 먹을 수 있는 부분이 너무 작거나 쓴맛이 나는 식물은 보다 크고 맛이 더 좋은 품종이 선호되는 통에 간과되었고, 익자마자 금방 씨가 떨어져 버리는 식물은 다음번 수확기까지 저장할 수 없어서 경작하지 않고 그대로 남겨졌다.

필수 구문 분석

1 Although plants **are** usually **thought to have adapted** *to* changes in climate / and *to* insect and animal behavior over tens of thousands of years, ~.

▶ 〈be thought to have p.p.〉는 '~였다고 여겨지다'란 뜻으로 to부정사가 가리키는 시제가 주절의 시제보다 과거일 때 〈to have p.p.〉의 형태를 사용한다. adapt to는 '~에 적응하다'란 뜻으로 여기서 to는 전치사. 두 개의 전치사구가 and로 연결된 형태.

내가 적용한 리딩스킬 체크하기 ☑
지문을 읽으며 내가 적용한 리딩스킬을 체크해봅시다.

☐ 빈칸이 포함된 1번 문장을 읽고 일반적인 통념과 달리 인간이 식물의 '변화'에 영향을 끼쳤다는 내용이 핵심 내용일 것이라 생각했다.

▶ 정답 ③ 도출

빈칸 앞의 their는 plants를 가리키므로 인간이 식물의 '무엇'에 영향을 끼쳤는지 파악해야 한다. 일반적으로 식물은 기후나 곤충, 동물의 행동에 적응해서 '변화'해 왔다고 생각하기 쉬운데 인간 역시 그에 영향을 끼쳤다는 내용이므로 식물의 변화, 즉 '진화'에 대해 말하고 있다.

핵심스킬 적용! 글의 첫 문장에 빈칸이 포함되면 주제문일 가능성이 크므로 주의해서 읽는다.

⬇

☐ 이어지는 부분을 읽고 인간이 특정 식물을 선호함으로써 식물의 유전자 구조를 변화시켰단 내용을 파악했다.

▶ 정답 ③ 확신

2, 3번 문장은 인간이 자신들의 영양상 필요에 맞는 식물을 선호해서 그에 해당하지 않는 식물은 변화를 겪지 않았다는 내용. 따라서 인간이 식물의 진화에 영향을 끼쳤단 주제문을 적절히 뒷받침하고 있다.

핵심스킬 적용! 바로 이어지는 문장들은 빈칸을 포함한 문장을 뒷받침하므로 예상한 정답이 확실해질 때까지 읽어 내려간다.

선택지 다시 보기

① extinction (멸종)
② recovery (회복)
③ evolution (진화) ▶ 정답.
④ community (공동 사회)
⑤ disappearance (실종, 소멸)

02

빈칸 추론 정답 ③

본문 p.90

[1] Once you participate in brainstorming groups, / you will be convinced / that the maxim "two heads are better than one" / is really true. [2] In any project, / a team approach / will nearly always bear more fruit / than individuals working alone. [3] People can brainstorm on their own, / of course. [4] But unique combinations [of thoughts and suggestions] / emerge from group efforts. [5] Group brainstorming / offers the opportunity [to share, combine, and extend people's diverse ways [of seeing things]]. [6] The whole purpose [of the exercise] / is to get superior results / through **a greater variety of ideas**.

필수 어휘 Note **brainstorming** [bréinstɔ̀ːrmiŋ] 브레인스토밍(자유로운 토론으로 창조적인 아이디어를 이끌어내는 방법) **cf. brainstorm** 브레인스토밍 하다 | **be convinced that** ~을 확신하다 | **maxim** [mǽksim] 속담, 격언 (= **proverb**) | **bear fruit** 결실을 맺다, 열매를 맺다 | **on A's own** 혼자 힘으로 | **combination** [kɑ̀mbinéiʃən] 조합, 결합 **cf. combine** [kəmbáin] ~을 조합[결합]하다 | **emerge** [imə́ːrdʒ] 나오다, 나타나다 | **extend** [iksténd] ~을 확장하다, 늘이다 | **diverse** [divə́ːrs] 다양한, 갖가지의 | **superior** [səpíəriər] 보다 우수한, 보다 나은 (↔ **inferior** [infíəriər] 보다 못한, 열등한)

해석 1 당신이 브레인스토밍 그룹에 참여해본다면, '백지장도 맞들면 낫다' 라는 속담이 정말 진실이라는 것을 확신할 것이다. 2 어떤 프로젝트든 개인이 혼자서 하는 것보다는 팀으로 접근하는 것이 거의 항상 더 나은 결과를 가져온다. 3 사람들은 물론 혼자서도 브레인스토밍을 할 수 있다. 4 그러나 생각과 제안의 독특한 결합은 그룹의 노력에서 나온다. 5 그룹 브레인스토밍은 사람들이 사물을 보는 다양한 방법을 공유, 조합, 확장하는 기회를 제공한다. 6 그러한 활동의 전체적인 목적은 바로 더 다양한 아이디어를 통해 보다 나은 결과를 얻는 것이다.

내가 적용한 리딩스킬 체크하기 ☑
지문을 읽으며 내가 적용한 리딩스킬을 체크해봅시다.

☐ 빈칸이 포함된 6번 문장을 먼저 읽은 후, 5번 문장을 읽고 빈칸에 들어갈 내용이 '더 다양한 아이디어' 임을 파악했다.

▶ 정답 ③ 도출

5번 문장에서 브레인스토밍은 사람들의 다양한 생각을 공유하고 결합하고 확장할 기회를 제공한다고 했다. 따라서 the exercise의 목적은 '다양한 아이디어' 를 통해 보다 나은 결과를 얻는 것임을 예상할 수 있다. 이때 the exercise는 바로 앞 문장의 Group brainstorming을 가리킨다.

핵심스킬 적용! 빈칸 추론은 우선 빈칸이 속한 문장부터 읽되 대명사나 지시어 등으로 인해 문맥 파악이 어려울 경우 바로 앞의 한두 문장을 더 읽도록 한다.

↓

☐ 글의 앞부분을 읽어 양괄식 구조가 아닌지 확인했다.

▶ 정답 ③ 확신

1번 문장의 내용 역시 브레인스토밍은 많은 사람이 함께할수록 좋다는 내용이므로 위에서 찾은 내용과 일치한다.

핵심스킬 적용! 마지막 문장에 빈칸이 있으면 양괄식 구조일 가능성이 크므로 글의 앞부분과 연계시켜 읽는다.

선택지 다시 보기

① the quality of the facilities (시설의 질을)
② careful project planning (빈틈없는 사업 계획을)
③ a greater variety of ideas (더 다양한 아이디어를) ▶ 정답.
④ the expertise of the participants (참가자들의 전문 지식을) ▶ 아이디어가 많을수록 좋다는 내용이지 참가자들의 전문 지식 때문에 좋은 결과가 나온다는 내용은 아니다.
⑤ the latest management programs (최신 경영 프로그램을)

03 빈칸 추론 정답 ②

본문 p.91

[1]Novelists of all genres / express their personalities / through their works. [2]A novel is marked / not only by the experiences [that the novelist has had in his or her life] / but also by his or her values and prejudices. [3]Most novelists strive for a neutral point of view, / but many fail to achieve it. [4]A novelist's personal opinions and feelings / sink into the story / regardless of how hard he or she tries to avoid it. [5]It's only human nature / for a novelist / to take sides with one character or another / while writing. 〈주제문〉 [6]So / it isn't really fair / to expect / that novelists should be able to maintain perfect **objectivity**.

필수 어휘 Note **novelist**[nάvəlist] 소설가 | **genre**[ʒά:nrə] 장르, 유형 | **personality**[pə̀:rsənǽləti] 인격, 성격 | **A be marked by B** A는 B가 전형적인[중요한] 특징이다 | **prejudice**[prédʒədis] 편견 | **strive for** ~을 얻으려고 애쓰다 | **neutral**[njú:trəl] 중립의, 치우치지 않은 | **point of view** 관점 | **regardless of** ~에도 불구하고 | **take sides** 편들다

해석 **1** 어떤 장르에 속하든 소설가는 작품을 통해 자신의 인격을 드러낸다. **2** 소설가가 삶에서 겪은 경험뿐 아니라 소설가의 가치관과 편견 또한 소설의 전형적인 특징이다. **3** 대부분의 소설들이 중립적인 관점을 위해 애쓰지만 많은 소설가들이 그것을 얻는 데 실패한다. **4** 소설가가 아무리 피하려고 애를 써도 소설가 개인의 견해나 감정이 이야기 속에 스며 든다. **5** 소설가가 작품을 쓰면서 한 인물 또는 다른 인물의 편을 드는 것은 인간의 본성일 뿐이다. **6** 그러므로 소설가가 완벽한 객관성을 유지하길 기대하는 것은 정말 올바르지 못한 것이다.

필수 구문 분석

4 *A novelist's personal opinions and feelings* / *sink into the story* / regardless of **how hard** he or she tries to avoid **it**.

▶ how hard가 이끄는 절이 regardless of의 목적어로 왔으며 이때 how hard ~는 '양보'의 의미를 나타내는 however hard ~와 같은 뜻이다. it은 A novelist's personal opinions and feelings sink into the story를 가리킨다.

내가 적용한 리딩스킬 체크하기 ☑

지문을 읽으며 내가 적용한 리딩스킬을 체크해봅시다.

☐ 빈칸이 포함된 문장을 주제문으로 파악하고 소설가가 유지하기 어려운 것이 무엇인지 추론해야겠다고 생각했다.

글의 마지막 부분에 So와 같이 결론을 나타내는 연결어가 나오면 그 문장이 주제문일 가능성이 크다. (▶ 개념편 **Unit 08** 참조)

⬇

☐ 1, 2번 문장을 읽고 소설 속에는 소설가의 인격과 경험, 가치관 등이 드러난다는 내용을 파악했다.

핵심스킬 적용! 마지막 문장에 빈칸이 있으면 양괄식 구조일 가능성이 크므로 글의 앞부분과 내용을 연계시켜 읽는다.

⬇

☐ 이어지는 내용을 읽어가며 특히 3, 5번 문장에서 소설가가 공정성, 객관성을 확보하기 어렵다는 내용임을 파악했다.

▶ 정답 ② 도출

소설가는 자신의 경험과 그로 인한 가치관, 편견을 바탕으로 작품을 쓰게 되므로 객관성을 확보하기 어렵다는 문맥. 3, 5번 문장의 a neutral point of view, fail to achieve it, to take sides를 보고 빈칸에 들어갈 말이 objectivity임을 유추할 수 있다.

선택지 다시 보기

① prejudice (편견)
② objectivity (객관성) ▶ 정답.
③ technique (기법)
④ influence (영향)
⑤ creativity (창조성)

04 빈칸 추론 정답 ①

본문 p.92

[1]The human body / is an extraordinary machine / but many people / do not value it highly enough. [2]Some scientists claim that / with proper care / our bodies have the capacity [to keep going well / for as long as 150 years]. [3]In reality, / however, / the world's average human life expectancy / is less than / half of that number. ‹주제문› [4]In order to keep on working well / for a longer time, / **the body demands a certain kind of diet**. [5]The ideal diet / consists of a wide variety of fresh vegetables, vegetable proteins, and fish, / while the worst one is based on meals [that are fatty, / over-processed, / and full of meat and sugar].

필수 어휘 Note **extraordinary** [ikstrɔ́ːrdənèri] 놀랄만한, 굉장한 | **capacity** [kəpǽsəti] 역량, 능력; 용량 | **in reality** 실은, 현실은 | **life expectancy** 수명 | **ideal** [aidíːəl] 이상적인 | **consist of** ~으로 구성되다 | **protein** [próutiːn] 단백질 | **fatty** [fǽti] 기름진, 지방질 많은 | **over-processed** 가공된

해석 **1** 인간의 몸은 놀랄만한 기계이지만, 많은 이들이 그 가치를 충분히 높이 평가하지 않는다. **2** 몇몇 과학자들은 적절히 돌봐주기만 하면 우리 몸이 150년만큼이나 오랫동안 건강하게 지낼 수 있는 역량이 있다고 주장한다. **3** 그러나 실제로는 전 세계 인간의 평균 수명이 그 숫자의 절반도 되지 않는다. **4** 더 오랫동안 건강하게 지내기 위해서는 인체에 특정한 종류의 음식이 필요하다. **5** 이상적인 식단은 다양한 종류의 신선한 야채, 식물성 단백질과 생선으로 구성되는 한편, 가장 좋지 않은 식단은 기름기 많고, 가공되었으며, 고기와 설탕이 가득한 음식을 기본으로 한 것이다.

내가 적용한 리딩스킬 체크하기 ☑

지문을 읽으며 내가 적용한 리딩스킬을 체크해봅시다.

☐ 빈칸이 속한 문장을 먼저 읽고 추론해야 할 내용이 무엇인지 파악했다. 더 오랫동안 건강하게 살기 위해서는 무엇이 필요한지 찾아봐야겠다고 생각했다.

↓

☐ 뒤의 5번 문장을 읽고 ①번을 정답으로 골랐다.

▶ 정답 ① 도출

뒤이어 이상적인 식단과 최악의 식단의 차이점에 대한 설명이 이어지고 있으므로 빈칸에는 ①번이 들어가야 적절하다.

핵심스킬 적용! 빈칸이 글 가운데 위치하는 경우 빈칸이 속한 문장의 앞뒤 문장을 읽고 문맥이 연결되도록 빈칸을 추론한다.

선택지 다시 보기

① the body demands a certain kind of diet (인체에 특정한 종류의 음식이 필요하다) ▶ 정답.

② people need to aim higher than they ever have (사람들이 이제까지 세운 것보다 더 높은 목표를 세워야 한다)

③ sufficient rest and enough money to buy good food are vital (충분한 휴식과 좋은 음식을 살 수 있을 만큼의 돈이 필수적이다) ▶ 좋은 음식으로 구성된 식단이 필요하다고 했지 휴식이나 돈에 대한 이야기는 없었다.

④ regular exercise must be made a part of one's daily routine (규칙적인 운동이 일상생활의 일부가 되어야 한다)

⑤ you need regular health checkups and a good diet (정기적인 건강검진과 건강한 식단이 필요하다) ▶ ③번 해설과 동일.

05 빈칸 추론 정답 ⑤

본문 p.92

[1]For more than 200 years, / scientists have not only speculated and theorized / about the evolution of species, / but they have also actually seen / and documented it in action. [2]In just 20 years, / a finch species, *Geospiza fortis*, / has reduced its beak size / in order to reach and eat smaller seeds. [3]The finches were forced to make this evolutionary change / when a larger species [of bird] / moved into the finches' habitat / and competed with them / for seeds. [4]The bigger birds only consumed the bigger seeds, / and left the smaller seeds alone. [5]Over time, / due to their ability [to reach and eat smaller seeds] / and because of their lower energy needs [compared to the bigger birds], / smaller-beaked finches / reproduced more / and **had a better survival rate**.

필수 어휘 Note **speculate** [spékjəlèit] 추정하다, 추측하다 | **theorize** [θíːəràiz] 이론[학설]을 세우다 | **evolution** [èvəlúːʃən] 진화, 발전 **cf. evolutionary** [èvəlúːʃəneri] 진화(론)적인 | **species** [spíːʃi(ː)z] (생물의) 종 | **in action** 발생하는, 일어나는 | **document** [dɑ́kjəmənt] ~을 문서로 기록하다; 문서, 서류 | **beak** [biːk] 부리 | **seed** [siːd] 씨, 종자 | **force A to do** A에게 억지로 ~시키다, A가 ~하는 것을 피할 수 없게 하다 | **habitat** [hǽbitæ̀t] 서식지 | **consume** [kənsúːm] ~을 먹다, 마시다; ~을 소비하다 | **reproduce** [rìːprədjúːs] (자손, 새끼를) 낳다, 번식시키다

해석 **1** 200년 이상 동안 과학자들은 생물 종의 진화에 대해 추정하고 이론화하는 작업을 해 온 것뿐 아니라 일어나는 것을 실제로 목격하고 기록해왔다. **2** 불과 20년 만에, 되새류의 일종인 지오스피자 포르티스는 작은 크기의 씨앗에도 부리가 닿아 먹을 수 있도록 부리 크기가 줄어들게 되었다. **3** 되새류는 몸집이 더 큰 종들이 그들의 서식지로 이동해 와 씨앗을 가지고 경쟁을 할 때 이러한 진화상의 변화를 피하지 않을 수 없었다. **4** 보다 큰 새들이 더 큰 씨앗들만을 다 먹어 없애버리자 작은 씨앗들만이 남았다. **5** 시간이 지나면서 더 작은 씨앗에 닿아 먹을 수 있는 되새류의 능력과 더 큰 새에 비해 낮은 에너지 필요량 때문에 작은 부리를 가진 되새류가 번식을 더 많이 했고 생존율도 더 높았다.

필수 구문 분석

5 Over time, / due to *their ability* [**to reach and eat** smaller seeds] / and because of *their lower energy needs* [**compared** to the bigger birds], / smaller-beaked finches / reproduce ~.

▶ to부정사구와 compared가 이끄는 과거분사구가 각각 their ability와 their lower energy needs를 수식하고 있다. their가 가리키는 것은 smaller-beaked finches.

내가 적용한 리딩스킬 체크하기 ☑

지문을 읽으며 내가 적용한 리딩스킬을 체크해봅시다.

☐ 빈칸이 속한 문장을 먼저 읽고 추론해야 할 내용을 파악했다. 부리가 작은 새들이 더 높은 번식력을 지니고 있다는 내용이므로 ⑤번이 정답일 것이라 예상했다.

▶ 정답 ⑤ 도출

작은 크기의 씨앗을 먹고 에너지도 적게 소비하는 작은 부리의 새들이 더 많이 번식했다는 내용. 따라서 선택지 중 '생존율이 더 높았다'란 뜻의 ⑤번을 가장 관련 있는 내용으로 보았다.

↓

☐ 글의 앞부분을 읽어 양괄식 구조가 아닌지 확인했다.

핵심스킬 적용! 마지막 문장에 빈칸이 있으면 주제문이 글의 앞뒤에 위치하고 있는 양괄식 구조일 가능성이 크므로 앞부분과 연계시켜 읽는다. 하지만 이 글은 앞부분이 단순한 도입부이므로 이후 내용을 읽어서 또 다른 추론 근거를 확인해야 한다. (▶ 개념편 Unit 09 참조)

↓

☐ 2, 3번 문장의 내용을 검토한 결과 정답이 ⑤번임을 확신했다.

▶ 정답 ⑤ 확신

지오스피자 포르티스의 부리 크기는 20년만에 줄어들었는데 이것은 생존을 위해 겪을 수밖에 없었던 변화란 내용. 따라서 효율적인 생존 방식에 대해 언급하는 5번 문장과 일맥상통한다.

선택지 다시 보기

① grew longer feathers (더 긴 깃털이 자랐다)
② improved their ability to fly (날 수 있는 능력도 향상되었다)
③ migrated shorter distances (더 짧은 거리를 이동했다)
④ developed new colors (새로운 색깔을 보였다)
⑤ had a better survival rate (생존율도 더 높았다) ▶ 정답.

06

빈칸 추론 정답 ①

본문 p.93

〈주제문〉 [1] Making our lives more convenient and fulfilling / is the premise of much advertising / for consumer goods, / but frequently, / **hidden costs lie** / beneath the promises. [2] Though motor cars are advertised / as sources of freedom, / the overwhelming majority [of motorists] / find themselves stuck / behind the wheel, / adding to air pollution, / for an average of an hour a day. [3] And / while fast food and sodas are marketed / as fun, delicious, convenient lifestyle choices, / more and more people are becoming obese, / dying of obesity-related illnesses, / and pushing health-care costs sky-high. [4] Also, / in order to afford the luxury-filled modern lifestyle [that we see in ads], / we work like slaves / and hardly have the leisure time [to enjoy it].

필수 어휘 Note **fulfilling** [fulfíliŋ] 만족스러운, 마음을 채우는 | **premise** [prémis] 전제 | **consumer goods** 소비재 | **frequently** [frí:kwəntli] 자주, 빈번하게 | **beneath** [biní:θ] ~의 바로 밑에 | **overwhelming** [òuvərhwélmiŋ] 압도적인, 우세의 | **behind the wheel** 운전 중인 | **obese** [oubí:s] 비만인 **cf. obesity** [oubí:səti] 비만 | **slave** [sleiv] 노예

해석 [1] 우리 삶을 보다 편리하고 만족스럽게 한다는 것이 많은 소비재 광고의 전제이지만 그런 약속들 이면에는 종종 숨겨진 대가가 존재한다. [2] 자동차가 자유의 원천인 양 광고되지만 운전자 중 압도적으로 우세한 다수가 공기오염에 일조하면서 하루 평균 1시간을 운전대에 꼼짝없이 갇혀있는 자신을 발견한다. [3] 그리고 패스트푸드와 탄산음료가 즐겁고, 맛있고 편리한 생활습관의 선택 사항이라고 선전이 되는 반면, 점점 더 많은 사람들이 비만이 되고 있고 비만관련 질병으로 죽어가며 의료비용은 하늘 높은 줄 모르고 치솟고 있다. [4] 또한, 광고에서 보는 사치품으로 가득한 현대의 생활습관을 유지하기 위해 우리는 노예처럼 일하며 그 생활습관을 즐길 여가 시간을 거의 갖지 못하고 있다.

필수 구문 분석

1 **Making** our lives more convenient and fulfilling / **is** the premise of much advertising / for consumer goods, / *but* frequently, / **hidden costs lie** / beneath the promises.

▶ 두 개의 절이 접속사 but으로 연결된 형태. 앞 절의 주어는 동명사 Making이 이끄는 구, 동사는 is이다. 동명사구의 구조는 〈Making+목적어(our lives)+목적격보어(more convenient and fulfilling)〉. 뒤 절의 주어는 hidden costs, 동사는 자동사 lie.

내가 적용한 리딩스킬 체크하기 ☑

지문을 읽으며 내가 적용한 리딩스킬을 체크해봅시다.

□ 빈칸이 속한 1번 문장을 읽고 소비재가 우리 삶에 끼치는 부정적인 영향에 대해 파악해야겠다고 생각했다.

소비재 광고가 전달하는 긍정적인 측면이 언급된 후에 역접 접속사 but이 나왔으므로 그 뒤에는 부정적인 면이 나올 것을 예상할 수 있다.

↓

□ 이어지는 내용을 보고 광고와 달리 소비재를 사용하는 이면에는 우리가 인식하지 못하는 대가가 있다는 것을 파악했다.

▶ 정답 ① 도출

자유를 준다고 광고하는 자동차에서 사람들은 매일 한 시간씩 갇혀 있으며 패스트푸드를 먹는 것이 편리한 현대의 생활습관이라고 하지만 그로 인해 과체중이 되어 의료비가 증가하고 있다고 했다. 또한, 사치품으로 가득한 생활유지를 위해 일을 더욱더 많이 하고 있다는 내용. 따라서 소비재가 생활을 편리하게 해준다고 광고되지만 실은 그로 인해 '보이지 않는 대가'를 치르고 있다는 내용이 들어가야 한다.

핵심스킬 적용! 글의 첫 문장에 빈칸이 있으면 그 문장이 주제문이고 이어지는 문장은 뒷받침문장일 가능성이 높다. 따라서 빈칸이 속한 문장을 먼저 읽고 이에 대한 직접적인 근거가 나올 때까지 이어지는 문장들을 읽도록 한다.

선택지 다시 보기

① hidden costs lie (숨겨진 대가가 존재한다) ▶ 정답.
② there is nothing real (진짜인 것이 없다)
③ statistics are concealed (통계치가 숨겨져 있다)
④ fulfillment is hard to find (만족을 거의 찾아볼 수 없다) ▶ fulfilling이라는 단어가 등장하긴 했지만 내용상 전혀 관련이 없다.
⑤ there's not a lot of meaning (많은 의미가 없다)

Real Test **실전 감각** 키우기

07

빈칸 추론 정답 ④ 본문 p.94

[1]Any kid [working in a garage] knows / you can't pump more gas into a full tank. [2]If you add more gas, / it splashes onto the ground. [3]Likewise, / your listener's brain / is always full of her own thoughts, worries, and enthusiasm. [4]If you pump your ideas / into your listener's brain, / which is full of her own notions, / you'll get a polluted mixture, / then a spill. [5]If you want your ideas / to flow into her tank, / drain her tank completely first. [6]Whenever you are discussing emotionally charged matters, / let the speaker finish completely / before you jump in. [7]Count to ten / if you must speak. ⟨주제문⟩ [8]It will seem like an eternity, / but letting the angry speaker finish / is the only way that she'll **hear you when it's your turn**.

필수 어휘 Note **garage** [gərɑ́ːʒ] 주유소; 차고 | **pump** [pʌmp] ~을 주입하다; 펌프로 물을 퍼 올리다 | **splash** [splæʃ] 물이 튀다 | **enthusiasm** [enθúːziæ̀zəm] 열정 | **notion** [nóuʃən] 생각, 관념 | **mixture** [míkstʃər] 혼합물 | **spill** [spil] 엎지름; ~을 엎지르다 | **drain** [drein] ~에서 (물 등이) 빠져나가게 하다, 배수하다 | **charged** [tʃɑːrdʒd] (감정이) 격양된, 고무된, 강렬한 | **jump in** (말하는 데) 끼어들다 | **eternity** [itə́ːrnəti] 영원

해석 1 주유소에서 일하는 아이라면 누구나 가득 찬 연료통에 연료를 더 넣을 수 없다는 것을 안다. 2 연료를 더 넣게 되면, 바닥으로 튄다. 3 마찬가지로 당신의 말을 듣는 사람의 머릿속에는 항상 그 사람의 생각, 걱정, 열정이 가득 차 있다. 4 자신의 생각으로 가득 찬 청자의 뇌리에 당신의 생각을 집어넣으면, 오염된 혼합물이 생기고 그다음에는 엎질러진다. 5 당신의 생각이 청자의 연료통(뇌리)으로 흘러들어가기를 바란다면, 우선 그 연료통을 완전히 비우라. 6 감정이 실린 문제에 대해 얘기를 할 때마다, 끼어들기 전에 상대방(화자)이 말을 마칠 수 있게 하라. 7 꼭 말을 해야 한다면 열까지 세라. 8 긴 시간인 것 같지만, 화가 난 상대방에게 말을 다 하도록 하는 것이, 당신의 차례가 되었을 때 그 사람이 당신의 말을 듣게 되는 유일한 방법이다.

내가 적용한 리딩스킬 체크하기 ☑

지문을 읽으며 내가 적용한 리딩스킬을 체크해봅시다.

☐ 빈칸이 포함된 문장을 읽고 화난 사람이 말을 다 할 수 있도록 기다리는 것이 '무엇'을 하는 가장 좋은 방법인지 찾으며 읽어야겠다고 생각했다.

↓

☐ 글의 앞부분을 읽어 양괄식 구조가 아닌지 확인했다.

▶ 정답 ④ 예상

1~4번 문장에서 연료통과 사람의 머릿속을 비교하고 있다. 연료가 가득 찬 연료통에 연료를 더 주입하려 하면, 연료가 바닥에 튀듯이 자신의 생각으로 가득 찬 상대방에게 당신의 생각을 주입하려 하면, 안 좋은 결과가 생길 수 있다는 내용. 빈칸이 포함된 문장과 연계해 보았을 때, 화난 사람에게 당신의 생각을 주입하면, 원하는 결과를 얻을 수 없다는 내용임을 파악하고 이와 가장 유사한 ④번을 정답으로 예상했다.

핵심스킬 적용! 마지막 문장에 빈칸이 있으면 양괄식 구조일 가능성이 크므로 글의 앞부분과 연계시켜 읽는다.

↓

☐ 이후의 내용을 읽으면서 추론한 내용이 글의 흐름과 일치하는지 확인했다.

▶ 정답 ④ 확신

5~7번 문장은 다른 사람에게 상대방이 말을 마칠 때까지 기다렸다가 당신이 하고 싶은 말을 하라는 내용. 따라서 빈칸이 포함된 문장은 화가 난 사람이 말을 다 하도록 해야 '당신의 차례가 되었을 때 그 사람이 당신의 말을 듣게 된다'란 뜻이 되어야 한다.

선택지 다시 보기

① admit her mistake (그 사람이 자신의 잘못을 인정하는)
② have her own way (그 사람 마음대로 하게 하는)
③ come up with a new idea (새로운 아이디어를 떠올리는)
④ hear you when it's your turn (당신의 차례가 되었을 때 그 사람이 당신의 말을 듣게 되는) ▶ 정답.
⑤ start again when she recovers (그 사람이 회복되었을 때 다시 시작하는)

08

빈칸 추론 정답 ① 본문 p.94

[1]Do you want to ensure / you are recruiting the right people / for your company? [2]Then, / all [you need to do] is jump onto public transport. 〈주제문〉 [3]Dr. Fawcett, / a leading psychologist, said / there were definite patterns [in people's behavior] depending on **where they tend to sit** / on a bus. [4]According to him, / something [as habitual as getting on a bus / in their daily routine] can reveal / what kind of person they are / by exposing / how they react to situations. [5]He concluded that / those [at the front seats] are generally forward thinkers / and those [at the back] are rebellious types [who do not like their personal space being invaded]. [6]Sitting in the middle on a bus / are independent thinkers — / usually younger to middle-aged passengers [more likely to read a newspaper / or listen to a personal music player].

필수 어휘 Note **ensure**[inʃúər] ~을 확실히 하다, 확인하다 | **recruit**[rikrúːt] ~을 직원으로 뽑다, 모집하다 | **transport**[trænspɔ́ːrt] 교통수단; 수송, 운송; ~을 수송[운송]하다 | **leading**[líːdiŋ] 손꼽히는, 일류의 | **psychologist**[saikɑ́lədʒist] 심리학자 | **definite**[défənit] 명백한, 확실한 | **habitual**[həbítʃuəl] 습관적인, 버릇이 된 | **expose**[ikspóuz] ~을 노출시키다 | **rebellious**[ribéljəs] 반항적인 | **invade**[invéid] ~을 침해하다, 밀어닥치다

해석 1 당신이 회사에 적합한 인재를 뽑고 있는지 확인하길 원하는가? 2 그렇다면 당신이 해야 할 일은 대중교통을 이용하는 것이다. 3 저명한 심리학자인 포셋 박사는 버스에서 어디에 앉는지에 따라 사람들의 행동에 명백한 패턴이 있다고 말했다. 4 그에 따르면 일상생활에서 버스를 타는 것과 같은 습관적인 행동은 사람들이 상황에 어떻게 반응하는지를 노출시킴으로써 그들이 어떤 성격의 사람인지를 나타낸다고 한다. 5 그는 앞자리에 앉는 사람들은 일반적으로 진보적인 생각을 가지고 있고, 뒤에 앉는 사람들은 그들의 개인적인 공간이 침해당하는 것을 좋아하지 않는 반항적인 유형이라고 결론지었다. 6 독립적인 사고를 갖는 승객들은 버스의 중간 부분에 앉는데, 대개 신문을 읽거나 혼자 음악을 듣는 경향이 있는 젊은이부터 중년의 승객들이다.

필수 구문 분석

6 *Sitting in the middle on a bus* / **are independent thinkers** — usually younger to middle-aged passengers [**more likely** to read a newspaper or listen to a personal music player].

▶ 보어인 Sitting in the middle on a bus가 문두에 위치하면서 주어(independent thinkers)와 동사(are)가 도치되었다. 대시(—) 이하는 independent thinkers를 보충설명하는 어구로 more likely 이하가 앞의 younger to middle-aged passengers를 수식하고 있다.

내가 적용한 리딩스킬 체크하기 ☑
지문을 읽으며 내가 적용한 리딩스킬을 체크해봅시다.

☐ 빈칸이 속한 3번 문장을 읽고 뒤이어 버스에서 사람들이 어떻게 행동하는지에 따라 행동 패턴이 달라진다는 내용이 이어질 것을 예상했다.

핵심스킬 적용! 1, 2번 문장은 내용상 이 글의 도입부로 빈칸이 속한 문장이 주제문이며, 이어지는 문장은 뒷받침문장일 가능성이 크다. 따라서 빈칸이 속한 문장을 먼저 읽고 이에 대한 직접적인 근거가 나올 때까지 이어지는 문장들을 읽도록 한다.

↓

☐ 이어지는 내용을 읽고 사람들이 버스에서 어디에 앉는지에 따라 그 사람의 성격을 파악할 수 있다는 것이 이 글의 핵심내용임을 확인했다.

▶ 정답 ① 도출

버스의 앞자리에 앉는 사람은 진보적인 성향이 있고, 뒷자리에 앉는 사람은 반항적인 기질을 가지고 있으며 중간에 앉는 사람은 주로 독립적인 기질을 가졌다고 했다. 따라서 버스에 앉는 자리에 따라 사람의 성격을 파악할 수 있다는 내용이 빈칸에 오는 것이 알맞다.

선택지 다시 보기

① where they tend to sit (어디에 앉는지) ▶ 정답.
② whether they sit or not (자리에 앉는지 앉지 않는지)
③ which direction they look (어느 방향을 바라보는지)
④ when they give up their seats (언제 자리를 양보하는지)
⑤ what kind of music they enjoy (어떤 종류의 음악을 즐기는지)

09

빈칸 추론 정답 ①

본문 p.95

[1]Night diving is obviously less simple / than diving during the day, / but when properly organized, / it is relatively straightforward. [2]A powerful flashlight will easily light / your way and the creatures [around you], / revealing marine life [in its true colors]. 〈주제문〉 [3]However, / if you cover up your flashlight, / you will **be surprised at / how much light there is underwater**. [4]Many creatures use phosphorescence / at night, / and as you move through the water, / you will cause plankton / to release tiny pulses [of light], / leaving beautiful glowing wakes / trailing behind you.

필수 어휘 Note **obviously** [ɑ́bviəsli] 명백히 | **properly** [prɑ́pərli] 적절히 | **organize** [ɔ́:rgənàiz] ~을 준비하다, 조직하다 | **straightforward** [strèitfɔ́:rwərd] 간단한; 똑바른 | **reveal** [riví:l] ~을 드러내다 | **marine** [mərí:n] 바다의 | **cover up** ~을 가리다 | **release** [rilí:s] ~을 방출하다, 내보내다 | **pulse** [pʌls] 파동, 진동 | **wake** [weik] 배가 지나간 자리 | **trail** [treil] ~의 뒤를 밟다

해석 1 야간 잠수는 주간 잠수보다 확실히 단순하지는 않지만 적절히 준비를 하면 비교적 간단하다. 2 성능이 좋은 회중전등은 당신의 앞길과 주변의 생물을 쉽게 비추어 줄 것이고, 바다 속 모습을 진정한 색채 그대로 보여줄 것이다. 3 그러나 회중전등을 가린다면, 당신은 얼마나 많은 빛이 바다 속에 존재하는지에 놀라게 될 것이다. 4 많은 생명체가 야간에 빛을 발하는 현상을 이용하고 있으며, 당신이 물속을 지나갈 때 플랑크톤이 작은 파동의 빛을 방출하여, 아름답게 빛나는 자국이 당신의 뒤를 따르게 될 것이다.

필수 구문 분석

4 ~, / you will **cause** plankton / **to** release tiny pulses [of light], / **leaving** beautiful glowing wakes / *trailing* behind you.

▶ 〈cause A to do〉는 'A로 하여금 ~하게 하다'란 뜻. 뒤에 이어지는 분사구문은 부대상황의 연속동작을 나타내며 앞 내용의 결과에 해당된다. 해석은 '~하고(해서) …하다'로 한다. 〈leave+목적어(beautiful glowing wakes)+목적격보어(trailing behind you)〉의 구조.

내가 적용한 리딩스킬 체크하기 ☑
지문을 읽으며 내가 적용한 리딩스킬을 체크해봅시다.

☐ 빈칸이 포함된 3번 문장을 읽고, 회중전등을 가렸을 때 일어나는 현상이 무엇인지 찾아야겠다고 생각했다.

↓

☐ 뒤의 4번 문장을 읽고 ①번을 정답으로 골랐다.

▶ 정답 ① 도출

빈칸 다음에 야간에 빛을 발하는 생명체에 대한 언급이 뒤따르고 있으므로 야간에 바다 속에서 회중전등의 빛을 가리면 '많은 생명체들이 빛을 발하고 있다는 것에 놀라게 될 것이다'라는 문맥이 올 것임을 유추할 수 있다.

핵심스킬 적용! 빈칸이 글 가운데 위치하는 경우 빈칸이 속한 문장의 앞뒤 문장을 읽고 문맥이 연결되도록 빈칸을 추론한다.

선택지 다시 보기

① be surprised at how much light there is underwater (얼마나 많은 빛이 바다 속에 존재하는지에 놀라게 될 것이다) ▶ 정답.
② acknowledge the high cost of night diving (야간 잠수의 비싼 가격을 인정하게 될 것이다)
③ find out how dangerous underwater light is (수중 빛이 얼마나 위험한지를 알게 될 것이다)
④ realize how good night diving is for your health (야간 잠수가 건강에 얼마나 좋은지를 깨닫게 될 것이다)
⑤ still be unable to see the underwater creatures at all (여전히 수중 생물을 전혀 볼 수 없게 될 것이다)

10

정답 ④ 본문 p.96

해석 우리가 살고 있는 행성은 우주선, 즉 우리에게 허용된 산소 공급에 한계가 있는 장소에 비유될 수 있다. 대기가 지구보다 위로 뻗어나가는 가장 높은 지점 즉, 대류권으로 알려져 있는 곳은 지구 표면 상공에서 약 7마일 정도까지이다. 이 대기층의 고도 한계가 대기의 절대적인 한계이다. 우리가 의지할 수 있는 다른 원천은 아무것도 없으므로 우리는 마치 밀폐된 칸막이에 있는 것처럼 이 유한한 양을 거듭해서 재활용해야 한다.

필수 어휘 Note **spaceship** [spéisʃìp] 우주선 | **oxygen** [ɑ́ksidʒən] 산소 | **limited** [límitid] 한정된, 유한한 | **extend** [iksténd] 뻗다, 계속되다 | **altitude** [ǽltitjùːd] 고도, 높이 | **source** [sɔːrs] 원천, 출처 | **count on** ~에 의지하다 | **finite** [fáinait] 유한한, 한정된 (↔ **infinite** [ínfinit] 무한한) | **sealed** [siːld] 밀폐된, 봉인된 | **compartment** [kəmpɑ́ːrtmənt] 칸막이, 구획

정답근거

(A) a place [where the supply of oxygen available to us is limited]
▶ a place를 선행사로 하며 뒤에 〈주어(the supply ~ to us)+동사(is)+보어(limited)〉 구조의 완전한 절이 이어지므로 관계부사 where가 적절. 관계대명사 which는 불완전한 절을 이끈다.

(B) *The highest point* [to which air extends above the earth], known as the troposphere, / lies ~
▶ 관계대명사절이 이끄는 절이 The highest point를 수식하며 known이 이끄는 과거분사구가 The highest point ~ the earth를 보충설명하고 있다. 문장의 동사 자리이므로 lies가 적절.

(C) we must recycle ~ as if we were ~
▶ 문맥상 '(현재) 마치 밀폐된 칸막이에 있는 것처럼'이란 뜻으로 주절이 나타내는 때와 '같은' 때를 나타내는 〈as if 가정법 과거(과거동사)〉가 적절. 따라서 were가 알맞다. 〈as if 가정법 과거완료(had p.p.)〉는 주절이 가리키는 때보다 '과거'를 나타낸다.

11

정답 ③ 본문 p.96

해석 일기 예보는 점차로 진보하는 기술 덕분에 최근 들어 훨씬 더 정확해졌다. 오늘날의 일기 예보들은 우주에서 위성으로 찍어 보내는 사진들로 가득하다. 거기에 더하여, 현재 기상학자들은 과거의 기상 패턴에 대한 데이터가 들어 있는 첨단 컴퓨터 시스템을 사용하고 있다. 다시 말해, 과거 특정한 대기 상태들이 특정한 조합을 이룰 때 어떤 일이 일어났는지를 컴퓨터가 '알고' 있는 것이다. 그 자료들이 있기에 컴퓨터가 주어진 시간에 나타날 수 있는 가장 개연성 높은 기상 모델을 만들어내는 것이 가능하며, 단지 하루나 이틀이 아닌 여러 날에 걸친 보다 장기간의 기상 예측이 가능한 것이다.

필수 어휘 Note **transmit** [trænzmít] ~을 전송하다, 보내다 | **satellite** [sǽtəlàit] 위성 | **meteorologist** [mìːtiərɑ́lədʒist] 기상학자, 기상 전문가 | **make use of** ~을 이용하다 | **state-of-the-art** 최첨단의, 최신식의 | **historical** [histɔ́(ː)rikəl] 역사의, 역사상의 | **atmospheric** [æ̀tməsférik] 대기의, 대기상의 | **formulate** [fɔ́ːrmjəlèit] ~을 만들어내다, 공식화하다 | **emerge** [imə́ːrdʒ] 나타나다, 드러나다 | **allow for** ~을 허용하다, 허가하다 | **long-range** 장기간[장거리]에 미치는

정답근거

① far more accurate
▶ 비교급을 수식하는 부사로는 far, much, a lot 등이 있다.

② photos [taken from space and transmitted by satellite]
▶ photos를 수식하는 두 개의 과거분사구가 and로 연결되어 있는 구조.

③ make use of state-of-the-art computer systems that contains → contain ~
▶ 의미상 주어는 state-of-the-art computer systems로 use를 선행사로 생각하지 않도록 한다. make use of는 '~을 사용하다'란 뜻.

④ computers "know" what happened in the past
▶ "know"의 목적어절을 이끌며 주어가 없는 불완전한 문장이므로 what은 적절.

⑤ the most likely weather [to emerge at a given time]
▶ to emerge는 앞에 나온 명사 the most likely weather를 수식하는 형용사적 용법의 to부정사.

12

정답 ②

본문 p.97

해석 나라마다 식사 예절에 차이가 있는데, 한국 어린이들은 식사를 마칠 때까지 말을 하지 않도록 배우는 반면, 미국에서는 식사 도중 아이들에게 활발한 대화를 나눌 것을 장려한다. 하지만, 아이들은 기분 좋은 목소리로 얘기를 나눠야 하며, 부적절하게 얘기하거나 웃어서도 안 되며, 음식을 입에 넣고 말하는 것도 물론 안 된다. 또 다른 차이점은 이쑤시개의 사용에 있다. 대부분의 한국 식당에서는 이쑤시개를 손쉽게 사용할 수 있게 놔두는데, 서양의 식당에서는 이쑤시개를 좀처럼 찾아보기 어렵다. 그러면 한국에서는 이쑤시개를 어떻게 사용해야 하는가? 다른 사람이 있는 곳에서는 고개를 약간 돌려 다른 손으로 입을 가리는 것이 예의 바르다.

필수 어휘 Note **variation** [vὲəriéiʃən] 변화, 변동 | **pleasant** [plézənt] 기분 좋은, 명랑한, 쾌활한 | **inappropriately** [ìnəpróupriətli] 부적절하게 | **toothpick** [tú:θpìk] 이쑤시개 | **readily** [rédəli] 손쉽게 | **hardly ever** 좀처럼 ~하지 않다

필수 구문 분석

It is expected, / however, / **that** *they will converse* ~, / ***neither*** *talk* ***nor*** *laugh* ~, / and of course / *never speak* with food in their mouths.

▶ It은 가주어, that 이하가 진주어. converse, neither talk nor laugh, never speak 모두 they will에 걸리는 구조이다. 〈neither A nor B〉는 'A도 B도 아닌'이란 뜻.

정답근거

(A) live 살아있는 / lively 활발한, 활기가 넘치는
▶ 역접 접속사 but 앞에 without talking이 나왔으므로 (A)에는 이와 반대되는 말이 와야 한다. 따라서 '활발한' 대화를 뜻하는 lively conversation이 맞는 표현.

(B) converse 이야기하다, 담화하다 / reverse 거꾸로 되다; ~을 거꾸로[반대로] 하다
▶ 뒤에 오는 in a pleasant voice(기분 좋은 목소리로)와 어울리는 동사는 converse. 식사 중 활발히 대화를 하되 기분 좋은 목소리로 하라는 문맥.

(C) presence 출석, 참석 ↔ absence 부재, 불참, 결석
▶ 이쑤시개를 예의 바르게 사용하는 법에 대해 말하고 있다. 다른 사람이 '있는 데서'는 고개를 돌려 사용하라는 문맥이 적절하므로 presence가 알맞다. in the presence of(~이 있는 데서), in the absence of(~이 없는 데서)를 어구로 외워두자.

지문 속 직독직해 2

본문 p.98

1 예를 들어, / 식물은 [먹을 수 있는 부분이 [너무 작거나 / 쓴맛이 나는]] 간과되었다 / 보다 크고 맛이 더 좋은 품종이 선호되어 / 그리고 식물은 [금방 씨가 떨어져 버리는 / 익자마자] 저장할 수 없었다 / 다음번 수확기까지 / 그래서 그 식물은 그대로 남겨졌다 / 경작하지 않고.

해석 Tip 복잡한 관계사 구문은 관계사 앞에서 끊어서 해석한다.

2 ~이 소설의 전형적인 특징이다 / 경험뿐 아니라 [소설가가 삶에서 겪은] / 소설가의 가치관과 편견 또한.

해석 Tip 〈A is marked by B〉는 'B가 A의 특징이다'로 해석한다. 〈not only A but also B〉 구문은 'A뿐만 아니라 B도'란 뜻.

3 그리고 / 패스트푸드와 탄산음료가 선전이 되는 반면 / 즐겁고, 맛있고 편리한 생활습관의 선택 사항이라고, / 점점 더 많은 사람들이 비만이 되고 있고 / 비만관련 질병으로 죽어가며 / 의료비용은 하늘 높은 줄 모르고 치솟고 있다.

해석 Tip while은 여기서 '~하는 반면에'란 뜻으로 쓰여 상반된 두 문장을 연결한다. 〈비교급 and 비교급〉은 '점점 더 ~한'이란 뜻. 세 개의 동명사구가 and로 연결된 구조이다.

김기훈의 톡톡 여행기!

여행은 아는 만큼 보인다!

여행을 하겠다고 마음먹었다면 제대로 준비를 하자. 여행을 떠나기 전에 여행할 나라에 대해 공부를 하자. 그 나라의 역사, 문화, 예술에 대해 많이 알면 알수록 여행에서 얻는 것은 많아질 것이다. 여행에서 들르게 되는 수많은 박물관과 미술관이 따분한 코스가 될지 가장 인상 깊은 장소가 될지는 자신에게 달려있다. 세상 모든 것은 분명 '아는 만큼 보인다.'

Unit Test **핵심스킬 집중훈련**

01 주어진 문장 넣기 정답 ④

본문 p.100

To treat illnesses, / therefore, / needles are carefully inserted into the body / in the places [where the flow of *qi* / has been disturbed].

[1] Acupuncture is a traditional East Asian medical procedure [that is used to treat a variety of illnesses and other health problems]. (①) [2] It uses very fine needles [which are inserted into specially designated places / in the body]. (②) [3] The practice of acupuncture / is rooted in Taoist philosophy [which says / that a balanced flow of *qi* / is necessary / for a body / to be healthy]. (③) [4] *Qi* is defined as "life-force energy," / and stress, injuries and illnesses / are thought to disrupt its flow. (④ [5] **To treat illnesses, / therefore, / needles are carefully inserted into the body / in the places [where the flow of *qi* / has been disturbed].**) [6] The acupuncture needles are twisted and vibrated / and then taken out. (⑤) [7] When they are removed, / one's *qi* supposedly resumes its balanced flow / through the body.

필수 어휘 Note **acupuncture** [ǽkjupʌ̀ŋktʃər] 침술, 침요법 | **procedure** [prəsíːdʒər] 과정, 절차, 방법 | **fine** [fain] 가는, 미세한 | **insert** [insə́ːrt] ~을 꽂다, 끼워 넣다 | **designated** [dézignèitid] 지정된 | **philosophy** [filάsəfi] 철학 | **define A as B** A를 B로 정의하다 | **disrupt** [disrʌ́pt] ~을 분열시키다, 혼란시키다 | **disturb** [distə́ːrb] ~을 방해하다, 어지럽히다 | **twist** [twist] ~을 비틀다, 꼬다 | **vibrate** [vαibréit] ~을 진동시키다 | **supposedly** [səpóuzidli] 아마도, 생각건데 | **resume** [rizjúːm] ~을 재개하다, 회복하다

해석 1 침술은 다양한 종류의 질병과 기타 건강 문제를 치료하는 데 사용되는 전통적인 동아시아의 의학 방식이다. 2 침술은 매우 가는 침을 사용하는데, 이 침을 특정하게 지정된 신체 부위에 꽂는다. 3 침술 요법은 신체가 건강을 유지하려면 기(氣)의 균형 있는 흐름이 필요하다고 하는 도교 철학에 뿌리를 두고 있다. 4 기는 '생명을 주는 에너지'로 정의되며 스트레스와 부상, 질병들이 그 흐름을 어지럽혀 놓는 것으로 여겨진다. 5 (따라서 병을 치료하려면 기의 흐름이 흐트러진 곳에 주의 깊게 침을 꽂아야 한다.) 6 그 침을 비틀고 진동시킨 다음에 뽑아낸다. 7 침을 제거하고 나면 사람의 기가 온몸 전체에서 다시 균형 있는 흐름을 회복한다고 여겨진다.

내가 적용한 리딩스킬 체크하기 ☑
지문을 읽으며 내가 적용한 리딩스킬을 체크해봅시다.

□ 우선 주어진 문장의 핵심 내용을 파악하고 앞뒤의 흐름을 예상했다.

결론을 나타내는 연결어 therefore(그러므로)가 쓰였으며 질병 치료를 위해 바늘을 꽂는다는 내용이므로, 그 앞에는 질병이 발생했다는 내용이 나올 것을 예상할 수 있다. 또한, the flow of *qi*에 정관사 the가 쓰였으므로 앞부분에 flow of *qi*가 이미 언급되었다고 예상할 수 있다.

핵심스킬 적용! 주어진 문장 넣기 유형을 풀 때는 연결어, 대명사, 관사 등 문장의 전후관계를 나타내는 말에 주의해서 읽어야 한다.

↓

□ 3번 문장에 a balanced flow of *qi*가 나오므로 주어진 문장은 3번 문장 뒤쪽에 와야 한다는 걸 알았다.

핵심스킬 적용! 보통 부정관사 a(n)는 대상을 처음 언급하거나 듣는 이가 모르는 대상을 언급할 때 사용되는 반면, 정관사 the는 앞에서 이미 언급된 대상이나 듣는 이가 익히 들어 알고 있는 대상을 가리킬 때 사용된다.

↓

□ 4, 6번 문장에서 주어진 문장과 직접적으로 연계되는 단서들을 찾았다.

▶ 정답 ④ 도출

4번 문장에 질병이 기의 흐름을 흐트러뜨린다는 내용이 나온다. 따라서 이를 치료하기 위해 바늘을 꽂는다는 내용의 주어진 문장이 바로 뒤에 와야 한다. 6번 문장은 바늘을 뺀다는 내용이므로 주어진 문장 뒤에 오는 게 맞다.

02 글의 순서 배열 정답 ②

본문 p.100

[1]The people [of the ancient Mexican Aztec civilization] / recorded stories about their gods, / and one of the stories / describes an island [in the middle of lake] / as a sign from gods.

(A) [2]The Aztecs made that island their home, / but / soon discovered / that it was not large enough / to grow the food crops [they needed].
(C) [3]But the Aztecs were incredibly inventive / and found a way [to overcome the lack of land]. [4]They didn't have to look farther / than around the island itself. [5]They planted seeds on the water — / in soil [laid on floating reed mats].

(B) [6]As the seeds sprouted roots / in the water, / fruits and vegetables / began to grow / right out of the soil on the mats. [7]Not only did the plants grow well, / but also the mats floated / on a continuous supply of water.

필수 어휘 Note **Aztec** 아스텍인, 아스텍족 | **civilization**[sìvəlizéiʃən] 문명 | **crop**[krɑp] 농작물, 곡물 | **incredibly**[inkrédəbli] 매우, 놀라울 정도로 | **inventive**[invéntiv] 독창적인, 발명에 재능이 있는 | **overcome**[òuvərkʌ́m] ~을 극복하다, 이겨내다 | **lack**[læk] 부족, 결핍 | **float**[flout] 떠다니다, 표류하다 | **reed**[ri:d] 갈대 | **mat**[mæt] 돗자리, 매트 | **sprout**[spraut] 싹을 틔우다

해석 1 고대 멕시코 아스텍 문명의 사람들은 그들의 신에 관한 이야기를 기록했는데, 그중 한 가지에서 호수 가운데 있던 한 섬을 신들의 징표로 묘사하고 있다.
(A) 2 아스텍인은 그 섬을 자기들의 보금자리로 삼았지만, 곧 그 섬이 그들이 필요한 농작물을 재배할 만큼 크지 않다는 것을 발견했다.
(C) 3 그러나 아스텍인들은 매우 독창적이어서 부족한 땅을 극복할 방법을 찾아냈다. 4 그들은 섬 바로 주변 너머 멀리 눈을 돌릴 필요가 없었다. 5 그들은 물에 씨앗을 심었는데, 바로 물 위에 떠 있는 갈대 돗자리 위에 덮인 흙 안에 였다.
(B) 6 씨앗이 물속에서 뿌리를 내리자 열매와 채소가 돗자리 위의 흙 밖으로 곧 자라기 시작했다. 7 식물이 잘 자랐을 뿐만 아니라 돗자리는 물 위를 둥둥 떠다녀 지속적으로 물을 공급할 수 있었다.

내가 적용한 리딩스킬 체크하기 ☑
지문을 읽으며 내가 적용한 리딩스킬을 체크해봅시다.

☐ 우선 주어진 문장의 내용을 파악한 후, Aztec 문명의 사람들과 어떤 섬에 관한 내용이 이어질 것이라고 예상했다.

↓

☐ (A), (C) 모두 주어진 문장에 등장한 the Aztecs와 island가 반복되고 있다. 따라서 문맥을 살펴봐야 하는데 (A)에서 '농작물을 재배하기에 섬이 크지 않다' 고 했으므로 '이를 극복하는 방법을 찾아냈다' 는 내용의 (C)가 그 뒤에 와야 한다.

▶ 정답 ② 도출

(A)와 (C)의 The(the) Aztecs는 주어진 문장의 The people of the ancient Mexican Aztec civilization을 달리 표현한 말이며, (C)의 the lack of land는 (A)의 it was not large ~ they needed를 다른 말로 표현한 것이다.

핵심스킬 적용! 대명사는 앞에 나온 표현을 반복하는 것을 피하기 위해 사용되므로 대명사가 지칭하는 대상이 무엇인지 잘 살피도록 한다. 대명사가 지칭하는 대상은 대명사보다 먼저 나오는 경우가 많다.

↓

☐ (C)의 seeds, reed mats가 (B)에서 the seeds, the mats로 반복되었으며, 씨앗을 심은 후 뿌리가 나는 것이 논리적으로도 타당하므로 (C)-(B)의 순서가 알맞다.

▶ 정답 ② 확신

핵심스킬 적용! 정관사 the는 바로 뒤의 명사가 이전에 언급된 적이 있음을 나타낸다.

03

글의 순서 배열 정답 ⑤ 본문 p.101

1 Except for those [who speak in public / as part of their job], / few people have any experience or training / in public speaking.

(C) 2 That's why / so many people become filled with anxiety / when they are asked to make a speech. 3 They imagine that / they will fail / and be rejected / and laughed at in public, / especially if they haven't had a chance [to prepare a speech / and practice it].

(B) 4 Even when they have had time [to prepare], the majority [of inexperienced speakers] will still feel very nervous, / mostly in anticipation of the moment [when they have to take the microphone / and face the audience].

(A) 5 But when they finally take the mic / and start the speech [they have prepared], the terrible feelings [of nervousness] usually disappear. 6 All [they have to do] is to remember / to speak slowly, / breathe deeply, / try to enjoy themselves, / and smile.

필수 어휘 Note **except for** ~을 제외하고 | **anxiety** [æŋzáiəti] 걱정, 근심 | **in anticipation of** ~을 예상하고 | **nervousness** [nə́ːrvəsnis] 긴장감 | **breathe** [briːð] 숨을 쉬다 | **enjoy oneself** 즐기다

해석 1 대중 앞에서 말하는 것을 직업으로 하는 사람들을 제외하고는 거의 모든 사람들이 대중 연설에 경험이 있거나 훈련을 받은 적이 없다.
(C) 2 그것이 바로 많은 사람들이 연설하기를 요청받았을 때 걱정으로 가득해지는 이유이다. 3 그들은 특히 연설을 준비하고 연습할 기회를 얻지 못하면 대중 앞에서 (연설을) 잘하지 못해서 동조를 받지 못하고 비웃음을 당하는 걸 상상한다.
(B) 4 심지어 준비할 시간이 있었을 때에도 경험이 부족한 연설가의 대다수는 여전히 매우 긴장감을 느끼는데, 주로 마이크를 잡고 대중 앞에 서야 하는 순간을 예상하면서 그렇다.
(A) 5 그러나 마침내 마이크를 잡고 준비했던 연설을 시작하면 긴장감으로 불안했던 마음이 보통 사라진다. 6 그들이 해야 할 일은 천천히 말하고 숨을 깊이 들이쉬며 즐기려고 노력하고 미소 짓는 것이다.

내가 적용한 리딩스킬 체크하기 ☑
지문을 읽으며 내가 적용한 리딩스킬을 체크해봅시다.

☐ 우선 주어진 문장을 읽고 사람들이 대중 연설에 익숙하지 않다는 내용임을 파악했다.

↓

☐ (C)의 뒷부분에 연설을 준비할 기회가 없을 때 사람들이 느끼는 감정이 나오고 (B)에는 준비할 시간이 있었을 때의 감정이 이어지므로 (C) – (B)의 순이 알맞다고 생각했다.

▶ 정답 ②, ⑤ 예상

사람들은 연설을 준비할 시간이 없을 때에도 불안감을 느끼지만, 준비할 시간이 있을 때에도 불안감을 느낀다는 내용. a chance to prepare, time to prepare가 반복되어 사용되었다.

핵심스킬 적용! 같거나 유사한 표현의 앞뒤 관계를 파악해 보도록 한다.

↓

☐ But으로 시작하는 (A)는 일단 마이크를 잡으면 긴장감이 사라진다는 내용. 사람들이 대중 연설을 두려워한다는 내용과 상반되므로 (A)가 마지막 순서에 오는 것이 알맞다고 파악했다.

▶ 정답 ⑤ 도출

마지막은 연설가가 해야 할 일을 나열하면서 마무리 짓고 있다.

↓

☐ (C)에 사람들이 대중 연설에 익숙지 않으므로써 생긴 결과가 나오므로 주어진 문장의 다음 순서를 (C)라고 예상했다.

▶ 정답 ⑤ 확신

That's why는 앞에 원인이, 뒤에 결과가 이어진다. 대중 연설에 경험이 있거나 훈련을 받은 사람은 거의 없다. → 그것이 바로 사람들이 대중 연설을 두려워하는 이유이다.의 문맥.

4-6 장문의 이해 정답 4 ③ 5 ④ 6 ④

본문 p.102

(A) 1 The man was trying to pack his Christmas shopping / into his car. 2 He felt stressed and displeased / by the weather just then; / it was cold and wet / in the parking lot. 3 As the man loaded packages into the car, / he realized / that one of his shopping bags was missing.

(C) 4 Grumbling to himself, / he hurried back to the entrance of the mall / in order to find it. 5 As he checked along the ground / for the missing item, / he heard someone crying softly. 6 He glanced around and noticed / a boy [of about twelve / sitting on the ground]. 7 (c) He was well-clothed, / with a warm coat and heavy boots / for protection from the foul weather.

(D) 8 Thinking that the boy had gotten separated / from his parents, / the man asked him / what the problem was, / just as (d) he noticed / the boy was holding a hundred dollar bill. 9 The boy explained / that he wasn't lost or homeless, / but that his mother worked two shifts at the hospital / and had no time [to shop for Christmas gifts]. 10 She had given (e) him two hundred dollars / to buy some presents for the family. 11 On the way to her day shift at the hospital, / his mother had taken him / to the mall first.

(B) 12 She had asked him / to buy gifts for himself and his siblings / and to keep enough of the money / to get home by taxi. 13 The boy had been walking to the doors of the mall / when, / suddenly, / a man had snatched one of the bills / from (a) his hand / and run away. 14 The man asked the boy / why he hadn't yelled / for someone to help him. 15 The boy claimed that he had, / but that no one had taken any notice of (b) him. 16 The man looked at the boy, / who was staring sadly down / at the sidewalk.

필수 어휘 Note **shopping** [ʃápiŋ] 〈집합적〉 쇼핑한 물건 | **displeased** [displíːzd] 불쾌한, 화난 | **load** [loud] (짐을) 싣다, 적재하다; 짐 | **grumble** [grʌ́mbəl] 투덜거리다, 불평하다 | **glance** [glæns] 흘긋 보다, 잠깐 보다; 흘긋 봄 | **foul** [faul] (날씨가) 나쁜 | **separate from** ~에서 떨어지다 | **homeless** [hóumlis] 집이 없는 | **shift** [ʃift] 교대 근무, 교대; ~을 바꾸다 | **sibling** [síbliŋ] 형제, 자매 | **snatch** [snætʃ] ~을 잡아채다, 강탈하다 | **yell** [jel] 소리치다; 고함 소리, 외침 | **take notice of** ~에게 관심을 가지다 | **stare at** ~을 바라보다, 응시하다 | **sidewalk** [sáidwɔ̀ːk] 보도, 인도

내가 적용한 리딩스킬 체크하기 ☑

지문을 읽으며 내가 적용한 리딩스킬을 체크해봅시다.

4

☐ 이야기 형식의 일화이므로 시간순으로 전개되리라 예상했다.

↓

☐ 각 단락의 일부를 읽고 대강의 내용을 빠르게 파악했다.

단락 (A)의 끝 부분에 크리스마스 선물을 사러 간 남자가 쇼핑백 하나가 없어진 것을 발견했다는 내용이 나오므로 이를 찾으러 갔다는 (C)가 뒤이어 이어지는 것이 적절하다.

▶ 선택지 ①, ④, ⑤ 제외

↓

☐ 단락 (C)의 끝 부분에 남자가 우는 소년을 발견했단 내용이 나오므로 소년이 부모님과 떨어진 것이라고 짐작하고 무슨 일인지 물어봤다는 (D)를 다음 순서로 골랐다.

▶ 정답 ③ 도출

↓

☐ 단락 (B)는 She로 시작되고 있으므로 앞에서 어떤 여자가 한 명 등장했음을 알 수 있다. 단락 (D)에 소년의 엄마(his mother)가 처음 언급되고 있으므로 (C) - (D)의 순서임을 파악했다. (D)의 the mall과 연결되는 (B)의 to buy gifts 또한 하나의 단서.

▶ 정답 ③ 확신

핵심스킬 적용! 장문의 독해 지문을 읽을 때는 각 단락의 앞부분이나 뒷부분만 읽고 내용을 연결하여 핵심 내용을 파악한다.

5

☐ 대명사가 지칭하는 대상을 앞뒤에서 찾았다.

▶ 정답 ④ 도출

(a), (b), (c), (e)는 모두 소년을 가리키지만, (d)는 남자를 가리킨다. 〈도해 참고〉

6

☐ 내용 일치 문제이므로 선택지에 해당하는 부분을 본문에서 찾아 내용을 대조해보았다.

▶ 정답 ④ 도출

해석 (A) **1** 남자는 크리스마스 선물로 산 것을 차에 실으려 하고 있었다. **2** 바로 그때 그는 날씨 때문에 스트레스가 쌓이고 기분이 안 좋았는데, 주차장은 춥고 습기가 차 있었다. **3** 남자는 짐 꾸러미를 차에 실으면서 쇼핑백 하나를 잃어버렸단 걸 깨달았다.

(C) **4** 혼자 투덜거리면서 쇼핑백을 찾으려고 서둘러 쇼핑몰 입구로 되돌아갔다. **5** 그가 잃어버린 물건을 찾아 땅바닥을 이리저리 둘러보는데 누군가가 조용히 흐느끼는 소리가 들렸다. **6** 주위를 둘러보니 열두 살쯤 먹은 남자아이 하나가 바닥에 앉아 있는 것이 보였다. **7** 그 아이는 옷을 잘 입고 있었는데, 고약한 날씨에도 안 춥게 따뜻한 외투를 입고 두터운 부츠를 신고 있었다.

(D) **8** 남자는 소년이 부모와 떨어진 것으로 생각하면서 무슨 일이냐고 물었는데, 소년이 백 달러짜리 지폐를 쥔 게 보였다. **9** 소년은 자신이 길을 잃거나 집이 없는 것이 아니라고 했다. 단지 엄마가 병원에서 2교대 근무를 하기 때문에 크리스마스 선물을 사러 올 시간이 없다고 설명했다. **10** 엄마가 가족들에게 줄 선물을 사라고 그에게 2백 달러를 줬던 것이다. **11** 병원에 주간 근무를 하러 가는 도중에 소년의 엄마는 먼저 그를 쇼핑몰에 데려다 주었다.

(B) **12** 엄마는 소년에게 그 자신과 형제자매를 위한 선물을 사고 집에 택시를 타고 갈 만큼 충분한 돈을 남기라고 일렀다. **13** 소년이 쇼핑몰 문쪽으로 걸어가는데 갑자기 한 남자가 소년의 손에서 지폐 한 장을 잡아채서 도망가 버린 것이었다. **14** 남자는 소년에게 왜 누군가에게 도와달라고 소리치지 않았느냐고 물어보았다. **15** 소년은 그렇게 했지만 아무도 자기에게 관심을 갖지 않았다고 말했다. **16** 남자가 아이를 쳐다보니, 아이는 보도를 애처롭게 바라보고 있었다.

필수 구문 분석

14 The man **asked** the boy / why he **hadn't yelled** / for someone to help him.

▶ 남자가 소년에게 묻는(asked) 시점보다 소년이 소리를 지르지 않은(hadn't yelled) 시점이 더 앞서므로 과거완료가 쓰였다.

15 The boy *claimed* **that** he had, / *but* **that** no one had taken any notice of him.

▶ 동사 claimed의 목적어인 두 개의 that절이 but으로 연결돼 있다.

선택지 다시 보기

6 ① 형제자매가 없다. ▶ 소년은 바쁜 엄마를 대신해 자신과 형제자매의 선물(gifts for himself and his siblings)을 사야 했으므로 오답.

② 쇼핑몰에서 길을 잃었다. ▶ 쇼핑몰에서 길을 잃은 것이 아니라 돈을 소매치기당했다.

③ 경제적으로 어려운 가정 출신이다. ▶ 소년은 옷을 잘 차려입고 있었고(well-clothed) 2백 달러라는 큰돈을 가지고 있었으므로 경제적으로 어렵다는 것은 오답.

④ 어머니가 바쁘셔서 홀로 쇼핑몰에 왔다. ▶ 정답.

⑤ 부모님께 드릴 크리스마스 선물을 잃어버렸다. ▶ 부모님께 드릴 크리스마스 선물을 잃어버린 것이 아니라 어머니가 주고 간 2백 달러 중 백 달러를 소매치기당했다.

Real Test 실전 감각 키우기

07 글의 순서 배열 정답 ②

본문 p.104

1 Talking trees aren't found / only in fairy tales. 2 A new discovery seems to show that.

(B) 3 According to the discovery, / trees have a way [of sending messages] / to each other. 4 No one knows for sure / how it works.

(A) 5 But when a tree is attacked by hungry caterpillars, / it tells nearby trees immediately. 6 The other trees get the message / and start creating a special chemical.

(C) 7 This substance makes the leaves of the trees / taste bad. 8 Caterpillars won't eat the bad-tasting leaves. 9 For trees, / this ability [to talk] / proves to be a true lifesaver.

필수 어휘 Note **fairy tale** 동화 | **attack**[ətǽk] ~을 공격하다; 공격 | **nearby**[níərbài] 근처의 | **chemical**[kémikəl] 화학물질; 화학의 | **substance**[sʌ́bstəns] 물질, 성분

해석 1 말하는 나무는 동화에서만 발견되는 것이 아니다. 2 새로운 발견이 그것을 증명하는 것 같다.
(B) 3 이 발견에 따르면, 나무는 서로에게 메시지를 보내는 방법을 갖고 있다. 4 그것이 어떻게 이루어지는지 아무도 확실히는 모른다.
(A) 5 그러나 어떤 나무가 굶주린 애벌레에 의해 공격을 받으면, 그 나무는 근처 나무들에게 곧바로 알려준다. 6 다른 나무들은 이 메시지를 받아 특수한 화학물질을 만들어 내기 시작한다.
(C) 7 이 물질은 나뭇잎에서 쓴맛이 나게 한다. 8 애벌레들은 나쁜 맛이 나는 잎은 먹으려 하지 않는다. 9 나무들에게 이러한 말하는 능력은 진정한 생명의 은인인 것으로 증명되어 있다.

내가 적용한 리딩스킬 체크하기 ☑
지문을 읽으며 내가 적용한 리딩스킬을 체크해봅시다.

☐ 우선 주어진 문단을 읽고 말하는 나무에 대한 내용임을 파악했다.

↓

☐ 주어진 문단의 A new discovery가 (B)에서 the discovery로 한 번 더 반복되었으므로 주어진 문단 다음에는 (B)가 온다고 예상했다.

▶ 정답 ②, ③ 예상

핵심스킬 적용! 관사 the는 바로 위의 명사가 이전에 언급되었음을 나타낸다.

↓

☐ 역접의 연결사 But으로 시작되는 (A)는 굶주린 애벌레의 공격을 받았을 때 나무가 어떤 화학물질을 만들어 낸다는 내용으로 (B)의 어떻게 메시지를 보내는지 아무도 모른다(No one knows for sure how it works)고 한 진술과 상반된 내용이다. 따라서 (B) – (A)의 순이 적절하다고 생각했다.

▶ 정답 ② 도출

핵심스킬 적용! 연결어가 있으면 그에 맞는 앞뒤 흐름을 체크한다.

↓

☐ (A)의 a special chemical이 (C)에서 This substance로 표현되었다. 따라서 ②번이 정답임을 확신했다.

▶ 정답 ② 확신

핵심스킬 적용! 같거나 유사한 표현이 등장한 문장들은 앞뒤로 이어질 가능성이 크다.

08 주어진 문장 넣기 정답 ④

본문 p.104

The continuous pounding [of the waves] / causes these rocks / to crumble / and form small hollows.

1 Caves are huge holes [under the ground, / in cliffs / or under the sea.] 2 Caves can be formed in various ways. (①) 3 Most rock caves, / especially limestone caves, / are formed / by rainwater [that falls into the cracks [in the rocks]]. (②) 4 The rainwater slowly causes the rock to dissolve / leaving behind a large hole. (③) 5 Sea caves are formed / by waves [that wear away rocks [at the base of a cliff]]. (④ 6 **The continuous pounding [of the waves] / causes these rocks / to crumble / and form small hollows**.) 7 These hollows keep expanding / as sand, gravel and rocks [brought by the waves] / erode their inner walls. (⑤) 8 Some sea caves are sunk in water / during high tide / and can only be seen / when the water recedes.

필수 어휘 Note **cliff** [klif] 절벽 | **limestone** [láimstòun] 석회암 | **crack** [kræk] 틈, 갈라진 금 | **dissolve** [dizálv] 녹다, 분해되다 | **wear away** ~을 닳아 없애다 | **pound** [paund] 두드리다, 치다 | **crumble** [krʌ́mbl] 부서지다 | **hollow** [hálou] 구멍 | **keep ~ing** 계속해서 ~하다 | **gravel** [grǽvəl] 자갈 | **erode** [iróud] ~을 침식시키다 | **inner** [ínər] 안쪽의, 내부의 | **sink** [siŋk] 가라앉다 | **recede** [risíːd] 물러가다; 멀어지다

해석 1 동굴은 땅 아래, 절벽 속 혹은 바다 아래에 있는 큰 구멍이다. 2 동굴은 다양한 방식으로 만들어진다. 3 대부분의 바위 동굴, 특히 석회암 동굴은 바위에 난 틈에 떨어지는 빗물에 의해 만들어진다. 4 빗물은 서서히 바위를 녹여 큰 구멍을 남긴다. 5 바다 동굴은 절벽의 하부에 있는 바위를 마모시키는 파도에 의해 형성된다. 6 (파도가 바위를 지속적으로 치면 바위가 부서지고 작은 구멍들이 만들어진다.) 7 이런 구멍들은 파도에 밀려온 모래, 자갈, 바위들이 안쪽 벽을 침식하면서 계속 커진다. 8 어떤 바다 동굴들은 밀물 때 물속에 가라앉기 때문에 물이 빠져나간 후에만 보인다.

내가 적용한 리딩스킬 체크하기 ☑

지문을 읽으며 내가 적용한 리딩스킬을 체크해봅시다.

☐ 1, 2번 문장을 읽고 동굴이 만들어지는 여러 방식에 대한 내용이 이어질 것을 예상했다.

⬇

☐ 주어진 문장을 읽고, 주어진 문장의 앞에는 파도와 관련된 말이, 뒤에는 구멍과 관련된 내용이 나올 것을 예상했다.

⬇

☐ 글의 전후 관계를 살피며 읽다가 주어진 문장이 5번 문장과 7번 문장 사이에 들어가야 하는 것을 알았다.

▶ 정답 ④ 도출

동굴이 바위를 마모시키는 파도에 의해 형성된다. → 파도가 계속 바위를 마모시키면서 바위에 작은 구멍들이 생긴다. → 이 구멍들이 모래, 자갈, 바위에 의해 커진다.는 문맥으로 ④번이 적절하다.

핵심스킬 적용! These, This 등의 대명사는 앞에 나온 어구를 반복할 때 쓰는 대명사로 여기서 These hollows는 주어진 문장의 small hollows를 가리킨다. 5번 문장의 바위를 마모시키는 파도(waves that wear away rocks at the base of a cliff)는 주어진 문장에서 파도가 바위를 지속적으로 치는 것(The continuous pounding of the waves)으로 표현되었다.

09 글의 순서 배열 정답 ④

본문 p.105

[1]Now many kinds [of superior coffee beans] / are being decaffeinated / in ways [that conserve strong flavor]. [2]But / the public suffers from a groundless fear [of chemical decaffeination] / and prefers / instead / to buy water-processed decaf.

(C) [3]Every process [of decaffeination], / whether chemical- or water-based, / starts with steaming the green beans / to loosen the bonds of caffeine. [4]In the chemical process, / a solvent circulates through the beans.

(A) [5]The solvent comes into direct contact with them, / carrying the caffeine with it. [6]The drained solvent is then mixed with water, / and the caffeine is drawn out / to be sold.

(B) [7]In the water process, / however, / no solvent touches the beans. [8]After the beans are steamed, / they are soaked in water, / which removes the caffeine — / along with all the soluble solids [in the beans]. [9]The solution is drained off / to a separate tank, / where the caffeine is drawn out / from it.

필수 어휘 Note **superior** [səpíəriər] 고급의 | **decaffeinate** [di:kǽfiənèit] 카페인을 제거하다 | **conserve** [kənsə́:rv] ~을 보존하다 | **groundless** [gráundlis] 근거 없는 | **loosen** [lú:sən] ~을 느슨하게 하다 | **bond** [bɑnd] 결합(력) | **circulate** [sə́:rkjəlèit] 순환하다 | **drain** [drein] ~을 배수하다 | **draw out** ~을 제거하다, 추출하다 | **soak** [souk] ~을 적시다 | **soluble** [sɑ́ljəbəl] 녹는, 용해할 수 있는 **cf. solution** [səlú:ʃən] 용액

해석 1 이제 많은 종류의 고급 커피콩이 강한 향을 보존하는 방식으로 카페인이 제거되고 있다. 2 그러나 대중은 화학적 카페인 제거에 대해 근거 없는 두려움을 갖고 있으며 대신에 물로 처리된 무카페인 제품을 구매하는 것을 선호한다.
(C) 3 모든 카페인 제거 과정은 화학물질을 기초로 하는 것이든 물을 기초로 하는 것이든, 카페인의 결합력을 느슨하게 하기 위해 녹색 콩을 찌는 것으로부터 시작한다. 4 화학적 처리과정에서 용매가 콩 사이를 순환한다.
(A) 5 그 용매는 콩과 직접적으로 접촉하면서 카페인을 운반한다. 6 빠져나간 용매는 그 후 물과 혼합되고, 카페인이 제거되어 팔린다.
(B) 7 그러나 물을 이용한 처리에서는 어떠한 용매도 콩에 닿지 않는다. 8 콩을 찐 후에 콩을 물로 흠뻑 적시게 되는데 그것이 콩에 들어 있는 모든 용해성 고체와 함께 카페인을 제거한다. 9 이 용액은 분리된 수조로 빠지고 그곳에서 카페인이 용액으로부터 추출된다.

내가 적용한 리딩스킬 체크하기 ☑
지문을 읽으며 내가 적용한 리딩스킬을 체크해봅시다.

☐ 주어진 문단을 읽고 화학적 카페인 제거 방식과 물로 처리된 카페인 제거 방식에 대한 내용이 이어질 것을 예상했다.

↓

☐ (C)의 첫 문장은 모든 카페인 제거 과정 즉, 화학적이든 물로 처리한 것이든 모두 녹색 콩을 찌는 것에서 시작한다는 내용. 이는 주어진 문단에 제시된 근거 없는 두려움(groundless fear)이 어떤 이유로 생기게 되었는지 알려주기 위해 두 가지 카페인 제거 방식을 설명하는 도입부이므로 주어진 문단 다음에 (C)가 이어질 것을 예상했다.

▶ 정답 ④, ⑤ 예상

↓

☐ (C)의 마지막 부분에서 화학적 카페인 제거 과정이 시작되었고, (A)에서 그 과정이 이어지고 있으므로 ④번을 정답으로 도출했다.

▶ 정답 ④ 도출

(C)의 a solvent를 (A)에서 the solvent로 다시 한 번 언급하였으며 (C)의 beans를 (A)에서 them으로 대신하였다.

핵심스킬 적용! 대명사, 관사가 포함된 문장들의 선후관계를 체크한다.

↓

☐ however로 시작하는 (B)는 물로 처리된 카페인 제거 과정(In the water process)에 대한 내용으로 화학적 카페인 제거 과정을 설명한 (C), (A)와 상반된다. 따라서 (B)가 맨 마지막에 오는 것을 확신했다.

▶ 정답 ④ 확신

핵심스킬 적용! 연결어가 있으면 그에 맞는 앞뒤의 내용 흐름을 체크한다.

10

정답 ④

본문 p.106

해석 그는 세상에 나오기 전에 엄마 뱃속에 겨우 일곱 달밖에 안 있었다. 그의 부모는 그가 얼마나 작은지를 보고는 그가 살아남을 수 있을지에 관한 의문으로 가득했다. 의사는 그가 모유에서 나오는 영양분을 먹고 잘 자랄 수 있을 것이라고 그들을 안심시켰다. 어머니의 보살핌으로 그는 정말 잘해냈고 지금은 삶의 충만함을 누리고 있다. 그가 어머니의 애정 어린 품에서 떨어졌다면 즉, 어머니의 영양분 가득한 젖을 빼앗겼더라면 그는 그가 태어난 첫날을 넘기지 못했을 것이라고 나는 믿고 있다.

필수 어휘 Note **womb** [wuːm] 자궁 | **tiny** [táini] 아주 작은, 조그마한 | **assure** [əʃúər] ~을 안심시키다, 확신시키다 | **thrive on** 잘 자라다 | **nourishment** [nə́ːriʃmənt] 자양분, 음식물 **cf. nourish** ~에게 영양분을 주다, 조성하다 | **fullness** [fúlnis] 완전함 | **remove** [rimúːv] ~을 제거하다, 없애다 | **deprive A of B** A에게서 B를 박탈하다, 빼앗다

정답근거

(A) His parents, seeing how tiny he was, were filled ~

▶ seeing how tiny he was는 주어(His parents)와 동사 사이에 삽입된 분사구문. 주어가 복수이므로 복수동사 were가 적절.

(B) Due to his mother's care, ~

▶ 어머니가 돌봐주셨기 때문에 잘해냈고, 현재 아주 건강하다는 문맥. 따라서 '~ 때문에'라는 뜻의 Due to가 알맞다. Despite는 '~에도 불구하고'란 뜻. 둘 다 뒤에 명사 상당어구를 취하는 전치사(구). (밑줄 해석 참조)

(C) ~ if he had been removed ~, if he had been deprived of her nourishing milk, then he would not have lived ~

▶ if절의 동사는 had p.p.이고 문맥상 '~하지 않았다면, …했을 것이다'란 뜻으로 과거 사실을 반대로 가정해 보는 가정법 과거완료로 봐야 한다. 가정법 과거완료는 〈if S had p.p. ~, S+조동사 과거형+have p.p.〉의 구조이므로 would not have lived가 적절.

11

정답 ②

본문 p.106

해석 몇몇 민간요법은 이상해 보이기는 하지만 그럼에도 불구하고 효과가 있는 것으로 입증돼 왔다. 이런 치료법들에는 많은 건강상의 문제들이 간단히 치료될 수 있으며 항상 병원에 가서 진찰을 받고 약을 처방 받을 필요는 없다는 믿음이 깔려 있다. 예를 들어, 드라이어를 낮은 단계로 맞춰 귀에서 40cm 정도 떨어진 거리에서 잡고 드라이하면서 껌을 씹으면 귓병이 완화된다고 한다. 입 냄새를 가시려면 정향나무 잎이나 아니스 씨, 파슬리 가지를 씹는 것이 좋다. 또한, 대부분의 의료 전문가들은 이 방법들을 추천하지 않지만, 민간요법은 사람들에게 너무나 오랫동안 편안함과 안도감을 느끼게 해주어서 심지어 의심이 많은 사람들조차 때때로 이 방법들을 사용한다.

필수 어휘 Note **remedy** [rémədi] 치료법 | **odd** [ɑd] 이상한, 기이한 | **prescription** [priskrípʃən] (약의) 처방 | **relief** [rilíːf] 안도, 안심 | **earache** [íərèik] 귓병 | **chew (on)** ~을 씹다 | **clove** [klouv] 《식물》 정향나무 | **twig** [twig] 잔가지, 가는 가지 | **parsley** [páːrsli] 파슬리 | **comfort** [kʌ́mfərt] 편안함 | **skeptic** [sképtik] 회의론자, 의심이 많은 사람 | **from time to time** 때때로

정답근거

① proven effective

▶ 여기서 prove는 '~한 것으로 입증되다'란 뜻으로 쓰여 뒤에 보어가 온다. 보어로는 형용사 또는 명사가 오므로 effective는 적절.

② Behind these remedies are → is the belief [that many health problems ~, and that it isn't ~].

▶ 부사구 Behind these remedies가 문두로 나가면서 주어 the belief와 동사가 도치된 구조. 주어인 the belief에 수일치하므로 동사는 is가 되어야 한다. 뒤에 이어지는 두 개의 that절은 the belief의 내용을 설명하는 동격절이다.

③ while *(you are)* holding

▶ while, when 등이 이끄는 부사절의 주어가 주절의 주어와 일치하는 경우 부사절의 주어와 be동사는 함께 생략하는 경우가 많다.

④ although they are not recommended by most medical professionals, ~

▶ 의학계에서는 인정하지 않지만 오랫동안 쓰여왔다는 문맥이므로 상반된 내용을 연결하는 접속사 although는 적절. (밑줄 해석 참조)

⑤ so long that ~

▶ 〈so+형용사[부사]+that〉은 '매우 ~해서 …하다'란 뜻으로 문맥상 적절하다. (밑줄 해석 참조)

12

정답 ②

본문 p.107

해석 많은 철새가 어둠 속에서 명확히 볼 수 있는 능력을 가지고 있어서 밤에 이동하는 편을 더 좋아한다. 실제로 한 연구는 낮 동안 철새들은 목적 없이 이리저리 날아다니지만 어두워지고 나면 그들의 방향 감각이 매우 정확했다는 것을 보여주었다. 이것은 바로 그들을 목적지로 인도해 주는 지구 자기장을 감지하는 뇌의 부분이 오직 밤에만 활성화되기 때문이다. 게다가 밤에 보는 능력과 지구 자기장을 감지하는 능력은 뇌의 동일한 부위에서 통제되므로 하나가 작동하지 않으면 다른 하나도 혼란스러워진다.

필수 어휘 Note **migrate** [máigreit] (새, 물고기 등이) 철 따라 정기적으로 이동하다, 이주하다 | **sense** [sens] 감각, 지각; ~을 느끼다, 감각으로 분별하다 | **magnetic field** 자기장

필수 구문 분석

~ if **one** is not working, / **the other** will be disrupted / as well.

▶ 〈one ~, the other ... ((둘 중) 하나는 ~이고, 다른 하나는 …이다)〉의 구조.

정답근거

(A) aimlessly 목적 없이 / fearlessly 대담하게, 겁 없이
▶ 바로 뒤에 but으로 이어지는 내용이 어두워진 후에는 방향 감각이 매우 정확해진다는 것이므로 낮 동안에는 방향을 잘 잡지 못하고 '이리저리 정처 없이 날아다닌다(flew around aimlessly)'는 문맥이 되어야 한다.

(B) description 기술, 서술 / destination 목적지, 행선지
▶ 지구 자기장이 철새들을 그들의 '목적지'로 인도[안내]한다는 문맥.

(C) distribute ~을 분배하다 / disrupt ~을 (일시적으로) 혼란시키다, 중단시키다
▶ 밤에 사물을 보는 능력과 자기장을 감지하는 능력이 뇌의 동일한 부분에서 통제되므로, 어느 한 쪽이 제대로 기능하지 못하면 다른 쪽도 혼란을 겪게 된다는 문맥이다.

지문 속 **직독직해 3**

본문 p.108

1 침술 요법은 / 도교 철학에 뿌리를 두고 있다 [기(氣)의 균형 있는 흐름이 필요하다고 하는 / 신체가 건강을 유지하려면].
해석 Tip 〈for+목적격〉을 to부정사의 주어로 해석한다.

2 사람들을 제외하고는 [대중 앞에서 말하는 것을 / 직업으로 하는], / 경험이 있거나 훈련을 받은 사람이 거의 없다 / 대중 연설에.
해석 Tip few를 부정어구로 바르게 해석하도록 한다.

3 모든 과정은 [카페인을 제거하는], / 화학물질을 기초로 하는 것이든 물을 기초로 하는 것이든, / 녹색 콩을 찌는 것으로부터 시작한다 / 카페인의 결합력을 느슨하게 하기 위해.
해석 Tip whether는 '~이든 아니든'이란 뜻.

4 이것은 바로 ~ 때문이다 / 철새들의 뇌의 부분이 [지구 자기장을 감지하는 / (어떤 자기장?) 그들을 목적지로 인도해주는] / 오직 밤에만 활성화되기 (때문이다).
해석 Tip 복잡한 관계사절은 대신하는 선행사를 정확히 찾도록 한다. 콤마로 연결되는 관계사절은 보통 계속적 용법으로 보지만, 관계사절이 삽입된 경우에는 앞의 선행사를 바르게 찾아 그 선행사를 수식하도록 해석하는 것이 자연스럽다.

Unit Test 핵심스킬 집중훈련

01 요약문 완성 정답 ④

본문 p.110

According to chaos theory, / we should not feel ____(A)____ / from the events [that seem to be ____(B)____ to us].

↓

[1]People have a tendency to view anything [happening outside their own daily life] with very little interest, / especially things [happening in far-off places]. [2]Far-off events never seem / quite as important, or even real, / as what's happening near us or to us. [3]But / an area of mathematics [called chaos theory] challenges the idea [that far-off events have no interest for us]. 〈주제문〉 [4]In essence, / chaos theory shows / that everything affects everything else; / a change [in ocean temperature] can start a chain of reactions / resulting in years of drought / on the other side of the world; / the flapping [of a butterfly's wings] may cause a series of changes [in the atmosphere] [that change the course of a tornado / thousands of kilometers away].

↓

According to chaos theory, / we should not feel (A) **distant** / from the events [that seem to be (B) **irrelevant** to us].

필수 어휘 Note **tendency to do** ~하는 경향, 추세 | **far-off** (거리나 시간이) 먼 | **challenge** [tʃǽlindʒ] ~에 이의를 제기하다 | **chaos** [kéiɑs] 혼돈, 혼란 상태 | **in essence** 본질적으로 | **drought** [draut] 가뭄 | **flap** [flæp] (날개를) 퍼덕이다 | **atmosphere** [ǽtməsfiər] (지구를 둘러싼) 대기

해석 1 인간은 자신의 일상생활 너머에 일어나는 일에 거의 관심을 두지 않는 경향이 있고 특히 멀리 떨어진 곳에서 일어나는 일에 그렇다. 2 멀리 떨어진 곳에서 일어나는 사건은 우리 주변 또는 우리에게 일어나는 일만큼 매우 중요하게 보이지도, 심지어 실제로 일어난 일처럼 여겨지지 않는다. 3 그러나 카오스 이론이라는 수학의 한 분야는 멀리 떨어진 곳에서 일어나는 일이 우리에게는 전혀 상관이 없다는 생각에 이의를 제기한다. 4 본질적으로 카오스 이론은 모든 것이 다른 모든 것들에 영향을 미친다는 것을 보여준다. 바다 온도의 변화가 연쇄 반응을 일으켜 지구 반대편에서 1년 내내 가뭄이 계속되게 할 수 있다. 나비의 날갯짓이 태풍의 진로를 수천 킬로미터까지 변경하는 일련의 대기 변화를 일으킬 수도 있다.

카오스 이론에 의하면 우리와 (B) 관련이 없어 보이는 사건들을 (A) 동떨어진 것이라고 느껴서는 안 된다.

내가 적용한 리딩스킬 체크하기 ☑
지문을 읽으며 내가 적용한 리딩스킬을 체크해봅시다.

☐ 요약문을 먼저 읽고 chaos theory에 대한 지문임을 파악했다.

핵심스킬 적용! 요약문은 해당 지문의 요지와 마찬가지이므로 요약문을 먼저 읽어 대강의 내용을 예상하도록 한다.

↓

☐ 선택지 내용을 대입하면서 오답 가능성이 있는 것을 소거했다.

▶ 선택지 ①, ⑤ 소거

(A)는 '~하면 안 되다'는 문맥으로 '부정적인' 의미의 단어가 들어가야 하므로 긍정적인 단어인 ①, ⑤번을 먼저 소거한다.

↓

☐ 역접 연결사 But으로 시작하는 3번 문장에 chaos theory가 등장하는 것을 보고 3번 문장부터 필자가 말하려는 핵심 내용이 전개될 것이라 예상했다. 주제문과 요약문을 유사하게 만들어주는 선택지 ④번을 정답으로 도출했다.

▶ 정답 ④ 도출

주제문인 4번 문장을 읽고 모든 일이 다른 모든 것에 영향을 미친다는 것이 chaos theory의 핵심 내용임을 알았다. 요약문이 부정문(should not)이므로 주제문과 같은 내용이 되도록 완성할 때 단어 선택에 주의한다. 여기서는 '우리와 관련이 없어 보이는 사건들을(from the events that seem to be irrelevant to us) 우리와 동떨어진 것으로 느끼면 안 된다(we should not feel distant)'란 내용이 되어야 요지와 일맥상통한다.

↓

☐ 4번 문장의 세미콜론(;) 뒤의 내용을 읽고 정답을 확신했다.

▶ 정답 ④ 확신

※ 세미콜론(;)은 주로 앞에서 언급한 내용에 관해 부연 설명을 할 때 사용된다.

선택지 다시 보기

	(A)		(B)	
①	안전한 것이라고	----	연결되어	
②	불확실한 것이라고	----	직접적이지 않아	
③	불편한 것이라고	----	필요 없어	
④	동떨어진 것이라고	----	관련이 없어	▶ 정답.
⑤	관련된 것이라고	----	유용해	

02 요약문 완성 정답 ②

본문 p.111

Don't spend time searching for ___(A)___ / for your problems; rather find out / what specific ___(B)___ would improve your situation.

↓

1 People [accustomed to success] tend to ask themselves / the right kinds of questions / to get a solution to a problem. 〈주제문〉 2 To solve / what seems like an impossible problem, / we should try rewording the question / until we find ourselves asking the right question. 3 For example, / if we ask such questions as / "Why haven't I gotten that promotion yet?" / or "How come I never catch a break in life?" / then we are only asking / *why* things are / the way [they are]. 4 Instead, / ask questions about / what has to be done / to reach a specific outcome, / like "How can I earn that promotion?" / and "What can I do to be more effective / at work or at home?" 5 Questions [like this] are more results-oriented / and call for real solutions / instead of wishful thinking and generalized blame.

↓

Don't spend time searching for (A) **explanations** / for your problems; rather find out / what specific (B) **actions** would improve your situation.

필수 어휘 Note **accustomed to A** A에 익숙한 | **reword** [rìːwə́ːrd] ~을 바꿔 말하다, 표현을 달리하다 | **promotion** [prəmóuʃən] 승진, 진급 | **outcome** [áutkʌ̀m] 결과 | **result-oriented** 결과 지향적인, 결과 위주의 | **call for** ~을 요구하다, (상황 등이) ~을 필요로 하다 | **wishful thinking** 희망사항 | **generalized** [dʒénərəlàizd] 일반화된 | **blame** [bleim] 비난

해석 1 성공에 익숙한 사람들은 문제에 대한 답을 얻기 위해 자기 자신에게 올바른 종류의 질문을 물어보는 경향이 있다. 2 (해결하기에) 불가능해 보이는 문제를 풀기 위해서는 우리 스스로 올바른 질문을 할 때까지 질문을 달리해 봐야 한다. 3 예를 들어, 우리가 "왜 난 아직까지 승진을 못 했지?" 또는 "왜 내 삶에는 휴식이 없는 거지?"와 같은 질문을 던지면, 왜 상황이 지금과 같은지를 묻는 꼴밖에 되지 않는다. 4 대신 구체적인 결과를 얻으려면 무엇을 해야 하는지에 대한 질문을 해라. "어떻게 하면 승진을 따낼 수 있을까?" 그리고 "더 효율적인 직장생활이나 가정생활을 위해 내가 할 수 있는 것은 무엇인가?"와 같이 말이다. 5 이 같은 질문들은 보다 결과 지향적이며 희망사항이나 일반화된 비난보다는 실질적인 해결책을 요구한다.

↓

문제에 대한 (A) 이유를(을) 찾는 데 시간을 소비하지 말고 오히려 어떤 구체적인 (B) 행동이 상황을 나아지게 할지 찾아라.

필수 구문 분석

3 ~ we are only asking / *why* things are / the way [they are].

▶ ask의 목적어로 의문사 why가 이끄는 절이 왔다. 의문사 why가 이끄는 절은 〈why+주어(things)+be동사(are)+보어(the way they are)〉의 구조.

내가 적용한 리딩스킬 체크하기 ☑

지문을 읽으며 내가 적용한 리딩스킬을 체크해봅시다.

□ 요약문을 먼저 읽고 문제를 해결하는 방법에 대한 지문임을 파악했다. 문제를 해결하기 위해서는 무엇을 하고 무엇을 하지 말아야 하는지를 찾으며 읽어야겠다고 생각했다.

핵심스킬 적용! 요약문은 해당 지문의 요지와 마찬가지이므로 요약문을 먼저 읽어 대강의 내용을 예상하도록 한다.

↓

□ 2번 문장을 읽고 '스스로에게 올바른 질문(the right question)을 하라'는 것이 이 글의 요지임을 파악하고 어떤 것이 올바른 질문인지 찾아야겠다고 생각했다.

↓

□ For example 이하에 이어지는 3, 4번 문장을 읽고 이를 종합해 ②번을 정답으로 골랐다.

▶ 정답 ② 도출

3, 4번 문장에 나오는 질문의 예는 '왜(Why, How come)'라고 물어보지 말고 '어떻게, 무엇을(How, What)'이라고 물어보라는 내용이다. 이는 문제에 대한 이유(explanations, reasons)를 찾지 말고, 구체적인 행동(actions)을 하라는 요약문과 일맥상통하다.

핵심스킬 적용! 이처럼 주제문이 있더라도 요약문을 바로 유추할 수 없는 경우가 있다. 이때는 전체 내용을 가장 잘 함축한 선택지를 정답으로 고른다.

선택지 다시 보기

	(A)		(B)
①	변명거리	----	목적
②	이유	----	행동 ▶ 정답.
③	가능성	----	꿈
④	이유	----	야망
⑤	책임	----	발명

03 요약문 완성 정답 ①

본문 p.112

What we ___(A)___ in the environment [where we are raised] / continues to affect our view of [what is ___(B)___ for human beings to do].

↓

〈주제문〉 [1]People often view their own customs / as perfectly normal / but other people's customs / as more than a little odd. [2]For instance, / if you lived in the Mediterranean region, / then you might think / that dining on octopus — / which many Americans turn their noses up / at the thought of eating — / is a sophisticated and quite delicious meal. [3]It may not naturally occur to you / that others would find it completely unappetizing. [4]On the other hand, / you might reject being served potatoes [that had been fried in animal fat], / which is a common way [of preparing them / outside of the Mediterranean region].

↓

What we (A) **learn** in the environment [where we are raised] / continues to affect our view of [what is (B) **acceptable** for human beings to do].

필수 어휘 Note **odd** [ɑd] 기이한, 특이한 | **Mediterranean** [mèdətəréiniən] 지중해의 | **region** [ríːdʒən] 지역, 지방 | **dine on** ~을 식사로 먹다 | **octopus** [ɑ́ktəpəs] 문어 | **turn A's nose up** ~을 거부하다, 거절하다 | **sophisticated** [səfístəkèitid] 세련된, 고급인 | **unappetizing** [ʌnǽpətàiziŋ] 맛없는, 식욕을 돋우지 않는 | **serve** [səːrv] ~에게 음식을 차려내다, 제공하다

해석 [1]사람들은 대개 자신의 관습은 더할 나위 없이 정상적인 걸로 여기면서 다른 사람들의 관습은 좀 괴상한 정도 그 이상으로 본다. [2]예를 들어, 당신이 지중해 지역에 살고 있다면 많은 미국인들이 먹는다는 생각만으로도 거부하는 문어 요리는 세련되고도 상당히 맛있는 식사이다. [3]다른 사람들이 그걸 완전히 맛없다고 여길 거라는 생각은 당연히 들지 않을 것이다. [4]반면, 당신은 동물성 지방으로 튀긴 감자를 대접받기는 거절할 텐데, 이는 지중해 지역 밖에서는 감자를 요리해 먹는 흔한 방법이다.

우리가 자란 환경에서 (A) 배운 것이 인간이 할 일로 (B) 허용된 것에 대한 우리의 관점에 계속해서 영향을 미친다.

필수 구문 분석

4 ~, / you might reject **being served** potatoes [that had been fried in animal fat], / *which* is a common way [of preparing them ~].

▶ 주어 you와 serve가 수동 관계이기 때문에 reject의 목적어로 수동형 동명사가 왔다. 계속적 용법의 관계대명사 which가 의미하는 것은 내용상 '동물성 기름으로 튀기는 것(frying in animal fat)'이다.

내가 적용한 리딩스킬 체크하기 ☑
지문을 읽으며 내가 적용한 리딩스킬을 체크해봅시다.

☐ 요약문을 먼저 읽고 자라온 환경이 관점에 미치는 영향에 대한 지문임을 파악했다.

핵심스킬 적용! 요약문은 해당 지문의 요지와 마찬가지이므로 요약문을 먼저 읽어 대강의 내용을 예상하도록 한다.

↓

☐ 1번 문장을 주제문으로 파악하고 이와 가장 유사하게 만들어주는 선택지 ①번을 정답으로 골랐다.

▶ 정답 ① 도출

1번 문장은 사람이 자신의 관습은 정상적으로 여기면서 다른 사람의 관습은 이상하게 본다는 내용임. customs는 우리가 자란 환경에서 배우는(learn) 것이고 normal은 허용되는(acceptable) 것으로 표현될 수 있다.

↓

☐ For instance 이후의 예를 읽고 ①번을 정답으로 확신했다.

▶ 정답 ① 확신

지중해 지역 사람이라면 문어 요리를 세련된 식사라고 생각하지만, 동물성 기름으로 튀긴 감자튀김은 거부할 것이라고 했다. 또한, 문어 요리는 미국사람들이 매우 싫어하는 음식이고 동물성 기름으로 튀긴 감자튀김은 많은 나라에서 사용하는 요리법. 이를 종합해 볼 때 환경에서 배운 것에 따라 허용되는 것에 대한 관점이 다르다는 요약문이 적절하다.

선택지 다시 보기

	(A)		(B)	
①	배운	----	허용된	▶ 정답.
②	본	----	친숙한	
③	하는	----	교육적인	
④	생각하는	----	열망하는	
⑤	먹는	----	실용적인	

04 요약문 완성 정답 ⑤

본문 p.113

Keeping up-to-date with important ___(A)___ / would be good preparation for helping to ___(B)___ unknown vocabulary.

↓

1 While I was trying to learn English, / my teacher told me / that I should try to read an English newspaper / during my daily commute. 2 I didn't have much luck with it, / though, / because it was too hard / to infer the meaning of words / when I had no idea / what had happened in the day's news yet. 3 Just one unfamiliar word could put me at a loss, / and it was hard / on the crowded train / to reach for my dictionary / every time I came across a new word. 4 If I had had any knowledge [about what was going on / in the news / at the time], / I might have been able to make up for my lack of vocabulary / by using my imagination.

↓

Keeping up-to-date with important (A) **events** / would be good preparation for helping to (B) **guess** unknown vocabulary.

필수 어휘 Note **commute** [kəmjúːt] 통근길; 통근하다 | **infer** [infə́ːr] ~을 추론[유추]하다 | **unfamiliar** [ʌ̀nfəmíljər] 낯선, 잘 알지 못하는 | **at a loss** 어찌할 줄 몰라서, 난처하여 | **crowded** [kráudid] 붐비는, 혼잡한 | **reach for** ~을 향해 손을 뻗다 | **come across** ~을 우연히 발견하다, 만나다 | **make up for** ~을 보충하다, 채우다

해석 1 내가 영어 공부를 해보려고 했을 때 선생님은 출퇴근 시간에 영자신문을 읽도록 노력해야 한다고 말씀해주셨다. 2 그러나 나는 그렇게 하는 데 성공하지 못했는데 그날의 뉴스로 어떤 일이 일어났는지 전혀 모를 때는 단어의 의미를 유추하기가 매우 어려웠기 때문이다. 3 단 한 단어라도 모르면 나는 당황했고, 새로운 단어를 발견할 때마다 붐비는 기차간에서 사전을 찾아보기는 힘들었다. 4 그때 당시의 뉴스로 어떤 일이 일어나고 있었는지에 대한 지식이 조금이라도 있었다면, 상상력을 이용하여 부족한 어휘를 보충할 수 있었을지도 모른다.

↓

중요한 (A) 사건에 대해 계속해서 최신 정보를 얻는 것은 모르는 단어를 (B) 추측하는 데 좋은 준비가 될 것이다.

내가 적용한 리딩스킬 체크하기 ☑

지문을 읽으며 내가 적용한 리딩스킬을 체크해봅시다.

☐ 요약문을 먼저 읽고 모르는 단어를 '어떻게' 하는 것에 대한 조언글임을 파악했다.

핵심스킬 적용! 요약문은 해당 지문의 요지와 마찬가지이므로 요약문을 먼저 읽어 대강의 내용을 예상하도록 한다.

↓

☐ 2번 문장을 읽고 ⑤번을 정답으로 예상했다.

▶ 정답 ⑤ 예상

2번 문장에서 출근길에 영자신문을 읽기 어려웠던 이유가 설명되고 있다. 그날 일어난 뉴스를 알지 못하면 단어의 의미를 유추하기가 어려웠다는 것이 그 이유이다. what had happened in the day's news는 events로 infer는 guess로 표현할 수 있다.

↓

☐ 4번 문장을 읽고 ⑤번을 정답으로 확신했다.

▶ 정답 ⑤ 확신

4번 문장은 과거 사실의 반대를 가정해 보는 가정법 과거이다. 영어공부를 하던 과거에 뉴스로 일어나고 있는 일에 대한 지식(knowledge about what was going on in the news)이 없어서 부족한 어휘(my lack of vocabulary)가 문제가 되었음을 짐작할 수 있다. 상상력을 동원하여 보충할 수 있었을 것이라는 문맥에서 (B)에 들어갈 말이 guess라는 것을 확신했다.

선택지 다시 보기

	(A)		(B)
①	사건	----	연습하는
②	문법	----	찾는
③	기본단어	----	일치시키는
④	기본단어	----	기억하는
⑤	사건	----	추측하는 ▶ 정답.

05 요약문 완성 정답 ④

본문 p.114

It's better / to master your ____(A)____ / than to hang on to the ____(B)____ / and just endure.

↓

[1] You may believe / that going to the dentist / is associated with pain. [2] You say to yourself / "I hate that drill." [3] But they are all learned reactions. [4] You feel unhappy in this situation / because you have learned to think that way / for a long time. 〈주제문〉 [5] However, / you could make the whole experience work for you / rather than against you / by choosing to make it a pleasant procedure. [6] You could make the sound of the drill signal / a beautiful experience. [7] Each time the brrrrrr sound appeared, / you could train your mind / to picture the most exciting moment [of your life].

↓

It's better / to master your (A) **mental environment** / than to hang on to the (B) **old image** / and just endure.

필수 어휘 Note **be associated with** ~와 관련되다 | **reaction** [riːǽkʃən] 반응 | **A rather than B** B라기보다는 A | **pleasant** [plézənt] 즐거운 | **procedure** [prəsíːdʒər] 과정

해석 1 치과에 가는 것은 고통과 연관이 있다고 믿을지 모른다. 2 당신은 "드릴이 싫어."라고 혼잣말을 한다. 3 그러나 그것은 모두 학습 된 반응들이다. 4 당신은 오래도록 그렇게 생각하도록 배워 왔기에 이런 상황이 되면 기분이 나쁘다. 5 그러나 당신은 그것을 즐거운 과정으로 만듦으로써 그 모든 경험을 자신에게 불리하게 보다는 당신을 위한 일로 작용하도록 할 수 있다. 6 치과의 드릴 소리를 좋은 경험으로 만들 수 있다. 7 브르르하는 소리가 날 때마다 삶의 가장 즐거운 순간을 떠올리도록 두뇌를 훈련시킬 수 있다.

(B) 옛 이미지에 사로잡혀 참는 것 보다 당신의 (A) 정신적 환경을 정복하는 것이 더 낫다.

내가 적용한 리딩스킬 체크하기 ☑

지문을 읽으며 내가 적용한 리딩스킬을 체크해봅시다.

☐ 선택지 내용을 요약문에 대입하면서 오답 가능성이 있는 것을 소거했다.

▶ 선택지 ③ 소거

요약문은 비교급 구문. (B)하기보다는 (A)하라고 권유하고 있으므로 (B)에는 부정적인 어구가 들어갈 것을 예상할 수 있다. 따라서 (B)가 가장 긍정적인 어구인 ③을 소거했다.

↓

☐ 1~4번 문장을 읽고 치과에 가는 것이 두렵다고 느끼는 것은 오랜 기간동안 학습된 반응(learned reactions) 이라는 것을 알았다. learned reactions가 안 좋다는 이야기를 하는 뉘앙스이므로 (B)의 자리에 이와 가장 유사한 old image가 적절할 것이라고 생각했다.

▶ 정답 ④ 예상

↓

☐ However로 시작하는 5번 문장을 주제문으로 파악하고 요약문과 가장 유사하게 만들어주는 ④번 선택지를 정답으로 도출했다.

▶ 정답 ④ 도출

5번 문장의 드릴 소리를 즐거운 과정으로 만드는 것(by choosing to make it a pleasant procedure)은 의지와 관련된 것으로 (A)에 mental environment가 들어가는 것이 적절하다.

↓

☐ 7번 문장을 읽고 ④번을 정답으로 확신했다.

▶ 정답 ④ 확신

7번 문장의 you could train your mind를 요약문에서는 master your mental environment로 바꿔 썼다고 볼 수 있다.

선택지 다시 보기

	(A)		(B)
①	자연적 배경	----	최신 기술
②	최악의 공포	----	실용적인 이론
③	작업 환경	----	새로운 정보
④	정신적 환경	----	옛 이미지 ▶ 정답.
⑤	전통적 치료법	----	의학 뉴스

06 요약문 완성 정답 ⑤

본문 p.115

In choosing the most _____(A)_____ sports camp for their children, / parents should make sure / that the coaches have _____(B)_____ attitudes to children.

↓

[1] People [who run sports camps] think of the children first. [2] They do their best / to create enjoyable and protective environments [in which the children feel comfortable and safe]. [3] Unfortunately, / some sports coaches [in the camps] occasionally become over-enthusiastic / in their desire / to help the children excel. [4] As a result, / they put pressure on them / to perform at high levels, / win at all costs, / and keep playing, / even when they get hurt. [5] This 'no pain, no gain' approach / is extremely stressful, / and leads to unnecessary injuries. 〈주제문〉 [6] Parents should therefore take care / when they send their children / to a sports camp, / and should talk with the sports coaches / to see / if they will respect the children's wishes.

↓

In choosing the most (A) **suitable** sports camp for their children, / parents should make sure / that the coaches have (B) **caring** attitudes to children.

필수 어휘 Note **protective** [prətéktiv] 안전한 | **occasionally** [əkéiʒənəli] 때때로 | **over-enthusiastic** 지나치게 열성적인 | **excel** [iksél] 탁월하다, 빼어나다 | **at all costs** 어떤 희생을 치르더라도 | **approach** [əpróutʃ] 접근(법); 접근하다 | **injury** [índʒəri] 부상

해석 1 스포츠 캠프를 운영하는 사람들은 아이들을 가장 우선적으로 고려한다. 2 그들은 아이들이 편안하고 안전하게 느끼면서도 즐겁고 안전한 환경을 조성하기 위해 최선을 다한다. 3 불행히도 스포츠 캠프의 일부 운동 코치들은 아이들이 탁월한 실력을 갖추는 것을 돕기 위해 때로 지나치게 의욕적이다. 4 그 결과 그들은 아이들에게 높은 수준의 실력을 발휘하라고, 어떤 희생을 치르더라도 이기라고, 그리고 부상을 당할 때조차도 계속 뛰라고 강요한다. 5 이러한 '고통 없이는 아무것도 얻지 못 한다'는 식의 접근방식은 극도로 스트레스를 주어서 불필요한 부상을 초래한다. 6 그러므로 부모는 자녀들을 스포츠 캠프에 보낼 때 유의해야 하고, 운동 코치들과 상담하여 그들이 자녀가 바라는 것을 존중할 것인지를 확인해야 한다.

자녀들에게 가장 (A) 알맞은 스포츠 캠프를 선택함에 있어서, 부모는 코치가 아이들을 (B) 잘 돌봐주려는 태도를 지니고 있는지를 확인해야 한다.

내가 적용한 리딩스킬 체크하기 ☑

지문을 읽으며 내가 적용한 리딩스킬을 체크해봅시다.

☐ 요약문을 먼저 읽고 스포츠 캠프를 고르는 방법에 대한 글임을 파악했다.

↓

☐ 선택지 내용을 요약문에 대입하면서 오답 가능성이 있는 것을 소거했다.

▶ 선택지 ①, ② 소거

요약문은 스포츠 캠프 선택에 있어 부모가 확인해야 할 코치의 태도를 강조하고 있으므로 (B)에 부정적인 단어는 들어갈 수 없음을 알 수 있다.

↓

☐ 3~5번 문장을 읽고 일부 스포츠 캠프의 코치들이 아이들을 대하는 방식에 문제가 있다는 내용임을 파악했다.

▶ 선택지 ④ 소거

어떤 스포츠 캠프의 코치들은 지나친 의욕 때문에 아이들에게 도가 지나친 훈련을 시켜 부상을 입게 하기도 한다는 내용. 따라서 (A)에 들어갈 단어로 intensive는 적절하지 않음을 알 수 있다.

↓

☐ 6번 문장을 주제문으로 파악하고 요약문과 가장 유사하게 만들어주는 ⑤번 선택지를 정답으로 도출했다.

▶ 정답 ⑤ 도출

6번 문장에서 스포츠 캠프를 선택할 때 코치가 아이들이 원하는 것을 존중해주는지 상담해 보라고 했다. 이는 아이들을 잘 돌봐주는지 확인해보라는 것과 일맥상통하므로 (B)에 들어갈 말은 caring이 알맞음을 확인했다. 또한, 전체적으로 아이들에게 알맞은 스포츠 캠프를 고르는 방법에 대해 조언하는 글이므로 (A)에는 suitable이 알맞다.

선택지 다시 보기

(A)		(B)
① 저렴한	----	경쟁을 부추기는
② 의욕을 북돋는	----	너무 많은 요구를 하는
③ 유명한	----	사교적인
④ 격렬한	----	자유주의적인
⑤ 알맞은	----	잘 돌봐주려는 ▶ 정답.

07

정답 ⑤ 본문 p.116

해석 포도주 제조자들은 오랜 세월 동안 곰팡이와 벌레, 그리고 거친 날씨와 싸워왔다. 새로운 한 연구 프로젝트가 그들의 일이 다소 수월해질 수도 있음을 시사해 주고 있다. 야생에서 자라는 포도는 자연적으로 진화한 방어 유전자를 가지고 있다. 야생 포도의 유전자는 판매용 포도 비축물에 매우 큰 손상을 입히는 곰팡이에 저항력이 있다. 만약 연구원들이 포도 속에 있는 약 3만 종의 유전자를 식별해 내는 데 성공한다면, 그리고 포도가 곰팡이에 저항력을 갖도록 만들어주는 유전자를 밝혀낸다면, 그들은 포도를 유전적으로 변형할 수 있어, 값비싸고 독한 화학 약품을 쓰지 않고도 포도주 제조에 쓰이는 포도를 건강한 상태로 유지할 수 있을 것이다.

필수 어휘 Note **wild** [waild] (날씨가) 거친; 야생의 | **genetic** [dʒənétik] 유전(학)적인, 유전상의 **cf. gene** [dʒiːn] 유전자; **genetically** 유전적으로 | **defense** [diféns] 방어 | **evolve** [ivάlv] 진화하다 | **commercial** [kəmə́ːrʃəl] 판매를 목적으로 하는, 영리의; 광고방송 | **stock** [stɑk] 저장(품), 비축물, 재고품 | **identify** [aidéntifài] ~을 식별하다, 확인하다 | **roughly** [rʌ́fli] 약, 대략 | **responsible for** ~에 책임이 있는 | **resistant to A** A에 저항력이 있는 | **modify** [mάdifài] ~을 변형하다, 수정하다, 바꾸다 | **harsh** [hɑːrʃ] 독한, 가혹한, 무자비한 | **chemical** [kémikəl] 화학 약품[제품]; 화학적인

정답근거

① have been battling ~ for centuries
▶ for는 '~ 동안' 이란 뜻. 뒤에 특정 기간을 나타내는 명사와 함께 쓰였으므로 문맥상 알맞다. 현재완료시제가 for (~ 동안), since (~ 이래로) 등의 표현과 함께 쓰이면, 과거부터 현재까지 계속됨을 의미한다. 여기서는 진행의 의미를 좀 더 강조하기 위해 현재완료진행형(have been -ing)이 쓰임.

② suggests that their work may get a little bit easier
▶ suggest가 '~을 시사하다, 암시하다' 란 뜻으로 쓰여 사실을 있는 그대로 말하는 문맥이다. (밑줄 해석 참조) 따라서 that절의 동사로 인칭, 수, 시제에 맞춘 may get이 적절히 쓰였다.

③ *Grapes* that grow in the wild have
▶ 동사 have의 주어 Grapes가 복수이므로 복수동사가 쓰인 게 맞다. 바로 앞의 the wild를 주어로 착각하지 않아야 한다.

④ responsible for the grapes being resistant
▶ 동명사 being은 전치사 for의 목적어. the grapes는 동명사 being의 의미상 주어.

⑤ keep the wine-producing grapes healthily → healthy
▶ 〈keep+A(목적어)+B(목적격보어)〉 'A를 B의 상태로 유지하다' 라는 뜻. 이때 목적격보어 자리에는 명사나 형용사가 온다. 'the wine-producing grapes를 건강한 상태로 유지한다' 는 문맥으로 형용사 healthy가 적절.

08

정답 ② 본문 p.116

해석 영국과 미국의 산업혁명 초기 단계에는 숙련된 노동자에 대한 수요가 가능한 (노동자의) 공급보다 커서 아이들이 제분소, 광산, 공장의 노동력으로 투입되지 않을 수 없었다. 어른의 힘이나 기술이 필요한 일에 분명히 적합하지 않음에도 불구하고 아이들은 보통 하루 14시간에서 18시간씩 일했다. 그들의 근로 환경의 잔혹성은 이해할 수 없는 수준이었다. 달아나는 것을 막기 위해 아이들을 밤에는 침대에, 그리고 낮에는 기계에 묶어두거나 사슬로 매어두었다. 오늘날 선진국에서는 어린 시절을 교육을 받고 놀면서 자유를 즐기는 시기로 본다. 그러나 그 당시에는 가난한 집안의 아이들에게 기본적인 권리조차 주어지지 않았다.

필수 어휘 Note **Industrial Revolution** 산업혁명 | **demand** [dimǽnd] 수요 (↔ **supply** [səplái] 공급) | **labor** [léibər] 노동(력) | **mill** [mil] 제분소, 물방앗간 | **mine** [main] 광산 | **unsuitability** [ʌnsùːtəbíləti] 부적합함 | **strength** [streŋθ] 힘 | **brutality** [bruːtǽləti] 잔혹함, 무자비함 | **incomprehensible** [inkɑmprihénsəbəl] 이해할 수 없는 | **tie A to B** A를 B에 붙들어 매다 | **chain A to B** A를 B에 사슬로 매다 | **machinery** [məʃíːnəri] 기계(류) | **by night** 밤에는 (↔ **by day** 낮에는) | **be denied A** ~에게 A가 주어지지 않다 | **right** [rait] 권리

정답근거

(A) In spite of their obvious unsuitability for work [requiring the strength and skills of adults]
▶ Although는 접속사로 뒤에 주어, 동사가 완전한 절을, In spite of는 전치사로 뒤에 구를 취한다. requiring 이하가 앞의 work를 수식하는 명사구로 In spite of가 적절. 둘 다 '~에도 불구하고' 란 뜻이다.

(B) The brutality [of their working conditions] was incomprehensible.
▶ of가 이끄는 전치사구가 The brutality를 수식하는 구조로 The brutality에 수일치한다. 따라서 단수동사인 was가 적절.

(C) a time [to be educated / and for playing and enjoying freedom]

▶ to부정사구와 for가 이끄는 전치사구가 a time을 수식하는 구조. '교육을 받는 시기'란 의미가 적절하므로 수동을 나타내는 과거분사 educated가 알맞다.

09

정답 ③

본문 p.117

해석 도둑 일당이 수백만 달러의 가치가 있는 레오나르도 다 빈치의 그림을 훔쳤다. 하지만, 그들이 그것으로 무엇을 할 수 있겠는가? 미술 전문가들은 그렇게 유명한 그림을 내다 팔 시장은 정말이지 아무 데도 없다고 말한다. 경매장이나 미술관에 그림을 갖고 들어가는 사람은 누구든지 바로 체포될 것이다. 또한, 분별력 있는 수집가라면 아무도 그림을 원하지 않을 것이다. 왜냐하면 그들은 그림을 사람들 앞에 전시할 수가 없기 때문이다. 유명한 그림 한 점이 돌아온 이유는 20년 동안 노력했지만, 도둑들이 여전히 구매자를 찾지 못했기 때문이다. 몇몇 도둑은 훔친 그림으로 돈을 벌기도 하지만, 그 대가는 (그에 수반되는) 위험만큼의 가치가 있는 것 같지는 않다.

필수 어휘 Note **worth A** A의 가치가 있는 | **auction house** 경매장 | **immediately** [imíːdiətli] 바로, 즉시, 곧 | **arrest** [ərést] ~을 체포하다; 체포 | **in public** 대중 앞에서, 공공연히

필수 구문 분석

Anyone [who walked into an auction house / or an art gallery / with it] **would** immediately get arrested.

▶ 주어부가 일종의 가정법 역할을 하는 문장. If anyone walked into an auction house or an art gallery with it, he or she would ~.와 같은 의미이다.

정답근거

(A) sensitive 민감한, 예민한 / sensible 분별 있는, 지각 있는
▶ '분별 있는' 수집가라면 대중에게 보여줄 수 없는 그림을 원하진 않을 것이란 뜻이 되어야 적절하다.

(B) buyer 구매자, 소비자 ↔ supplier 공급자
▶ 도둑들이 유명한 그림을 훔쳤지만 '그 그림을 사겠단 사람'이 없어 도로 돌려줬다는 뜻이므로 buyer가 적절.

(C) awards 상, 상금; ~에게 상을 주다 / rewards 보상, 보답; ~에게 보상을 주다
▶ 훔친 그림으로 얻는 보상이 그에 따르는 위험을 감수할 만큼 크다고 생각지 않는단 뜻이므로 rewards가 적절. reward는 '어떤 대가를 지불하고 받는 보상'을 의미하며 award는 '어떤 성과를 거두었을 때 받는 상(prize)'을 의미한다. 영영뜻으로 구별해서 알아두자.

award a prize for something good that you have done
e.g. The fireman won an award for bravery.

reward something, especially money, that is given to someone to thank them for doing something
e.g. She offered a reward to anyone who could find her cat.

지문 속 **직독직해 4**

본문 p.118

1 멀리 떨어진 곳에서 일어나는 사건은 절대 (~처럼) 여겨지지 않는다 / 매우 중요하게 보이지도, 심지어 실제로 일어난 일처럼 / 우리 주변 또는 우리에게 일어나는 일만큼.
해석 Tip 〈A not as+원급+as B〉은 'A는 B만큼 ~하지 않다'란 뜻.

2 풀기 위해서는 / (해결하기에) 불가능해 보이는 문제를 / 질문을 달리해 봐야 한다 / 우리 스스로 올바른 질문을 할 때까지.
해석 Tip 〈To do ~, S+V ...〉의 구조에서 to부정사는 '~하기 위해서'란 뜻으로 목적을 나타낸다. 〈try+doing〉는 '~하기를 시도해 보다'란 뜻. 〈try to do (~하기를 노력하다)〉와 구별하도록 한다.

3 환경에서 배운 것이 [우리가 자란] / 우리의 관점에 계속해서 영향을 미친다 [인간이 할 일로 허용된 것에 대한].
해석 Tip what이 이끄는 절은 '~하는 것'으로 해석한다.

4 지식이 조금이라도 있었다면 [어떤 일이 일어나고 있었는지에 대한 / 뉴스로 / 그때 당시에], / 부족한 어휘를 보충할 수 있었을지도 모른다 / 상상력을 이용하여.
해석 Tip 〈If S had p.p. ~, S+조동사 과거+have p.p.〉는 과거의 사실을 반대로 가정・상상하는 구문. '(과거에) ~했다면, …했을 텐데'로 해석한다.

Unit Test **핵심스킬 집중훈련**

01

심경 파악 정답 ③ 본문 p.120

1 Being raised in a small country town, / she had never before felt this incredible energy [coming from a neighborhood]. 2 She was only used to walking / along empty dirt roads or, / at the very best, / barely paved roads. 3 To her, / *downtown* meant a pizza restaurant and the local coffee shop. 4 But now, / as she stood in the middle of her new city, / **she could hardly hold in her enthusiasm.** 5 People were hurrying here and there. 6 Skyscrapers soared into the sky. 7 An angelic melody / resonated from the a cappella group / behind her. **8 In this city, / the possibilities were endless. 9 She would never have another dull moment again.**

필수 어휘 Note **incredible** [inkrédəbəl] 굉장한, 믿을 수 없는 | **at the very best** 잘해야, 기껏해야 | **barely** [bέərli] 빈약하게, 불충분하게; 거의 ~ 않는 | **pave** [peiv] (도로를) 포장하다, 덮다 | **enthusiasm** [enθúːziæ̀zəm] 흥분, 열정, 의욕 | **skyscraper** [skáiskrèipər] 고층건물 | **soar** [sɔːr] 치솟다, 높이 올라가다 | **angelic** [ændʒélik] 천사 같은 | **a cappella** 아카펠라, 무반주 | **dull** [dʌl] 지루한, 재미없는

해석 1 그녀는 시골 마을에서 자랐기 때문에 한 지역에서 뿜어져 나오는 이런 굉장한 기운을 느껴본 적이 없었다. 2 그녀는 고작 텅 빈 먼지 쌓인 길이나 잘해봐야 포장도 제대로 되지 않은 도로를 걷는 데 익숙했다. 3 그녀에게 있어 '시내'란 피자집이나 지방 커피숍을 의미했다. 4 그러나 이제 새로운 도시의 한가운데에 선 그녀는 흥분을 좀처럼 억제할 수 없었다. 5 사람들은 이리 저리 급히 뛰어 다녔다. 6 고층건물들은 하늘 높이 솟아 있었다. 7 천사 같이 고운 노랫소리가 그녀 뒤편에 있는 아카펠라 그룹에게서 울려 나왔다. 8 이 도시에는 가능성이 무한했다. 9 그녀는 다시는 한순간도 지루한 순간을 맞지 않을 것이었다.

필수 구문 분석

1 Being raised in a small country town, / she had never before felt *this incredible energy* [**coming** from a neighborhood].

▶ Being raised in a small country town은 '이유'를 나타내는 분사구문. coming 이하가 this incredible energy를 수식하고 있다.

2 She **was** only **used to walking** along / empty dirt roads / or, / at the very best, / barely paved roads.

▶ ⟨be used to doing⟩은 '~하는 데 익숙하다'란 뜻.
cf. ⟨used to do⟩ '(과거의 습관을 나타내어) ~하곤 했다'란 뜻.
e.g. She **used to walk** along the lake with him. (그녀는 그와 함께 호숫가를 걷곤 했다.)

내가 적용한 리딩스킬 체크하기 ☑
지문을 읽으며 내가 적용한 리딩스킬을 체크해봅시다.

☐ 주인공의 심경을 묻고 있으므로 주인공이 처한 상황을 우선 파악해야겠다고 생각했다.
↓
☐ 1, 4번 문장에서 주인공이 처음 겪는 도시의 활기에 들떠있는 긍정적인 상황임을 파악했다.
▶ 정답 ③ 도출
hardly hold in her enthusiasm에서 긍정적인 심경이라고 예상할 수 있다.
↓
☐ 심경이 전환되는 부분이 없는지 확인했다.
▶ 정답 ③ 확신
이후에 일관되게 긍정적인 내용이 이어지고 있으며 8번 문장에서 이 도시에 가능성이 무한하다고 했고, 9번 문장에서 다시는 지루한 시간을 보내지 않을 것이라고 했으므로 도시에 대한 기대로 가득 차 있는 것을 알 수 있다.

선택지 다시 보기

① envious and impatient (부럽고 조바심나는) ▶ 주인공은 도시의 활기에서 희망을 느낀 것이지 부러워한 것은 아니다.
② perplexed and confused (난처하고 혼란스러운)
③ hopeful and passionate (희망과 열의에 찬) ▶ 정답.
④ worrisome and discouraged (걱정스럽고 실망스러운)
⑤ comfortable and content (편안하고 만족하는) ▶ 도시의 활기는 편안하고 만족하는 심경과 거리가 멀다.

02 분위기 파악 정답 ①

본문 p.120

[1]When the woman stepped into the street, / she was almost knocked down by a speeding bus. [2]**Its brakes screeched and its horn blared**, / and the woman jumped back on to the sidewalk. [3]The streets were filled with / **fast-moving cars** / and people [pushing to get into buses and subway stations]. [4]**Loud motorcycles**, / driven by people [who seemed to have little care for their own safety], / moved in and out of traffic, / **narrowly escaping collisions**. [5]And the sidewalks were seemingly no different than the roads, / as **bicycles and scooters sped through the crowds of people**, / **hurrying to catch every green traffic light**.

필수 어휘 Note **screech**[skriːtʃ] (끽 하는 자동차의) 급정거 소리를 내다; 날카로운 외침, 쇳소리 | **sidewalk**[sáidwɔ̀ːk] 인도, 보도 | **horn**[hɔːrn] (자동차) 경적, 나팔, 뿔 | **blare**[blɛər] (나팔, 경적 등이) 요란하게 울리다 | **narrowly**[nǽrouli] 가까스로, 간신히 | **collision**[kəlíʒən] 충돌, 격돌 | **seemingly**[síːmiŋli] 보기에는, 겉으로는

해석 **1** 그 여자는 거리에 들어서자 총알처럼 달리는 버스 때문에 거의 기절할 뻔 했다. **2** 그 버스는 끼익하는 브레이크 소리를 내며 경적을 빵빵 울려댔고 여자는 다시 인도로 뛰어 올랐다. **3** 차도는 급하게 움직이는 자동차와, 버스와 지하철 역 안으로 밀려드는 사람들로 가득 차 있었다. **4** 자신의 안전은 거의 생각지 않는 듯한 사람들이 모는 요란한 소리의 오토바이들이 가까스로 충돌을 피하며 혼잡한 차량들 속을 들락날락했다. **5** 그리고 자전거와 스쿠터들이 신호에 걸리지 않기 위해 속도를 내며 인파 속을 급히 헤집고 나아가고 있어서 인도도 차도와 별 다를 바가 없었다.

필수 구문 분석

4 ~, moved in and out of traffic, / *narrowly* **escaping** collisions.

▶ escaping 이하는 '동시동작'을 나타내는 분사구문. 수식하는 부사가 그 앞에 온 경우이다.

내가 적용한 리딩스킬 체크하기 ☑

지문을 읽으며 내가 적용한 리딩스킬을 체크해봅시다.

☐ 앞 부분에 소란스러운 거리가 묘사된 것을 보고 분주한 분위기의 글이라고 예상했다.

▶ 정답 ① 예상

브레이크와 경적 소리, 빠르게 움직이는 차들, 붐비는 인파 등을 묘사하고 있다.

↓

☐ 글을 읽어 내려가면서 예상한 정답이 맞는지 단서들을 확인했다.

▶ 정답 ① 확신

복잡한 도로와 거리의 모습이 특별한 분위기 전환 없이 묘사되고 있다. Its brakes screeched and its horn blared, fast-moving cars, Loud motorcycles 등 볼드로 표시된 단서들에 주의하여 읽도록 한다.

핵심스킬 적용! 글의 분위기를 묻는 문제에서는 글에 쓰인 어휘나 표현이 주는 느낌을 파악하며 읽도록 한다.

선택지 다시 보기

① busy and chaotic (분주하고 혼잡한) ▶ 정답.
② festive and cheerful (즐겁고 활기찬)
③ exciting and dramatic (짜릿하고 극적인) ▶ 자동차들이 지나다니는 모습이 극적이기는 하지만, exciting과 dramatic은 긍정적 뉘앙스의 단어.
④ lonely and depressing (외롭고 우울한)
⑤ boring and uninteresting (지루하고 재미없는)

03

심경 파악 정답 ②

본문 p.121

[1] Sitting in the back seat of the family car / **watching the monotonous scenery** rush by, / he thought of a million other things [he would rather be doing]. [2] **The buzz of the engine / was the only sound in the car.** [3] To distract his ears, / he imagined / what his friends were doing. [4] He knew / they were probably heading to the schoolyard / at this very moment / to get a game of soccer started. [5] Instead of spending the day / running around the soccer pitch, / he was traveling four hours away / to attend a family reunion. [6] **To make matters worse, / his favorite cousins were not coming this year.** [7] **He would have no one to hang out with / this weekend.**

필수 어휘 Note **monotonous** [mənɑ́tənəs] 단조로운, 변화가 없이 지루한 | **scenery** [síːnəri] 경치, 풍경 | **would rather do** 오히려 ~하고 싶다, 차라리 ~하는 편이 낫다 | **buzz** [bʌz] 윙윙거리는 소리, (기계의) 소음 | **distract 지문 속 필수어휘** | **head** [hed] ~을 향하게 하다 | **pitch** [pitʃ] 운동 경기장 | **reunion** [riːjúːniən] 모임, 친목회 | **to make matters worse** 설상가상으로, 엎친 데 덮친 격으로 | **hang out with** ~와 어울려 다니다

해석 1 가족들이 탄 차의 뒷좌석에 앉아 단조로운 경치들이 휙휙 지나가는 것을 보면서 그는 그가 하고 있을 백만 가지 다른 일들을 생각했다. 2 엔진의 윙윙거리는 소리가 차에서 나는 유일한 소리였다. 3 귀에 들려오는 소리를 흐트러뜨리기 위해 그는 친구들은 무엇을 하고 있을까 상상해 보았다. 4 그들은 아마도 바로 이 순간 축구 게임을 시작하기 위해 교정으로 향하고 있을 것이다. 5 축구 경기장을 이리 저리 뛰어다니며 하루를 보내는 대신 그는 가족 모임에 참석하기 위해 4시간이나 가야 하는 여행을 하고 있었다. 6 설상가상으로 그가 가장 좋아하는 사촌들은 올해 오지 못할 것이었다. 7 이번 주말 그는 같이 어울려 지낼 사람이 하나도 없는 것이다.

필수 구문 분석

1 **Sitting** in the back seat of the family car / **watching** the monotonous scenery **rush by**, / he thought of ~.

▶ '동시동작'을 나타내는 분사구문 Sitting in ~ family car 뒤에 다시 '동시동작'을 나타내는 분사구문 watching the ~ rush by가 연이어 나오고 있다. 두 번째 분사구문은 〈지각동사(watch)+목적어(the monotonous scenery)+목적격보어(rush by)〉의 구조.

내가 적용한 리딩스킬 체크하기 ☑

지문을 읽으며 내가 적용한 리딩스킬을 체크해봅시다.

☐ 주인공의 심경을 묻고 있으므로 주인공이 처한 상황을 우선 파악해야겠다고 생각했다.

↓

☐ 1, 2번 문장에서 주인공이 다른 하고 싶은 일을 두고 가족과 차를 타고 가며 지루해 한다는 것을 알았다.

▶ 정답 ② 예상

monotonous(단조로운)와 같은 어휘가 단서가 된다.

↓

☐ 주인공이 머릿속으로 생각하는 내용에 주의하며 예상한 정답의 단서를 확인했다.

▶ 정답 ② 확신

↓

가족 모임에 가는 동안 친구들이 축구 경기를 하는 장면을 떠올리고 설상가상으로(To make matters worse) 좋아하는 사촌도 오지 않아 어울릴 사람이 없다고 했으므로 그가 어쩔 수 없이 가족 모임에 가고 있는 상황임을 알 수 있다.

선택지 다시 보기

① anxious and concerned (걱정스럽고 염려되는)
② bored and hopeless (지루하고 어찌할 도리가 없는) ▶ 정답.
③ satisfied and relaxed (만족스럽고 느긋한)
④ amazed and excited (놀라고 흥분된)
⑤ surprised and impressed (놀라고 감명받은)

04 분위기 파악 정답 ③

본문 p.122

[1] **My heart was heavy / and my mind so stunned / that I had lost the ability [to even see clearly].** [2] **With my mind spinning**, / I made my way towards the door. [3] Outside, / the sky was as gray / as the buildings and sidewalks. [4] It was / as if the entire world had been painted / with **the same lifeless color / from the same lifeless brush.** [5] I turned and walked up the street / in the direction of my home. [6] **The faces of the passersby / were blurry and featureless.** [7] **All the details [that made life so enjoyable] had been erased from the city.**

필수 어휘 Note **stunned** [stʌnd] 깜짝 놀란, 어안이 벙벙한 | **spin** [spin] 뱅뱅 돌다; 현기증이 나다 | **make A's way** 걸어가다, 나아가다 | **lifeless** [láiflis] 활기 없는, 생명이 없는 | **in the direction of** ~의 방향으로 | **passerby** [pǽsərbài] 지나가는 사람, 행인 | **blurry 지문 속 필수어휘** | **featureless** [fíːtʃərlis] 특색이 없는, 밋밋한 | **erase** [iréis] ~을 지우다, 삭제하다

해석 **1** 내 마음은 무겁고 너무나 놀란 나머지 앞도 잘 보이지 않았다. **2** 마음이 어지러운 가운데 나는 문 쪽을 향해 걸어갔다. **3** 밖의 하늘은 빌딩과 인도처럼 회색빛이었다. **4** 온 세상은 활기 없는 붓으로 똑같이 활기 없는 색을 칠해 놓은 것 같았다. **5** 나는 방향을 틀어 우리 집이 있는 쪽으로 거리를 걸어 올라갔다. **6** 지나가는 사람들의 얼굴이 흐릿하고 아무 특징이 없었다. **7** 삶을 그토록 즐겁게 했던 사소한 그 모든 것이 이 도시에서 지워져 버리고 없었다.

필수 구문 분석

2 **With** my mind *spinning*, / I made my way towards the door.

▶ 〈With+명사+현재분사〉의 구조로 '~가 …인 채로'라고 해석된다. my mind와 spin이 능동 관계이므로 능동을 나타내는 현재분사 spinning이 쓰였다.

4 It was / **as if** the entire world *had been painted* / with the same lifeless color / from the same lifeless brush.

▶ as if 가정법 문장. as if절에 과거완료 시제가 사용되었으므로 과거 사실을 나타낸다. '마치 ~인 것 같았다'로 해석하면 된다.

내가 적용한 리딩스킬 체크하기 ☑

지문을 읽으며 내가 적용한 리딩스킬을 체크해봅시다.

☐ 마음이 무겁고 너무 놀라 제대로 볼 수조차 없었다는 내용의 1번 문장을 통해 절망스러운 분위기임을 파악하고 선택지 중 이와 가장 유사한 ③을 정답으로 예상했다.

▶ 정답 ③ 예상

↓

☐ 글을 읽어 내려가면서 예상한 분위기가 맞는지 주어진 단서들을 확인했다.

▶ 정답 ③ 도출

이어진 2~6번 문장에서는 모든 것이 생기 없고 흐릿하게 보이는 구체적인 상황을 묘사하고 있다.

핵심스킬 적용! 글의 분위기를 묻는 문제에서는 글에 쓰인 어휘나 표현들의 공통적인 느낌을 파악하여 머릿속으로 그 장면을 떠올려본다.

☐ 7번 문장을 읽고 정답을 확신했다.

▶ 정답 ③ 확신

'삶을 즐겁게 하는 모든 것이 사라졌다'는 내용에서 '우울하고 침울한' 분위기임을 확신했다. 단, enjoyable만을 보고 정답을 lively로 생각하지 않도록 한다.

핵심스킬 적용! 일부 어휘나 표현만으로 정답을 판단하지 않도록 한다.

선택지 다시 보기

① noisy (소란스러운)
② lively (활기찬)
③ gloomy (침울한) ▶ 정답.
④ humorous (익살스러운)
⑤ fantastic (환상적인)

05 심경 파악 정답 ⑤

본문 p.122

[1]As he hurried home from school, / **he quietly chuckled to himself / about how much he had worried over the exam**. [2]Although he had spent hour upon hour / working out problem after problem / for weeks before the test, / he had never been completely comfortable / with his understanding of the material. [3]When he was told his score, / he was certain / that the examiner must have made a mistake. [4]But now, / with each step [he took], / the score became / less a dream and more a reality. [5]**All the mental strain [he had put himself through] had worked wonders / for him / in the end**.

필수 어휘 Note **chuckle**[tʃʌ́kl] 싱글싱글 웃다, 만족한 미소를 짓다 | **hour upon[after] hour** 매우 오랜 시간 | **material**[mətíəriəl] (수업 등을 위한) 자료; 물질 | **examiner**[igzǽmənər] 채점관, 시험관 | **reality**[riǽləti] 현실, 실재 | **mental**[méntl] 정신의, 정신적인 (↔ **physical**[fízikəl] 육체의) | **strain**[strein] 부담, 긴장 | **work wonders** 기적을 행하다 | **in the end** 결국

해석 1 그는 서둘러 학교에서 집으로 돌아오면서 자기가 얼마나 시험을 걱정했던가 생각하고 속으로 조용히 웃었다. 2 시험 전 몇 주 동안 매우 오랜 시간 이 문제 저 문제 풀어 보느라고 애를 썼지만, 자신이 수업자료를 이해했는지 완전히 맘이 놓인 적이 없었다. 3 자기 점수를 들었을 때 그는 채점한 사람들이 분명 뭔가 착오를 저지른 것이라고 생각했다. 4 그러나 이제는, 그가 한 걸음씩 내디딜 때마다 그 점수가 점점 더 꿈이 아닌 현실이 되어 갔다. 5 자기 자신에게 가했던 그 모든 정신적 부담이 결국 그에게 기적을 행한 것이었다.

필수 구문 분석

1 ~, he quietly *chuckled* to himself / about **how much** he *had worried* over the exam.
▶ 전치사 about의 목적어로 의문사 how much가 이끄는 절이 왔다. 웃었던(chuckled) 때보다 걱정했던 때가 앞서므로 과거완료 had worried로 표현되었다.

3 ~, he was certain / that the examiner **must have made** a mistake.
▶ 〈must have p.p.〉는 '~했[였]음에 틀림없다' 란 뜻.

5 All the mental strain [(***that***) he had put himself through] had worked wonders / for him / in the end.
▶ 주어 All the mental strain이 관계사절의 수식을 받아 주어부가 길어진 형태.

내가 적용한 리딩스킬 체크하기 ☑
지문을 읽으며 내가 적용한 리딩스킬을 체크해봅시다.

☐ 1번 문장에서 시험에 대해 지나치게 걱정했던 자기 자신을 생각하며 웃었다고 했으므로 이제는 불안감이 해소된 긍정적인 상황이라고 생각했다.
▶ 선택지 ②, ③, ④ 제외

↓

☐ 2번 문장에서 시험 준비로 초조해 했던 과거 상황이 나온 뒤, 4번 문장에서 But now가 나왔으므로 이후에는 과거와 반대되는 상황이 전개될 것으로 예상했다.

↓

☐ But now 이후로 내용이 전환되어 주인공이 좋은 점수를 얻었다는 것을 파악했다
▶ 정답 ⑤ 도출

3, 4번 문장에서 믿기지 않는 점수를 받았다는 내용이 나오고 5번 문장에서 그동안의 긴장이 기적을 이뤘다고 했으므로 좋은 점수를 얻었다는 것을 확신할 수 있다. 따라서 기쁘고(delighted) 불안감이 해소되어 안도한(relieved) 심경이 정답.

선택지 다시 보기

① grateful and anticipating (감사하고 기대하는) ▶ 시험 결과가 기대한 것보다 잘 나와서 기뻤다고 했지 시험 결과가 잘 나오길 기대했던 것은 아니다.
② confused and unsure (혼란스럽고 확신이 없는)
③ disappointed and embarrassed (실망스럽고 당황스러운)
④ depressed and frustrated (침울하고 좌절한)
⑤ delighted and relieved (기쁘고 한시름 놓은) ▶ 정답.

06

분위기 파악 정답 ④ 본문 p.123

[1]Upon waking, / I continued to **lie** / **in the soft grass and cool shade**, / letting my mind wander. [2]**The sun peeked through little gaps [among the leafy green branches]**, / but not enough to disturb my feeling [of being in a secret, dark cave]. [3]Patches [of sunlight] were scattered on the ground / and being moved around / by the gentle breeze [playing in the leaves [of the branches above]]. [4]**A few squirrels**, / nervous but friendly, / **chattered at me** / **and made me more reluctant** / **to get up and head back to the world outside.** [5]So, / I stayed, / and **dozed off again** just one more time.

필수 어휘 Note **shade**[ʃeid] 그늘, 응달 | **peek**[piːk] 엿보다, 몰래 들여다보다; 엿보기 | **leafy**[líːfi] 잎사귀가 풍성한 | **disturb**[distə́ːrb] ~을 어지럽히다, 방해하다 | **patch**[pætʃ] 작은 조각, 헝겊 조각 | **scatter**[skǽtər] ~을 흩뜨리다, 흩뜨려 놓다 | **breeze**[briːz] 산들바람, 미풍 | **squirrel**[skwə́ːrəl] 다람쥐 | **chatter**[tʃǽtər] 재잘거리다; 수다, 재잘거림 | **reluctant 지문 속 필수어휘** | **head**[hed] 향하다, 나아가다 | **doze off** 꾸벅꾸벅 졸다, 깜박 졸다

해석 **1** 잠에서 깨어서는 이런 저런 생각을 하며 부드러운 잔디와 시원한 그늘 속에 계속 누워 있었다. **2** 햇빛이 잎이 무성한 초록 나뭇가지 사이의 작은 틈새로 훔쳐보고 있었지만, 나만의 어두운 동굴 속에 있는 듯한 기분을 흩뜨려 놓을 만큼은 아니었다. **3** 햇빛 조각들이 땅 위에 흩어지고 저 위 나뭇가지 잎사귀 사이에서 춤추는 부드러운 산들바람에 의해 이리저리 움직이고 있었다. **4** 다람쥐 몇 마리가 불안해하면서도 친근하게 내게 재잘거려서, 일어나 다시 바깥세상으로 돌아가기를 더욱 싫게 했다. **5** 그 때문에 나는 자리에 머물러 한 번 더 꾸벅꾸벅 졸았다.

필수 구문 분석

4 A few squirrels, / nervous but friendly, / chattered at me / and **made** *me* more **reluctant** / **to** *get up and head back* to the world outside.

▶ ⟨make+목적어+목적격보어⟩의 구조로 목적격보어로는 형용사 또는 명사가 올 수 있다. reluctant to에 두 개의 동사구가 and로 연결된 형태.

내가 적용한 리딩스킬 체크하기 ☑
지문을 읽으며 내가 적용한 리딩스킬을 체크해봅시다.

☐ 1번 문장을 읽고 그늘진 잔디에 편안히 누워있다가 잠에서 깨는 등장인물의 모습을 머릿속에 떠올렸다.

▶ 정답 ④ 예상

핵심스킬 적용! 글의 분위기를 묻는 문제를 풀 때는 머릿속으로 해당하는 장면을 떠올리며 읽도록 하자.

⬇

☐ 지엽적인 표현만으로 전체 분위기를 예상하지 않도록 주의했다.

2번 문장의 being in a secret, dark cave란 표현만 보고 gloomy한 분위기라고 오인할 수 있지만 전체적인 맥락을 살펴야 한다. 2번 문장의 but 이하에서 not enough to disturb라고 했으므로 풀밭에 혼자 누워 쉬고 있는 '평온한' 분위기임을 알 수 있다.

⬇

☐ 글을 읽어 내려가면서 글의 분위기를 드러내는 단서들을 확인했다.

▶ 정답 ④ 확신

the gentle breeze, A few squirrels ~ chattered at me, dozed off again 등의 표현에서 '평온하고 나른한' 분위기를 느낄 수 있다.

선택지 다시 보기

① urgent and stressful (급박하고 긴장되는)
② thrilling and dynamic (긴장감 있고 역동적인)
③ dreary and mysterious (황량하고 불가사의한)
④ calm and relaxing (평온하고 나른한) ▶ 정답.
⑤ awful and alarming (무섭고 불안한)

실전 감각 키우기

07

심경 파악 정답 ⑤ 본문 p.124

[1]Heather loved the freedom [of flying] / above the land. [2]One day / she was hang-gliding / when **she noticed a red hawk / rapidly approaching her**. [3]Then / she heard **its claws / ripping the fabric [of the glider's wing]**. [4]It flew off. [5]But the next thing [she knew] was / that it was flying straight at her. [6]She turned out of its way, / but it dove at her again. [7]**She had to avoid its attacks four times / before she was able to land safely**. [8]As she drove home, / she found out / that **she had been lucky**. [9]The radio news reported / that a hang-glider had been attacked and injured / by not one, / but two hawks.

필수 어휘 Note **hawk** [hɔːk] 《동물》 매 | **claw** [klɔː] (동물의) 발톱 | **rip** [rip] ~을 찢다 | **fabric** [fǽbrik] 천, 직물 | **dive** [daiv]**-dove-dove** 급강하하다; (물속으로) 뛰어들다 | **injure** [índʒər] ~을 부상 입히다, 다치게 하다

해석 **1** 헤더는 땅 위를 날며 느끼는 자유를 좋아했다. **2** 어느 날 행글라이딩을 하는 중 붉은 매가 빠른 속도로 자신에게 달려드는 것을 보았다. **3** 그리고는 매가 행글라이더 날개 천을 발톱으로 찢는 소리를 들었다. **4** 매는 날아갔다. **5** 그러나 곧 그 매가 자신을 향해 곧장 날아오는 것을 보았다. **6** 그녀는 방향을 돌렸지만 매는 그녀에게 다시 달려들었다. **7** 그녀는 네 번이나 매의 공격을 피하고 나서야 안전하게 착륙할 수 있었다. **8** 집으로 돌아오면서 그녀는 자신이 운이 좋았다는 것을 알게 되었다. **9** 한 행글라이더를 타던 사람이 한 마리도 아닌 두 마리의 매로부터 공격을 받아 다쳤다는 뉴스가 자동차 라디오에서 흘러나왔다.

필수 구문 분석

9 The radio news reported / that a hang-glider **had been** *attacked* and *injured* / by **not** one, / **but** two hawks.

▶ 행글라이더를 타던 사람이 다친 것은 라디오 뉴스가 보도된 것보다 이전의 일이므로 과거완료시제가 쓰였다. attacked, injured 모두 had been에 걸리는 과거분사. by가 이끄는 전치사구에는 〈not A but B (A가 아니라 B인)〉의 구조가 쓰였다.

내가 적용한 리딩스킬 체크하기 ☑
지문을 읽으며 내가 적용한 리딩스킬을 체크해봅시다.

☐ 주인공의 심경 변화를 묻고 있으므로 주인공이 처한 상황과 상황이 변하는 부분을 우선 파악해야겠다고 생각했다.

↓

☐ 1, 2번 문장을 읽고 주인공이 행글라이딩을 타다가 매의 습격을 받은 상황임을 파악했다.
▶ 정답 ②, ⑤ 예상

↓

☐ 3~7번 문장을 읽으며 매우 위험한 상황이었음을 파악하고 ⑤번을 정답으로 골랐다.
▶ 정답 ⑤ 도출

↓

☐ 내용이 전환되는 부분에 주의하여 예상한 정답이 맞는지 확신했다.
▶ 정답 ⑤ 확신

8, 9번 문장을 읽고, 매의 습격을 받았지만 안전하게 피해 안심하는(she had been lucky) 주인공의 심경을 짐작할 수 있다.

선택지 다시 보기

① proud → angry (자랑스러운 → 화난)
② surprised → confident (놀란 → 자신감에 찬)
③ excited → guilty (신나는 → 죄책감을 느끼는)
④ frustrated → envious (좌절한 → 부러운)
⑤ scared → relieved (무서운 → 안심한) ▶ 정답.

08

분위기 파악 **정답** ①

본문 p.124

[1]The place was so large / that it made Maggie look smaller and weaker. [2]The tough champion punched Maggie / like a speeding train. [3]Her fists flew so fast / that Maggie could barely block the punches. [4]Maggie danced away, / overwhelmed, / trying to figure out / how to fight this girl. [5]**A cheer came up from the crowd, / "Maggie!"** [6]Several more people took up the shouting. [7]Maggie looked around and fought back the attack. [8]**She rushed forward** / and threw her punches so fast / that she looked like she had four arms. [9]**The crowd started to go wild.** [10]**At last / when Maggie charged with an uppercut to the jaw**, / the champion staggered and dropped to the mat. [11]**The fans went wild!** [12]Maggie danced back to the corner. [13]**As the referee counted**, / **almost all of the fans were counting together**. [14]"... SEVEN, EIGHT, ..."

필수 어휘 Note **punch** [pʌntʃ] ~을 가격하다, ~에게 주먹을 날리다 | **barely** [bέərli] 거의 ~하지 않는 | **block** [blɑk] ~을 막다 | **overwhelm** [òuvərhwélm] ~을 압도하다 | **cheer** [tʃiər] 응원(소리); ~을 응원하다 | **go wild** 흥분하다 | **charge** [tʃɑːrdʒ] 공격하다 | **uppercut** [ʌ́pərkʌ̀t] 어퍼컷, 올려치기 | **jaw** [dʒɔː] 턱 | **stagger** [stǽgər] 비틀대다 | **referee** [rèfəríː] 심판

해석 1 그 경기장이 너무 커서 매기는 더 작고 약해 보였다. 2 억센 챔피언이 달리는 열차처럼 매기를 가격했다. 3 그녀의 주먹이 너무 빠르게 날아와 매기는 펀치를 거의 막을 수가 없었다. 4 매기는 기세에 눌려 이 여자 선수와 어떻게 싸울지를 알아내려 애쓰면서 종종걸음으로 물러났다. 5 "매기!"라고 외치는 응원의 소리가 관중에서 나왔다. 6 몇 사람이 더 그 소리를 받아 외쳤다. 7 매기는 주위를 둘러보고는 공격에 맞섰다. 8 그녀는 앞으로 돌진하면서 펀치를 아주 빠르게 날려 팔이 마치 네 개인 것처럼 보였다. 9 관중은 흥분하기 시작했다. 10 마침내 매기가 턱에 어퍼컷을 날리며 공격을 하자, 챔피언은 비틀거리며 바닥에 쓰러졌다. 11 팬들은 흥분했다. 12 매기는 종종걸음으로 다시 코너로 돌아왔다. 13 심판이 카운트를 하자, 거의 모든 팬들이 함께 카운트를 하고 있었다. 14 "… 일곱, 여덟, …"

내가 적용한 리딩스킬 체크하기 ☑
지문을 읽으며 내가 적용한 리딩스킬을 체크해봅시다.

☐ 분위기를 묻는 문제이므로 글의 상황을 개략적으로 이해해야겠다고 생각했다.

↓

☐ 1~4번 문장을 읽고 권투 경기를 하며 주인공이 수세에 몰려 있는 상황임을 파악했다.

▶ 정답 ①, ⑤ 예상

핵심스킬 적용! 경기장의 매우 시끄럽고 긴박한 분위기를 머릿속에 그려보며 읽도록 한다.

↓

☐ 나머지 부분을 읽으며 주인공이 응원에 힘입어 전세가 역전되는 상황임을 확인했다.

▶ 정답 ① 확신

마지막 부분에서 주인공이 상대방에게 어퍼컷을 날리며 전세가 역전되었음을 확인할 수 있다. The fans went wild! 등의 어구에서 '흥분된' 분위기임을 알 수 있다.

선택지 다시 보기

① noisy and exciting (시끄럽고 흥분된) ▶ 정답.
② sad and gloomy (슬프고 우울한)
③ mysterious and scary (불가사의하고 무서운)
④ calm and boring (평온하고 지루한)
⑤ busy and frustrating (바쁘고 절망스러운)

09 심경 파악 정답 ②

본문 p.125

[1]Our guest arrived in the broadcasting studio, / and I opened my show / at 11:05 / with a brief introduction [about his background]. [2]Then / **I asked my first question, / and he just said, "I don't know."** [3]A few more questions followed, / but all were answered in one of three ways: / "Yes." "No." or "I don't know." [4]I looked up at the clock [in the studio]. [5]It was 11:09, / and **I was out of material.** [6]**I had nothing [left to ask this guy].** [7]Everyone [in the studio] was standing around with the same thought: / "**What are we going to do?** We have fifty minutes left. Listeners [all over the country] are going to reach / for the tuning dials / on their radios / any second now."

필수 어휘 Note **broadcasting**[brɔ́:dkæ̀stiŋ] 방송 | **brief**[bri:f] 간단한, 간략한 | **introduction**[ìntrədʌ́kʃən] 소개 | **background**[bǽkgràund] 경력, 경험; 배경 | **material**[mətíəriəl] 자료, 소재 | **tune**[tju:n] (라디오 등의) 주파수를 맞추다

해석 [1]우리의 게스트는 방송국 스튜디오에 도착했고, 나는 그의 경력에 대한 간단한 소개로 11시 5분에 내 쇼를 시작했다. [2]그리고는 첫 질문을 던졌는데 그는 단지 "모릅니다."라고만 대답했다. [3]그 뒤로도 몇 개의 질문을 더 했지만 모든 질문에 그는 "네." "아니오." 혹은 "모릅니다."라는 세 가지 방식 중 하나로 대답했다. [4]나는 스튜디오의 시계를 올려다보았다. [5]11시 9분이었는데 소재가 다 떨어졌다. [6]이 남자에게 물어볼 만한 것이 남아있지 않았다. [7]스튜디오의 모든 사람들이 똑같은 생각을 하며 주위에 서 있었다. "이제 뭘 하지? 50분이나 남았는데. 전국의 청취자들이 당장이라도 라디오의 주파수 다이얼에 손을 뻗을 거야."

내가 적용한 리딩스킬 체크하기 ☑

지문을 읽으며 내가 적용한 리딩스킬을 체크해봅시다.

☐ 주인공의 심경을 묻고 있으므로 주인공이 처한 상황을 우선 파악해야겠다고 생각했다.

↓

☐ 1번 문장을 읽고 주인공이 라디오 프로그램의 DJ라는 것을 알았다.

↓

☐ 2~6번 문장을 읽고 방송이 시작되고 나서 얼마 되지 않아 소재가 고갈되어 난감한 상황에 처해 있다는 것을 파악했다.

▶ 정답 ② 도출

↓

☐ 마지막 문장을 읽고 정답을 확신했다.

▶ 정답 ② 확신

What are we going to do?라는 말에서 걱정하는 심경을 유추할 수 있다.

선택지 다시 보기

① lively and excited (활기차고 신나는)
② anxious and concerned (근심에 차고 걱정되는) ▶ 정답.
③ calm and relieved (차분하고 안심한)
④ anticipating and grateful (기대되고 감사하는)
⑤ bored and indifferent (지루하고 무관심한)

10

정답 ②

본문 p.126

해석 나쁜 일은 매일 사람들에게 일어난다. 그러나 사람들은 불행한 일들이 종종 뭔가 더 좋은 일로 이어진다는 것을 좀처럼 깨닫지 못한다. 연인관계가 깨지기도 하지만 이를 통해 당신은 평생의 동반자를 만나기도 한다. 여러 해 동안 일해 온 직장에서 해고된 뒤 이제는 사업을 시작하는 꿈을 자유롭게 추구할 수 있다. 농구 경기를 하다 다리가 부러지면 집에 이삼 주 머무르면서 여러 달 동안 읽으려고 계획해왔던 책들을 읽을 수 있다. 때때로 엄청난 불운으로 느껴지는 것이 (불운을) 가장한 축복이 될 수 있다.

필수 어휘 Note **unfortunate**[ʌnfɔ́ːrtʃənit] 나쁜, 불행한 | **lead to A** (어떤 결과로) 되다, A에 이르다 | **fall apart** (관계 등이) 무너지다, 실패로 끝나다 | **soulmate**[sóulmèit] 마음이 맞는 친구, 영혼의 친구 | **let go** ~을 해고하다 | **be free to do** 자유롭게 ~하다 | **pile**[pail] 더미, 쌓아올린 것 | **misfortune**[misfɔ́ːrtʃən] 불운, 불행 | **blessing**[blésiŋ] 축복, 은총 | **disguise** 지문 속 필수어휘

필수 구문 분석

~ gives you *a couple of weeks* [**to stay** at home / and **(to) read** the pile of books [(*which*) you have been planning to read / for months]].

▶ 두 개의 부정사구 to stay at home과 (to) read the pile ~ for months가 명사 a couple of weeks를 동시에 수식하고 있는 구조. 한편, the pile of books 뒤에는 이를 수식하는 관계사절이 나오고 있는데 목적격 관계대명사가 생략되어 있다.

정답근거

① something better
▶ -thing/-body/-one으로 끝나는 명사는 수식해주는 형용사가 뒤에 위치한다.

② a company [which → where you have worked for many years]
▶ 앞의 a company를 선행사로 취하고 뒤에 완전한 절이 오므로 관계부사 where 또는 in which가 적절. 관계부사는 〈전치사+관계대명사〉로 바꿔쓸 수 있다.

③ of opening a business
▶ of의 목적어 자리이면서 뒤의 a business를 목적어로 취할 수 있는 것은 동명사.

④ *Breaking* your leg in a basketball game gives ~
▶ 동명사구를 주어로 하는 동사 자리이므로 단수동사 gives는 적절하다.

⑤ have been planning to read *for* months
▶ 뒤에 〈for+기간〉을 나타내는 표현이 있고, 문맥상 '몇 달 동안 계속해서 읽으려고 계획해왔다' 란 뜻이므로 과거부터 현재까지의 진행을 나타내는 현재완료진행시제는 적절하다.

11

정답 ②

본문 p.126

해석 이제 많은 회사들이 고객 서비스 부서를 꾸준히 발전시키는 것에 초점을 맞추기 때문에 이 부서가 회사 영업활동의 중심이 되고 있다. 고객들은 신뢰할 만한 서비스를 회사가 자신에게 제공하는 것 중 가장 중요한 것으로 보게 되었는데, 이는 좋은 가격, 다양한 상품, 높은 품질의 제품보다 더 중요하다. 결과적으로 우리는 그 분야에서 가장 빠르고 친숙하며 가장 신뢰할만한 서비스를 제공해준다는 회사의 광고를 더 많이 보게 된다.

필수 어휘 Note **concentrate on A** A에 집중하다 | **steadily**[stédili] 꾸준히, 계속적으로 | **department**[dipɑ́ːrtmənt] (회사의) 부서 | **sales pitch** 영업활동, 판매광고 | **reliable**[riláiəbəl] 신뢰할 만한 | **merchandise**[mɔ́ːrtʃəndàiz] 제품, 상품

정답근거

(A) A number of companies now *concentrate* on ~ (많은 ~)
▶ cf. The number of + 복수명사 + 단수동사 (~의 수)
전체 문장의 동사가 concentrate이므로 주어는 복수명사가 되어야 한다. 문맥상으로도 '많은 회사들이 ~에 초점을 맞추다' 라는 뜻이 되어야 알맞다.

(B) *Customers* have come to view reliable service as the most important thing that a company can offer to them
▶ '회사가 고객에게 제공하는 가장 중요한 것' 이란 문맥으로 (B)의 자리에 들어갈 대명사는 앞의 Customers를 가리킨다. 따라서 정답은 them.

(C) the fastest or friendliest or most reliable service in the field
▶ 형용사, 명사의 최상급 앞에는 the를 붙여야 한다. 부사의 최상급 앞에는 the를 붙이지 않아도 된다.
cf. 동일한 조건일 때 형용사의 최상급 앞에는 the를 붙이지 않는다.
The pool is deepest at this point.
(이 풀장은 이 지점이 가장 깊습니다.)

12

정답 ⑤

본문 p.127

해석 엄청난 양의 석유가 배로 세계 곳곳에 수송된다. 대부분의 선적은 아무런 문제없이 목적지에 도착하지만, 석유 유출은 항상 일어날 수 있는 일이며 깨끗이 제거하려면 엄청난 비용이 들면서도 매우 어렵다. 유출된 석유를 제거하는 재미있으면서 그렇게 비싸지도 않은 한 가지 방법은 깃털로 속이 채워진 베개이다. 이 방법은 새들이 기름유출로 죽은 것을 본 남자가 발명했는데, 새들의 깃털이 오일을 빨아들여 날지 못하게 했기 때문이다. 그는 미국의 한 주요 강에서 발생한 유출 사고 때 작은 보트들을 그곳으로 보내 수백 개의 특수 깃털 베개를 오염된 물에 던져서 이 방법을 실험했다. 깃털은 그 무게의 몇 배나 되는 석유를 빨아들였고, 그럼으로써 그 방법이 유용함을 입증했다.

필수 어휘 Note **shipment** [ʃípmənt] 선적, 뱃짐 | **spill** [spil] 유출, 엎지름 | **feather** [féðər] 깃털 | **stuffed** [stʌft] 채워진, 가득한 | **pillow** [pílou] 베개 | **soak up** (액체를) 빨아들이다 (= **absorb in**) | **thereby** [ðὲərbái] 그로 인해, 그 때문에 | **validate** 지문 속 필수어휘

정답근거

(A) **transport** ~을 수송하다, 나르다 / **transform** ~을 바꾸다, 변형하다
▶ 엄청난 양의 기름이 배로 전 세계 곳곳에 수송된다는 문맥이므로 transported가 적절하다.

(B) **fright** 공포 / **flight** 비행, 나는 것
▶ 새의 깃털이 기름을 빨아들여 새가 날지 못했다는 문맥이다.

(C) **purify** ~을 정화시키다, 깨끗하게 하다 ↔ **contaminate** ~을 오염시키다, 더럽히다
▶ 이 글은 특수하게 제작된 깃털 베개로 유출된 기름을 제거할 수 있다란 내용으로 이 베개가 '오염된' 물로 던져졌다는 문맥이 알맞다.

지문 속 필수어휘 1

본문 p.128

1 distract [distrǽkt] **(마음이나 주의를) 흐트러뜨리다**
윙윙거리는 엔진 소리를 듣지 않기 위해 친구들 생각을 하는 내용이 이어지고 있으므로 귀에 들리는 소리를 '흐트러뜨리다'라는 뜻이 적절하다.

2 blurry [blə́:ri] **흐릿한, 더러워진**
바로 뒤의 featureless(특색이 없는)와 어울리려면 얼굴이 '흐릿하다'는 뜻이 적절하다.

3 reluctant [rilʌ́ktənt] **싫은, 꺼리는, 마지못해 함**
일어나서 세상으로 돌아가기가 '싫어서' 다시 꾸벅꾸벅 졸았다는 내용이므로 '싫은, 꺼리는'이란 뜻이 맞다.

4 disguise [disgáiz] **변장[위장]; ~을 변장시키다, 숨기다**
불운한 사건들이 알고 보면 좋은 결과를 가져오는 경우도 있다는 문맥이므로 이를 비유적으로 나타내서 '변장'을 한 축복이라는 표현이 적절하다.

5 validate [vǽlidèit] **(정당성을) 입증하다, 확인하다**
석유가 유출된 곳에 깃털이 든 베개를 던졌더니 깃털 무게보다 몇 배나 더 되는 석유를 빨아들였단 내용. 따라서 그 유용함을 '증명했다'는 문맥이 되어야 적절하다.

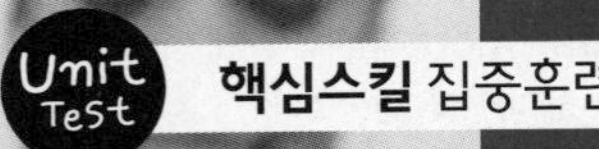

핵심스킬 집중훈련

01 실용문 정답 ⑤

본문 p.130

Prospect Point **is hiring for the 2015 Summer Season!**

1 Our vision is "To create experiences [that people are amazed by]," / and we are searching for enthusiastic team members [to deliver this vision to our guests].

Position Title: Server (① 2015 summer season only)

Application Deadline: ② 2015-06-13

Duties / Responsibilities:

2 We want to provide the highest quality [of service and food] to our guests.

Qualifications:

- 1 year of previous serving experience preferred
- ③ *Food Safe* Level 1 and *Serving It Right* certification required
- Strong communication skills are considered an asset

Working Conditions:

- ④ Will be required to stand on your feet for extended periods of time / while working

*3 Thank you to all those who apply. 4 ⑤ Only those [selected for an interview] will be contacted.

내가 적용한 리딩스킬 체크하기 ☑

지문을 읽으며 내가 적용한 리딩스킬을 체크해봅시다.

☐ 구인 광고문의 각 항목을 보고 지원 마감일, 직무, 자격 요건, 근로환경 등을 파악할 수 있다.

핵심스킬 적용! 선택지를 먼저 읽고 선택지의 내용과 지문에서 관련 설명 부분이 일치하는지 대조하며 확인한다.

↓

☐ 각각의 선택지 내용을 주어진 글의 관련 사항과 내용이 일치하는지 확인한 결과 ⑤번이 정답임을 파악했다.

▶ 정답 ⑤ 도출

면접에 선발된 지원자들에게만 연락을 해준다고 했으므로 ⑤가 일치하지 않는 내용이다.

필수 어휘 Note **vision** [víʒən] 미래상, 비전 | **enthusiastic** [enθùːziǽstik] 열렬한, 열광적인 | **application** [æ̀plikéiʃən] 지원(서) | **deadline** [dédlàin] 기한, 마감 시간 | **responsibility** [rispɑ̀nsəbíləti] 책임, 책무 | **qualification** [kwɑ̀ləfəkéiʃən] 자격(증); 자질, 능력 | **previous** [príːviəs] 이전의 | **certification** [sə̀ːrtəfəkéiʃən] 증명(서) | **asset** [ǽset] 자산 | **extended period of time** 장기간 **cf. extend** (기한을) 연장하다

해석 **Prospect Point에서 2015 여름 시즌을 함께할 사람을 찾고 있습니다!**

1 우리의 비전은 '사람들이 깜짝 놀라는 경험들을 창조하는 것' 이며, 우리는 이러한 비전을 우리 고객에게 전해줄 열정적인 팀원을 구하고 있습니다.

직책: 서버(웨이터) (2015년 여름 시즌 한정)

지원 마감일: 2015년 6월 13일

직무와 책임:

2 우리는 우리 고객에게 최상의 서비스와 음식을 제공하고자 합니다.

자격요건:

- 1년 서빙 경력 우대
- *Food Safe* 1급과 *Serving It Right* 자격증 필수
- 뛰어난 의사소통 능력 우대

근로환경:

- 근무 시간 동안 장시간 서서 일하게 될 것입니다.

*3 지원해주시는 모든 분께 감사드립니다. 4 면접에 선발된 분들께만 연락을 드릴 것입니다.

02 도표의 이해 정답 ⑤

본문 p.131

**Household Expenses
Before and After Taxation Reform**

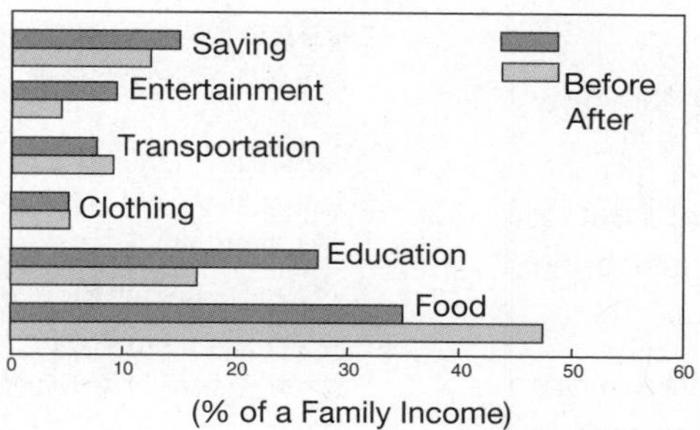

[1]The chart [above] indicates the effects [that taxation reform is having / on family spending]. [2]Of the six areas [of household expenses], / ① food was the biggest expense / regardless of taxation reform, / and expenditure [on food] actually increased / by more than ten percent. ② [3]The percentage [of a household's budget [being spent on transportation]] also increased, / but the rate was less than that of food. [4]On the other hand, / ③ the percentage of money [spent on education] decreased sharply, / falling to below 20 percent / after taxation reform. [5]Also, / ④ the money [that families were able to save / after tax reform] was less than they could before. ⑤ [6]**Following the taxation changes, / about a quarter [of a family's total income] was spent on clothing and entertainment combined**.

필수 어휘 Note **taxation**[tækséiʃən] 과세, 징세 | **reform**[riːfɔ́ːrm] 개혁, 개선; ~을 개혁하다 | **have an effect on** ~에 영향을 미치다 | **area**[ɛ́əriə] 영역; 지역 | **household** [háushòuld] 가정(의) | **expense**[ikspéns] 지출, 소비, 경비 (= **spending**[spéndiŋ], **expenditure**[ikspénditʃər]) | **regardless of** ~에 상관없이, ~에 관계없이 | **budget** [bʌ́dʒit] 예산 | **transportation** [trænspərtéiʃən] 교통수단; 이동, 수송 | **sharply**[ʃáːrpli] 급격하게 | **quarter**[kwɔ́ːrtər] 1/4; 1분기 | **income**[ínkʌm] 소득, 수입 | **entertainment** [èntərtéinmənt] 오락, 유흥 | **combined**[kəmbáind] 합친, 결합된

해석 **1** 위의 도표는 세제 개편이 가정의 소비 생활에 미치는 영향을 보여준다. **2** 가정에서 지출하는 여섯 가지 영역 가운데 식료품은 세제 개편에 관계없이 가장 큰 소비 영역이고, 식료품비 지출은 실제로 10퍼센트 이상 증가했다. **3** 교통비로 지출된 가정 예산 비율 또한 증가했는데, 그 비율이 식료품비의 비율보다는 적었다. **4** 한편 교육비로 지출되는 돈의 비율은 급격하게 감소하여 세제 개편 이후 20퍼센트 이하로 떨어졌다. **5** 또한, 세제 개편 이후 가정에서 저축할 수 있는 돈은 그전에 비해 더 적어졌다. **6** 세제 개편 이후 가구당 총 소득의 약 4분의 1이 의류비 및 오락비에 쓰였다.

필수 구문 분석

1 The chart [above] indicates *the effects* [**that** taxation reform *is having* / on family spending].

▶ have an effect on은 '~에 영향을 미치다'란 뜻. 관계대명사 that은 is having의 목적어로 앞의 명사 the effects를 선행사로 받는다.

내가 적용한 리딩스킬 체크하기 ☑
지문을 읽으며 내가 적용한 리딩스킬을 체크해봅시다.

☐ 도표의 제목과 구성 요소를 보고 주어진 도표가 Taxation Reform 전후의 주거생활비를 나타내는 것을 파악했다.

핵심스킬 적용! 도표를 쉽게 이해하려면 도표의 제목과 도표를 구성하는 각각의 요소를 살펴 특징을 파악한다.

⬇

☐ 선택지를 도표와 하나씩 비교해가며 내용이 일치하는지 확인한 결과 ⑤번이 정답임을 파악했다.

▶ 정답 ⑤ 도출

quarter는 1/4이란 뜻이므로 a quarter는 100%의 1/4인 25%를 가리킨다. 세제 개편 이후 Clothing과 Entertainment에의 지출을 합쳐도 그 비율이 10% 정도이므로 ⑤는 잘못된 설명.

03 실용문 정답 ④

본문 p.132

① **Freshmen Welcome Party**
7:00 p.m. Wednesday, August 30

1 All seniors are invited to join us / in welcoming the new students to Melon high school.

2 You are invited to bring a dish of your own creation! 3 But ② don't feel obligated to bring a dish. 4 It's perfect to just bring yourself! 5 In any case, / please contact Joelle!

6 We will provide soft drinks. 7 And, to make it even more exciting, / ③ we will provide a special dessert, / the best cake in town.

8 So, / come and enjoy meeting the freshmen class!!! 9 ④ This event will be held / at the home of Lenore Blums, a member of the senior class:

1019 Devonshire Road
Pittsburgh, PA, 15213

10 Her home is located near Hilltop park. 11 You can go there on your own / or ⑤ meet us / in front of the school's front gate / at 6:45 p.m.

12 Feel free to contact any of us, / if you have questions.

13 **We hope to see you at the party!**

필수 어휘 Note **feel obligated to-v** v해야 한다고 느끼다 **cf. obligate** ~의 의무를 지우다 **obligation** [àbləgéiʃən] 의무 | **be held** (행사 · 회의 등이) 열리다

해석 **신입생 환영 파티**
8월 30일 수요일 오후 7시

1 모든 졸업반 학생들을 멜론 고등학교의 신입생 환영 파티에 초대합니다.
2 스스로 만든 여러분만의 음식을 가지고 파티에 오시면 됩니다! 3 하지만 반드시 음식을 가지고 와야 한다는 부담을 가지실 필요는 없습니다. 4 그냥 몸만 오셔도 좋습니다! 5 어떤 경우든 조엘에게 연락해 주시기 바랍니다.

6 우리는 음료를 제공할 예정입니다. 7 또한, 더 신 나는 파티가 되도록, 우리는 마을 최고의 케이크를 특별 디저트로 제공할 것입니다.

8 그러니, 오셔서 신입생들과의 만남을 즐기시기 바랍니다!!! 9 이 파티는 졸업반 학생인 레노어 블럼스의 집에서 열릴 예정입니다.

데본셔 길 1019
필라델피아 피츠버그, 15213

10 그녀의 집은 힐탑 공원 가까이에 위치해 있습니다. 11 여러분은 그곳으로 혼자 가셔도 되고 또는 오후 6시 45분에 학교 정문 앞에서 저희를 만나셔도 됩니다.

12 궁금한 점이 있으면 우리 중 누구에게든 언제든지 연락해 주세요.

13 파티에서 여러분들을 뵐 수 있기를 바랍니다!

내가 적용한 리딩스킬 체크하기 ☑

지문을 읽으며 내가 적용한 리딩스킬을 체크해봅시다.

☐ 실용문의 제목과 소제목을 보고 신입생 환영 파티에 대한 안내임을 파악했다.

핵심스킬 적용! 선택지를 먼저 읽고 선택지의 내용과 지문에서 관련 설명 부분이 일치하는지 대조하며 확인한다.

⬇

☐ 각각의 선택지 내용이 주어진 글의 관련 사항과 일치하는지 확인한 결과 ④번이 정답임을 파악했다.

▶ 정답 ④ 도출

졸업 축하가 아니라 신입생 환영 파티이므로 ①은 잘못된 설명이고, 음식은 꼭 가져오지 않아도 된다고 했으므로 ②도 틀린 내용이다. 디저트가 특정인에게만 제공된다는 말은 없으므로 ③도 틀린 내용. 학교 주차장이 아니라 정문 앞에서 모인다고 했으므로 ⑤도 일치하지 않는다.

04 도표의 이해 정답 ⑤

본문 p.133

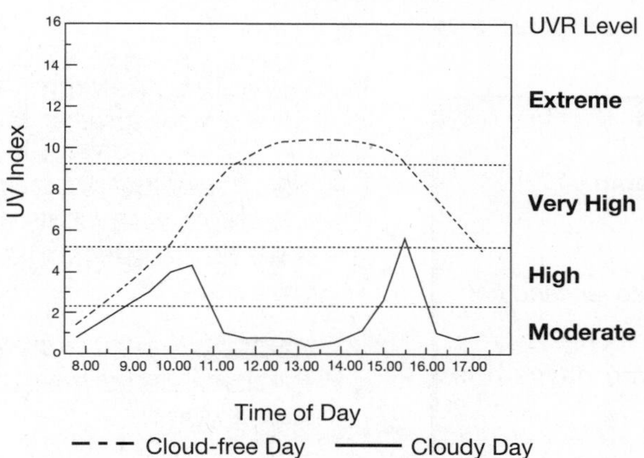

1 This graph compares the UVR (Ultraviolet Ray) levels / on a cloud-free-and a cloudy day / in Melbourne / on a UV index. ① **2** The two lines [on the graph] indicate / there was only a slight difference / in the amount of UVR / during the early morning. ② **3** In contrast, / the largest gap / between the cloud-free and cloudy day / occurred at about 1:30 p.m. ③ **4** On the day [with no clouds], the UVR level rose to Extreme / before midday / and remained Extreme / [for around four hours]. ④ **5** On the other hand, / the UVR level [on the cloudy day] / was at its lowest / between around 11:30 a.m. and 2:30 p.m. ⑤ **6 The fluctuation in the UVR level [on the cloudy day] / was relatively large / but it never reached the Very High level.**

필수 어휘 Note **index** [índeks] 지수, 지표, 눈금 | **slight** [slait] 근소한, 약간의 | **in contrast** 대조적으로, 그와 반대로 | **gap** [gæp] 간격, 차이 | **midday** [mìddéi] 정오, 한낮 | **fluctuation** [flʌ̀ktʃuéiʃən] 변동, 오르내림 | **relatively** [rélətivli] 상대적으로, 비교적

해석 **1** 이 그래프는 자외선 지수에 근거해 멜버른의 구름 없는 날과 구름 낀 날의 자외선 수치를 비교하고 있다. **2** 그래프에 보이는 두 개의 선은 이른 아침에는 자외선 양이 근소한 차이밖에 나지 않았음을 보여준다. **3** 대조적으로, 구름 없는 날과 구름 낀 날 간에 가장 큰 격차는 오후 1시 30분경에 나타났다. **4** 구름 없는 날 자외선 수치는 정오 이전에 'Extreme(극대)' 에 도달해서 약 4시간 동안 지속됐다. **5** 반면, 구름 낀 날의 자외선 수치는 약 오전 11시 30분에서 오후 2시 30분 사이에 가장 낮았다. **6** 구름 낀 날 자외선 수치의 변동이 상대적으로 크긴 하나 'Very High(매우 높음)' 수준에 달하는 법은 결코 없었다.

필수 구문 분석

2 The two lines [on the graph] indicate / (***that***) there was only a slight difference ~.

▶ indicate 뒤에 목적절을 이끄는 접속사 that이 생략되어 있는 형태.

내가 적용한 리딩스킬 체크하기 ☑
지문을 읽으며 내가 적용한 리딩스킬을 체크해봅시다.

☐ 도표의 제목과 구성 요소를 보고 무엇에 관한 도표인지 파악했다. 주어진 도표는 구름 없는 날과 구름 낀 날 멜버른의 자외선 수치를 나타내고 있다.

핵심스킬 적용! 도표를 쉽게 이해하려면 도표의 제목과 도표를 구성하는 각각의 요소를 살펴 특징을 파악한다.

⬇

☐ 선택지를 도표와 하나씩 비교해가며 내용이 일치하는지 확인한 결과 ⑤번이 정답임을 파악했다.

▶ 정답 ⑤ 도출

구름이 없는 날에는 Moderate ~ Extreme까지 전 구간에 걸쳐 변동하지만, 구름 낀 날에는 Moderate ~ Very High까지 변동하므로 그 폭이 상대적으로 작다. 또한, 구름 낀 날의 그래프는 자외선 수치가 가장 높은 오후 3시 30분경 Very High 수준에 속해 있으므로 ⑤번은 잘못된 설명이다.

Real Test **실전 감각 키우기**

05

실용문 정답 ④

본문 p.134

Nature Camps

① New Summer Camps at the Museum
July 7 — August 22

1 *This summer, / treat your child / to a world of discovery and fun:*

Camp hours

- 9 a.m. to 4 p.m. (② Before- and after-camp daycare is available.)

Each action-packed week includes

- ③ access to the museum's exhibitions
- interaction with live animals
- daily outdoor activities

Cost

- $295/child per one-week camp
- $250/child for the August 5 - 8 camp (4 days)
- ④ 10% discount for each additional child [in the same family] during the same week

Registration

- ⑤ online registration only (Opens on March 20 at 9 a.m.)

2 For further information, / you can visit our website at www.mus-nature.com / or call (613)-566-4791.

필수 어휘 Note **discovery** [diskʌ́vəri] 발견 | **daycare** [déikɛ̀ər] 보육, 탁아 | **action-packed** 흥미진진한, 액션이 많은 | **interaction** [ìntərǽkʃən] 상호 작용 | **additional** [ədíʃənəl] 추가의 | **registration** [rèdʒəstréiʃən] 등록, 신고

해석 자연 캠프

박물관의 새 여름 캠프

7월 7일 ~ 8월 22일

1 *이번 여름, 당신의 자녀를 발견과 즐거움의 세계로 데려가 주세요.*

캠프 시간

- 오전 9시부터 오후 4시까지(캠프 시간 전후로 보육 서비스 이용이 가능합니다.)

각 흥미진진한 캠프 주간의 포함사항

- 박물관 전시관 입장 • 살아있는 동물과 교감 나누기 • 일일 야외 활동

비용

- 295달러/ 1인 기준, 1주 캠프 • 250달러/ 1인 기준, 8월 5~8일 캠프 (4일)
- 같은 주에 동일한 가정에서 추가 등록 시 추가 1인당 10% 할인

등록

- 온라인 등록만 가능 (3월 20일 오전 9시에 등록 시작)

2 더 자세한 정보를 원하시면 저희 웹사이트 www.mus-nature.com을 방문하시거나, (613)-566-4791로 전화 주시기 바랍니다.

내가 적용한 리딩스킬 체크하기 ☑

지문을 읽으며 내가 적용한 리딩스킬을 체크해봅시다.

☐ 실용문의 제목과 소제목을 보고 여름 동안 열리는 캠프에 관한 안내문임을 파악했다. 각 항목을 통해 캠프 시간, 캠프의 포함사항, 비용, 등록 방법 등을 알 수 있다.

핵심스킬 적용! 선택지를 먼저 읽고 선택지의 내용과 지문에서 관련 설명 부분이 일치하는지 대조하며 확인한다.

⬇

☐ 각각의 선택지 내용을 주어진 글의 관련 사항과 내용이 일치하는지 확인한 결과 ④번이 정답임을 파악했다.

▶ 정답 ④ 도출

같은 주에 동일한 가정에서 추가 등록할 경우 10% 할인해준다고 했으므로 ④가 일치하지 않는 내용이다.

06 도표의 이해 정답 ③

본문 p.135

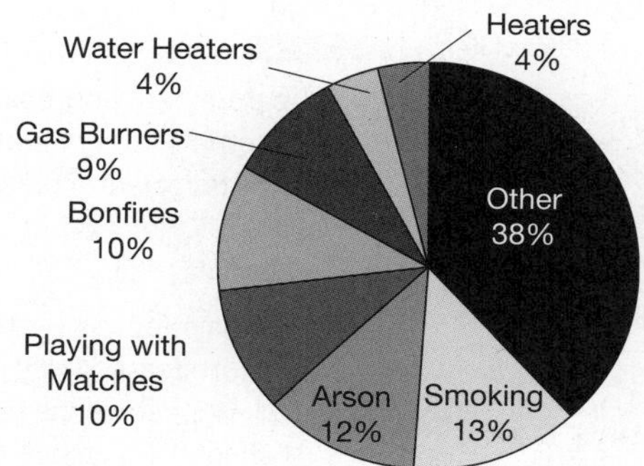

[1] The chart [above] compares various causes of fires. ① [2] Careless smokers / account for a higher number of fires / than those [set deliberately by arsonists]. ② [3] Bonfires and playing with matches / contribute equally to a full twenty percent of occurrences. ③ **[4] The percentage of fires [ignited by gas burners] is smaller / than of those [caused by heaters].** ④ [5] Two household appliances, / heaters and water heaters, / are factors in the same number of fires each. ⑤ [6] The causes of nearly forty percent of fires / cannot be determined.

필수 어휘 Note **account for** ~의 원인이 되다, ~의 이유를 설명하다 | **deliberately 지문 속 필수어휘** | **bonfire** [bánfàiər] 모닥불 | **contribute to A** A에 기여하다 | **equally** [íːkwəli] 똑같이, 마찬가지로 | **occurrence** [əkə́ːrəns] 발생, 일어난 일 | **ignite 지문 속 필수어휘** | **appliance** [əpláiəns] 가전제품

해석 **1** 위의 도표는 다양한 화재 원인을 비교하고 있다. **2** 부주의한 흡연자들이 방화범이 일부러 저지른 화재 발생건수보다 더 많은 수의 화재의 원인이 되고 있다. **3** 모닥불과 성냥을 가지고 노는 것은 같은 비중으로 화재 발생건수의 20퍼센트를 족히 차지하고 있다. **4** 가스버너로 점화된 화재의 비율은 히터로 인한 화재 발생건수보다 적다. **5** 히터와 온수기, 두 가정용 가전제품은 각각 동일한 수의 화재 발생건수의 요인이 되고 있다. **6** 화재발생의 약 40퍼센트가 원인 규명이 어렵다.

필수 구문 분석

4 The percentage of **fires** [*ignited* by gas burners] is smaller / than (the percentage) of **those** [*caused* by heaters].

▶ those는 앞에 나온 fires 대신에 쓰인 지시대명사. of 앞에 반복되는 명사 the percentage가 생략되었다. ignited by gas burners와 caused by heaters는 각각 fires와 those를 수식하고 있으며 수식하는 명사와 수동관계에 있으므로 과거분사로 표현되었다.

내가 적용한 리딩스킬 체크하기 ☑

지문을 읽으며 내가 적용한 리딩스킬을 체크해봅시다.

☐ 도표의 제목과 구성 요소를 보고 주어진 도표가 화재 발생 원인별 수치를 나타낸 것이라고 파악했다.

핵심스킬 적용! 도표를 쉽게 이해하려면 도표의 제목과 도표를 구성하는 각각의 요소를 살펴 특징을 파악한다.

↓

☐ 선택지를 도표와 하나씩 비교해가며 내용이 일치하는지 확인한 결과 ③번이 정답임을 파악했다.

▶ 정답 ③ 도출

Gas Burners에 의한 화재는 9%이므로 Heaters에 의한 화재인 4%보다 그 비율이 높다.

07

정답 ③ 본문 p.136

해석 사람을 묘사해야 할 일이 생길 때, 우리는 종종 우리가 그 사람에게 갖는 지배적인 인상에 의존하게 된다. 이 인상은 누군가가 우리의 감정이나 지각에 미치는 주된 영향이다. 우리는 그 사람이 가지고 있는 특징을 선택하고 그것을 강조함으로써 지배적인 인상을 표현한다. 공격적이라거나 호기심이 많다거나 친근하다는 형용사들은 다른 사람에 대한 지배적인 인상을 전달한다. 그러면 우리가 그 사람과 그 사람의 성격에 대해 주목했던 다른 세부적인 사항들이 그 인상을 한층 더 뒷받침해 줄 것이다.

필수 어휘 Note **occasion**[əkéiʒən] 경우, 때 | **arise**[əráiz] (일, 사건 등이) 생기다, 발생하다 | **rely on** ~에 의존하다 | **dominant**[dάminənt] 지배적인, 우세한 | **impression**[impréʃən] 인상, 감상 | **primary**[práiməri] 주된, 제1의 | **trait**[treit] (성격, 습관의) 특징, 특색 | **adjective**[ǽdʒiktiv] 《언어》 형용사 | **aggressive**[əgrésiv] 공격적인, 적극적인 | **convey** 지문 속 필수어휘 | **note**[nout] ~을 주목하다, 주의하다; ~을 적어두다; 노트, 메모

정답근거

① the dominant impression [that we have of them].
▶ the dominant impression을 선행사로 하고 have의 목적어 역할을 하는 목적격 관계대명사 자리로 that은 적절.

② have an effect on (~에 영향을 미치다)
▶ on이 effect를 수식하는 관계사절에 속해 있는 형태. 원래는 someone has an effect on ~인데 effect가 주절과 반복되므로 목적격 관계대명사 which로 대체된 다음에 생략된 형태. 목적격 관계대명사는 생략 가능하다.

③ by selecting ~ and emphasize → emphasizing ~
▶ 전치사 by의 두 목적어 selecting, emphasizing이 and로 연결된 병렬 구조. 따라서 동명사 형태가 정답.

④ Adjectives [such as *aggressive, curious*, or *friendly*] convey
▶ such as가 이끄는 구가 Adjectives를 수식하는 구조. Adjectives에 수일치하므로 복수동사 convey는 적절.

⑤ the impression may be further supported
▶ 동사 may be supported를 수식하는 부사 자리로 문맥상 '더욱더, 한층 더' 라는 뜻. further는 far의 비교급으로 '거리 · 정도' 를 나타낸다. 참고로 farther 또한 far의 비교급으로 '거리' 를 나타낸다.

08

정답 ④ 본문 p.136

해석 사람들이 모이는 어떤 곳에서건 예의는 기본적으로 갖춰야 하는 것이다. 그러나 실제로 예의가 무례한 것보다 더 다른 사람의 기분을 상하게 하는 경우들이 있다. 간단한 예로는 버스에서 다소 몸집이 큰 여성에게 자리를 양보하려고 일어나는 한 소년의 경우를 들 수 있다. 그 소년이 한 행동의 의도가 예의바르다 하더라도 그의 옆자리에는 또 다른 빈자리가 남아있었고 그것은 그 여성이 너무 뚱뚱해서 두 자리가 필요할 거라고 그가 생각한다는 것을 암시한다. 이제 버스 안의 모든 사람들이 당황해하는 여성을 바라보고 있다. 소년은 잠시 생각해 보고 그녀에게 자리를 양보하는 대신에 그 자리에 앉아 있었어야 했다.

필수 어휘 Note **gathering**[gǽðəriŋ] 모임, 군중 | **politeness**[pəláitnis] 예의, 정중함, 공손함 **cf. polite** 정중한, 예의 바른 | **necessity**[nəsésəti] 꼭 필요한 것, 필요성 | **rudeness**[rúːdnis] 무례함, 버릇없음 | **instance**[ínstəns] 사례, 보기 | **rather**[rǽðər] 다소; 오히려 | **vacant** 지문 속 필수어휘 | **embarrassed**[imbǽrəst] 당황한, 창피한

정답근거

(A) An instance of this could be as simple as a teenage boy ~
▶ 〈as+원급+as〉의 구조. 원급 자리에는 형용사 또는 부사가 들어가는데, be동사의 보어 역할을 해야 하므로 simple이 알맞다. as ~ as를 빼고 보면 확실히 알 수 있다.

(B) ~, which suggests that he thinks *(that)* the woman is so fat ~
▶ he thinks 뒤에 생략된 접속사 that절의 동사 자리로 주어인 the woman에 맞게 is가 답이 되어야 한다. 앞에 나온 동사 suggest가 '~을 암시하다, 시사하다' 란 뜻으로 쓰일 때는 that절 이하가 '사실' 임을 나타내며, 따라서 동사는 시제와 인칭에 알맞은 thinks로 쓰였다. 두 번째 that절은 이 동사의 영향을 받지 않는다는 점에 유의한다.
cf. suggest가 '~을 제안하다' 란 뜻일 때 that절의 동사는 당위성을 나타내는 〈(should)+동사원형〉이 되어야 한다.

(C) should have thought (~했어야 하는데 (하지 못했다))
cf. must have p.p. (~했음에 틀림없다)
▶ 이 글은 때로는 예의가 다른 사람에게 불쾌감을 주는 경우에 대한 이야기로 뚱뚱한 여성에게 자리를 양보하는 소년의 예를 들고 있다. 이 소년의 행동으로 자리를 양보받은 여성의 마음이 상할 수 있으므로 그 소년이 잠깐 동안 '생각해 보았어야 하는데, 그렇지 못했다'는 문맥이 되어야 적절하다.

09

정답 ⑤ 본문 p.137

해석 뱀만큼 불필요한 죽음과 잔인함을 경험하는 동물 종(種)은 거의 없다. 알려지지 않은 수가 뱀이라고 의식하든 그렇지 않든 간에 우연히 마주치는 사람들에 의해 의례적으로 죽임을 당한다. 매우 많은 수의 뱀이 자동차나 트럭에 치이거나 트랙터와 같은 농기계에 끼인다. 육중한 농기구는 많은 수의 뱀을 직접적으로 죽일 뿐만 아니라 그들의 보금자리와 식량, 물 공급량에까지 피해를 준다. 이제는 뱀이 사실 우리에게 이롭다는 것을 깨달아야 할 때이다. 뱀은 육식성이기 때문에 쌀이나 밀을 먹지 않는 반면, 모든 농부들에게 재앙인 생쥐와 들쥐를 죽인다.

필수 어휘 Note **species** [spíːʃi(ː)z] (생물의) 종(種) | **cruelty** [krúːəlti] 잔인함 | **untold** [ʌ̀ntóuld] 밝혀지지 않은, 언급되지 않은 | **destroy** [distrɔ́i] ~을 파괴하다 | **on a regular basis** 정기적으로 | **be aware of** ~을 의식하다 | **a great many** 아주 많은, 수많은 | **be caught in** ~에 잡히다, 휘말리다 | **machinery** [məʃíːnəri] 기계(류) | **nest** [nest] 보금자리, 둥지 | **supply** [səplái] 《복수형》 공급량, 보급품 | **curse 지문 속 필수어휘**

필수 구문 분석

Few animal species have experienced / as much needless killing and cruelty / **as** snakes.
▶ 〈부정주어+as[so] ~ as ... (…만큼 ~한 것은 아무것도 없다, …이 제일 ~하다)〉의 구조. 최상급의 의미를 나타낸다.

It is time that *we realized* that snakes are actually beneficial to us.
▶ 〈It is time that S+과거동사〉는 '지금이 바로 ~할 때이다'란 뜻.

정답근거

(A) necessary 필요한 ↔ needless 불필요한
▶ 전체 문맥을 파악해야 한다. 많은 뱀이 사람이나 차량, 농기계 등에 의해 죽고 있지만, 사실 인간에게는 이로운 동물이라는 내용이므로 뱀의 '불필요한 죽음'이 적절.

(B) enhance ~을 강화하다 / encounter ~을 (우연히) 만나다, 마주치다
▶ 뒤의 them이 snakes를 가리키므로 '뱀을 마주친 사람에 의해'라는 문맥.

(C) beneficial 이로운, 유익한 / beneficent 선행을 하는
▶ 뒤의 문맥을 파악해야 한다. 뱀은 곡식을 먹지 않고 쥐를 잡아먹는다고 했으므로 인간에게 '이롭다'는 것이 적절하다.

지문 속 **필수어휘 2**

본문 p.138

1 **deliberately** [dilíbəritli] 고의로, 일부러
방화범이 '고의로' 낸 불이란 문맥.

2 **ignite** [ignáit] ~을 점화하다, ~에 불을 붙이다
가스버너로 인한 화재라는 의미이므로 '점화된'이란 뜻이 적절하다.

3 **convey** [kənvéi] ~을 전달하다; ~을 표현하다
한 사람의 특징을 골라서 강조함으로써 지배적인 인상을 표현한다는 내용과 이어지므로 특정한 단어가 사람에 대한 지배적인 인상을 '전달한다'는 뜻이 되어야 한다.

4 **vacant** [véikənt] 비어 있는
다소 뚱뚱한 여성에게 자리를 양보했다는 내용. 그 여성이 너무 뚱뚱해서 두 자리가 필요할 것으로 생각했다고 했으므로 옆자리가 비어있다는 문맥이 되어야 한다. 따라서 vacant는 '비어 있는'이란 뜻.

5 **curse** [kəːrs] 재앙; 저주
뱀은 쌀이나 밀을 먹지 않고 그 대신 농사에 해가 되는 쥐를 잡아먹으므로 인간에게 이롭다는 문맥. 따라서 curse가 적절하다.

Unit Test **핵심스킬 집중훈련**

01

밑줄 어휘 정답 ②

본문 p.140

1 Life has its flaws and defects. 2 Those [who accept this reality and integrate it into their existence] can lead a really full life. 3 A doctrine [that has contributed to the development of ① perfectionism and that a lot of people have internalized] is, / "If I don't do everything completely right, / I am a failure." 4 And yet the greatest inventions are often the result of countless ② **successful → failed** experiments / by inventors [who retain an unbroken will to persist]. 5 Learn to ③ appreciate your mistakes, / because they are opportunities and learning experiences [for you to find out how to do things better next time]. 6 Accept your ④ imperfect self. 7 Enjoy your failings. 8 Tell others about them. 9 You won't lose esteem, / but you will gain ⑤ affection.

필수 어휘 Note **flaw** [flɔː] 결함, 흠 | **defect** [difékt] 결함 | **integrate** [íntəgrèit] ~을 통합하다 | **existence** [igzístəns] 존재, 실재 | **doctrine** [dáktrin] 교리, 신조 | **internalize** [intə́ːrnəlàiz] (사상, 태도 등을) 내면화하다 | **retain** [ritéin] ~을 보유하다, 유지하다 | **persist** [pəːrsíst] 집요하게 계속하다 | **esteem** [istíːm] 존경, 존중 | **affection** [əfékʃən] 애정

해석 1 삶에는 흠도 있고 결함도 있다. 2 이런 현실을 받아들이고 그것을 실생활에 통합시키는 사람들은 진정 충만한 삶을 살아갈 수 있다. 3 ① 완벽주의를 낳는, 많은 이들이 내면화하고 있는 신조 하나는 "만일 내가 모든 일을 완벽히 잘하지 않으면, 나는 실패자다."라는 것이다. 4 그러나 가장 위대한 발명들은 흔히 꺾이지 않고 집요하게 계속하는 의지를 보유한 발명가들에 의한 수많은 ② 성공한 → 실패한 실험의 결과이다. 5 실수에 ③ 감사하는 법을 배워라. 왜냐하면 그것들은 여러분이 다음번에 더 잘할 수 있는 법을 발견하는 기회이자 학습 경험이기 때문이다. 6 ④ 불완전한 자아를 받아들여라. 7 실패를 즐겨라. 8 다른 사람들에게 그것들에 대해 말하라. 9 여러분은 (타인의) 존경을 잃는 게 아니라 ⑤ 애정을 얻을 것이다.

필수 구문 분석

3 *A doctrine* [**that** has contributed to the development of perfectionism *and* **that** a lot of people have internalized] is, / ~

▶ that이 이끄는 관계사절 두 개가 주어 A doctrine을 동시에 수식하고 있는 형태. 앞의 that은 주격 관계대명사, 뒤의 that은 목적격 관계대명사이다.

5 ~, / because they are *opportunities and learning experiences* [**for** you **to** find out how to do things better next time].

▶ to find out 이하는 앞의 명사구 opportunities and learning experiences를 수식하는 형용사적 용법의 to부정사구이며, for you는 그 의미상 주어이다.

내가 적용한 리딩스킬 체크하기 ☑

지문을 읽으며 내가 적용한 리딩스킬을 체크해봅시다.

☐ 글의 초반부를 읽고 삶의 결함을 받아들이란 내용임을 파악했다.

↓

☐ 지문을 읽어 내려가면서 각각의 밑줄 친 어휘가 글의 내용 흐름과 논리적으로 일치하는지를 확인했다.

▶ 정답 ② 도출

① perfectionism (완벽주의)
➜ 모든 일을 완벽히 해내지 않으면 실패자라고 생각한다는 내용이므로, 문맥상 '완벽주의'가 적절히 쓰였다.

② successful (성공한) → failed (실패한)
➜ 꺾이지 않고 집요하게 계속하는 의지(an unbroken will to persist)를 갖고 무수히 많은 실험을 함으로써 위대한 발명이 나온다고 했으므로, '실패한' 실험에도 굴하지 않고 계속해 끝내는 위대한 발명을 이룩해낸다는 문맥이 되어야 적절하다.

③ appreciate (~에 감사하다)
➜ 실수가 기회이자 학습 경험이라는 내용이므로 실수에 '감사하라'는 문맥은 적절.

④ imperfect (불완전한)
➜ 실패를 받아들이란 내용이므로 '불완전한' 자아를 받아들이란 내용은 적절.

⑤ affection (애정)
➜ 실패를 말해도 타인의 존경을 잃지 않는다고 했으므로 '애정'을 얻는다는 긍정적인 내용과 이어지는 것이 자연스럽다.

02 밑줄 어휘 정답 ③

본문 p.140

[1]Even with a well thought-out approach, / workplace disagreements can turn ugly. [2]Most often these conversations turn into battles / when arguments become personal. [3]If your exchange becomes ① heated, / bring the conversation back to your shared interests or goals. [4]Re-focus the dialogue on the future. [5]If your counterpart gets antagonistic or aggressive, / it may even be best to take a break from the conversation. [6]Step back and try to get a more ② objective view of the situation. [7]This "outsider" observation can help you ③ **lose → gain** perspective [on what's really going on]. [8]You may also try changing the process: / write on a whiteboard instead of talking, / grab a pen and do some brainstorming, / or even offer to continue the discussion over drinks or dinner. [9]This can help to ④ alter the uncomfortable dynamic [that's developed between you]. [10]If all else fails, / withdraw and find a ⑤ third person [to mediate].

필수 어휘 Note **disagreement** [dìsəgrí:mənt] 의견 충돌, 다툼 | **personal** [pə́:rsənəl] 개인(사)에 관한, 인신공격의; 개인의, 개인적인 | **exchange** [ikstʃéindʒ] 언쟁, (의견) 교환 | **counterpart 지문 속 추론어휘** | **antagonistic** [æntæ̀gənístik] 적대적인 | **observation** [ɑ̀bzərvéiʃən] 관찰 | **perspective** [pə:rspéktiv] 관점, 시각 | **process** [prɑ́ses] 방법, 과정 | **brainstorming** [bréinstɔ̀:rmiŋ] 브레인스토밍(무엇에 대해 여러 사람들이 동시에 자유롭게 자기 생각을 제시하는 방법) | **dynamic** [dainǽmik] 힘, 원동력 | **withdraw** [wiðdrɔ́:] (뒤로) 물러나다, 철수하다 | **mediate** [mí:dièit] 중재하다, 조정하다

해석 1 신중히 생각해서 접근할 때조차도 일터에서의 의견 충돌은 추하게 변할 수 있다. 2 대개 이런 대화는 논쟁이 인신공격적이 될 때 싸움으로 변한다. 3 언쟁이 ① 과열되면 공유하는 관심사나 목표로 대화를 되돌려라. 4 대화의 초점을 다시 미래에 맞춰라. 5 상대방이 적대적이거나 공격적이 되면, 대화를 멈추고 쉬는 것이 가장 좋을 수 있다. 6 뒤로 물러서서 그 상황에 대해 좀 더 ② 객관적인 시각을 갖도록 해라. 7 이런 '방관자적' 관찰은 정말로 무슨 일이 벌어지고 있는지에 대한 시각을 ③ 잃는 → 얻는 데 도움이 될 수 있다. 8 방법을 바꿔 볼 수도 있다. 말하는 대신에 화이트보드에 쓴다거나, 펜을 잡고 브레인스토밍을 한다거나, 심지어는 술을 마시거나 저녁을 먹으며 토론을 계속하자고 제안할 수도 있다. 9 이렇게 하면 여러분 사이에 형성된 불편한 힘을 ④ 바꾸는 데 도움이 될 것이다. 10 다른 모든 방법이 실패하면, 뒤로 물러서서 중재해줄 ⑤ 제삼자를 찾아라.

필수 구문 분석

5 If your counterpart gets antagonistic or aggressive, / ***it*** may even be best **to take a break from the conversation.**
▶ it은 가주어이고 to take 이하가 진주어이다.

10 If all else fails, / withdraw and find *a third person* [to mediate].
▶ to mediate는 a third person을 수식하는 형용사적 용법의 to부정사이다.

내가 적용한 리딩스킬 체크하기 ☑
지문을 읽으며 내가 적용한 리딩스킬을 체크해봅시다.

□ 글의 초반부를 읽고 직장 내 의견 충돌에 대한 내용임을 파악했다.
↓
□ 지문을 읽어 내려가면서 각각의 밑줄 친 어휘가 글의 내용 흐름과 논리적으로 일치하는지를 확인했다.

▶ 정답 ③ 도출

① heated (과열된, 열띤)
➜ 앞에서 직장 내 의견 충돌이 추하게 변하고 인신공격 때문에 싸움으로 번진다고 했으므로 대화가 '과열된다'는 서술은 자연스럽다.

② objective (객관적인)
➜ 논쟁을 멈추고 뒤로 물러서서 상황을 살펴보란 내용이므로 '객관적인' 시각을 가지란 문맥은 자연스럽다.

③ lose (~을 잃다) → gain (~을 얻다)
➜ 한발 물러서서 바라보는 '방관자적' 관찰이므로, 상황을 제대로 파악하는 시각을 '잃는' 게 아니라 '얻는다'는 내용이 되어야 한다.

④ alter (~을 바꾸다)
➜ 앞에서 화이트보드를 이용하거나 브레인스토밍을 하거나 술이나 저녁을 하면서 얘기하는 등 대화 방법을 바꿔보란 내용이 나오므로, 언쟁에서 생긴 불편한 힘을 '바꾼다'는 흐름은 자연스럽다.

⑤ third (제3의)
➜ 모든 방법이 실패했을 땐 물러서서 중재해줄 '제3의' 인물을 찾아보란 내용으로, 전체 흐름상 자연스러운 끝맺음이다.

03 밑줄 어휘 정답 ④

본문 p.141

[1]During the 1990s, / researchers repeatedly claimed that global warming would have terrible consequences for key crops. [2]More sophisticated studies, / however, / are revealing a ① different picture, / considering a factor [so often ignored]: human adaptability. [3]"If you're a farmer and you see your crops aren't doing ② well / due to global warming, / you will plant a more heat-resistant type," / says an agricultural economist. [4]He is one of a group of academics [pioneering studies that take into account such ③ adaptability]. [5]In fact, / although studies [in the 1990s] predicted a huge ④ **increase → decrease** [amounting to more than 20 percent per year / in agricultural yields], / recent studies point to annual growth [of more than 13 percent]. [6]Needless to say, / it's thanks to farmers' ability [to make their crops more ⑤ suitable for the climate].

필수 어휘 Note **claim**[kleim] (~이 사실이라고) 주장하다 | **consequence**[kɑ́nsikwèns] 결과 | **sophisticated**[səfístikèitid] 정교한; 세련된 | **reveal**[rivíːl] ~을 드러내다 | **factor**[fǽktər] 요인 | **adaptability**[ədæ̀ptəbíləti] 적응성 | **heat-resistant**[hiːtrizístənt] 열에 쉽게 손상되지 않는, 내열성의 | **agricultural**[æ̀grikʌ́ltʃərəl] 농업의 | **academic**[æ̀kədémik] 교수; 학업의 | **pioneer**[pàiəníər] 개척하다; 개척자, 선구자 | **take A into account[consideration]** A를 고려하다 | **amount to A** (합계가) A에 이르다, 달하다 | **yield 지문 속 추론어휘** | **needless to say** 말할 필요도 없이 | **thanks to A** A 덕분에, 때문에 | **suitable**[súːtəbl] 적합한, 적절한

해석 [1]1990년대에 연구자들은 지구 온난화가 주요 농작물에 끔찍한 결과를 가져올 거라고 되풀이해서 주장했다. [2]그러나 더욱 정교하게 이뤄진 연구들은 너무나 흔히 무시되었던 요인인 인간의 적응성을 고려하면서 ① 다른 그림을 내놓고 있다. [3]"만일 당신이 농부인데 지구 온난화 때문에 농작물이 ② 잘 자라지 못하는 것을 본다면, 당신은 좀 더 열에 잘 견디는 종류를 심을 것입니다."라고 한 농업 경제학자는 말한다. [4]그는 이러한 ③ 적응성을 고려하는 연구를 개척한 교수 집단의 일원이다. [5]사실, 1990년대의 연구는 농작물 수확량에 있어서 매년 20% 이상에 달하는 상당한 ④ 증가 → 감소를 예견했지만, 최근의 연구는 매년 13% 이상의 성장을 가리키고 있다. [6]말할 필요도 없이 그것은 농작물을 기후에 더 ⑤ 적합하게 만드는 농부들의 능력 덕분이다.

필수 구문 분석

4 He is one of *a group of academics* [**pioneering** *studies* that take into account such adaptability].

▶ pioneering 이하는 a group of academics를 수식하는 현재분사구이다. 이 분사구 내에서 that이 이끄는 주격 관계사절이 명사 studies를 수식한다.

6 Needless to say, / it's thanks to *farmers' ability* [**to make** their crops more suitable for the climate].

▶ to make 이하의 부정사구가 farmers' ability를 수식한다. make 이하는 〈동사(make)+목적어(their crops)+목적격보어(more suitable for the climate)〉의 구조.

내가 적용한 리딩스킬 체크하기 ☑

지문을 읽으며 내가 적용한 리딩스킬을 체크해봅시다.

☐ 글의 초반부를 읽고 지구 온난화로 주요 농작물에 큰 피해가 있을 거란 1990년대의 연구 결과와는 대조적인 내용이 이어질 것이라 예상했다.

↓

☐ 지문을 읽어 내려가면서 각각의 밑줄 친 어휘가 글의 내용 흐름과 논리적으로 일치하는지를 확인했다.

▶ 정답 ④ 도출

① different (다른)

→ 역접을 나타내는 however로 연결되므로, 앞에서 언급된 1990년대의 연구와는 '다른' 결과를 보여준다는 문맥이 자연스럽다.

② well (잘)

→ 지구 온난화 때문에 농작물이 '잘' 자라지 못하면 열에 더 잘 견디는 농작물을 심는다는 내용으로, 흐름상 자연스럽다.

③ adaptability (적응성)

→ 해당 단어가 속한 문장의 주어 He는 앞 문장의 an agricultural economist를 가리킨다. 그는 농부들이 지구 온난화에 대처해 열에 더 잘 견디는 농작물을 심는다고 말한 사람이므로, 인간의 '적응성'을 고려하는 연구자이다.

④ increase (증가) → decrease (감소)

→ 두 절이 대조되는 내용을 연결하는 although로 연결되고 있다. 최근의 연구는 농작물 수확량의 증가를 나타내고 있다고 했으므로, 1990년대의 연구는 이와 반대로 '감소'를 예견했다는 내용이 되어야 한다.

⑤ suitable (적합한)

→ 예상과 달리 지구 온난화에도 수확량이 증가했다고 했으므로 농부들이 기후에 더 '적합한' 농작물을 생산해낸다는 흐름이 자연스럽다.

04

밑줄 어휘 정답 ④ 본문 p.141

[1]Imagine your boss has asked you to work / for the third weekend in a row, / and you want to say *no* / because you have plans for a weekend away with your spouse. [2]Your main interests are to get away, / to keep your plans, / and not to feel ① overworked. [3]But to understand your deeper needs, / you need to keep asking yourself / what your ② real interest is / in wanting to say *no*. [4]Beneath the interest in getting away / is an interest in ③ strengthening your marriage, / and beneath that, / if you dig deeper, / is a basic need for belonging and love. [5]And beneath the interest in keeping your plans / is a basic need for autonomy and control over your life. [6]It pays to dig deep / when it comes to ④ **covering → uncovering** your interests. [7]The deeper you go, / the ⑤ more likely you are to get a firm grasp of / what's required for you to feel happy and fulfilled.

필수 어휘 Note **in a row** 잇달아, 연이어 | **spouse**[spaus] 배우자 | **beneath**[biníːθ] ~ 아래에 | **strengthen**[stréŋθən] ~을 강화하다, 더 튼튼하게 하다 | **autonomy**[ɔːtánəmi] 자율성, 자주성; 자치권 | **It pays to do** ~하는 것이 득이 되다 | **when it comes to A** A에 관한 한 | **get[have] a grasp of** ~을 이해하다 | **firm**[fəːrm] 확고한; 단단한 | **fulfilled**[fulfíld] 성취감을 느끼는

해석 1 직장 상사가 여러분에게 3주 연속으로 주말에 일해 달라고 요청했는데, 주말에 배우자와 멀리 떠날 계획이 있어서 '안 된다'고 말하고 싶다고 가정해보자. 2 당신의 주된 관심사는 빠져나가는 것이고 계획을 지키는 것이고 ① 혹사당한다는 느낌을 받지 않는 것이다. 3 그러나 좀 더 깊은 욕구를 이해하려면 '안 된다'고 말하려는 데 있어 여러분의 ② 진짜 관심사가 무엇인지를 스스로에게 계속 물어볼 필요가 있다. 4 떠나고자 하는 마음 아래에는 여러분의 결혼 생활을 ③ 더 튼튼하게 하려는 마음이 있고, 더 깊이 파고 들어가면 그 아래에는 소속과 사랑에 대한 기본적인 욕구가 있다. 5 그리고 계획을 지키려는 마음 아래에는 자신의 생활에 대한 자율성과 통제권을 갖고자 하는 기본적인 욕구가 있다. 6 여러분의 관심사를 ④ 감추는 → 드러내는 문제에 관한 한, 깊이 파고드는 것이 도움이 된다. 7 더 깊이 들어가면 갈수록, 여러분이 행복해하고 성취감을 느끼는 데 필요한 것을 ⑤ 더 확실히 이해할 것이다.

필수 구문 분석

4 ***Beneath** the interest in getting away* / is(V) an interest in strengthening your marriage(S), / and ***beneath** that*, / (if you dig deeper,) / is(V) a basic need for belonging and love(S).

▶ 부사구(Beneath the interest in getting away)가 문장 앞으로 나오면서 주어(an interest ~ your marriage)와 동사(is)가 도치된 형태. 그 뒤도 같은 식으로 도치된 구조이다. if가 이끄는 부사절이 부사구(beneath that)와 동사(is) 사이에 삽입절 형태로 들어가 있다.

7 **The deeper** you go, / **the more likely** you ***are to*** get a firm grasp of / ~.

▶ 〈the+비교급 ~, the+비교급 ...〉은 '~하면 할수록 더욱 …하다'라는 의미이다. 원래 you ***are*** more likely ***to*** get ~에서 more likely가 'the+비교급'의 형태를 취하며 절 앞으로 나간 형태이다.

내가 적용한 리딩스킬 체크하기 ☑
지문을 읽으며 내가 적용한 리딩스킬을 체크해봅시다.

☐ 글의 초중반 부분을 읽고 자신의 관심사를 계속 파고 들어가 내면의 욕구를 파악하라는 내용임을 알았다.

↓

☐ 지문을 읽어 내려가면서 각각의 밑줄 친 어휘가 글의 내용 흐름과 논리적으로 일치하는지를 확인했다.

▶ 정답 ④ 도출

① overworked (혹사당하는, 과로하는)
→ 3주 연속 주말 근무를 요구받은 상황이므로 '혹사당하는' 기분이 문맥상 적절하다.

② real (진짜의)
→ 내면 더 깊은 곳의 욕구를 파악하라는 내용이므로 '진짜' 관심사를 알아내라는 문맥이 적절하다.

③ strengthen (~을 강화하다, 더 튼튼하게 하다)
→ 배우자와 함께 떠나기로 한 약속을 지킨다는 내용이므로 결혼 생활을 '더 튼튼하게 한다'는 문맥이 적절하다.

④ cover (~을 감추다) → uncover (~을 드러내다)
→ 앞에서 깊이 파헤쳐 들어가면 진짜 원하는 것이 무엇인지 알 수 있다고 했으므로, 관심사를 '감추는' 것이 아니라 '드러낸다'는 문맥이 되어야 한다.

⑤ more (더)
→ 더 깊이 파고들수록 진정 자신이 원하는 것을 '더' 잘 이해하게 된다는 내용이므로 글의 요지와 일치한다.

05 밑줄 어휘 정답 ②

본문 p.142

1 It is said that although people laugh in the same way, / they don't necessarily laugh at the same things. 2 If this is true of a single community, / it is even more true of people [who live in different societies], / because the topics [that people find amusing], and the occasions [that are regarded as ① appropriate for joking], / can vary enormously from one society to the next. 3 Some styles of humor with silly actions / are guaranteed to raise a laugh everywhere. 4 But because of their reliance on shared assumptions, / most jokes travel very ② **well → badly**. 5 This is particularly ③ noticeable in the case of jokes [that involve a play on words]. 6 They are difficult, / and [in some cases] virtually ④ impossible to translate into other languages. 7 Therefore, / this is why people's attempts [to tell jokes to ⑤ foreigners] / are so often met with blank stares.

필수 어휘 Note **not ~ necessarily** 반드시 ~은 아닌 | **amusing** [əmjúːziŋ] 재미있는, 즐거운 | **occasion** [əkéiʒən] 때, 경우 | **appropriate** [əpróupriəit] 적절한 | **vary** [vέəri] 서로 다르다 | **enormously** [inɔ́ːrməsli] 엄청나게, 대단히 | **guarantee** [gæ̀rəntíː] ~을 보장하다 | **reliance on** ~에 대한 의존 | **assumption** [əsʌ́mpʃən] 가정, 추정 | **noticeable** [nóutisəbəl] 눈에 띄는, 뚜렷한 | **play on words** 말장난, 언어유희 | **virtually** [vɔ́ːrtʃuəli] 사실상, 거의 | **attempt to do** ~하려는 시도 | **blank stare** 멍한 눈빛, 의아한 눈초리

해석 1 사람들은 똑같은 방식으로 웃지만, 반드시 똑같은 것에 대해 웃는 건 아니라고 한다. 2 이것이 단일 공동체에 적용된다면, 다양한 사회에 사는 사람들에게는 훨씬 더 그러하다. 왜냐하면 사람들이 재미있다고 생각하는 주제와, 농담을 하기에 ① 적절하다고 여기는 경우가 사회마다 매우 다를 수 있기 때문이다. 3 바보 같은 행동과 관련된 어떤 유형의 유머는 어느 곳에서든 웃음을 자아내는 것으로 보장된다. 4 그러나 공유되는 가정에 대한 의존 때문에 대부분의 농담은 매우 ② 잘 → 형편없이 전해진다. 5 이것은 특히 말장난이 포함된 농담의 경우에 ③ 눈에 띈다. 6 그러한 농담들은 어려운데, 어떤 경우에는 사실상 다른 언어로 번역하기가 ④ 불가능하다. 7 따라서 이런 이유 때문에 ⑤ 외국인에게 농담을 하려는 사람들의 시도는 매우 자주 멍한 눈빛과 대면하게 된다.

필수 구문 분석

2 ~, / because *the topics* [**that** people find amusing], and *the occasions* [**that** are regarded as appropriate for joking], / can vary enormously ~.
(S: the topics ... joking / V: can vary)

▶ the topics와 the occasions가 각각 관계사절의 수식을 받으면서 주어부가 길어진 형태.

내가 적용한 리딩스킬 체크하기 ☑
지문을 읽으며 내가 적용한 리딩스킬을 체크해봅시다.

☐ 글의 초반부를 읽고 사람마다 다른 것에 웃는다는 내용임을 파악했다.
↓
☐ 지문을 읽어 내려가면서 각각의 밑줄 친 어휘가 글의 내용 흐름과 논리적으로 일치하는지를 확인했다.

▶ 정답 ② 도출

① appropriate (적절한)
→ 사람마다 다른 것에 웃는다는 것을 사회적인 측면에서 봤을 땐, 사회마다 농담하기에 '적절한' 경우가 달라서 서로 다른 것에 웃을 가능성이 크다는 내용이므로 문맥상 흐름이 자연스럽다.

② well (잘) → badly (형편없이)
→ 대부분의 농담이 (그 사회에서만) 공유되는 가정에 의존한다고 했으므로, 한 사회에서 통용되는 농담이 다른 사회에는 잘 전해지지 않는다는 문맥이 되어야 자연스럽다. 따라서 well을 badly로 고쳐야 한다.
바보 같은 행동을 동반한 특정 유형의 유머는 어디서든 웃음을 보장한다는 앞 문장과 역접 접속사 But으로 연결된다는 점에서도 부정적인 내용이 이어져야 함을 유추할 수 있다.

③ noticeable (눈에 띄는, 뚜렷한)
→ 다른 사회에 잘 전달되지 않는 경향이 특히 말장난을 이용한 농담의 경우에 '눈에 띈다'는 내용으로 앞 문장과 자연스럽게 이어진다.

④ impossible (불가능한)
→ 말장난을 이용한 농담은 다른 언어로 번역하기조차 '불가능한' 경우가 있다는 내용으로 앞 문장과 자연스럽게 이어진다.

⑤ foreigner (외국인)
→ 글 전반에 걸쳐 사회마다 농담의 문화가 다르다는 이야기를 했으므로, 이 때문에 '외국인'에게 농담을 할 때 잘 받아들여지지 않는단 문맥은 자연스럽다.

06 밑줄 어휘 정답 ④

본문 p.142

[1]Now more women than ever before / have the chance [to reach their potential as athletes]. [2]The road for complete acceptance of women [in the sports world], / however, / has been a ① hard one. [3]Sports [in America] emerged in the 19th century / as a strictly ② male domain. [4]Women were discouraged from participating in anything more than recreational activities / because of myths [about women being the ③ weaker sex, / unable physically and emotionally to handle the pressures and strains of competition]. [5]But beginning in the latter part of the 19th century, / women began to ④ **accept → reject[deny]** these myths, / proving that they belonged in sports / and that they could benefit from full participation. [6]In June 2002, / America celebrated the 30th anniversary of the passage of Title IX, / legislation [that ⑤ provided opportunities for thousands of young female athletes / to reach their potential on sports fields around the country].

필수 어휘 Note **reach A's potential** 잠재력을 발휘하다 | **athlete** [ǽθliːt] 운동선수 | **acceptance** [əkséptəns] 받아들임, 수락 | **emerge** [imə́ːrdʒ] 나오다, 나타나다 | **domain** [douméin] 영역, 분야 | **myth** [miθ] 근거 없는 믿음; 신화 | **strain** [strein] 부담, 압박감 | **passage** [pǽsidʒ] 통과, 통행; (글의) 한 구절 | **legislation** [lèdʒisléiʃən] 법률 | **provide B for A (= provide A with B)** A에게 B를 제공하다

해석 1 이제는 예전 어느 때보다도 더 많은 여성이 운동선수로서 자신의 잠재력을 발휘할 수 있는 기회를 갖는다. 2 그러나 스포츠계에서 여성을 완전히 받아들이게 되는 여정은 ① 험난했다. 3 미국에서 스포츠는 19세기에 엄격히 ② 남성의 영역으로 등장했다. 4 여자들은 여가 활동 이상의 어떤 것이든 참여하는 것이 장려되지 않았는데 이는 여성들이 신체적으로나 감정적으로 경쟁의 압력과 압박감을 다룰 수 없는 ③ 더 약한 성이라는 근거 없는 믿음 때문이었다. 5 그러나 19세기 후반부터 여성들은 이러한 믿음을 ④ 받아들이기 → 거부하기 시작했고, 그들이 스포츠계에 속해 있으며 전적으로 참여함으로써 혜택을 얻을 수 있다는 것을 입증했다. 6 2002년 6월에 미국은 수천 명의 젊은 여성 운동선수들에게 전국의 스포츠 분야에서 잠재력을 발휘할 수 있는 기회를 ⑤ 제공해 준 법률 Title 9의 통과 30주년을 기념했다.

필수 구문 분석

4 ~ / because of myths [about ***women*** **being** the weaker sex, / unable ~ competition].

▶ 전치사(about)는 동명사를 목적어로 취하므로 being이 쓰였다. women은 being이 이끄는 동명사구의 의미상 주어이다.

6 ~ **Title IX**, / **legislation** [that provided opportunities ~ around the country].

▶ legislation 이하는 Title IX을 보충 설명하는 동격어구이다.

내가 적용한 리딩스킬 체크하기 ☑

지문을 읽으며 내가 적용한 리딩스킬을 체크해봅시다.

□ 글의 초반부를 읽고 스포츠 분야에서 여성이 갖는 기회에 대한 내용임을 파악했다.

↓

□ 지문을 읽어 내려가면서 각각의 밑줄 친 어휘가 글의 내용 흐름과 논리적으로 일치하는지를 확인했다.

▶ 정답 ④ 도출

① hard (힘든, 어려운)

→ 역접을 나타내는 however로 연결되므로, 현재는 많은 여성이 잠재력을 발휘할 기회를 갖지만 이렇게 여성이 받아들여지기까지는 '힘든' 여정이 있었단 흐름이 자연스럽다.

② male (남성)

→ 미국에서 스포츠가 처음 생겨났을 땐 엄격히 '남성'의 영역이었단 내용으로, 바로 앞 문장의 내용과 자연스럽게 이어진다.

③ weaker (더 약한)

→ 스포츠가 남성만의 영역이었던 시대를 설명하는 내용이므로, 여성을 '더 약한' 성으로 바라보았다는 문맥은 자연스럽다.

④ accept (~을 받아들이다) → reject[deny] (~을 거부하다)

→ 역접의 But으로 연결되고 있으므로 여성들이 이런 잘못된 통념들(myths)을 '받아들이는' 것이 아니라 '거부하기' 시작했다는 내용이 되어야 한다.

⑤ provide (~을 제공하다)

→ 30년 전 Title 9이라는 법률이 통과되면서 여성 선수들에게 스포츠 분야에 참여할 기회를 '제공했다'는 문맥이므로, 기존의 잘못된 통념을 깨기 시작했다는 앞 문장과 자연스럽게 연결된다.

07 밑줄 어휘 정답 ⑤

본문 p.143

[1]Many people take numerous photos / while traveling or on vacation or during significant life celebrations / to ① preserve the experience for the future. [2]But the role of photographer may actually detract from their ② delight [in the present moment]. [3]I know a father [who devoted himself earnestly to photographing the birth of his first and only child]. [4]The photos were beautiful but, / he ③ lamented afterward / he felt that he had missed out on the most important first moment [of his son's life]. [5]Looking through the camera lens / made him ④ detached from the scene. [6]He was just an observer, not an experiencer. [7]Teach yourself to use your camera / in a way [that ⑤ **neglects → enhances** your ongoing experiences], / by truly looking at things and noticing what is beautiful and meaningful.

필수 어휘 Note **numerous** [njúːmərəs] 수많은 | **significant** [signífikənt] 중요한 | **celebration** [sèləbréiʃən] 축하[기념] 행사 | **preserve** [prizə́ːrv] ~을 보존하다 | **detract from** (가치 등을) 떨어뜨리다, 손상시키다 | **devote oneself to A** A에 몰두하다, 전념하다 | **earnestly** [ə́ːrnistli] 진지하게, 열심히 | **lament** [ləmént] ~을 한탄하다 | **miss out on** ~을 놓치다 | **detach** [ditǽtʃ] ~을 분리하다 | **neglect** [niglékt] ~을 등한시하다; ~을 방치하다 | **ongoing** [ɑ́ngòuiŋ] 계속 진행 중인 | **meaningful** [míːniŋfəl] 의미 있는, 중요한

해석 1 많은 사람이 여행이나 휴가 중에, 혹은 삶의 중요한 축하 행사 동안에 훗날 그 경험을 ① 간직하려고 수많은 사진을 찍는다. 2 그러나 사진사의 역할이 실제로는 현재 순간의 ② 기쁨을 떨어뜨릴지도 모른다. 3 나는 첫째이자 외동아이의 탄생 사진을 찍는 데 진지하게 몰두했던 한 아버지를 알고 있다. 4 사진들은 아름다웠지만, 그는 나중에 아들의 인생에서 가장 중요한 첫 번째 순간을 놓쳤다고 느꼈다며 ③ 한탄했다. 5 카메라 렌즈를 통해 보는 것이 그를 그 장면으로부터 ④ 분리되게 한 것이었다. 6 그는 경험자가 아닌 그저 관찰자였다. 7 사물을 진심으로 바라보고 아름답고 의미 있는 것을 인식함으로써, 계속 진행 중인 당신의 경험들을 ⑤ 등한시하는 → 향상시키는 방식으로 카메라를 사용하는 법을 배워라.

필수 구문 분석

1 Many people take numerous photos / ***while (they are)*** *traveling* or *on vacation* or *during significant life celebrations* / **to preserve** the experience for the future.

▶ while, when, before, if, unless 등이 이끄는 부사절의 주어가 주절의 주어가 일치하는 경우, 부사절의 〈주어+be동사〉는 종종 생략된다. 여기서는 while 뒤에 they(=many people) are가 생략된 형태. traveling, on vacation, during ~ celebrations가 등위접속사 or로 대등하게 연결되었다. to preserve 이하의 부정사구는 '~하기 위해'란 뜻으로, 목적을 나타내는 용법으로 사용되었다.

7 Teach(V) yourself(IO) to use your camera(DO) in **a way** [***that*** enhances your ongoing experiences], / ~.

▶ 'teach A to do'는 'A가 ~하도록 가르치다'라는 뜻. 재귀대명사 yourself가 A 자리에 왔으므로 '스스로 ~하도록 배우다'로 해석하면 된다. that ~ experiences는 a way를 수식하는 관계대명사절이다.

내가 적용한 리딩스킬 체크하기 ☑

지문을 읽으며 내가 적용한 리딩스킬을 체크해봅시다.

☐ 글의 초반부를 읽고 사람들이 중요한 순간에 사진을 찍는 것에 관한 내용임을 파악했다.

⬇

☐ 지문을 읽어 내려가면서 각각의 밑줄 친 어휘가 글의 내용 흐름과 논리적으로 일치하는지를 확인했다.

▶ 정답 ⑤ 도출

① preserve (~을 보존하다)

➔ 여행, 휴가, 기념행사 중에 그 경험을 '보존하려고' 사진을 찍는다는 내용. 즉, 중요한 순간을 간직하려고 사진을 찍는다는 내용이므로 해당 단어가 적절히 쓰였다.

② delight (기쁨)

➔ 사진사의 역할이 실제로는 그 순간의 '기쁨'을 떨어뜨릴 수 있다는 내용. 앞 내용과 반대되는 흐름으로, 역접 접속사 But으로 자연스럽게 연결되었다.

③ lament (~을 한탄하다)

➔ 아버지가 아들의 중요한 생애 첫 순간을 놓친 것을 '한탄했다'는 내용으로, 앞의 문맥에 비추어 봤을 때 적절한 예시이다.

④ detach (~을 분리하다)

➔ 앞에서 사진을 찍느라 중요한 순간을 놓쳤다는 내용이 등장하므로, 카메라 렌즈를 통해 보는 것이 사진 찍는 사람이 해당 장면으로부터 '분리되게' 한다는 내용이 자연스럽다.

⑤ neglect (~을 등한시하다) → enhance (~을 향상시키다)

➔ 사진을 찍느라 경험을 '등한시하지' 말라는 내용으로, 현재 진행되고 있는 경험을 진심으로 바라보고 인식함으로써 그 경험을 '향상시키는' 방식으로 카메라를 사용하라는 내용이 되어야 자연스럽다.

08

정답 ④

본문 p.144

해석 노숙자들을 보살피는 일은 오랫동안 모든 대도시가 해결해야 할 (과제) 목록의 일부였다. 도시들은 노숙자들이 따뜻한 음식을 먹을 수 있는 푸드 뱅크를 조직해서 어느 정도 성공을 거두었지만, 이 기관들은 자원봉사자들의 도움을 필요로 하고 이들은 언제나 그 수가 부족하다. 시에서 푸드 뱅크에 일부 자금을 지원해 주기는 하지만 추가적인 지원을 위해서는 그 지역 기업들에 의지할 수밖에 없다. 대부분의 중산층 가정들은 안락함의 환상에 사로잡혀 이런 다른 세계에 대해서는 무관심할 수 있다. 우리의 개인적 상황 또한 순식간에 급변할 수 있는 것이므로 이런 문제들을 이해하는 것은 우리의 의무이다.

필수 어휘 Note **care for** ~을 돌보다, ~을 보살피다 | **the homeless** 노숙자, 집 없는 사람들 | **organize** [ɔ́:rgənàiz] ~을 조직하다, 구성하다 **cf. organization** [ɔ̀:rgənizéiʃən] 기관, 단체, 조직 | **volunteer** [vɑ̀ləntíər] 자원봉사자, 지원자; 자진하여 일을 하다 | **limited** [límitid] 부족한, 한정된 | **partial 지문 속 추론어휘** | **funding** [fʌ́ndiŋ] 자금 제공 | **force A to do** A가 어쩔 수 없이 ~하게 하다 | **rely on A** A에 의지하다 | **additional** [ədíʃənəl] 추가의 | **indifferent** [indífərənt] 무관심한 | **dramatically** [drəmǽtikəli] 급격히, 몹시

정답근거

① every large city's list of problems to solve
▶ large city를 수식하는 형용사 자리. 단수명사이므로 every는 적절. '모든' 도시가 해결해야 할 (과제) 목록이란 뜻으로 문맥상으로도 알맞다.

② volunteers, who are always limited
▶ 계속적 용법으로 쓰인 관계대명사 자리. 문맥상 이 관계대명사의 선행사는 volunteers이므로 who는 적절.

③ While ~에도 불구하고
▶ 문맥상 두 절이 상반된 관계이므로 '~에도 불구하고'란 뜻의 양보의 의미가 있는 While은 적절. while은 '~하는 동안에'란 뜻도 있다. (밑줄 해석 참조)

④ ~ make them indifferently → indifferent to this other world
▶ ⟨make + 목적어(them) + 목적격보어⟩의 구조로 부사는 목적격보어 자리에 올 수 없다. 목적격보어가 될 수 있는 형용사 indifferent가 적절.

⑤ *understanding* these problems is our duty
▶ 주어는 understanding these problems로 동명사구가 주어인 형태. 따라서 단수동사인 is는 적절.

09

정답 ⑤

본문 p.144

해석 혹시라도 당신이 뼈가 부러져 병원에 가게 된다면 치료의 일환으로 소리를 이용한다고 해서 놀라지 마라. 골절상을 치료하는 의사들은 이 새로운 기술을 적용해 보는 데 상당히 흥미를 갖게 되었다. 특수한 기계에서 나오는 음파가 부러진 뼈를 짜깁는 과정을 가속화시킬 수 있는 것 같다. 그 기계에서 나오는 음파가 뼈에 영향을 미쳐 뼈를 진동시키고, 그 결과로 뼈 세포의 움직임을 야기한다. 뼈 세포를 이런 식으로 진동시키면 부러진 뼈가 낫는 데 드는 시간을 줄이는 화학물질이 방출되는데, 때때로 6주씩이나 낫는 시간이 줄어든다.

필수 어휘 Note **treatment** [trí:tmənt] 치료, 치유(법) | **apply** [əplái] ~을 적용하다, 응용하다 | **sound wave** 음파, 소리 파동 | **accelerate** [əksélərèit] ~을 가속화하다, 촉진시키다 | **knit 지문 속 추론어휘** | **vibrate** [váibreit] 진동하다; ~을 진동시키다 | **in turn** 그 결과, 교대로, 번갈아 | **release** [rilí:s] (소리, 빛 등을) 방출하다; (사람 등을) 풀어주다; ~을 발표하다; 유출, 방출 | **chemical** [kémikəl] 화학물질[약품]; 화학의 | **mend** [mend] (병이) 낫다; ~을 고치다

필수 구문 분석

Should you find yourself / in a hospital with a broken bone, ~.
▶ If you should find ~에서 If가 생략되면서 주어와 조동사가 도치된 형태이다.

정답근거

(A) *The doctors* who heal broken bones have become quite excited
▶ 문맥상 '의사가 흥미를 갖다, 신이 난다'의 의미이므로 excited가 적절. 감정을 나타내는 동사는 감정을 일으키는 주체이면 현재분사, 감정을 느끼는 대상이면 과거분사로 나타낸다.

(B) *The waves from the machine impact the bone and cause it to vibrate*, which in turn causes movement of the bone cells.
▶ 계속적 용법으로 쓰인 관계대명사의 동사를 찾는 문제. which는 앞절 전체를 대신하므로 단수동사인 causes가 적절.

(C) the time [required for a broken bone to mend]
▶ 앞의 the time을 수식하는 자리. 부러진 뼈가 낫는 데 '요구되는' 시간이므로 수동을 나타내는 과거분사가 적절하다. 참고로 for a broken bone은 to mend의 의미상 주어.

10

정답 ⑤

본문 p.145

해석 '암탉이 울면 집안이 망한다' 라는 한국의 오래된 속담은 생활 속에서 여성의 참여가 남성의 참여보다 덜 활동적이고 약해야 한다는 성 차별주의적인 생각을 표현한다. 그러나 남성만이 책임자가 되어야 한다는 생각은 최근 몇 년간 강한 제지를 받고 있는데, 점점 더 많은 여성들이 노동인력에 합류하고 있기 때문이다. 그러나 여전히 상당수의 관리직이 남성들로 채워져 있음은 분명한 사실이다. 더는 여성이 회사를 경영하거나 심지어 국가를 이끄는 데 필요한 기술과 교육을 습득할 수 없거나 습득하지 말아야 한다고 믿을 이유가 없다.

필수 어휘 Note **hen**[hen] 암탉 (↔ **cock**[kɑk] 수탉) | **crow**[krou] (수탉이) 울다 | **sexist**[séksist] 성 차별주의자(의) | **challenge**[tʃǽlindʒ] ~을 제지하다 | **workforce**[wə́ː(r)kfɔ̀ː(r)s] 노동인력 | **management**[mǽnidʒmənt] 관리, 경영

필수 구문 분석

~ expresses **the sexist belief** ***that*** women's participation in life should be ~.

~ **the idea** ***that*** only men should be managers / has been strongly challenged in recent years ~.

▶ 두 문장의 that은 the sexist belief와 the idea의 동격절을 이끌고 있다. '~라는 성 차별주의적인 믿음', '~라는 생각' 으로 해석한다.

정답근거

(A) participation 참여, 참가 / anticipation 예상, 기대
▶ '암탉이 울면 집안이 망한다' 는 속담은 생활 속에서 여성의 '참여' 가 적어야 한다는 의미이므로 participation이 적절.

(B) minority 소수 ↔ majority 대다수, 대부분
▶ even though는 '역접' 의 접속사로 두 절이 상반된 내용임을 나타낸다. 여성의 노동인력 참여가 많아졌으나 여전히 '대다수' 의 관리직이 남성으로 채워져 있다는 문맥이므로 majority가 적절.

(C) acquire ~을 (노력해서) 얻다, 습득하다 / inquire ~을 문의하다
▶ 여성이 회사를 경영하고 국가를 이끄는 데 필요한 지식을 '습득하면' 안 된다고 믿을 이유가 없다는 문맥이므로 acquire가 적절.

지문 속 필수어휘 3

본문 p.146

1 counterpart[káuntərpɑ̀ːrt] **상대방**
의견 교환이 과열되면 대화의 내용을 공통의 관심사나 목표로 되돌리라는 내용이 앞서 언급되었다. 언쟁하는 counterpart가 공격적이 되면 잠시 멈추고 휴식을 취하라는 문맥이므로 counterpart는 (언쟁하는) '상대방' 이란 뜻.

2 yield[jiːld] **수확량**
1990년대의 연구는 농업 yields가 크게 감소할 거라고 예상했지만 최근의 연구를 보면 오히려 증가한다고 했다. 농작물을 기후에 더 적합하게 만드는 농부들의 능력 덕분에 yields가 증가한다고 했으므로 yield는 농작물의 '수확량' 이란 뜻.

3 partial[pɑ́ːrʃəl] **부분적인**
partial한 자금 지원 때문에 지역 기업에 추가적인 지원을 기대할 수밖에 없다는 문맥이다. 따라서 partial은 '부분적인' 이란 뜻.

4 knit[nit] **~을 접합하다**
음파가 부러진 뼈가 knitting되는 과정을 빠르게 해준다고 했다. 이어지는 내용은 음파로 뼈를 진동시켜 치료하는 방법이 부러진 뼈가 치료되는(mend) 시간을 단축시킨다는 내용. 따라서 knit은 뼈를 치료하는 의미가 담긴 '~을 접합하다' 란 뜻.

Unit Test 핵심스킬 집중훈련

1-2 최신 장문 유형 정답 1⑤ 2⑤

본문 p.148

1 Leadership is not an abstract concept. 2 It has a face, / and more importantly, / it should have a heart and time [to spare for whoever needs it]. 3 The best leaders do not so much command respect from others / as earn it. 4 The leader [who rules with an iron fist] will only influence weak people, / and then only for a short time. 5 On the other hand, / the leader [who rules with a kind heart] will influence people for a lifetime. 6 People like to be around a leader [who sees himself or herself as fully human, / not as some kind of superhuman]. 7 Also, / generosity goes hand-in-hand with leadership, / and it is not limited to money. 8 Good leaders extend their generosity / to include gifts [of their time and energy and any other resources [they possess]]. 9 Many well-off people are happy / to give away material wealth / to help the needy, / but are less likely to spare / any of their time or labor. 10 They say / they need their time [to make enough money [to spare for charity]]. 11 But our time should not be solely for the purpose of making money, / but also for making life better / for the people [in our community]. 12 The time [you give] could be as short as two minutes, / but that is enough time [to be briefed on a problem, / make a decision, / give your opinion, / offer some guidance, / delegate a task, / or simply reassure and support your colleague]. 13 How important **these little pockets of time** are. 14 They are of great value to your staff, / as well as to you and your company.

필수 어휘 Note **abstract 지문 속 필수어휘** | **concept** [kánsept] 개념, 생각 | **spare** [spεər] (시간 · 돈 등을 ~에게) 할애하다, 내주다; 남는, 여분의 | **command** [kəmǽnd] ~을 강요하다, 명령하다 | **respect** [rispékt] 존경(심) | **earn** [əːrn] ~을 얻다, 획득하다; 돈을 벌다 | **rule** [ruːl] 지배하다, 통치하다; 규칙 | **iron** [áiərn] 강철(의) | **fist** [fist] 주먹 | **fully** [fúli] 완전히, 전적으로 | **hand-in-hand** 밀접한 관련이 있는 | **extend** [ikstén d] (은혜 · 친절을) 베풀다; ~을 뻗다, 확대하다 | **generosity** [dʒènərásəti] 아량, 관대함 | **possess** [pəzés] ~을 소유하다 | **well-off** 부유한, 유복한 | **give away** ~을 (대가 없이) 나누어 주다 | **material** [mətíəriəl] 물질의; 자료 | **the needy** 가난한 사람들 | **charity** [tʃǽrəti] 자선단체 | **solely** [sóulli] 오로지, 단지; 홀로 | **for the purpose of** ~의 목적으로 | **brief** [briːf] ~을 간추리다, 요약하다 | **guidance** [gáidns] 지도, 안내 | **delegate** [déləgət] ~을 위임하다 | **reassure** [rìːəʃúər] ~을 안심시키다 | **colleague** [káliːg] 동료

내가 적용한 리딩스킬 체크하기 ☑

지문을 읽으며 내가 적용한 리딩스킬을 체크해봅시다.

1

☐ 제목을 추론하는 문제이므로 글의 핵심내용을 파악해야겠다고 생각했다. (▶ 개념편 **Unit 01** 참조)

↓

☐ 글의 앞부분을 읽고 leadership과 관련된 내용의 글임을 파악하고 ⑤번을 정답으로 생각했다.

▶ 정답 ⑤ 도출

↓

☐ 나머지 부분을 읽으면서 ⑤번을 정답으로 확신했다.

▶ 정답 ⑤ 확신

3번 문장 이후에 좋은 지도자의 특징이 이어지고 있다. 지도자는 강요가 아닌 관대함으로 사람들을 이끌어야 하는데, 이 관대함은 사람들에게 돈뿐 아니라 시간과 에너지를 할애할 때 진정 발휘되는 것이라는 것이 이 글의 핵심내용. 따라서 이 글의 제목으로는 ⑤ '훌륭한 지도자의 가장 중요한 자질'이 가장 적절하다.

2

☐ 밑줄 친 어구의 문맥상 의미를 판단하는 문제. 밑줄 친 부분이 의미하는 바를 지문에서 찾아 ⑤를 정답으로 골랐다.

▶ 정답 ⑤ 도출

2번 문장의 it should have a heart and time to spare for whoever needs it에서 리더십은 다른 사람에게 시간을 할애하는 것 또한 중요하다는 것을 알았다. 8번 문장에서 훌륭한 지도자는 시간과 에너지를 선물로 활용한다(Good leaders extend their generosity to include gifts of their time and energy)고 했고 밑줄 친 부분의 앞 문장은 아무리 짧은 시간이라도 소중하게 쓰일 수 있다는 내용. 따라서 these little pockets of time이 의미하는 것은 ⑤ '주변 사람들에게 시간을 할애하는 것'임을 파악했다.

핵심스킬 적용! 문제에서 제시되었듯이 글자 그대로의 의미를 묻는 것이 아니므로, 반드시 문맥을 통하여 해결해야 한다. 기존 유형 중 밑줄 친 대명사나 대체어구를 푸는 해법과 유사하다.

해석 1 리더십은 추상적인 개념이 아니다. 2 리더십에는 얼굴이 있으며 더 중요하게는 그것이 필요한 사람에게는 누구에게나 할애할 수 있는 가슴과 시간을 가지고 있어야 한다. 3 최고의 지도자는 다른 사람에게 존경심을 강요하기보다는 저절로 얻는다. 4 강철 주먹으로 지배하는 지도자는 약한 사람들에게만 영향력을 행사할 수 있으며 그 영향력은 얼마 가지 못한다. 5 반면 따뜻한 마음으로 지배하는 지도자는 평생 동안 사람들에게 영향을 미칠 것이다. 6 사람들은 자기 자신을 초인이 아닌 온전한 인간으로 보는 지도자 곁에 있기를 좋아한다. 7 또한, 관대함은 리더십과 매우 밀접한 관계가 있으며 이것은 돈에 제한되지 않는다. 8 훌륭한 지도자는 그들의 시간과 에너지, 그리고 그들이 가지고 있는 다른 모든 자원을 선물로 활용하여 관대함을 베푼다. 9 많은 부유한 사람들이 가난한 사람들에게 물질적 부를 나누어 주는 데서 행복을 느끼지만, 그들의 시간이나 노동력을 나누기를 원하지는 않는다. 10 그들은 돈을 벌어 자선 단체에 기부할 시간이 필요하다고 한다. 11 그러나 우리의 시간은 돈을 벌기 위한 목적뿐 아니라 우리 사회의 사람들의 삶을 더 풍요롭게 해주기 위한 것이기도 하다. 12 당신이 줄 수 있는 시간은 2분 정도로 짧지만, 문제에 대해 간단히 보고받고 의사 결정을 하고 의견을 제시하며 지시를 내리고 업무를 위임하거나 단순히 동료를 안심시키고 격려하는 데 충분한 시간이다. 13 이러한 시간의 작은 주머니들이 정말 중요하다. 14 이 주머니들은 당신과 당신의 회사에 뿐 아니라 당신의 직원들에게도 정말 가치가 있다.

필수 구문 분석

2 ~, it should have a heart and time [to spare *for* **whoever** needs it].
▶ to부정사구가 a heart and time을 꾸며주고 for의 목적어로 whoever가 이끄는 명사절이 온 구조. whoever는 '~하는 사람이라면 누구나'란 뜻.

3 The best leaders do **not so much** command respect from others / **as** earn it.
▶ ⟨not so much ~ as ...⟩는 '~라기보다는 오히려 …'란 뜻.

11 But our time should **not** be **solely** for the purpose of making money, / **but also** for making life better for the people [in our community].
▶ ⟨not solely A but also B⟩는 '~뿐 아니라 …도'란 뜻으로 ⟨not only A but also B⟩로 바꿔 쓸 수 있다.

선택지 다시 보기

1

① Use a Minute Like an Hour (1분을 한 시간처럼 사용해라.)
② Make Time To Spare for the Poor (가난한 사람들을 위해 사용할 시간을 내라.)
③ How To Deal with Tasks More Efficiently (업무를 더 효과적으로 처리하는 방법)
④ How To Attract People around You (주변 사람들을 끌어들이는 방법)
⑤ The Prime Quality of a Good Leader (훌륭한 지도자의 가장 중요한 자질) ▶ 정답.

2

① 봉사활동을 하는 것
② 신속한 결정을 내리는 것
③ 자투리 시간을 활용하는 것 ▶ 밑줄 친 어구의 글자 그대로의 의미를 활용한 오답.
④ 지인들에게 안부전화를 하는 것
⑤ 주변 사람들에게 시간을 할애하는 것 ▶ 정답.

3-4

최신 장문 유형 정답 3 ① 4 ④ 본문 p.150

A Person's real purpose in life / lies more in the ___(A)___ [of something] / than in the ___(B)___ [of it].

↓

1 The funeral of Martin Thompson / was a quiet affair, / with only a few relatives in attendance. 2 Martin had spent most of his long life / in an isolated part [of Alaska], / searching for gold. 3 He told anyone [who would listen] / that someday he would find a gold nugget / as big as his head / and retire a rich man, / but his plans for great wealth / never happened. 4 He did, / however, / have an unusual experience / during his last week [of life]. 5 Although no one knew about it, / he died a **contended** man.

6 One day, / while on a task [not related to his hunt for gold], / his shovel hit something hard. 7 Looking down, / he saw a big rock, / and he bent down to free it from the earth. 8 The rock had a shininess [that puzzled Martin], / but as he continued to stare at it, / he slowly realized exactly what it was — / a huge gold nugget! 9 Overcome with joy, / he started to cry and couldn't stop. 10 Finally, / his dream had come true. 11 He sat there on the ground for a long time, / gazing at his fortune / and feeling / as if a great burden had been taken from him. 12 Then, / with a deep sigh, / he slowly placed the nugget of gold back into the hole / and began filling it again with dirt. 13 When he finished, / he put his shovel over his shoulder / and walked back to his cabin, / grinning all the way.

↓

A person's real purpose in life / lies more in the (A) **pursuit** [of something] / than in the (B) **possession** [of it].

필수 어휘 Note **funeral** [fjúːnərəl] 장례식 | **affair** [əfέər] 일, 사건 | **in attendance** 참석하여 | **isolated** [áisəlèitid] 고립된, 단절된 | **nugget** [nʌ́git] (귀금속) 덩어리 | **related to A** A와 관계되는 | **shovel** [ʃʌ́vəl] 삽 | **bend down** 몸을 구부리다, 숙이다 | **shininess** [ʃáininis] 번쩍임, 광채 | **puzzle** [pʌ́zl] ~을 당혹하게 하다, 혼란스럽게 하다 | **stare at** ~을 응시하다, 빤히 쳐다보다 (= **gaze at**) | **overcome with joy** 너무나 기쁜, 기쁨에 넘친 | **come true** 이루어지다, 실현되다 | **fortune** [fɔ́ːrtʃən] 행운; 재산, 부 | **burden** [bə́ːrdn] 짐, 부담 | **sigh** [sai] 한숨; 한숨 쉬다 | **hole** [houl] 구멍 | **dirt** [dəːrt] 흙, 먼지 | **cabin** [kǽbin] 오두막 | **grin 지문 속 필수어휘**

해석 1 마틴 톰슨의 장례식은 몇몇 친척만이 참석한 가운데 조용히 치러졌다. 2 마틴은 긴 생애의 대부분의 시간을 알래스카의 외진 곳에서 금을 찾으며 보냈다. 3 그는 자기 말을 들어주는 사람이면 누구에게든지 언젠가는 자기 머리만큼 큰 금덩이를 찾아 부자로 은퇴하겠노라고 얘기했지만, 큰 부자가 되겠다는 그의 계획은 이루어지지 않았다. 4 그러나 마틴은 그의 생애의 마지막 주에 특별한 경험을 했다. 5 비록 아무도 알지 못한 일이긴 했지만 그는 만족스러운 사람으로 죽었다.
6 어느 날 금을 찾는 일과 상관없는 일을 하는 도중 그의 삽이 뭔가 딱딱한 것에 닿았다. 7 아

내가 적용한 리딩스킬 체크하기 ☑
지문을 읽으며 내가 적용한 리딩스킬을 체크해봅시다.

3

☐ 글의 요약문을 완성하는 문제이므로 요약문을 먼저 읽고 사람의 진정한 인생의 목표가 무엇인지 파악하며 읽어야겠다고 생각했다.

핵심스킬 적용! 요약문은 해당 지문의 요지와 마찬가지이므로 요약문을 먼저 읽어 대강의 내용을 예상하도록 한다. (▶ 개념편 Unit 11 참조)

↓

☐ 글을 빠르게 읽어가며 중심 사건을 파악한 후 마지막 부분을 꼼꼼히 읽고 요약문에 맞춰 글의 요지를 생각해봤다.

▶ 정답 ① 도출

금을 찾아 부자가 되겠다는 목표로 살아온 마틴은 금덩이를 발견했지만 그것을 다시 땅에 묻고 평안을 얻었다는 내용. 따라서 그의 목표는 꿈을 좇는 것이었지 부를 소유하는 것이 아니었음을 알 수 있다.

핵심스킬 적용! 이야기 형식의 장문은 주로 글의 마지막에서 교훈이나 결론이 언급되므로 마지막 부분을 꼼꼼히 읽어야 한다. (▶ 개념편 Unit 05 참조)

4

☐ 빈칸이 포함된 5번 문장을 읽고 그가 죽었을 때의 심정을 추론해야겠다고 생각했다.

핵심스킬 적용! 빈칸을 추론하는 문제는 빈칸이 포함된 문장을 먼저 읽고 추론해야 할 내용을 파악한다. (▶ 개념편 Unit 09 참조)

↓

☐ 이후의 내용을 읽고 그는 목표를 달성한 것만으로도 삶에 만족했다는 것을 알았다. 이와 가장 유사한 답인 ④번을 정답으로 골랐다.

▶ 정답 ④ 도출

래를 보니 커다란 바위 하나가 보여서 그것을 흙에서 빼내려고 몸을 구부렸다. **8** 그것은 마틴을 어리둥절하게 할 정도로 눈이 부셨는데, 계속 그 바위를 쳐다보고 있다가 서서히 그것이 무엇인지 정확히 깨닫게 되었다. 그것은 거대한 금덩이였던 것이다! **9** 그는 너무나 기쁜 나머지 울음이 터져서 멈출 수가 없었다. **10** 마침내 그의 꿈이 이루어진 것이다. **11** 그는 그의 행운을 지긋이 바라보며 커다란 짐이 그에게서 떨어져 나간 듯한 기분에 사로잡혀 오랫동안 땅 위에 그대로 있었다. **12** 그런 다음 깊게 한숨을 내쉬고는 천천히 그 금덩이를 다시 구멍 안에 넣어 흙으로 다시 덮기 시작했다. **13** 일을 끝마치자 그는 삽을 어깨에 메고 그의 오두막으로 걸어 돌아왔다. 오는 내내 싱긋 웃으면서.

⬇

사람의 인생에 있어서 진정한 목표는 어떤 것을 (B) 소유하는 것이 아니라 그것을 (A) 추구하는 것에 있다.

필수 구문 분석

3 He told anyone [who *would* listen] / **that** someday he would find a gold nugget / as big as his head / and retire a rich man ~.

▶ ⟨tell + 간접목적어 + 직접목적어⟩에서 that절이 직접목적어로 온 구조. 이때 would는 의지, 의향을 나타내며 '~하려고 하다'라고 해석하면 된다.

11 ~, *gazing* at his fortune / and *feeling* **as if** a great burden **had been** taken from him.

▶ ⟨as if + 주어 + had p.p.⟩는 '마치 ~했던 것처럼'이란 뜻의 가정법 구문. 한편, gazing ~과 feeling ~은 '동시동작'을 나타내는 분사구문으로 '~하면서'로 해석되며 feeling의 목적어로 as if절이 왔다.

선택지 다시 보기

3

(A) ---- (B)

① 추구 ---- 소유 ▶ 정답.
② 거절 ---- 즐거워
③ 성취 ---- 발전
④ 존재 ---- 정의
⑤ 창조 ---- 발표

4

① wealthy (부유한)
② frustrated (좌절한)
③ generous (관대한)
④ contented (만족한) ▶ 정답.
⑤ lonely (외로운)

Real Test **실전 감각** 키우기

5-6

최신 장문 유형 정답 **5 ① 6 ③**

본문 p.152

1 Researchers asked hundreds of college freshmen / what grades they expect / to get in their first year / at college. 2 In some cases, / they were made to write an answer / and put it in an envelope privately. 3 In others, / they were made to tell it / to the researchers publicly. 4 The researchers found / that the predictions [the women students wrote privately] did not differ from the men's. 5 But when they told their predictions publicly, / women expected lower grades for themselves / than men did. 6 This study showed / that women were as confident as men / but they are more likely to look **humble** in public.
7 The researchers conducted a second study [that found women's **characteristic behavior**]. 8 In this case, / the researchers told their own grades / to the students [they interviewed], / and the grades seemed comparatively low. 9 When women students thought / they were talking to someone [who had gotten low grades], / they also lowered their predictions [of the grades [they would get]]. 10 But men students didn't care / whether the researchers had gotten high or low grades. 11 This study showed / that women were more likely to change their speech / considering the influence [that they could have on the other person's feelings].

필수 어휘 Note **freshman** [fréʃmən] 1학년, 새내기 | **envelope** [envéləp] 봉투 | **privately** [práivətli] 비공개로, 개인적으로 (↔ **publicly** [pʌ́blikli], **in public**) | **prediction** [pridíkʃən] 예상, 예견 | **differ from** ~와 다르다 | **conduct** [kándʌkt] ~을 수행하다 | **characteristic** [kæ̀riktərístik] 특징적인, 독특한; 특징 | **comparatively** [kəmpǽrətivli] 상대적으로; 상당히

해석 1 연구원들이 수백 명의 대학 신입생들에게 대학에서 첫해에 어떤 성적을 받을 것으로 예상하는지를 물어보았다. 2 어떤 경우는 학생들이 답을 써서 비공개로 봉투에 넣었다. 3 또 어떤 경우는 연구원들에게 공개적으로 대답해야 했다. 4 연구원들은 여학생들이 비공개로 답한 예상 점수가 남학생의 것과 다르지 않다는 것을 발견했다. 5 그러나 예상 점수를 공개적으로 대답했을 때 여학생은 남학생보다 자신에 대해 더 낮은 점수를 예상했다. 6 이 연구는 여자는 남자만큼 자신감이 있지만 공개적인 환경에서는 겸손해 보일 가능성이 더 크다는 점을 보여 주었다.
7 연구원들은 여성의 특징적 행동을 발견하는 두 번째 연구를 수행하였다. 8 이번 경우에는 연구원들이 자신의 점수를 인터뷰한 학생들에게 말해 주었고 그 점수는 상당히 낮아 보였다. 9 여학생들은 자신이 낮은 점수를 받은 사람과 이야기하고 있다고 생각하는 경우에는 그들 또한 자신이 받을 성적에 대한 예상 점수를 낮추었다. 10 그러나 남학생들은 연구원들이 높은 점수를 받았건 낮은 점수를 받았건 신경 쓰지 않았다. 11 이 연구는 여성들은 자신이 다른 사람의 감정에 대해 미칠 수 있는 영향을 고려하여 말을 바꿀 가능성이 더 크다는 것을 보여주었다.

내가 적용한 리딩스킬 체크하기 ☑
지문을 읽으며 내가 적용한 리딩스킬을 체크해봅시다.

5

☐ 빈칸이 포함된 문장을 먼저 읽고 여성이 공개적으로 어떻게 보이길 원하는지 파악해야겠다고 생각했다.

핵심스킬 적용! 빈칸을 추론하는 문제는 빈칸이 포함된 문장을 먼저 읽고 추론해야 할 내용을 파악해본다. (▶ 개념편 Unit 09 참조)

↓

☐ 첫 문장을 읽고 빈칸이 포함된 문장이 대학 1학년 학생들의 시험 예상 점수에 대한 연구 결과라는 것을 파악했다.

↓

☐ 빈칸이 첫 번째 단락 마지막 문장에 있으므로 빈칸 앞 문장부터 차례대로 읽어나가며 빈칸의 내용을 추론했다. 여학생들이 예상한 점수를 공개적으로 말했을 때 남학생들보다 더 낮은 점수를 말했다는 내용이므로 이와 가장 유사한 ①번을 정답으로 골랐다.

▶ 정답 ① 도출

↓

☐ 나머지 부분을 읽어 올라가면서 ①번이 정답임을 확신했다.

▶ 정답 ① 확신

여학생들이 예상한 점수를 공개적으로 했을 때는 더 낮은 점수를 적었다고 했다. 이는 공개적으로 했을 때 더 '겸손해' 보이길 원한다는 의미이므로 정답은 ①.

6

☐ 밑줄 친 어구의 문맥상 의미를 판단하는 문제다. 밑줄 친 어구를 보고 여학생의 특징적인 행동이 무엇인지 찾아야겠다고 생각했다.

↓

☐ 첫 번째 단락과 마찬가지로 연구 결과가 이어질 것을 예상하고 마지막 문장을 먼저 읽었다. 마지막 문장에서 여학생들은 자신이 다른 사람의 감정에 미칠 수 있는 영향을 고려하여 말을 바꾸는 경향이 있다고 했으므로 이와 가장 유사한 ③번을 정답으로 골랐다.

▶ 정답 ③ 도출

↓

☐ 나머지 부분을 읽어내려가며 정답이 ③번임을 확신했다.

▶ 정답 ③ 확신

여학생들은 낮은 성적을 받은 사람과 이야기할 때 예

필수 구문 분석

2 ~, / they **were made to write an answer** / and put it in an envelope privately.

▶ 목적격보어가 원형부정사인 문장을 수동태로 바꿀 때에는 목적격보어에 to를 붙이도록 한다. 원래 they(the researchers) made them(freshmen) write an answer ~인 문장.

10 But men students didn't care / **whether** the researchers had gotten high or low grades.

▶ care의 목적어로 whether가 이끄는 명사절이 온 형태. whether는 '~이든지 아니든지 간에'란 뜻.

상 점수를 더 낮게 말했다고 했다. 이는 다른 사람을 배려하는 여성의 특징적인 행동을 나타내는 것이므로 ③번이 정답이라고 확신할 수 있다.

선택지 다시 보기

5

① humble (겸손해) ▶ 정답.
② lonely (외로워)
③ smart (똑똑해)
④ happy (행복해)
⑤ popular (인기 있어)

6

① 구체적인 목표를 세운다.
② 논리보다는 감정에 호소한다.
③ 대화할 때 상대방을 배려한다. ▶ 정답.
④ 타인의 기대에 부응하려 애쓴다. ▶ 타인의 감정을 다치지 않게 하려고 애쓴다는 것이지 타인의 기대에 부응하는 것은 아니다.
⑤ 대화를 통해 스트레스를 해소한다.

07

정답 ①

본문 p.154

해석 사람들은 종종 그렇게 행동하는 것은 그냥 천성일 뿐이라고 주장함으로써 다른 사람들이 좋아하지 않을지도 모르는 일을 하는 것을 정당화하려는 경우가 많다. 사람이 타고난 본성을 바꾸지 못한다는 것이 맞는 말일지도 모른다. 하지만, 인간 본성만 탓할 게 아니라 나쁜 행동이 생겨난 원인과 발달 과정에 초점을 맞춘다면 나쁜 버릇을 좋은 버릇으로 바꾸는 것은 실제로 가능한 일이 된다. 많은 사람들이 음주나 과식 또는 흡연을 정말 그만두려고 하는데 이는 이런 습관들이 그들이 갖고 있는 문제를 해결하는 데 거의 도움이 되지 않음을 깨닫기 때문이다. 그러고 나면 그들은 신체적으로 더 활동적이 되고 그 밖에 삶을 개선해주는 보다 건강한 생활방식을 좇아 살기 시작한다.

필수 어휘 Note **justify** [dʒʌ́stifài] ~을 정당화하다 | **approve of** ~에 찬성하다, 지지하다 | **nature** [néitʃər] 천성, 본성 | **replace** [ripléis] ~을 바꾸다, 대체하다 | **physically** [fízikəli] 신체적으로, 육체적으로 | **active** [ǽktiv] 활동적인, 적극적인 | **improvement** [imprúːvmənt] 개선, 향상

정답근거

① by claiming that they are → it is just their nature to behave that way
▶ that절의 주어, 동사 자리. 문맥상 뒤의 to부정사구가 진주어 역할을 해야 하므로 they are가 아니라 it is로 고쳐야 한다. 그렇게 행동하는 것이 단지 그들의 본성이라는 것.

② the basic nature they are born with.
▶ 전치사 with의 목적어 역할을 하는 관계대명사 which가 생략된 구조. which they are born with (the basic nature)에서 the basic nature를 관계대명사로 대체하고 전치사를 남긴 채 관계대명사를 생략하였다. the basic nature with which they are born도 같은 뜻.

③ then replacing bad *habits* with good ones
▶ one은 동일한 종류의 불특정한 대상을 대신할 때 쓴다. 여기서는 habits를 대신하므로 복수형인 ones가 알맞다.

④ Many people do manage to stop
▶ 동사를 강조할 때 조동사 do/does/did 등을 쓴다. 여기서는 동사 manage를 강조하고 주어가 Many people로 복수형이므로 do는 적절.

⑤ start *being* more physically active and living healthier lifestyles
▶ start의 목적어인 being ~과 and로 연결되었으므로 문법적 성격이 대등해야 한다. 따라서 living은 적절.

08

정답 ⑤

본문 p.154

해석 청각 장애 어린이들의 삶을 개선하기 위해 캘리포니아 한 명문대학의 과학자가 인간 유전자에 관한 연구를 수행하고 있었다. 연구가 몇 달 진행되고 난 뒤 그는 동부 연안에 있는 한 생명공학 회사로부터 통지를 받았다. 그 회사는 청각 장애와 연관 있는 유전자인 코넥신 26에 대한 특허를 취득한 상태였다. 그는 그 회사에 로열티를 지불하지 않고서는 더 이상 그 유전자에 관한 연구를 할 수 없었다. 해독된 유전자의 5분의 1 정도가 이미 특허법 적용을 받고 있다. 이는 대개 생명공학 회사인 어떤 개인이 유전자를 완전히 통제하고 누가 실험을 진행할지도 결정한다는 것을 의미한다. 허가를 받지 않고는 어떤 과학자도 특허받은 유전자를 연구할 수 없는 것이다.

필수 어휘 Note **in an effort to do** ~하기 위해, ~하기 위한 노력으로 | **deaf** [def] 청각 장애의, 귀가 먼 **cf. deafness** [défnis] 청각 장애 | **prominent** [prɑ́minənt] 유명한, 탁월한 | **gene** [dʒiːn] 유전자 | **biotech** [báioutek] 생명공학(= **biotechnology**) | **patent 지문 속 필수어휘** | **related to A** A와 관계있는 | **royalty** [rɔ́iəlti] 특허권 사용료, 저작권 사용료 | **decode** [diːkóud] 암호를 풀다, 해독하다 | **be subject to A** A의 적용을 받다 | **conduct** [kɑ́ndʌkt] ~을 수행하다 | **permission** [pəːrmíʃən] 허가, 승인

정답근거

(A) *a scientist* at a prominent university in California was performing experiments
▶ 주어는 a scientist로 '과학자가 연구를 하고 있었다' 란 문맥이 되어야 한다. 따라서 performing이 적절.

(B) unless he paid royalties to the company
▶ 로열티를 지불하지 않으면 더 이상 연구를 할 수 없었다란 문맥으로 unless가 적절. unless (~하지 않으면)는 if ~ not으로 바꿔 쓸 수 있다.

(C) About one-fifth of *the genes* [that have been decoded] are
▶ that절은 앞의 About one-fifth of the genes를 수식하고 있다. 〈분수+of+명사〉의 형태일 때 명사에 수일치하므로 복수동사인 are가 적절.

필수 구문 분석

The company had obtained / a patent for Connexin 26, / the gene [related to deafness].

▶ 앞 문장의 he received a notice보다 앞서 일어난 일이므로 과거완료를 썼다. 한편, the gene related to deafness는 콤마 앞의 Connexin 26을 보충 설명하는 동격어구.

09

정답 ② 본문 p.155

해석 중앙아메리카 국가 중 코스타리카는 주변국들보다 한층 유명한 관광지로 두각을 나타낸다. 인접한 어떤 국가들보다도 큰 폭으로, 그 자연경관과 야생 생물들, 성공적인 자연 보존 노력이 세계 곳곳에서 관광객을 끌어오고 있다. 들어서는 정부마다 최고의 자연친화적 관광지라는 코스타리카의 명성을 보존하려는 노력을 다해 왔다. 관광객들은 엄격한 국법에 의해 보호받는 멋진 열대 자연환경을 즐길 수 있다. 이는 모두를 위해, 다른 나라에서도 더 늦기 전에 받아들여야 할 매력적인 결합이다.

필수 어휘 Note **stand out** 두각을 나타내다, 두드러지다, 눈에 띄다 | **destination** [dèstinéiʃən] 목적지, 행선지 | **to a great extent** 대단히, 크게 | **neighboring** [néibəriŋ] 인접한, 이웃의 | **wildlife** [wáildlàif] 야생 생물 | **successive** [səksésiv] 연이은, 잇따른 | **genuine** [dʒénjuin] 성실한, 진짜의 | **preserve** [prizə́ːrv] ~을 보존하다, 보호하다 | **reputation** **지문 속 필수어휘** | **prime** [praim] 최고의, 제 1의 | **ecotourism** [ékoutùrizəm] 환경친화적 관광[여행] | **strict** [strikt] 엄격한, 까다로운 | **glorious** [glɔ́ːriəs] 멋진, 장엄한 | **winning** [wíniŋ] 매력적인 | **combination** [kàmbinéiʃən] 결합, 조합 | **for the benefit of** ~을 위한

정답근거

(A) reservation 예약 / conservation 보존, 보호
▶ 코스타리카가 관광지로 유명한 이유에 대한 글이다. 코스타리카는 자연경관(natural beauty), 야생 생물들(wildlife), 성공적인 자연 보존 노력(successful conservation efforts)으로 관광객을 끌어 모으고 있다는 문맥이 되어야 하므로 conservation이 적절.

(B) typical 전형적인 / tropical 열대의
▶ 관광객들이 멋진 자연환경을 즐긴다는 문맥이므로 environment와 어울리는 단어이어야 한다. 따라서 '열대의'란 뜻인 tropical이 적절.

(C) adopt ~을 받아들이다, 채택하다 / adapt ~에 적응하다
▶ 코스타리카의 환경 보존을 위한 노력을 다른 나라들이 '받아들여야' 한다란 문맥이므로 adopt가 적절.

지문 속 **필수어휘 4**

본문 p.156

1 **abstract** [æbstrǽkt] **추상적인**
뒤에 리더십이 얼굴과 가슴을 가진 하나의 형체라고 했다. 따라서 이와 반대되는 개념인 '추상적인'이 적절.

2 **grin** [grin] **싱긋 웃다**
마틴이 죽을 때 삶에 만족한 이유는 금덩이로 얻을 수 있는 부보다 인생의 목표를 이룬 것에 만족했기 때문이다. 금덩이를 다시 구멍에 넣고 '싱긋 웃으며' 기뻐했을 거라고 추론할 수 있다.

3 **patent** [pǽtənt] **특허**
한 회사가 patent를 획득해 로열티를 지불하지 않으면 연구를 할 수 없었다는 내용. 로열티를 지불해야 하는 경우는 특허를 받은 제품에 해당하는 것이므로 patent는 '특허'란 뜻이라고 유추할 수 있다.

4 **reputation** [rèpjətéiʃən] **명성, 평판**
정부가 자연친화적 관광지로서 유명한 코스타리카의 '명성'을 지키기 위해 노력해 왔다는 문맥이다.

23

목적 추론 정답 ④

1 We are grateful for your email [expressing an interest in one of our product lines / and offering to represent it / in Latin American markets]. 2 At the moment, / we have a local agency [managing our distribution in that region]. 〈주제문〉 3 We have no complaints about / the agency's performance / over the past twenty years, / and therefore, / no immediate plans [to replace it]. 4 We do, / however, / have other products [that might be of interest to you], / so I have attached a catalogue [of our full range of products] / for your information. 5 Should you wish to be our sales representative / in Latin America / for any of these products, / then please reply at your earliest convenience.

필수 어휘 Note **product line** 제품군, 생산 품목 | **represent** [rèprizént] ~을 대행[대리]하다; ~을 대표하다, 나타내다 **cf. representative** [rèprizéntətiv] 대리인, 대표자 | **agency** [éidʒənsi] 대리점, 대리권 | **distribution** [dìstribjú:ʃən] 유통, 배포 | **region** [rí:dʒən] 지역 | **performance** [pərfɔ́:rməns] 실적, 성과, 수행 | **immediate** [imí:diət] 즉각적인, 당장의 | **be of interest** 흥미가 있다 | **attach** [ətǽtʃ] ~을 첨부하다, 붙이다 | **range** [reindʒ] 종류, 범위 | **at A's earliest convenience** 형편이 닿는 대로 빨리

해석 1 우리 회사 제품군 중 하나에 관심을 표해 주시고 라틴아메리카 시장에서 그 제품 판매를 대행하겠다고 제안하신 이메일에 대해 대단히 감사드립니다. 2 현재로서는 그 지역의 유통을 관리하고 있는 지점이 있습니다. 3 저희는 지난 20년간 그 대리점의 실적에 전혀 불만이 없고, 따라서 지금 당장 교체할 계획은 없습니다. 4 그러나 저희는 귀하께서 관심을 가지실 만한 다른 상품군도 제조하고 있으며, 따라서 귀하의 정보에 도움이 되기 위해 저희의 모든 제품군이 담긴 카탈로그를 첨부하여 드립니다. 5 저희의 라틴아메리카 판매 대리인이 되어 이 제품 중 어느 것이라도 판매하고프신 의향이 있으시다면, 조속한 시일 내에 회신해 주시기 바랍니다.

필수 구문 분석

5 **Should you** wish to be our sales representative / in Latin America / for any of these products, / then **please** reply at your earliest convenience.

▶ 〈Should you ~, please ...〉의 구조는 정중한 편지글에 자주 쓰이는 표현이다. if를 생략하고 주어(you)와 동사(should)가 도치된 형태로 '만약 ~한다면, …해 주십시오'라는 뜻.

내가 적용한 리딩스킬 체크하기 ☑
지문을 읽으며 내가 적용한 리딩스킬을 체크해봅시다.

☐ 1번 문장을 읽고 회사 제품에 관심을 갖고 제품 판매대행을 제안한 사람에게 보내는 회신임을 파악했다.

편지글은 본론을 말하기 전에 격식을 갖춘 인사말로 시작하는 경우가 잦다. 1번 문장만을 보고 제안을 받아들이는 감사 편지라고 성급히 판단해서는 안 된다.

⬇

☐ 이어지는 본론을 읽으면서 이전에 받은 제안을 수락할 수 없다는 내용임을 파악했다.

▶ 정답 ④ 도출

3번 문장에 therefore(따라서, 그러므로)가 등장하므로 앞에는 이유, 뒤에는 결론이 나올 것을 예상했다. 따라서 결론에 해당하는 부분을 중점적으로 읽었다. 내용을 종합해보면 현재 대리점에 만족하고 있으므로 판매대행에 관한 제안을 받아들일 수 없다는 것.

핵심스킬 적용! 글의 마지막 부분에 결론을 나타내는 therefore, thus, so 등의 연결어가 온다면 그 문장은 주제문일 가능성이 크므로 주의 깊게 읽도록 한다. (▶ 개념편 Unit 08 참조)

⬇

☐ 4번 문장에 등장하는 however가 글의 흐름을 바꾸고 있긴 하지만, 사업 관계를 맺기 위한 대안책일 뿐, 회신의 주요 목적은 아니다.

▶ 정답 ④ 확신

문의한 상품의 판매대행사를 바꿀 계획은 없지만, 다른 상품의 판매 대행에 관심이 있으면 연락을 달라는 제안.

선택지 다시 보기

① 사업 기획안을 제출하려고
② 신제품의 특징을 홍보하려고 ▶ 제품 카탈로그를 보내는 것은 사업 기획안을 내거나 신제품을 홍보하기 위함이 아니라 당장은 상대방의 제안을 거절하지만, 이후에도 계속 관계를 유지하기 위한 방편이다.
③ 마케팅 전략을 보고하려고
④ 사업 제휴를 거절하려고 ▶ 정답.
⑤ 환불 규정을 설명하려고

24 요지 추론 정답 ②

[1]Methods of payment have evolved / from the simple exchange [of paper and coins] / into today's electronic payments and credit cards. [2]Credit has grown enormously in popularity / since the 1990's. [3]Whereas cash purchases are limited / by availability of cash, / credit allows consumers to purchase goods / at any time, / with or without having the money [to do so]. 〈주제문〉 [4]**However**, / there is an inherent risk / in purchasing items on credit / on a more than regular basis. [5]Without paying off the entire debt each month, / the credit user is subject to high interest rates [that are applied to the amount [remaining unpaid]]. [6]If a consumer becomes weighed down / in debt and interest rates, / the pleasure of shopping / soon fades.

필수 어휘 Note **evolve**[ivάlv] 진화하다, 서서히 발전하다 | **credit**[krédit] 신용 판매, 외상(판매); 신뢰 | **enormously**[inɔ́ːrməsli] 엄청나게, 막대하게 | **availability**[əvèiləbíləti] 이용[입수] 가능성, 사용할 수 있음 | **inherent**[inhíərənt] 고유의, 내재된, 타고난 | **on a regular basis** 규칙적으로, 정기적으로, 꾸준히 | **pay off** ~의 전액을 지불하다 | **be subject to A** A의 영향을 받기 쉽다 | **interest rate** 이자율 | **apply A to B** A를 B에 적용하다 | **unpaid**[ʌ̀npéid] 지불하지 않은, 미납의 | **weigh down** ~을 압박하다, 침울케 하다 | **fade**[feid] 사라지다, 희미해지다

해석 1 결제 방법은 지폐와 동전의 간단한 교환에서 오늘날의 전자 결제와 신용카드에 이르기까지 진화해 왔다. 2 1990년대 이후 신용 판매는 엄청난 인기를 얻어 왔다. 3 현금 구매는 사용 가능한 현금에 의해 제약을 받지만, 신용 판매는 소비자가 수중에 그럴 돈이 있든 없든 언제든 물건 구매를 가능하게 해준다. 4 그러나 신용 판매로 너무 자주 물건을 구매하게 되면 한 가지 본질적인 위험이 따른다. 5 매달 모든 빚을 남김없이 청산하지 않으면 신용카드 이용자는 미지불된 금액에 붙는 높은 이자율의 적용을 받기 쉽다. 6 소비자가 빚과 이자율에 짓눌리게 되면 쇼핑의 즐거움은 곧 사라진다.

필수 구문 분석

5 ~, the credit user is subject to *high interest rates* [**that** are applied to *the amount* [**remaining unpaid**]].

▶ high interest rates를 수식하는 관계사절 내에 the amount를 수식하는 현재분사구 remaining unpaid가 삽입된 형태.

내가 적용한 리딩스킬 체크하기 ☑
지문을 읽으며 내가 적용한 리딩스킬을 체크해봅시다.

☐ 글의 중반에 역접 연결어 However가 보이므로 여기부터 필자가 말하려는 주된 내용이 펼쳐질 것이라 예상했다.

핵심스킬 적용! 일반적인 사실이 언급된 후 역접의 연결어와 함께 상반되는 내용이 등장하면 이는 주제문일 가능성이 크다. (▶ 개념편 **Unit 08** 참조)

↓

☐ 신용카드로 너무 자주 물건을 구입하면 위험이 따른다는 4번 내용을 이 글의 요지로 파악했다.

▶ 정답 ② 도출

↓

☐ 이어지는 내용을 빠르게 읽어가며 정답을 바르게 찾았는지 확인했다.

▶ 정답 ② 확인

5번 문장에서 빚을 매달 갚지 못하면 높은 이자율의 적용을 받는다고 했고, 6번 문장에서는 이러한 빚과 이자의 무게에 짓눌리면 쇼핑하는 즐거움도 사라진다고 했으므로 위에서 파악한 내용과 일맥상통.

선택지 다시 보기

① 현금보다 신용 카드 사용이 안전하다.
② 무절제한 신용 카드 사용은 위험하다. ▶ 정답.
③ 이자율이 낮은 신용 카드를 사용해야 한다. ▶ 신용 판매 즉, 신용카드로 물건을 너무 구매하면 빚을 지게 되어 높은 이자율로 고생한다는 내용이었지, 낮은 이자율의 카드를 쓰라는 말은 없었다.
④ 신용불량자에 대한 정부의 지원이 시급하다.
⑤ 계획성 있는 지출을 위해 가계부를 써야 한다.

25

제목 추론 정답 ①

〈주요 세부사항 1〉 [1] Any species of bird [that has been hurt] / must be approached slowly / and picked up gently, / if possible on the side of the body [that is not harmed]. 〈주요 세부사항 2〉 [2] Birds' wings tend to break / in the area [just under the wings], / and that's where disinfectant should be applied. 〈주요 세부사항 3〉 [3] To keep the bird from trying to fly, / tie the wing against its body / with gauze or a bandage, / but not too tight, / as this could cause difficulty breathing. 〈주요 세부사항 4〉 [4] All [the bird needs now] is / a protected resting spot and regular feedings, / over a period [of about ten days]. [5] Then the bandage can be removed / and the bird should be ready to fly away again.

필수 어휘 Note **species** [spíːʃi(ː)z] (생물의) 종 | **apply** [əplái] (약 등을) 바르다; (규칙을) 적용하다 | **gauze** [gɔːz] 거즈, 얇은 천 | **bandage** [bǽndidʒ] 붕대 | **spot** [spɑt] 장소, 지점; 얼룩 | **feeding** [fíːdiŋ] 먹이

해석 [1] 다친 새는 어떤 종류든 천천히 다가가 가능하면 다치지 않은 쪽으로 부드럽게 들어 올려야 한다. [2] 새의 날개는 날개 바로 아랫부분이 잘 부러지기 때문에 그곳이 소독제를 발라줘야 하는 곳이다. [3] 새가 날지 못하도록 날개를 몸에 딱 붙여 거즈나 붕대로 묶어 주되 너무 꽉 묶지는 말아야 하는데, 이렇게 하면 숨쉬기가 곤란할 수 있기 때문이다. [4] 이제 새한테는 약 열흘이 넘는 기간 동안 안전히 쉴 곳과 규칙적인 먹이만 있으면 된다. [5] 그런 다음에는 붕대를 풀어줘도 되고 그러면 새는 다시 날아갈 준비가 된 것이다.

필수 구문 분석

4 All [*(that)* the bird needs now] is / a protected resting spot ~.

▶ All 뒤에 목적격 관계대명사 that이 생략된 형태이다. All은 단수 또는 복수 취급할 수 있는데, 특히 '모든 일[것]'의 의미일 때 단수 취급하며 '모든 사람'의 의미일 때 복수 취급한다.

내가 적용한 리딩스킬 체크하기 ☑

지문을 읽으며 내가 적용한 리딩스킬을 체크해봅시다.

☐ 1번 문장을 읽고 이 글이 다친 새를 다루는 방법에 대한 내용임을 파악했다.

▶ 정답 ① 도출

다친 새를 조심스럽고 안전하게 다루는 방법이 나와 있다. 따라서 선택지 중에 이와 가장 유사한 ①번을 정답으로 골랐다.

↓

☐ 이어지는 내용을 빠르게 읽고 앞에서 예상한 내용이 맞는지 확인했다.

▶ 정답 ① 확신

이후 2~5번 문장에서 다친 새를 치료하는 절차가 순서대로 나오고 있으므로 앞에서 고른 정답이 맞다고 확신할 수 있다.

핵심스킬 적용! 주제문이 없는 글의 요지를 추론할 때에는 주요 세부사항을 종합하여 요약하도록 한다.

선택지 다시 보기

① Assisting an Injured Wild Bird (부상 입은 야생 새 돕기) ▶ 정답.
② Protecting Birds' Natural Habitats (새의 자연 서식지 보호하기)
③ Preparing a Young Bird for Its First Flight (어린 새의 첫 비행 준비시키기)
④ Attracting Wild Birds to Your Yard (야생 새를 집 마당으로 유인하기)
⑤ The Healing Power of Animals (동물의 치유력)

26

지칭 추론 정답 ④

[1]As a wolf approaches / the age of ten weeks, / ① it begins to more closely resemble / the other members of its pack. [2]Although still not equal in size / to the older wolves in the group, / ② it is nonetheless learning / a great deal about survival / from them. [3]In a short time, / ③ it will be ready to accompany the pack / wherever ④ it goes, / though for the first twelve weeks of life, / the wolf tends to stay / in a protected place. [4]After that, / as a "teenage" member of the pack, / ⑤ it is able to assist / in the hunting and killing of the wolves' natural prey.

필수 어휘 Note **resemble** [rizémbəl] ~을 닮다 | **pack** [pæk] (동물의) 무리, 떼 | **equal** [íːkwəl] 같은, 동등한 | **nonetheless** [nʌ̀nðəlés] 그럼에도 불구하고, 그런데도 | **survival** [sərváivəl] 생존, 살아남음 | **accompany** [əkʌ́mpəni] ~와 동행하다, 함께 가다 | **assist** [əsíst] 돕다, 거들다 | **prey** [prei] 먹이, 희생물

해석 1 늑대가 생후 10주 가까이 되면 그 모습이 무리의 다른 늑대들과 더욱 흡사해지기 시작한다. 2 크기로 보면 무리에서 더 나이 먹은 동물만 하지는 못하지만 그럼에도 불구하고 늑대는 무리로부터 생존에 관한 많은 것을 배워 나간다. 3 생후 첫 12주 동안에는 보호 지역 안에 머물러 있는 편이지만 짧은 시간 안에 늑대는 무리가 어디를 가든 무리와 동행할 준비를 갖추게 된다. 4 그 뒤에 늑대는 그 무리의 '십대' 구성원으로서 늑대의 본디 먹잇감을 사냥하고 죽이는 일에 일조할 수 있다.

필수 구문 분석

2 **Although** *(it is)* still not equal in size / to the older wolves in the group, ~.

▶ although, when, while 등이 이끄는 부사절에서 〈주어+be동사〉가 생략된 형태이다. 이때의 it은 앞 문장의 a wolf를 가리킨다.

내가 적용한 리딩스킬 체크하기 ☑

지문을 읽으며 내가 적용한 리딩스킬을 체크해봅시다.

☐ 각각의 대명사 it이 무엇을 가리키는지 파악하면서 글을 읽었다.

▶ 정답 ④ 도출

① 늑대 새끼는 10주가 되면 무리와 닮기 시작한다는 내용이므로, 이때의 it은 앞에 나온 a wolf를 가리킨다.

② 크기는 작지만, 무리에게서 상당량의 생존 방식을 배운다고 했으므로 이때의 it도 a wolf를 가리킨다.

③,④ 3번 문장에서는 두 개의 it이 나오는데 ③번의 it은 무리를 따라다닐 준비가 된 a wolf를, ④번의 it은 바로 앞의 the pack을 받으므로 정답은 ④이다.

⑤ 무리의 일원으로서 사냥에 일조할 수 있다고 했으므로 이때의 it은 a wolf를 가리킨다.

27 문법성 판단 정답 ②

¹Few people can say / that they never get angry. ²In everyday life, / there are times [when even minor problems seem very ① frustrating] / and it is quite normal / for feelings of anger / to occur. ³So / it's good to know / that many effective outlets [for anger] ② **are existed → exist**, / and you can try them individually / or ③ in whatever combination you like. ⁴One involves writing down — / in letter form or in a journal or blog — / exactly ④ what has upset you. ⁵Another can be a good talk / with someone [who listens well / and understands [how you feel]]. ⁶Perhaps the best of all / is to do some form of physical exercise, / which ⑤ allows that negative energy / to escape like steam from a boiling tea kettle.

필수 어휘 Note **minor**[máinər] 소소한, 중요하지 않은 (↔ **major** 주요한, 중대한) | **outlet**[áutlet] (감정 등의) 배출구; (상품의) 판로; (전기의) 콘센트 | **individually**[ìndivídʒuəli] 개별적으로; 개인적으로 | **combination**[kɑ̀mbinéiʃən] 조합, 결합 | **journal**[dʒə́ːrnəl] 일기, 일지; 신문 | **steam**[stiːm] 증기 | **kettle**[ketl] 주전자

해석 1 자신은 절대 화내는 법이 없다고 말하는 사람들은 거의 없다. 2 일상생활에서는 사소한 문제조차 매우 실망스러울 때가 있고 화가 나는 감정이 생기는 것이 너무도 당연하다. 3 따라서 화를 내보낼 수 있는 많은 효과적인 배출구가 존재한다는 것을 알면 좋은데, 이것들을 개별적으로든 또는 당신이 좋아하는 어떤 조합으로든 시도해볼 수도 있다. 4 한 가지는, 정확하게 당신이 무엇 때문에 화가 났는지 편지 형식이나 일기 또는 블로그에 적어보는 것이다. 5 또 한 가지는, 잘 들어주고 당신의 감정을 이해해 주는 누군가와 건전한 대화를 나누는 것이다. 6 아마도 이 중 가장 좋은 것은 여러 형태의 신체적 활동을 하는 것으로, 이것은 그 부정적인 기운이 끓는 주전자에서 뿜어져 나오는 증기와 같이 빠져나오게 해준다.

정답근거

① even minor problems seem very frustrating
▶ seem은 형용사나 명사를 보어로 취하여 SVC 구조를 취하는 2문형 동사. 주어인 even minor problems가 '실망시키는 주체'이므로 현재분사가 알맞게 쓰였다.

② many effective outlets for anger are existed → exist
▶ exist는 자동사로 수동태로는 쓸 수 없다. consist of, happen, rise, remain, seem, appear와 같은 자동사도 함께 알아두자.

③ you can try them individually or in whatever combination you like
▶ 동사 can try를 수식하는 individually와 or로 연결된 구조로 전치사 in이 이끄는 부사구가 알맞게 왔다. 이때 전치사 in의 목적어 역할을 하며 combination을 수식하면서 you like의 목적어 역할을 할 수 있는 복합관계대명사 whatever는 적절. '당신이 좋아하는 어떠한 조합이든'이란 뜻.

④ writing down ~ exactly what has upset you
▶ 뒤에 불완전한 절이 오고 writing down의 목적어 역할을 하는 자리로 관계대명사 what은 적절.

⑤ the best of all is *to do some form of physical exercise*, which allows ~
▶ 계속적 용법으로 쓰인 관계대명사절의 동사 자리. 문맥상 앞의 to do some form of physical exercise를 받으므로 단수동사 allows가 알맞게 쓰였다.

28 밑줄 어휘 정답 ⑤

[1]The fact [that different species of fish and krill from far-apart locations / form schools of the same shape] / suggests a single force is at play in diverse ecosystems. [2]In other words, / there may be a ① common "rule" [governing the shape of fish schools]. [3]To find out why the same shape ② emerges in different species and locations, / researchers turned to computer modeling. [4]The answer [they found] is rather simple. [5]Shape formation can be explained by a model [in which individual fish or krill balance their access to oxygen-rich water / with their risk of being eaten by predators]. [6]Oxygen ③ availability is a major driver of school shape and size, / and oxygen concentrations [in the world's oceans] are declining / as the oceans warm. [7]When oxygen concentrations are reduced, / fish ④ adapt by separating into smaller groups. [8]Therefore, / as oceanic oxygen levels decline, / the average size of fish schools is expected to ⑤ **grow → shrink[decrease]**.

필수 어휘 Note **species**[spíːʃi(ː)z] 종(생물 분류의 기초 단위) | **diverse**[daivə́ːrs] 다양한 | **ecosystem**[íːkousìstəm] 생태계 | **govern**[gʌ́vərn] ~을 지배하다, 좌우하다; ~을 통치하다 | **emerge**[imə́ːrdʒ] 나타나다, 나오다 | **formation**[fɔːrméiʃən] 형성 | **balance A with B** A와 B 사이의 균형을 유지하다 | **access to A** A에 대한 접근(권) | **oxygen**[ɑ́ksidʒən] 산소 | **predator**[prédətər] 포식자, 포식 동물 | **availability**[əvèiləbíləti] 이용 가능성, 이용도 | **concentration**[kɑ̀nsəntréiʃən] 농도; 집중 | **decline**[dikláin] 감소하다; 감소 | **oceanic**[òuʃiǽnik] 대양의, 바다의

해석 [1] 멀리 떨어진 곳의 서로 다른 물고기와 크릴새우 종이 같은 형태의 무리를 형성한다는 사실은 다양한 생태계에 한 가지 힘이 작용한다는 점을 시사한다. [2] 다시 말해서, 물고기 떼의 형태를 좌우하는 ① 공통의 '규칙'이 있을 수 있다. [3] 왜 다른 종들과 지역에서 같은 형태가 ② 나타나는지를 알아보기 위해, 연구진들은 컴퓨터 모형에 눈을 돌렸다. [4] 그들이 찾은 해답은 다소 간단하다. [5] 형태의 형성은 개개의 물고기나 크릴새우가 산소가 풍부한 물에 접근할 수 있는 정도와 포식자들에게 잡아먹힐 위험 사이에서 균형을 맞춘다는 모형에 의해 설명될 수 있다. [6] 산소의 ③ 이용 가능성이 무리의 형태와 크기의 주된 원동력인데, 대양이 따뜻해지면서 전 세계 바다의 산소 농도가 감소하고 있다. [7] 산소의 농도가 감소하면, 물고기들은 더 작은 무리로 나누어짐으로써 ④ 적응한다. [8] 그러므로 대양의 산소 수치가 줄어들수록 물고기 떼의 평균 크기는 ⑤ 증가할 → 줄어들[감소할] 것으로 예상된다.

필수 구문 분석

1 *The fact* [**that** different species of fish and krill from far-apart locations / form schools of the same shape] / suggests (*that*) a single force is at play in diverse ecosystems.
V O

▶ The fact의 내용을 설명하는 동격절이 이어져 주어부가 길어진 형태. 전체 문장의 동사는 suggests, 목적어는 a single ~ ecosystems다. suggests 뒤에 목적어를 이끄는 명사절 접속사 that이 생략된 형태.

5 Shape formation can be explained by *a model* [in **which** individual fish or krill ***balance*** their access to oxygen-rich water / ***with*** their risk of being eaten by predators].

▶ a model 뒤에 이를 수식하는 관계사절이 이어지고 있다. in which를 관계부사 where로 바꿔 쓸 수도 있다. 관계사절의 구조는 〈주어+balance A with B〉로, '~가 A와 B 사이의 균형을 유지하다'로 해석하면 된다.

내가 적용한 리딩스킬 체크하기 ☑
지문을 읽으며 내가 적용한 리딩스킬을 체크해봅시다.

□ 글의 초반부를 읽고 서로 다른 종, 다른 지역의 물고기들이 같은 모양의 무리를 형성한다는 내용임을 파악했다.

↓

□ 지문을 읽어 내려가면서 각각의 밑줄 친 어휘가 글의 내용 흐름과 논리적으로 일치하는지를 확인했다.

▶ 정답 ⑤ 도출

① common (공통의)
→ 앞에서 다양한 생태계에 한 가지 힘이 작용한다고 했으므로 '공통의' 규칙이란 문맥이 자연스럽다.

② emerge (나타나다)
→ 각기 다른 종과 지역에서 같은 물고기 떼 모양이 '나타난다'는 문맥이므로 앞에서 언급된 내용과 일치한다.

③ availability (이용 가능성)
→ 앞 문장에서 산소에 대한 접근성과 포식자에게 잡아먹힐 위험 사이에서 균형을 맞추는 가운데 물고기 떼의 모양이 결정된다고 했으므로, 산소의 '이용 가능성'이 물고기 떼의 형태와 크기를 결정한다는 흐름은 자연스럽다.

④ adapt (적응하다)
→ 산소가 줄어들면 물고기들이 더 작은 무리로 나뉘어 환경에 '적응한다'는 내용이므로, 대양의 기온이 높아져 산소가 줄어든다는 앞 문맥과 자연스럽게 연결된다.

⑤ grow (증가하다) → shrink[decrease] (줄어들다)
→ 앞에서 산소가 줄어들면 더 소규모로 무리를 형성한다고 했으므로 물고기 떼의 평균 크기가 '줄어든다'는 내용으로 바뀌어야 한다.

29

도표의 이해 정답 ③

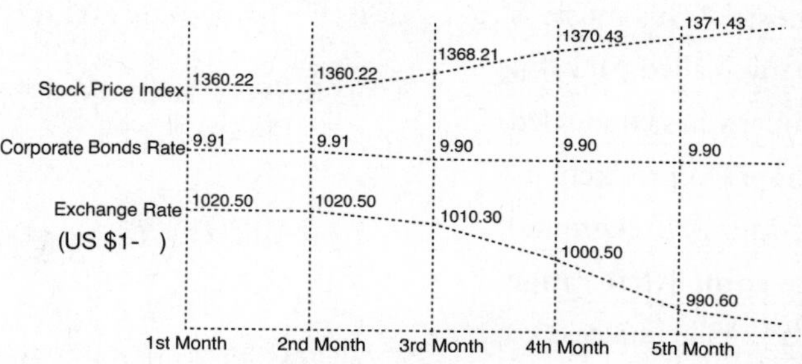

1 The above chart compares / the Stock Price Index, the Corporate Bonds Rate, and the Exchange Rate for U.S. dollars vs. Korean won / over a five-month period. ① **2** While the Stock Price Index climbed steadily / from the second month onward, / the Corporate Bonds Rate showed very little variation / over the period. ② **3** During the second month, / the Stock Price Index and the Exchange Rate / moved at a similar rate to each other / but in opposite directions. ③ **4** **After the second month, / however, / the Stock Price Index's growth rate was higher / than the rate [of decline [in the value of the dollar] / compared to the won] / on the Exchange Rate.** ④ **5** At the beginning of the period, / $1 was worth 1020.50, / a rate [which remained steady for a month]. ⑤ **6** By the end of the period, / however, / the dollar's value had dropped / below the 1000.00, / having lost almost 30 overall.

필수 어휘 Note **stock**[stɑk] 주식 | **index**[índeks] 지수, 지표, 가리키는 것 | **corporate bond** 회사채 | **exchange rate** 환율 | **steadily**[stédili] 꾸준히, 지속적으로 **cf. steady** 지속적인 | **onward**[ɑ́nwərd] 계속해서 | **variation**[vὲəriéiʃən] 변화 | **decline**[dikláin] 감소; 감소하다 | **worth**[wəːrθ] (얼마의) 가치인 | **overall**[óuvərɔ̀ːl] 전체적으로; 전체적인

해석 **1** 위의 차트는 5개월에 걸친 주가지수, 회사채 금리, 그리고 한화 대 미 달러 환율지수를 비교하고 있다. **2** 주가지수가 두 번째 달부터 계속해서 꾸준히 상승한 반면 회사채 금리는 그 기간 동안 거의 변화를 보이지 않았다. **3** 두 번째 달에는 주가지수와 환율지수가 서로 비슷한 비율로 나아갔으나 반대방향으로 움직였다. **4** 그러나 두 번째 달 이후에는 환율지수에서 원화에 비해 달러의 가치가 하락한 비율보다 주가지수 상승률이 더 높았다. **5** 이 기간의 초반에는 1달러가 1020.50원의 가치였는데, 이 환율은 한 달 동안 지속됐다. **6** 그러나 이 기간 후반에는 달러의 가치가 1000.00원 이하로 뚝 떨어졌고 전체적으로 거의 30원이 떨어졌다.

내가 적용한 리딩스킬 체크하기 ☑
지문을 읽으며 내가 적용한 리딩스킬을 체크해봅시다.

□ 도표의 제목과 구성 요소를 보고 주어진 도표가 다섯 달 동안의 주가지수, 회사채 금리, 환율지수와 같은 경제 동향을 나타낸 것이라고 파악했다.

핵심스킬 적용! 도표를 쉽게 이해하려면 도표의 제목과 도표를 구성하는 각각의 요소를 살펴 특징을 파악한다. (▶ 개념편 **Unit 13** 참조)

⬇

□ 선택지를 도표와 하나씩 비교해가며 내용이 일치하는지 확인한 결과 ③번이 정답임을 파악했다.

▶ 정답 ③ 도출

주가지수의 상승률은 11.11원, 원화 대비 달러화 가치의 하락률은 29.9원으로 주가지수 상승률이 원화 대비 달러화 가치의 하락률보다 적다.

30 내용 불일치 정답 ③

① [1]All over the world, / millions of people go about their daily lives / accompanied by background music. [2]This music is produced primarily / by the famous U.S. company [called Muzak]. [3]As part of its self-promotion, / ② the Muzak company has conducted / over a hundred studies — / from surveys of workers to productivity assessments — / to demonstrate the benefits [of Muzak background music]. [4]③ **The company claims productivity gains [that range from a low of five percent to a high of thirty].** [5]The success of Muzak's music is attributed to / what is called "stimulus building": / ④ each song is assigned a "stimulus code" [based on tempo and instruments], / ⑤ and a special computer program arranges and manages the tunes.

필수 어휘 Note **go about A's daily lives** 일상생활을 하다 | **accompany**[əkʌ́mpəni] ~을 동반하다, 수반하다 | **primarily**[praimérəli] 주로; 첫 번째로 | **self-promotion** (제품의 향상을 위한) 자가 촉진 | **conduct**[kɑ́ndʌkt] ~을 실시하다, 수행하다 | **productivity**[pròudʌktívəti] 생산성 | **assessment**[əsésmənt] 평가, 판단 | **demonstrate**[démənstrèit] ~을 입증[증명]하다, (모형, 실험 등을 통해) 설명하다 | **benefit**[bénəfit] 이익, 이득 | **range from A to B** A에서 B까지 이르다, 다양하다 | **attribute A to B** A는 B 때문이다, A를 B의 덕분으로 돌리다 | **stimulus**[stímjələs] 자극 | **assign**[əsáin] ~을 할당하다, 지정하다 | **tune** [tjuːn] 곡조, 곡

해석 **1** 전 세계 어디에서나 수백만 명의 사람들이 배경음악과 함께 일상생활을 한다. **2** 이러한 음악이 '뮤작'이라고 하는 미국 유명 기업에서 주로 만들어진다. **3** 자가 촉진의 일환으로 '뮤작'은 직원설문조사에서 생산성 평가에 이르기까지 '뮤작' 배경음악의 효능을 입증하기 위해 100건 이상의 연구를 실시해왔다. **4** 낮게는 5퍼센트에서 높게는 30퍼센트까지의 생산성 향상이 이뤄진다고 그 회사는 말한다. **5** '뮤작' 음악의 성공은 '자극 구축'이라 불리는 것 덕분인데, 각각의 노래는 빠르기와 악기에 근거해 '자극 코드'를 부여받고 특정 컴퓨터 프로그램이 곡조를 구성하고 관리한다.

필수 구문 분석

4 The company claims *productivity gains* [that **range from** a *low* of five percent **to** a *high* of thirty.]

▶ that이 이끄는 관계대명사절은 앞의 productivity gains를 수식하고 있다. range from A to B는 'A에서 B까지 이르다'란 뜻. low와 high는 '최저치'와 '최고치'라는 뜻의 명사로 쓰였다.

5 The success of Muzak's music *is attributed to* / **what** is called "stimulus building": ~.

▶ A is attributed to B는 'A는 B때문이다'라는 뜻. 전치사 to의 목적어로 선행사를 포함한 관계대명사 what이 이끄는 절이 왔다.

내가 적용한 리딩스킬 체크하기 ☑
지문을 읽으며 내가 적용한 리딩스킬을 체크해봅시다.

☐ 질문과 선택지를 훑어보고 Muzak이라는 회사에 관한 내용임을 파악했다.

선택지에 '음악, 악기' 등 음악에 관한 단어가 공통적으로 언급되고 있으므로, Muzak이란 음악 회사에 대한 내용임을 파악할 수 있다.

↓

☐ 지문에서 선택지에 해당하는 내용을 빠르게 찾아 대조해본 결과 ③번이 정답임을 파악했다.

▶ 정답 ③ 도출

생산성 향상은 낮게는 5퍼센트에서 높게는 30퍼센트에 이른다고 했으므로 가장 높은 수치는 15퍼센트가 아니라 30퍼센트.

선택지 다시 보기

① 미국의 유명한 배경음악 제조회사이다. ▶ 전 세계 수백만 명의 사람들이 배경음악을 들으며 생활하고 이러한 배경음악이 주로 Muzak이라는 미국 유명 기업에 의해 제공된다고 했다.

② 효능을 입증하기 위해 다양한 조사를 실시한다. ▶ '뮤작 배경음악의 효능을 입증하기 위해(to demonstrate the benefits of Muzak background music)' 100건 이상의 연구를 실시했다고 했다.

③ 조사된 가장 높은 생산성 향상 수치는 15퍼센트였다. ▶ 정답. 30퍼센트가 가장 높은 수치였다.

④ 빠르기와 악기 종류에 따라 음악에 코드를 부여한다. ▶ 각각의 노래는 빠르기(tempo)와 악기(instruments)에 따라 자극 코드(a "stimulus code")를 부여받는다고 했다.

⑤ 특정한 컴퓨터 프로그램을 통해 음악을 관리한다. ▶ 특정 컴퓨터 프로그램이 곡조(tunes)를 구성하고 관리한다고 했다.

31

빈칸 추론 정답 ②

〈주제문〉 [1]It's a well-known fact [that today's big-screen beauties / pay cosmetic dentists a lot of money / to give them perfect teeth], / but few are aware / that ancient Mexicans made false teeth / thousands of years ago / for **ceremonial** reasons. [2]Archaeologists recently discovered / a burial site [containing dental handiwork / dating back 4,500 years]. [3]The front teeth of the male skeleton [found in the burial site] / had been cut down / and replaced with the sharp teeth [of an animal]. [4]The teeth would have made it impossible / for the man / to eat properly, / but the skeleton showed / none of the usual signs [of malnutrition]. [5]Because sacred religious items [encircled the skeleton] / in the tomb, / archaeologists think / the man might have been a high-status priest [whose teeth were replaced / after his death].

필수 어휘 Note **cosmetic** [kɑzmétik] 성형의; 미용의 | **dentist** [déntist] 치과의사 | **false teeth** 의치, 틀니 | **archeologist** [ɑ̀:rkiɑ́lədʒist] 고고학자 | **burial** [bériəl] 매장 | **handiwork** [hǽndiwə̀:rk] 수공품, 손 세공 | **date back** (~으로) 거슬러 올라가다 | **skeleton** [skélətn] 해골, 뼈; 골격 | **malnutrition** [mæ̀lnju:tríʃən] 영양실조 | **sacred** [séikrid] 신성한, 종교적인 | **religious** [rilídʒəs] 종교의 | **encircle** [insə́:rkl] ~을 둘러싸다, 에워싸다 | **priest** [pri:st] 사제, 성직자, 목사

해석 [1] 오늘날 스크린을 누비는 미인들이 완벽한 치아를 갖기 위해 성형 치과의에게 많은 돈을 지불한다는 것은 잘 알려진 사실이지만, 수천 년 전에 고대 멕시코인들이 의식을 치르기 위한 이유로 의치를 사용했다는 사실을 알고 있는 사람은 드물다. [2] 고고학자들은 최근 4천 5백 년 전의 치과 수공품이 들어 있는 한 매장지를 발견했다. [3] 그 매장지에서 발견된 남자 해골의 앞니는 깎여 동물의 날카로운 이빨로 대체되어 있었다. [4] 그 이로 인해 그 남자가 제대로 먹는 것이 불가능했던 것 같지만, 그 해골은 영양실조에 걸렸다는 일반적인 징후를 보이지는 않았다. [5] 고고학자들은 신성한 종교적 물건들이 무덤 속 해골 주변을 둘러싸고 있는 것으로 보아 남자는 사회적 지위가 높은 사제였을 것이며 그의 치아는 그가 죽은 후 교체된 것으로 추정하고 있다.

필수 구문 분석

4 The teeth **would have made *it impossible*** / *for the man* / ***to eat*** properly, ~.

▶ 〈would have p.p.〉는 과거의 일에 대한 '상상·추정'을 나타낸다. 〈make+가목적어(it)+목적격보어(impossible)+진목적어(to eat)〉의 구조. for the man은 to eat의 의미상 주어이다.

내가 적용한 리딩스킬 체크하기 ☑

지문을 읽으며 내가 적용한 리딩스킬을 체크해봅시다.

☐ 빈칸이 속한 문장이 글의 앞부분에 있으므로 이것이 주제문이며 이어지는 문장들은 부연 설명일 것이라 예상했다.

핵심스킬 적용! 빈칸은 요지 또는 요지와 직결되는 핵심 문장에 위치하므로 글의 앞부분에 빈칸이 있을 경우 그 문장은 주제문일 가능성이 크다. 따라서 빈칸에 대한 직접적인 근거가 나올 때까지 이어지는 부연설명들을 꼼꼼히 읽어야 한다. (▶ 개념편 **Unit 09** 참조)

↓

☐ 빈칸이 속한 1번 문장을 읽고 고대 멕시코인들이 false teeth(의치)를 사용한 이유가 무엇인지 추론하려고 했다.

↓

☐ 이어지는 내용을 읽으면서 빈칸에 대한 추론 근거를 찾았다. 사제로 추정되는 사람의 의치를 발견했으므로 정답은 ② ceremonial(의식용의).

▶ 정답 ② 도출

3, 4번 문장에서 일부러 앞니를 깎아 동물 이빨을 달았던 남자가 발견되었다고 한 다음, 5번 문장에서 종교적 물건들이 함께 매장된 것으로 보아 이 사람이 높은 지위의 성직자로 추정된다고 했다. 따라서 의치를 사용한 이유는 종교적인 의식을 위해서라고 유추할 수 있다.

선택지 다시 보기

① medical (의학적인)
② ceremonial (의식용의, 의식에서 사용되는) ▶ 정답.
③ preventative (예방의)
④ cosmetic (미용상의) ▶ 첫 문장에서 요즘에는 미용상의 이유로 치과 시술을 받는다는 내용이 나왔지만, 이는 도입일 뿐 주제와는 상관이 없다.
⑤ practical (실용적인)

32 빈칸 추론 정답 ①

〈주제문〉 1 Hard physical work / is a natural cause of fatigue / for many people, / but it may also be true / that much tiredness is largely **a result of anxiety**. 2 A more philosophical approach to life / and a bit more mental discipline / could eliminate much of the stress [brought on by worrying too much]. 3 The majority of people / do not make an effort / to gain proper control / over the direction of their thoughts. 4 Instead, / they allow themselves / to worry non-stop about issues [that cannot be resolved, / or that could be handled better / at a later time].

필수 어휘 Note **fatigue**[fətíːg] 피로, 피곤 | **tiredness**[táiərdnis] 피곤, 피로 | **largely**[láːrdʒli] 대개, 주로 | **philosophical**[fìləsáfikəl] 철학적인 | **discipline**[dísəplin] 수양, 훈련[단련]; ~을 훈련[단련]하다 | **eliminate**[ilímənèit] ~을 제거하다, 삭제하다 | **bring on** ~을 가져오다, 초래하다 | **make an effort to do** ~하려고 노력하다 | **resolve**[rizálv] ~을 해결하다, 풀다 | **handle**[hǽndl] ~을 다루다, 처리하다

해석 1 힘든 육체 노동은 당연히 많은 사람들에게 피로의 원인이 되지만 많은 피로가 대개 근심걱정에서 비롯된 것(이)라는 것 또한 사실일 것이다. 2 삶에 대해 보다 철학적으로 접근하고 좀 더 정신적 수양을 한다면 지나치게 걱정하는 데서 오는 스트레스의 상당 부분을 제거할 수 있다. 3 대다수 사람들은 자기 생각의 방향을 적절히 제어하려는 노력을 하지 않는다. 4 대신에 해결할 수 없거나 시간이 지나면 더 잘 처리될 수 있는 문제들에 대해 끊임없이 걱정하도록 자신을 방치한다.

필수 구문 분석

2 ~ could eliminate much of *the stress* [**brought** on by worrying too much].
▶ 과거분사구 brought on ~ too much가 명사 the stress를 뒤에서 수식하고 있는 구조. stress와 bring on은 수동 관계이므로 과거분사 brought가 사용되었다.

4 Instead, / they *allow* themselves / *to* worry non-stop about **issues** [**that** cannot be resolved, / or **that** could be handled better at a later time].
▶ 〈allow A to do〉는 'A가 ~하게 두다, A가 ~하도록 허용하다' 란 뜻. 두 개의 관계사절 that cannot be resolved와 that could ~ later time이 선행사 issues를 동시에 수식하고 있다.

내가 적용한 리딩스킬 체크하기 ☑
지문을 읽으며 내가 적용한 리딩스킬을 체크해봅시다.

☐ 빈칸이 속한 문장이 글의 앞부분에 있으므로 이것이 주제문이며 이어지는 문장들은 부연 설명일 것이라 예상했다.

핵심스킬 적용! 빈칸은 요지 또는 요지와 직결되는 핵심 문장에 위치하므로 글의 앞부분에 빈칸이 있는 경우 그 문장은 주제문일 가능성이 크다. 따라서 빈칸에 대한 직접적인 근거가 나올 때까지 이어지는 부연설명들을 꼼꼼히 읽어야 한다. (▶ 개념편 Unit 09 참조)

↓

☐ 빈칸이 속한 1번 문장을 읽고 피로에 관한 글이 이어지리라 예상했다.

↓

☐ 과도한 걱정에서 오는 스트레스 극복 방법을 제시하는 2번 문장을 읽고 근심걱정이 피로의 원인임을 파악했다.

▶ 정답 ① 도출

2번 문장에서 걱정을 줄여 스트레스를 받지 않는 방법이 제시되고 있다.

↓

☐ 3, 4번 문장을 읽고 정답을 바르게 찾았음을 확신했다.

▶ 정답 ① 확신

다수의 사람들이 자신의 생각을 통제하지 못하고 해결할 수 없는 일을 끊임없이 걱정한다고 했으므로 피로의 원인이 '걱정' 임을 적절히 뒷받침하고 있다.

선택지 다시 보기

① a result of anxiety (근심걱정에서 비롯된 것) ▶ 정답.
② a modern invention (현대에 생겨난 것)
③ a medical condition (건강 상태)
④ to do with your job (당신의 직업과 관련된 것)
⑤ good for you (당신에게 좋은 것)

33 빈칸 추론 정답 ②

[1]History can be seen / as a continuous dialogue [between the past and the present]. [2]The writing, artwork, and architecture of times [gone by] offer many ways / for people today / to understand the people [of the past]. [3]Throughout the ages, / historians have collected information and artifacts / in order to take a closer look at our origins. [4]However, / methods [of interpretation] differ greatly / depending on time, place, and the people [who are conducting the analysis]. 〈주제문〉 [5]In the end, / all cultures and generations perceive the world / in a different light, / and history is always subject to **varying interpretations**.

필수 어휘 Note **continuous**[kəntínjuəs] 지속적인, 계속되는 | **artwork**[á:rtwə̀:rk] 미술품, 공예품 | **architecture**[á:rkitèktʃər] 건축(물) | **historian**[histɔ́:riən] 역사가 | **artifact**[á:rtifæ̀kt] 유물, 공예품 | **take a (close) look at** ~을 (자세히) 훑어보다 | **origin**[ɔ́:rədʒin] 기원, 발생, 유래 | **interpretation**[intə̀:rpritèiʃən] 해석, 이해 | **differ**[dífər] 다르다 | **conduct**[kándʌkt] ~을 수행하다; 행동, 행위 | **analysis**[ənǽləsis] 분석 | **generation**[dʒènəréiʃən] 세대, 발생 | **perceive**[pərsí:v] ~을 인식[인지]하다, 지각하다 | **light**[lait] 시각, 관점, 견해 | **be subject to A** A의 영향을 받다, A에 의존하다

해석 1 역사란 과거와 현재의 끊임없는 대화로 볼 수 있다. 2 지난날의 저작물, 미술품, 그리고 건축물들은 오늘날의 사람들이 옛날 사람들을 이해할 수 있는 다양한 방법을 제공해 준다. 3 어느 시대를 막론하고 역사가들은 우리의 기원을 더 자세히 알아보기 위해 정보와 유물들을 수집해 왔다. 4 그러나 해석 방법은 시간, 장소, 분석 작업을 하는 사람에 따라 크게 달라진다. 5 결국, 문화와 세대마다 세상을 다른 시각으로 인식하고 역사는 언제나 다양한 해석의 영향을 받는다.

필수 구문 분석

2 The writing, artwork, and architecture of **times** [*(which is)* **gone by**] offer many ways / **for** people today / **to understand** ~.

▶ times gone by는 '지난날'이란 뜻으로 gone by가 명사 times를 뒤에서 수식하는 형태. gone by 앞에 〈주격 관계대명사+be동사〉가 생략된 것으로 볼 수 있다. 한편, 뒤쪽의 to understand ~는 앞에 나온 명사 many ways를 수식하는 to부정사구로서, 바로 앞에 오는 for people today가 이 to부정사구의 의미상 주어 역할을 하고 있다.

내가 적용한 리딩스킬 체크하기 ☑
지문을 읽으며 내가 적용한 리딩스킬을 체크해봅시다.

☐ 빈칸이 속한 문장을 먼저 읽고 추론해야 할 내용을 파악했다. 역사는 항상 '빈칸'의 영향을 받는다는 내용. 빈칸이 무엇인지 파악하기 위해 앞 문장을 읽어야 한다고 생각했다.

⬇

☐ 5번 문장에서 모든 문화와 세대는 각기 다른 관점에서 세상을 인식한다고 했으므로 '다양한 해석'이란 뜻의 선택지 ②번을 정답으로 골랐다.

▶ 정답 ② 도출

핵심스킬 적용! 결과나 결론을 나타내는 연결어 In the end(결국, 마침내)가 글의 마지막 부분에 쓰였으므로 이하의 내용을 요지로 볼 수 있다. (▶ 개념편 Unit 09 참조)

⬇

☐ However로 시작되는 4번 문장을 읽고 ②번이 정답임을 확신했다.

▶ 정답 ② 확신

4번 문장은 시간, 장소, 분석자에 따라 역사 해석 방법이 달라진다는 내용이므로 정답 내용과 일치한다.

핵심스킬 적용! 글의 중반에 역접 연결어 However가 나오고 있으므로 여기서부터 글의 흐름이 바뀌는 것을 알 수 있다. 빈칸은 글의 마지막 문장에 있으므로 However 이후의 내용을 읽어 그 내용을 추론하면 된다. (▶ 개념편 Unit 09 참조)

선택지 다시 보기

① original works of art (독창적인 미술품)
② varying interpretations (다양한 해석) ▶ 정답.
③ professional backgrounds (직업적 배경)
④ accurate historical records (정확한 역사 기록)
⑤ scientific research methods (과학적 연구 방법)

34 빈칸 추론 정답 ②

[1]Human beings, / it seems, / are not the only animals [that involve themselves / in arms races]. 〈주제문〉 [2]New research shows / that the predator-prey relationship [between snakes and early primates] may have triggered / the development [of poison for snakes / and **improved eyesight** for primates]. [3]Early snakes relied on surprise attacks and muscle power [to kill their prey / by strangling it to death]. [4]Victims rarely escaped / if a snake could get close enough [to strike]. [5]That is why, / say researchers, / primates developed the ability [to see in 3-D [with detailed color]]; / if they could see the snake coming, / they had a much better chance of surviving. [6]As in human arms races, / though, / if one side develops better weapons, / so must the other. [7]Poison [strong enough to kill] / would help a snake survive / despite the 3-D color advantage [of its prey].

필수 어휘 Note **involve**[inválv] ~을 (사건 등에) 휘말리게 하다, 연루시키다 | **arms**[ɑːrmz] 무기 (= **weapon**) | **predator**[prédətər] 포식자, 육식 동물 | **prey**[prei] 먹이 | **primate**[práimit] 영장류 | **trigger**[trígər] ~을 촉발시키다; 방아쇠 | **victim**[víktim] 희생자, 피해자 | **strike**[straik] 공격하다 | **3-D** 입체 효과, 3차원의 형태

해석 **1** 인간만이 무기 경쟁에 돌입하는 유일한 동물은 아닌 것 같다. **2** 새 연구 결과는 뱀과 초기 영장류 간의 포식자 대 먹이 관계가 뱀에게는 독의 발달을, 영장류에는 발달한 시각을 가져왔음을 보여준다. **3** 초창기의 뱀은 기습 공격과 먹이를 질식시켜 죽이는 근육의 힘에 의존했다. **4** 뱀이 공격할 만큼 충분히 가까운 거리에 근접하면 희생자들은 거의 도망칠 수가 없었다. **5** 그 때문에 영장류가 자세한 색깔과 함께 입체적으로 볼 수 있는 능력이 발달한 것이라고 연구원들은 말한다. 뱀이 다가오는 것을 볼 수 있다면 살아남을 확률도 훨씬 높을 것이기 때문이다. **6** 그러나 인간의 무기 경쟁에서와 마찬가지로 한쪽 편이 더 나은 전투 무기를 개발하면 다른 한쪽 편도 반드시 그렇게 한다. **7** 목숨을 잃을 정도로 강력한 독은 먹이(영장류)가 입체적으로 사물을 보고 색을 구별하는 장점을 가지고 있음에도 뱀이 생존하는 데 도움을 주었을 것이다.

필수 구문 분석

5 ~; if they could **see** the snake **coming**, ~.

▶ 〈지각동사(see)+목적어(the snake)+목적격보어(coming)〉의 구조. 지각동사의 목적격보어 자리에는 동사원형이나 현재분사가 오는데 여기서는 진행 중인 동작을 강조하기 위해 현재분사가 사용되었다.

내가 적용한 리딩스킬 체크하기 ☑
지문을 읽으며 내가 적용한 리딩스킬을 체크해봅시다.

☐ 빈칸이 글의 앞부분에 있으므로 빈칸을 포함한 문장이 요지를 담고 있으며 이어지는 문장들은 부연 설명일 것이라 예상했다.

핵심스킬 적용! 빈칸은 요지나 요지와 직결되는 핵심 문장에 위치하므로 글의 앞부분에 빈칸이 있는 경우 그 문장은 주제문일 가능성이 크다. 따라서 빈칸에 대한 직접적인 근거가 나올 때까지 이어지는 부연설명 문장들을 꼼꼼히 읽어야 한다.

↓

☐ 2번 문장을 읽고 뱀과 영장류의 포식관계로 인해 영장류에 어떤 변화가 일어났는지 파악해야겠다고 생각했다.

snakes의 poison에 대응되는 primates의 진화상 변화가 무엇인지를 파악해야 한다.

↓

☐ 5번 문장의 the ability to see in 3-D with detailed color를 보고 '발달한 시각'이란 뜻의 선택지 ②번을 정답으로 골랐다.

▶ 정답 ② 도출

↓

☐ 6, 7번 문장을 보고 정답을 바르게 유추했다고 확신했다.

▶ 정답 ② 확신

arms races(무기 경쟁)처럼 영장류가 더 나은 전투 무기, 즉 improved eyesight를 갖게 되니 이에 대응해 뱀은 목숨을 앗을 정도로 강력한 독(Poison strong enough to kill)을 가지게 되었다는 의미. 따라서 2번 문장에서 파악한 내용과 일맥상통한다.

선택지 다시 보기

① more surprises (더 놀라운 것)
② improved eyesight (발달한 시각) ▶ 정답.
③ better hearing (더 좋은 청력)
④ greater strength (더 강한 힘)
⑤ bigger brains (더 큰 크기의 뇌)

35

빈칸 추론 정답 ④

[1]Doctors and scientists / have known about the placebo effect / for quite some time, / and the general agreement has been / that it is an imaginary effect. 〈주제문〉 [2]New research has shown, / **though**, / that when test subjects are made to suffer pain / and then given a placebo, / the brain actually produces endorphins, / which are the body's natural painkillers. [3]Brain scans [performed / during the test] also showed / that the areas of the brain [relating to pain] / were the only places [where endorphin production was activated]. [4]These findings indicate / that the placebo effect / is **more than merely psychological**.

필수 어휘 Note **placebo effect** 위약 효과 | **imaginary**[imǽdʒinèri] 상상의, 가공의 | **subject**[sʌ́bdʒikt] 대상; 주제; 과목 | **painkiller**[péinkìlər] 진통제 | **activate**[ǽktivèit] ~을 활성화하다 | **finding**[fáindiŋ] (연구 등의) 결과, 결론

해석 [1] 의사와 과학자들은 꽤 오랫동안 위약 효과에 대해 알고 있었으며, 일반적으로 통용되는 의견은 그것이 상상에서 나온 효과라는 것이었다. [2] 그러나 새 연구 결과, 실험대상자가 고통을 겪을 때 위약을 투여하면, 뇌에서 신체의 자연적인 진통제인 엔돌핀이 생성된다고 한다. [3] 테스트가 진행되는 동안 찍은 뇌의 사진 역시 고통과 관련된 뇌의 부위가 바로 엔돌핀 생성이 활성화되는 유일한 곳임을 보여주었다. [4] 이러한 결과들은 위약 효과가 단지 심리적인 것만은 아님을 보여준다.

필수 구문 분석

2 ~ when test subjects **are made to suffer** pain / *and* then **given** a placebo, / the brain actually produces *endorphins*, / **which** are the body's natural painkillers.

▶ when이 이끄는 문장은 수동태로, 능동태는 when they(=researchers) make test subjects suffer pain and then give them(=test subjects) a placebo. make와 같이 목적격보어로 동사원형을 취할 수 있는 동사는 수동태로 만들 때 동사원형에 to를 붙이며 give와 같이 목적어를 두 개 취할 수 있는 동사는 수동태로 만들 때 간접목적어를 주어로 하면서 직접목적어를 목적어로 취할 수 있다. 계속적 용법으로 쓰인 which는 앞의 endorphins를 가리킨다.

3 **Brain scans** [performed during the test] also **showed** / **that** the areas of the brain [relating to pain] / were ~.

▶ 전체 문장은 〈주어(Brain scans)+동사(showed)+목적어(that절)〉의 구조. 과거분사구가 주어를 수식하여 주어와 동사가 멀어진 형태.

내가 적용한 리딩스킬 체크하기 ☑

지문을 읽으며 내가 적용한 리딩스킬을 체크해봅시다.

☐ 빈칸에 들어갈 단어를 추론하는 문제이므로 빈칸이 포함된 문장을 먼저 읽었다. 이때 글 마지막에 빈칸이 있으므로 앞부분의 내용을 파악하려고 했다.

핵심스킬 적용! 마지막 문장에 빈칸이 있으면 양괄식 구조일 가능성이 크므로 글의 앞부분과 내용을 연계시켜 읽는다. (▶ 개념편 **Unit 09** 참조)

↓

☐ 1, 2번 문장을 읽고 새로운 실험을 통해 placebo effect가 imaginary effect만은 아니라는 사실이 밝혀졌다는 내용을 파악했다.

핵심스킬 적용! 일반적인 통념이 언급된 후 though (그러나, 그렇지만)와 같은 연결어가 나왔으므로 이어지는 반박 내용을 주제문으로 볼 수 있다. (▶ 개념편 **Unit 08** 참조)

↓

☐ placebo effect가 단지 심리적인 효과가 아니라 실제 엔돌핀을 생성한다는 내용이므로 선택지 가운데 ④가 정답.

▶ 정답 ④ 도출

선택지 다시 보기

① seems to be getting stronger (점점 더 강해지는 것 같음)
② is the body's greatest healing force (인체의 가장 위대한 치유력임)
③ raises a number of ethical questions (많은 윤리적 문제를 제기함)
④ is more than merely psychological (단지 심리적인 것만은 아님) ▶ 정답.
⑤ is not trustworthy in clinical practice (치료법에서 신뢰할 수 없는 것임)

36

심경 파악 **정답** ①

[1]He **checked the clock** in his car / and **tapped his fingers on the steering wheel**. [2]The light was green / but the massive truck [in his path] was in the middle of a very slow left turn. [3]He couldn't believe it — / **he was going to be late again**. [4]He hadn't made it to work on time that morning, / and now he would be **keeping an important client / waiting for him**. [5]He took deep breaths to try to stay calm / and not to overreact. [6]Finally, / the truck completed its turn, / and he pressed the accelerator down hard, / **only to have to hit the brakes again**. [7]The truck had not only been blocking his car, / but also his view [of the **terrible traffic jam** / ahead].

필수 어휘 Note **tap** [tæp] ~을 가볍게 치다, 똑똑 두드리다 | **steering wheel** 운전대, 핸들 | **massive** [mǽsiv] 육중한, 큼직한 | **path** [pæθ] 길, 통로 | **on time** 정시에, 제때 | **make it** (장소에) 이르다, 제시간에 도착하다 | **overreact** [òuvəriǽkt] ~에 지나치게 반응하다, 과잉 반응하다 | **press** [pres] ~을 힘껏 누르다 | **accelerator** [æksélərèitər] 가속 장치, 액셀러레이터 | **traffic jam** 교통 체증

해석 **1** 그는 손가락으로 운전대를 톡톡 두드리면서 차 안의 시계를 확인했다. **2** 신호는 초록불이었지만 육중한 트럭이 그가 가려는 길을 막고 왼쪽으로 아주 느리게 돌고 있었다. **3** 그는 믿기지가 않았다. 그는 또 한 번 지각하게 될 것이었다. **4** 그날 아침 그는 정시에 직장에 도착하지 못했다. 그리고 지금 그는 중요한 고객을 기다리게 하고 있는 것이다. **5** 그는 숨을 깊게 들이마시고는 평정을 유지하고 지나치게 반응하지 않으려고 애썼다. **6** 마침내 트럭이 방향을 다 틀었고, 그는 가속 페달을 힘껏 밟으려 하였으나 브레이크만 다시 밟아야 했다. **7** 그 트럭은 그의 자동차를 막고 서있기만 한 것이 아니라 그가 저 앞의 혼잡한 교통 체증을 보지 못하게도 했던 것이다.

필수 구문 분석

4 ~ he would be **keeping** an important client / *waiting* for him.

▶ 〈keep+A(목적어)+doing(목적격보어): A가 계속 ~하게 하다〉의 구조를 이루고 있는 문장이다. 목적어인 client와 보어인 wait가 능동 관계이므로 현재분사 waiting이 쓰였다.

6 ~, and he pressed the accelerator down hard, / **only to** have to hit the brakes again.

▶ only to do는 결과를 나타내는 부사적 용법의 부정사로, '~하였으나 결국 …하고 말았다'라는 의미. 여기서는 '가속 페달을 밟으려 했지만 결국 브레이크만 다시 밟아야 했다'로 해석하면 된다.

내가 적용한 리딩스킬 체크하기 ☑

지문을 읽으며 내가 적용한 리딩스킬을 체크해봅시다.

☐ 주인공의 심경을 묻고 있으므로 주인공이 처한 상황을 우선 파악해야겠다고 생각했다.

↓

☐ **핵심스킬 적용!** 3번 문장까지 읽고 남자가 느리게 돌고 있는 트럭 때문에 지각할 상황이라는 것을 파악하고 그럴 때의 심경이 어떨지 떠올려봤다.

▶ 정답 ① 도출

checked the clock, tapped his fingers on the steering wheel과 같은 표현을 통해 남자의 초조한 심경을 읽을 수 있을 뿐만 아니라, 3번 문장에 직접적으로 남자가 지각할 것이라고 나와 있다.

↓

☐ **핵심스킬 적용!** 상황이 변하는 부분이 없는지 확인하고, 지엽적인 표현만으로 화자의 심경을 파악하지 않도록 주의했다.

▶ 정답 ① 확인

중요한 고객이 남자를 기다리는 상황이지만 차가 많아서 속도를 낼 수 없다는 내용. 따라서 초조한 상황이 이어지고 있다.

선택지 다시 보기

① impatient (조급한) ▶ 정답.
② relieved (한 시름 놓은)
③ surprised (놀란)
④ contented (만족한)
⑤ disappointed (실망한)

37

연결어 넣기 정답 ④

[1]Lie detectors are machines [that some law enforcement officers use to try to determine / whether a person [involved in a criminal case] is telling the truth]. [2]Not everyone is convinced that / lie detectors are reliable indicators [of guilt or innocence]. [3]One reason [lie detector tests are considered unreliable] is / that countries vary / in their standards / for testing. (A) [4]**In addition**, / it is clear / that some people are simply able to produce calm signals / when lying, / while other people become nervous / just at the thought [of being attached to the machine]. (B) [5]**As a result**, / your physical reactions can indicate / that you are guilty / when in fact you are innocent.

필수 어휘 Note **lie detector** 거짓말 탐지기 | **enforcement**[infɔ́ːrsmənt] (법률의) 집행, 시행 | **criminal**[krímənəl] 범죄의 | **case**[keis] 사건, 케이스 | **convinced**[kənvínst] 확신이 있는 | **reliable**[riláiəbəl] 믿을 수 있는 (↔ **unreliable** 믿을 수 없는) | **indicator**[índikèitər] 척도, 나타내는 것 | **guilt**[gilt] 유죄 **cf. guilty** 유죄의, 죄가 없는 (↔ **innocence**[ínəsns] 무죄) | **attach A to B** A를 B에 부착하다, 달다

해석 1 거짓말 탐지기는 범죄 사건에 연루된 사람이 거짓말을 하는지 알아보기 위해 법 집행관이 사용하는 기계이다. 2 모든 사람들이 거짓말 탐지기가 유죄냐 무죄냐를 표시해 주는 신뢰할 만한 척도라고 확신하지 않는다. 3 거짓말 탐지기 테스트가 신뢰할 수 없다고 여겨지는 한 이유로는 나라마다 테스트를 하는 기준이 다양하기 때문이다. 4 게다가 어떤 이들은 거짓말을 하고 있는데도 평온하다는 신호를 보일 수 있는 반면, 어떤 이들은 기계에 몸이 부착되어 있다는 생각만으로도 긴장한다. 5 그 결과, 실제로는 무죄인데도 당신의 신체 반응이 유죄라고 나타낼 수 있다.

필수 구문 분석

2 **Not everyone** is convinced that / lie detectors are reliable indicators [of guilt or innocence].

▶ Not everyone ~은 '모두 ~한 것은 아니다'란 뜻으로 '부분부정'을 나타낸다.

4 ~, **it** is clear / **that** some people are simply able to produce calm signals / when (*they are*) lying, ~.

▶ it은 가주어, that 이하가 진주어. when, while 등이 이끄는 부사절에서 〈주어+be동사〉가 생략된 형태.

4 ~ ***other people*** become nervous / just *at the thought* [*of* **being attached** to the machine].

▶ 전치사 of 뒤에 동명사가 온 형태. 의미상 주어인 other people과 attach가 수동 관계이므로 수동형 동명사가 쓰였다. at the thought of는 '~라는 생각에'라고 해석한다.

내가 적용한 리딩스킬 체크하기 ☑
지문을 읽으며 내가 적용한 리딩스킬을 체크해봅시다.

□ 글의 도입부를 읽고 거짓말 탐지기가 부정확하다는 내용임을 파악했다.

1번 문장은 lie detector가 무엇인지 설명하는 도입문이고 2번 문장은 거짓말 탐지기를 모두가 신뢰하지는 않는다는 내용.

↓

□ 빈칸 (A) 이후에 거짓말 탐지기가 부정확한 또 다른 이유가 제시되고 있으므로 선택지 가운데 In addition(게다가)을 정답으로 골랐다.

▶ 정답 ④ 도출

3번 문장은 거짓말 탐지기가 완벽하지 못한 이유로 나라마다 기준이 다른 것을 들고 있다. 4번 문장은 사람마다 거짓말 탐지기를 사용할 때 보이는 반응이 다르다는 내용으로 거짓말 탐지기가 부정확한 또 다른 이유에 해당한다.

↓

□ 빈칸 (B)를 기준으로 앞뒤의 내용이 〈원인-결과〉의 흐름이므로 As a result를 정답으로 골랐다.

▶ 정답 ④ 확신

앞부분은 거짓말 탐지기의 부착만으로도 동요하는 사람이 있다는 내용. 뒷부분은 이러한 신체 반응으로 무죄인데도 유죄처럼 보인다는 내용이므로 결과를 나타내는 As a result가 알맞다.

핵심스킬 적용! 연결어를 넣는 문제의 경우 앞뒤 문장 관계에 어울리는 연결어를 떠올려본 후, 연결어를 넣었을 때 문맥이 더 명확하게 이해되는지 확인한다.

38 글의 순서 배열 정답 ④

[1] A lie may sometimes have good intentions, / but, as we all know, / lying is usually harmful / in the end.

(C) [2] The trust [that most personal relationships are built on] can be damaged forever / if one person tells a terrible lie [that is discovered].

(A) [3] **In addition to** this harm, / lying puts added strain on the brain / and causes a domino effect — / one lie leads to another.

(B) [4] With every lie [you tell] / to cover up the previous one, / you build a foundation of lies, / and you have to remember each lie / to prevent the foundation from collapsing.

필수 어휘 Note **lie** [lai] 거짓말; 거짓말하다 | **intention** [inténʃən] 의도, 목적 | **harmful** [há:rmfəl] 해로운 **cf. harm** [ha:rm] 해악; ~에 손해를 끼치다 | **strain** [strein] 긴장, 중압, 부담 | **domino effect** 연쇄 효과, 도미노 효과 | **cover up** ~을 가리다, 덮다 | **foundation** [faundéiʃən] 토대, 근간, 기초 | **collapse** [kəlǽps] 무너지다; 좌절되다; 붕괴, 무너짐

해석 [1] 거짓말이 때로는 좋은 의도를 가질 수도 있지만 우리 모두가 알다시피 결국에는 대개 해가 될 수 있다.
(C) [2] 어떤 사람이 엄청난 거짓말을 해서 발각된다면 대부분의 인간관계의 바탕이 되는 신뢰는 영원히 무너질 수 있다.
(A) [3] 이런 해악 외에도 거짓말은 뇌에 긴장을 더해주고 한 가지 거짓말을 하면 또 다른 거짓말을 하게 되는 연쇄 효과를 일으킨다.
(B) [4] 이전에 했던 거짓말을 가리기 위해 말하는 모든 거짓말들로 인해 당신은 거짓말의 토대를 쌓으며, 그 토대가 무너지는 것을 막기 위해 이 거짓말들을 하나하나 다 기억해야 한다.

필수 구문 분석

2 The trust [***that*** most personal relationships are built **on**] can be damaged forever / if ~.
▶ 목적격 관계대명사 that은 전치사 on의 목적어. 원래 most personal relationships are built on the trust.

4 ~, / and you have to remember each lie / to **prevent** the foundation **from collapsing**.
▶ 〈prevent A from doing〉은 'A가 ~하는 것을 막다'란 뜻.

내가 적용한 리딩스킬 체크하기 ☑
지문을 읽으며 내가 적용한 리딩스킬을 체크해봅시다.

☐ 우선 주어진 문장의 내용을 파악한 후, 거짓말이 해로운 이유가 이어질 것이라고 예상했다.
⬇
☐ (C)는 거짓말로 인해 신뢰를 잃을 수 있다는 내용. 거짓말이 해로운 이유를 구체적으로 밝히고 있으므로 주어진 문장 다음에 온다고 생각했다.
▶ 정답 ④, ⑤ 예상
⬇
☐ (A)가 추가를 나타내는 연결어 In addition to(~에 더하여)로 시작되고 있으며 (B)에서는 (A)에 등장한 도미노 효과(a domino effect)를 구체적으로 설명하고 있으므로 (C) – (A) – (B)의 순서임을 알았다.
▶ 정답 ④ 도출
⬇
3번 문장의 this harm은 (C)에서 언급된 무너진 신뢰를 가리킨다.

핵심스킬 적용! 연결어가 있으면 그에 맞는 앞뒤의 내용 흐름을 파악하도록 한다.

39 주어진 문장 넣기 정답 ②

They have been also viewed / as ambassadors of goodwill / in a range of cultural contexts.

[1]Dolls certainly rank / among the toys [most likely to hold the attention of children / for hours on end]. (①) [2]However, dolls have not always been regarded / as simple playthings. (② [3]**They have been also viewed / as ambassadors of goodwill / in a range of cultural contexts.**) [4]It can even be said / that dolls helped encourage friendly interactions / during America's colonial period. (③) [5]Dolls were / among the gifts [offered by settlers from England / to local populations of Native Americans], / and were graciously accepted. (④) [6]Regardless of the particular land [that dolls may represent], / they never seem to fail / to make a good impression. (⑤) [7]Their role in fostering diplomacy [between peoples] / is likely to continue / for quite some time.

필수 어휘 Note **rank**[ræŋk] 자리 잡다, 지위를 차지하다; 계급, 등급 | **hours on end** 몇 시간이고 계속해서 | **regard A as B** A를 B로 간주하다 | **plaything**[pléiθìŋ] 장난감 | **ambassador**[æmbǽsədər] 대사, 사절 | **goodwill**[gùdwíl] 친선, 호의 | **context**[kántekst] (어떤 일의) 정황, 문맥 | **interaction**[ìntərǽkʃən] 교류, 상호 작용 | **colonial**[kəlóuniəl] 식민지의, 식민지 시대의 | **settler**[sétlər] (초기) 이주자, 정착민 | **native**[néitiv] 원주민의, 토박이의; 원주민 | **graciously**[gréiʃəsli] 자비롭게, 친절하게 | **regardless of** ~와 상관없이 | **represent**[rèprizént] ~을 상징하다, 나타내다 | **foster**[fɔ́(:)stər] ~을 조성하다, 육성하다 | **diplomacy**[diplóuməsi] 외교(술), 외교적 수완

해석 **1** 인형은 분명 몇 시간이고 계속 아이들의 관심을 끌기 제일 좋은 장난감 가운데 든다. **2** 그러나 인형이 언제나 그저 단순한 장난감으로 여겨져 온 것은 아니다. **3** (인형은 또한 문화적 상황의 범위에서는 친선 대사로 여겨져 왔다.) **4** 인형은 미국 식민지 시대에 우호적인 교류 촉진에 기여했다고까지 말할 수 있다. **5** 영국에서 건너온 이주자들이 그 지역의 미국 토착민들에게 했던 선물 가운데 인형이 있었고, 기분 좋게 받아들여졌다. **6** 인형이 상징하는 특정 지역과는 상관없이, 인형은 어김없이 좋은 인상을 주는 것 같다. **7** 민족 간의 외교 관계를 촉진하는 인형의 역할은 상당 기간 계속될 것 같다.

필수 구문 분석

5 Dolls were / among *the gifts* [**offered** by settlers from England / to local populations of Native Americans], ~.

▶ offered 이하는 the gifts를 수식하는 분사구. gifts는 '제공되는' 것이므로 수동관계를 나타내는 과거분사가 쓰였다.

6 ~, they **never** seem to **fail** / **to** make a good impression.

▶ fail to do(~하지 못하다, ~에 실패하다)가 never로 부정되고 있으므로 '꼭 ~하다, 어김없이 ~하다'로 해석된다.

내가 적용한 리딩스킬 체크하기 ☑
지문을 읽으며 내가 적용한 리딩스킬을 체크해봅시다.

☐ 우선 주어진 문장의 핵심 내용을 파악하고 앞뒤의 흐름을 예상했다.

They가 ambassadors of goodwill(친선 대사)의 역할도 했다는 문맥. 인형이 하는 역할이 추가로 제시되고 있으므로 먼저 인형의 역할을 설명한 다음에 주어진 문장이 올 것이다. They가 지칭하는 것이 무엇인지 파악해야 하는데 dolls가 주어로 반복 등장하고 있으므로 They가 dolls를 가리킨다는 것을 알 수 있다. 주어진 문장 뒤에는 인형이 어떻게 친선 대사의 역할을 했는지 그 구체적인 예가 나올 것을 예상할 수 있다.

⬇

☐ 글의 전후 관계를 살피며 읽다가 2, 4번 문장에서 주어진 문장과 연계되는 단서를 찾았다.

▶ 정답 ② 도출

2번 문장이 However로 시작되고 있으며 부분 부정인 not always(항상 ~은 아니다)로 일반적인 통념을 반박하고 있다. 인형이 단순한 장난감만은 아니라는 내용. 따라서 이 문장 뒤에 단순한 장난감 외에 친선대사로서의 기능을 언급한 주어진 문장이 와야 한다. 그 뒤의 4번 문장은 인형이 미국의 식민지 시대에 외교 관계를 촉진시켜 줬다는 내용으로 주어진 문장에 대한 구체적 예시.

핵심스킬 적용! 같거나 유사한 표현 또는 상반된 표현이 등장한 문장들은 앞뒤로 이어질 가능성이 크다.

⬇

☐ 글의 나머지 부분을 읽고 정답이 맞는지 확인했다.

▶ 정답 ② 확인

5번 문장은 4번 문장에 대한 부연설명. 6, 7번 문장에서 전체 내용을 마무리 짓고 있다.

40

요약문 완성 정답 ④

Tension and anxiety can cause much ___(A)___ in learning, / so a key [to achievement in school] is ___(B)___.

↓

〈주제문〉 1 The ability [to relax] / is just as important to success [in school] / as the ability [to read and write]. 2 Tension and anxiety are obstacles to effective learning; / they can make it difficult / to concentrate on and remember lessons, / or to do well on tests, / or to complete assignments / on time. 3 Students can learn to minimize feelings [of anxiety and tension] / by resting the body, / taking deep breaths / and clearing the mind of worrisome thoughts / before a test. 4 Students can also benefit a great deal / from paying attention to details [such as improving their note-taking skills / and managing their schedules well].

↓

Tension and anxiety can cause much (A) **trouble** in learning, / so a key [to achievement in school] is (B) **relaxation**.

필수 어휘 Note **tension**[ténʃən] 긴장, 불안 | **anxiety**[æŋzáiəti] 불안, 근심 | **obstacle**[ɑ́bstəkəl] 장애(물), 방해(물) | **concentrate on** ~에 집중하다 | **assignment**[əsáinmənt] 과제 | **minimize**[mínimàiz] ~을 최소화하다 | **clear A of B** A에서 B를 제거하다[없애다] | **worrisome**[wə́ːrisəm] 걱정되는, 우려가 되는 | **benefit from** ~에 의해서 이익을 얻다, 득을 보다 | **pay attention to A** A에 주의를 기울이다

해석 1 긴장을 풀 줄 아는 능력은 글을 읽고 쓰는 능력과 꼭 마찬가지로 학교생활을 잘하는 데 중요하다. 2 긴장과 불안은 효과적인 학습의 걸림돌이어서 배우는 내용에 집중하여 그것을 기억하거나 시험을 잘 치거나 제시간에 과제를 마무리하는 것을 어렵게 할 수 있다. 3 학생들은 몸을 편히 쉬게 하고 호흡을 깊게 들이마시고 시험 전에 마음속에서 걱정스러운 생각을 지워버림으로써 불안과 긴장을 최소화하는 법을 배울 수 있다. 4 또한 노트 필기 기술을 향상시키거나 스케줄 관리를 잘하는 것 같이 세세한 것들에 신경을 씀으로써도 크게 이익을 얻을 수 있다.

긴장과 불안은 학습에 많은 (A) 문제를 야기할 수 있으므로 학교 공부를 잘하는 비결은 (B) 긴장 완화에 있다.

필수 구문 분석

1 The ability [*to relax*] / is just **as** important to success [in school] / **as** the ability [*to read and write*].
▶ 〈as ~ as ... (…만큼 ~한)〉의 원급 구문. to relax, to read and (to) write는 각각 앞의 명사 the ability를 수식하고 있다.

2 ~; they can **make it** difficult / **to** *concentrate on and remember* lessons, / or **to** do well on tests, / or **to** *complete* assignments / on time.
▶ 〈make+it(가목적어)+difficult(목적격보어)+to *do*(진목적어)〉의 구조. concentrate on과 remember 둘 다 lessons를 목적어로 취하고 있으며, to concentrate on and remember ~, to do ~, to complete ~가 or로 대등하게 연결되어 있다.

내가 적용한 리딩스킬 체크하기 ☑
지문을 읽으며 내가 적용한 리딩스킬을 체크해봅시다.

☐ 요약문을 먼저 읽고 이 글의 주제가 학습 성취도를 높이기 위해 필요한 사항임을 파악했다.

요약문의 내용을 미루어보아 긴장과 불안이 학습에 미치는 영향이 무엇인지, 학교에서 성과를 내기 위해 필요한 것은 무엇인지에 대한 내용이 나올 것이라고 예상할 수 있다.

핵심스킬 적용! 요약문은 해당 지문의 요지와 마찬가지이므로 요약문을 먼저 읽어 대강의 내용을 예상하도록 한다.

↓

☐ 1번 문장을 읽고 이 글의 요지가 '학교생활을 잘하는 데 긴장을 풀 수 있는 능력이 중요하다' 임을 파악했다. 1번 문장을 주제문으로 보고 요약문을 이와 가장 유사하게 만들어주는 선택지 ④번을 정답으로 골랐다.

▶ 정답 ④ 도출

1번 문장부터 필자의 강한 견해가 드러나고 있다. 바로 뒤 2번 문장에서 긴장, 불안이 효과적인 학습의 장애물이라 했으므로 이 글의 핵심 내용은 '학습에 장애(trouble)가 되는 긴장을 푸는 것(relaxation)이 중요하다' 이다. 따라서 정답은 ④.

↓

☐ 나머지 부분을 빠르게 읽으며 위에서 찾은 정답이 맞는지 확인했다.

▶ 정답 ④ 확신

긴장, 불안으로 인한 학습 장애의 구체적인 예와 긴장을 완화시킬 수 있는 다양한 방법이 제시되고 있으므로 위에서 찾은 요지와 일맥상통하다.

선택지 다시 보기

	(A)		(B)
①	지연	----	준비
②	불편함	----	인내
③	적대감	----	호기심
④	문제	----	긴장 완화 ▶ 정답.
⑤	불확실성	----	집중

41-43 장문의 이해 정답 41 ⑤ 42 ④ 43 ⑤

(A) 1 Whenever I'm out in an unfamiliar city on business / and I need to go to the toilet, / I go straight into the first fancy restaurant [I can find]. 2 Fancy restaurants invariably have a waiter / at the reception desk / to greet guests, / but I have never been turned away. 3 My story is always the same / and never fails to get me in: / "I'm supposed to be meeting a friend here / and I'm a bit late. 4 May I go in / and see if he's still here?"

(D) 5 Then I go into the dining room / and pretend to look for my "friend," / while I locate the bathroom. 6 I pretend to wave to somebody at a table, / then I head straight to the bathroom / and enjoy the luxurious facilities. 7 When I'm done, / I pretend to take a call on my mobile phone, / then walk back out of the restaurant / with a worried look on my face. 8 Most waiters merely give me a sympathetic nod / as I leave, / but if a waiter stops me, / I say, / "I'm sorry, but this is urgent." 9 And then I am gone.

(C) 10 One day, / however, / after entering an unfamiliar restaurant / and giving **my usual story** [about why I was there], / I suddenly felt terribly guilty about it. 11 For the first time, / I saw myself as deceitful, / and I didn't like it. 12 As I sat using the comfortable bathroom, / I decided / I would go back to the waiter / and admit / that I had deliberately told a lie / to fool him, / then I would promise him and myself / never to do it again, / and leave him a large tip as an apology.

(B) 13 Feeling better / because of what I had decided to do, / I walked back toward the waiter. 14 I was very near to him / and just about to make my apology / when something [completely unexpected] happened: / I heard my name being called. 15 I turned to see, / waving at me from a table, / a good old friend of mine. 16 "Hey, Barry! Long time no see!", / he said. 17 "Come over here and sit down. Let's have lunch!"

필수 어휘 Note **fancy** [fǽnsi] 근사한, 고급스런 | **invariably** [invέəriəbli] 언제나, 변함없이 | **reception** [risépʃən] 접수, 안내 | **be supposed to do** ~하기로 되어 있다 | **pretend to do** 하는 체하다 | **locate** [loukéit] ~의 위치를 찾다 | **wave to A** A에게 손을 흔들다 | **luxurious** [lʌgʒúəriəs] 고급스런 | **facility** [fəsíləti] 《보통 복수형》 시설, 설비 | **take a call** 전화를 걸다 | **merely** [míərli] 단지, 다만 | **sympathetic** [sìmpəθétik] 동정 어린 | **nod** [nɑd] 목례, 고개를 끄덕임 | **guilty** [gílti] 죄의식을 느끼는, 유죄의 | **deceitful** [disítfəl] 속인, 기만한 | **deliberately** [dilíbərətli] 고의로, 일부러 | **apology** [əpɑ́lədʒi] 사과, 사죄 | **be about to do** 이제 막 ~하려고 하다

해석 (A) 1 낯선 도시로 출장을 가서 화장실을 이용해야 할 때마다 나는 내가 찾을 수 있는 최고급 식당으로 곧장 들어간다. 2 근사한 레스토랑은 안내 데스크에 언제나 웨이터가 있어

내가 적용한 리딩스킬 체크하기 ☑
지문을 읽으며 내가 적용한 리딩스킬을 체크해봅시다.

41

□ 첫 번째 단락 (A)의 앞부분을 읽고 화장실에 가기 위해 고급 레스토랑을 이용하는 사람의 이야기임을 파악했다.

↓

□ 각 단락의 일부만 읽고 대강의 내용을 빠르게 파악했다.

핵심스킬 적용! 장문의 독해 지문을 읽을 때는 각 단락의 앞부분이나 뒷부분만 읽고 내용을 연결하여 핵심 내용을 파악한다. (▶ 개념편 Unit 05 참조)

↓

□ Then이 있는 단락 (D)에는 주인공이 평소에 어떻게 고급 레스토랑의 화장실을 이용하는지에 대한 구체적인 설명이 나오므로 단락 (D)를 (A)의 다음 순서로 골랐다.

▶ 정답 ④, ⑤ 예상

핵심스킬 적용! 연결어가 있는 경우 앞뒤의 내용 흐름이 자연스러운지 체크한다. (▶ 개념편 Unit 10 참조)

↓

□ 단락 (B), (C)는 과거시제를 사용해 이전의 한 사건을 서술하고 있다. 이때 (C)가 One day(어느 날)로 시작되므로 (C) – (B)의 순서라고 파악했다.

▶ 정답 ⑤ 도출

문맥상으로도 사실을 밝히기로 결심했다는 (C) 다음에 결국 사실을 밝히지 못했다는 내용의 (D)가 나오는 것이 맞다. 또한, (C)의 I decided가 (B)에서 다른 표현(what I had decided to do)으로 반복되어 사용되었다.

핵심스킬 적용! 같거나 유사한 표현이 등장한 문장들은 앞뒤로 이어질 가능성이 크다. (▶ 개념편 Unit 10 참조)

42

□ 밑줄 친 어구의 문맥상 의미를 판단하는 문제. 앞뒤 문맥을 파악하여 ④를 정답으로 골랐다.

▶ 정답 ④ 도출

주인공은 화장실에 가고 싶을 때 고급 레스토랑에 들어가 만나기로 한 친구를 찾아봐도 되는지(I'm supposed to be meeting a friend here and I'm a bit late. May I go in and see if he's still here?) 물어보곤 했다. 따라서 밑줄 친 my usual story가 의미하는 바는 ④ '만나기로 한 친구를 찾아보겠다는 것'이 적절하다.

손님들을 맞이하지만, 나는 한 번도 거절당한 적이 없었다. **3** 내 이야기는 늘 똑같고 단 한 번도 안에 들어가지 못한 적이 없었다. "친구를 여기서 만나기로 했는데요. 제가 약간 늦었거든요. **4** 그 친구가 아직도 있는지 둘러봐도 괜찮을까요?"

(D) **5** 그러면 식당으로 들어가 화장실을 찾으면서 내 '친구'를 찾는 척 주변을 두리번거린다. **6** 나는 한 테이블의 어떤 사람에게 손을 흔드는 척하고는 화장실로 곧장 향해서 고급스러운 시설을 마음껏 이용한다. **7** 볼 일을 다 마치면 휴대 전화로 전화하는 척하고는 근심이 가득한 얼굴로 돌아서 식당을 빠져나온다. **8** 대부분의 웨이터는 내가 떠날 때 단지 동정 어린 목례만을 해줄 뿐이고 만약 웨이터가 날 불러 세운다면 나는 "죄송해요. 하지만, 급한 일이 있어서요."라고 말한다. **9** 그러고는 그곳을 떠난다.

(C) **10** 그러나 하루는 낯선 식당에 들어가 내가 왜 그곳에 왔는지에 대해 늘상 하던 이야기를 한 후에 갑자기 엄청난 죄책감이 들기 시작했다. **11** 난생 처음으로 나 자신이 사기꾼 같았고 마음이 좋지 않았다. **12** 편안한 화장실을 사용하면서 앉아 있는 동안 나는 웨이터에게 다시 가 내가 고의적으로 거짓말을 해서 그를 속였다고 인정하고 나서, 그와 나 자신에게 다시는 그런 일을 하지 않겠다고 약속한 뒤 사과의 표시로 상당한 팁을 주려고 결심했다.

(B) **13** 나는 내가 하기로 결심한 일 때문에 기분이 나아져서는 웨이터에게 다시 다가갔다. **14** 웨이터에게 사과하려는 찰나에 전혀 예상치 못했던 일이 일어났다. 내 이름을 부르는 목소리가 들린 것이다. **15** 돌아 보니 한 테이블에서 내 오래된 친한 친구가 나에게 손을 흔들고 있었다. **16** "이봐, 베리! 오랜만이야!"라고 그가 말했다. **17** "이리 와서 앉아. 같이 점심 먹자!"

필수 구문 분석

13 Feeling better / because of **what** I had decided to do, ~.

▶ 전치사구 because of의 목적어로 선행사를 포함한 관계대명사 what이 이끄는 명사절이 왔다.

핵심스킬 적용! 문제에서 제시되었듯이 글자 그대로의 의미를 묻는 것이 아니므로, 반드시 문맥을 통하여 해결해야 한다. 기존 유형 중 밑줄 친 대명사나 대체어구를 푸는 해법과 유사하다. (▶ 개념편 Unit 07 참조)

43

□ 내용 일치 여부를 묻는 문제. 선택지와 지문 내용을 하나씩 대조해본 결과 ⑤번이 정답임을 파악했다.

▶ 정답 ⑤ 도출

주인공이 양심의 가책을 느껴 웨이터에게 사실을 밝히려고 결심했는데, 우연히 친구를 만나는 바람에 수포로 돌아갔다는 내용. 따라서 끝내 웨이터에게 사실을 밝히지 못했다는 ⑤번이 정답이다.

선택지 다시 보기

42

① 화장실이 고장났다는 것
② 예약인 명단을 확인하러 왔다는 것
③ 오기로 한 친구가 오지 않았다는 것
④ 만나기로 한 친구를 찾아보겠다는 것 ▶ 정답.
⑤ 화장실을 사용해도 되는지 물어보는 것

43

① 고급 레스토랑의 단골 고객이었다. ▶ 단지 화장실을 무료로 이용하기 위해 고급 레스토랑을 이용했다.
② 웨이터와 두터운 친분을 쌓고 있었다.
③ 친구가 약속대로 레스토랑에 나와 있었다. ▶ 우연히 친구를 만나기는 하지만 약속을 한 것은 아니었다.
④ 자신의 행동에 양심의 가책을 느끼지 않았다. ▶ 거짓말을 한 것에 죄책감을 느끼고 웨이터에게 진실을 말하려고 결심했다.
⑤ 끝내 웨이터에게 사실을 밝히지 못했다. ▶ 정답.

44-45 장문의 이해 정답 44 ④ 45 ②

[1]The rock-paper-scissors game / is a popular way [of making a decision / about many things], / despite the game having no obvious **logic** to it. [2]When you think about it, / why should a rock lose to a piece of paper? [3]Paper can be used to wrap almost anything, / even scissors. [4]Furthermore, / scissors can not only be blunted / but also sharpened by a rock, / and the idea [of wrapping a rock in paper to "beat it"] just seems silly. [5]But, / whether it makes sense or not, / it's probably the number one method [of making trivial decisions / in Korea]. [6]For trivial decisions in America, / however, / a coin toss is usually the decider. [7]One side of every coin / has a face [imprinted on it], / which is called "heads." [8]The other side of the coin / is known as "tails." [9]Before a coin is tossed for you, / you call out which side you prefer, / heads or tails. [10]Then the other person flips the coin up / into the air. [11]The toss is done properly / by resting the coin on / the nail [of the thumb] / and tip [of the index finger [of the right hand]]. [12]The coin should be flipped / at least a foot in the air, / caught with the right hand, / and placed on the back [of the left hand]. [13]The right hand is then removed from the coin / to reveal the side [that is facing up]. [14]If it's the side [you chose], / then you are the winner. [15]This is a quick resolution for a minor contest / and the results can never be disputed.

필수 어휘 Note **scissors**[sízərz] 가위 | **obvious**[ɑ́bviəs] 뚜렷한, 명백한 | **wrap**[ræp] ~을 감싸다 | **sharpen** [ʃɑ́:rpən] 날을 갈다, 날카롭게 하다 | **beat**[bi:t] ~을 이기다 | **silly**[síli] 우스운, 어리석은 | **make sense** 이치에 맞다, 말이 되다 | **trivial**[tríviəl] 소소한, 사소한, 별 것 아닌 | **toss**[tɔ:s] 던지기, 토스; ~을 던져 올리다 | **imprint**[ímprint] (도장 등을) 누르다, 찍다 | **flip**[flip] ~을 (손가락으로) 튀기다, 가볍게 던지다 | **thumb**[θʌm] 엄지손가락 | **tip**[tip] 끝, 선단 | **index finger** 집게손가락 | **foot**[fut] 《길이의 단위》 피트, 약 30cm | **reveal**[rivíːl] ~을 밝히다, 드러내다 | **resolution**[rèzəlúːʃən] 해결, 해답; 결심, 결의 | **contest**[kɑ́ntest] 논쟁; 경쟁 | **dispute**[dispjúːt] ~을 논쟁하다

해석 1 가위바위보 게임은 아무런 명백한 논리가 없음에도 불구하고 여러 문제를 결정짓는 데 보편적으로 쓰이는 방식이다. 2 가위바위보를 생각해볼 때 바위가 왜 종이 한 장에 져야 하는가? 3 종이는 어떤 것이든, 심지어 가위까지도 감쌀 수 있다. 4 게다가 가위는 바위로 인해 무뎌질 수 있을 뿐 아니라 날카로워질 수도 있고 바위를 종이로 감싸 이긴다는 생각은 우스워 보이기만 하다. 5 그러나 이치에 맞든 맞지 않던, 가위바위보는 한국에서 소소한 문제를 결정하는 가장 최고의 방법일 것이다. 6 그러나 미국에서는 소소한 문제에 관해선 주로 동전 던지기로 결정한다. 7 동전마다 한쪽 면에는 얼굴이 새겨져 있는데, 그것을 '앞면'이라 부른다. 8 나머지 한쪽은 '뒷면'이라고 한다. 9 동전을 던지기에 앞서 당신은 앞면과 뒷면 중 선호하는 것을 불러야 한다. 10 그런 다음 다른 사람이 동전을 공중으로 휙 던진다. 11 던질 때는 동전을 오른손 집게손가락 끝 부분과 엄지손가락 손톱 위에 올려놓고 해야 적절하다. 12 동전을 적어도 1피트(약 30cm)는 공중으로 던져야 하고 오른손으로 잡은 다음 왼쪽 손등 위에 올려놓아야 한다. 13 그런 다음 동전에서 오른손을 치우면 위로 향한 면이 드러난다. 14 그 면이 당신이 선택한 쪽이면, 당신이 승자이다. 15 이것이 소소한 논쟁의 결정을 내리는 빠른 해결

내가 적용한 리딩스킬 체크하기 ☑

지문을 읽으며 내가 적용한 리딩스킬을 체크해봅시다.

44

☐ 빈칸이 포함된 문장을 먼저 읽고 가위바위보 게임에 명백한 '무엇'이 없는지 찾아야겠다고 생각했다.

↓

☐ 2~5번 문장을 읽고, ④번을 정답으로 골랐다.

▶ 정답 ④ 도출

돌을 종이에 싸는 것은 우스워(silly) 보인다는 내용과 가위바위보 게임이 이치에 맞든 맞지 않던(makes sense or not) 한국에서는 소소한 결정을 하는 데 쓰인다는 내용으로, 논리에 맞지 않다는 ④가 정답으로 알맞다.

핵심스킬 적용! 첫 문장에 빈칸이 포함되면 바로 이어지는 문장들은 이를 뒷받침하는 역할을 하므로 정답이 확실해질 때까지 읽어 내려간다.

45

☐ 제목을 묻는 문제이므로 이 글의 핵심내용을 파악해야겠다고 생각했다.

↓

☐ 5, 6번 문장을 읽고 소소한 결정을 내리는 방법으로, 가위바위보 말고도 동전 던지기에 관한 내용이 이어질 것을 예상했다.

▶ 정답 ①, ③ 제외

한국에서는 가위바위보를 이용하여 빠른 결정을 내리지만, 미국에서는 동전 던지기를 한다는 내용으로 보아 가위바위보 또는 동전 던지기에 관한 내용만을 함축한 제목 ①, ③은 정답으로 보기 어렵다.

↓

☐ 마지막 문장을 읽고 ②를 정답으로 골랐다.

▶ 정답 ② 도출

마지막 문장을 읽고 동전 던지기가 빠르고 소소한 결정을 하는 방법 중 하나라는 것을 파악했고 가위바위보 역시 이러한 결정에 이용된다는 앞의 내용을 종합하여 이를 가장 잘 함축한 제목으로는 ②가 가장 적절하다.

핵심스킬 적용! 장문의 독해 지문을 읽을 때는 각 단락의 앞부분이나 뒷부분을 읽고 대강의 내용을 예상한 후, 내용을 연결하여 핵심 내용을 찾도록 한다.

↓

☐ 나머지 부분을 빠르게 읽으며 정답이 ②임을 확신했다.

▶ 정답 ② 확신

나머지 부분은 동전 던지기를 하는 방법에 대한 내용으로 동전 던지기가 빠른 결정을 하는 방법 중 하나라는 이유에 해당한다. 따라서 정답으로 ②번을 확신했다.

책으로 그 결과는 논할 여지가 없다.

필수 구문 분석

12 The coin should be **flipped** / at least a foot in the air, / **caught** with the right hand, / and **placed** on the back [of the left hand].

▶ flipped, caught, placed 모두 should be에 연결되어 수동태를 이루고 있는 구조이다. 동전 던지기의 과정을 순차적으로 설명하고 있다.

선택지 다시 보기

44

① end (끝)
② winner (승자)
③ objective (목표)
④ logic (논리) ▶ 정답.
⑤ solution (해결책)

45

① How Game Theory Applies to a Coin Toss (어떻게 게임 이론이 동전 던지기에 적용되는가.)
② A Couple of Famous Ways To Make Decisions (결정을 내리는 데 쓰이는 유명한 두 가지 방법) ▶ 정답.
③ The Profound Meaning of Rock-Paper-Scissors (가위바위보의 심오한 의미)
④ Serious Cultural Differences in Traditional Games (전통게임에서의 심각한 문화 차이) ▶ 한국과 미국의 대표적 의사 결정 게임을 소개한 것이지 심각한 문화 차이를 다룬 글은 아니다.
⑤ Various Kinds of Simple Games in Korea (한국의 여러 간단한 게임들)

m e m o m e m o

m e m o m e m o

m e m o m e m o

m e m o m e m o

m e m o m e m o

logical
speedy
Reading Skill
Reading
Player

쎄듀 초등 커리큘럼

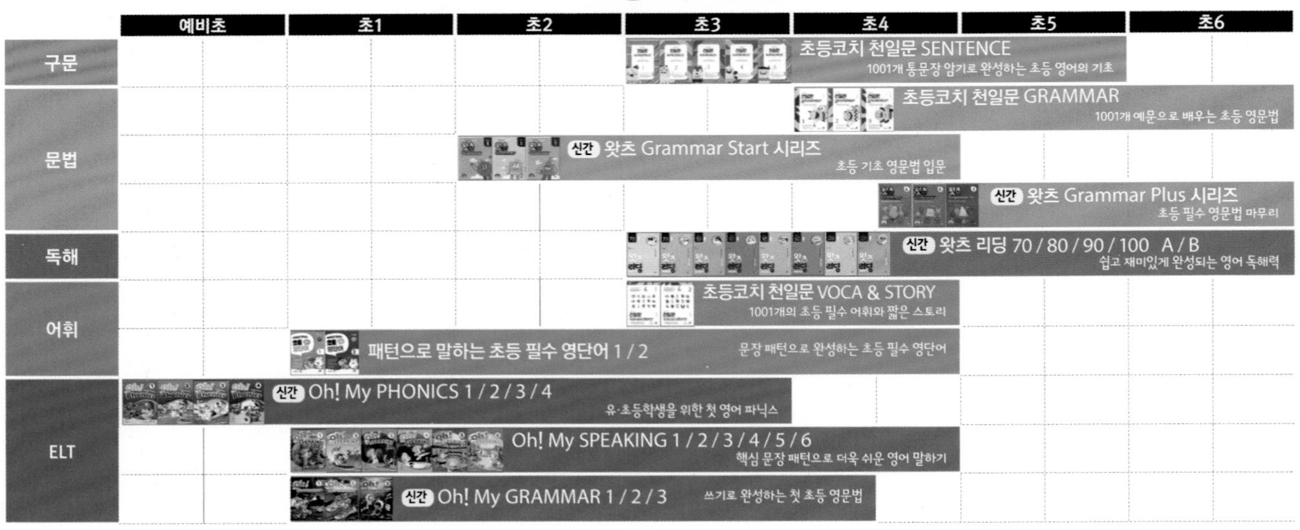

쎄듀 중등 커리큘럼

예비중 / 중1 / 중2 / 중3

영역	교재	특징
구문	천일문 기초 1 / 2	문법 중심 구문
문법	천일문 GRAMMAR LEVEL 1 / 2 / 3	예문 중심 문법 기본서
문법	GRAMMAR Q Starter 1, 2 / Intermediate 1, 2 / Advanced 1, 2	학기별 문법 기본서
문법	잘 풀리는 영문법 1 / 2 / 3	문제 중심 문법 적용서
문법	GRAMMAR PIC 1 / 2 / 3 / 4	이해가 쉬운 도식화된 문법서
문법	1센치 영문법	1권으로 핵심 문법 정리
문법+어법	첫단추 BASIC 문법·어법편 1 / 2	문법·어법의 기초
문법+쓰기	EGU 영단어&품사 / 문장 형식 / 동사 써먹기 / 문법 써먹기 / 구문 써먹기	서술형 기초 세우기와 문법 다지기
문법+쓰기	올씀 1 기본 문장 PATTERN	내신 서술형 기본 문장 학습
쓰기	거침없이 Writing LEVEL 1 / 2 / 3	중등 교과서 내신 기출 서술형
쓰기	중학영어 쓰작 1 / 2 / 3	중등 교과서 패턴 드릴 서술형
어휘	어휘끝 중학 필수편	중학 필수어휘 1000개
어휘	어휘끝 중학 마스터편	고난도 중학어휘 +고등기초 어휘 1000개
독해	Reading Relay Starter 1, 2 / Challenger 1, 2 / Master 1, 2	타교과 연계 배경 지식 독해
독해	READING Q Starter 1, 2 / Intermediate 1, 2 / Advanced 1, 2	예측/추론/요약 사고력 독해
독해전략	리딩 플랫폼 1 / 2 / 3	논픽션 지문 독해
독해유형	Reading 16 LEVEL 1 / 2 / 3	수능 유형 맛보기 + 내신 대비
독해유형	첫단추 BASIC 독해편 1 / 2	수능 유형 독해 입문
듣기	Listening Q 유형편 / 1 / 2 / 3	유형별 듣기 전략 및 실전 대비
듣기	쎄듀 빠르게 중학영어듣기 모의고사 1 / 2 / 3	교육청 듣기평가 대비